pagu

augusto de campos

organização | seleção de textos | notas | roteiro biográfico

PAGU
VIDA-OBRA

Companhia Das Letras

GRAFIA ATUALIZADA SEGUNDO O ACORDO
ORTOGRÁFICO DA LÍNGUA PORTUGUESA DE 1990,
QUE ENTROU EM VIGOR NO BRASIL EM 2009.

capa e projeto gráfico
RAUL LOUREIRO

foto de capa
© TARSILA DO AMARAL / © OSWALD DE ANDRADE /
ACERVO LÚCIA TEIXEIRA / CENTRO PAGU UNISANTA

levantamento bibliográfico
e pesquisa de textos
AUGUSTO DE CAMPOS
ERTHOS ALBINO DE SOUZA
LYGIA DE AZEREDO CAMPOS

preparação
FLAVIA LAGO

índice remissivo
LUCIANO MARCHIORI

revisão
MÁRCIA MOURA
CARMEN T. S. COSTA

2ª REIMPRESSÃO

RUA BANDEIRA PAULISTA, 702, CJ. 32
04532-002 — SÃO PAULO — SP
TELEFONE (11) 3707-3500
WWW.COMPANHIADASLETRAS.COM.BR
WWW.BLOGDACOMPANHIA.COM.BR
FACEBOOK.COM/COMPANHIADASLETRAS
INSTAGRAM.COM/COMPANHIADASLETRAS
TWITTER.COM/CIALETRAS

Dados Internacionais de Catalogação na Publicação (CIP)
(Câmara Brasileira do Livro, SP, Brasil)

Pagu: vida e obra / Augusto de Campos, organização, seleção de textos, notas e roteiro biográfico — 1ª ed. — São Paulo: Companhia das Letras, 2014.

ISBN 978-85-359-2485-5

1. Escritoras brasileiras — Biografia 2. Galvão, Patrícia, 1910-1962 3. Intelectuais brasileiros I. Campos, Augusto de.

14-08424 CDD-928.699

Índice para catálogo sistemático:
1. Intelectuais brasileiros: Biografia 928.699

Pagú
1929

SUMÁRIO

P. 10 | **re-pagu** | AUGUSTO DE CAMPOS | 2013
P. 16 | **informações sobre esta edição**
P. 18 | **nota introdutória à primeira edição**

cinco flashes de pagu

P. 26 | **pagu: tabu e totem** | AUGUSTO DE CAMPOS | 1978
P. 32 | **pagu: vida-obra, obravida, vida** | ANTONIO RISÉRIO | 1978
P. 56 | **pagu: amadora de artes** | AUGUSTO DE CAMPOS | 1981
P. 66 | **a verdade de pagu** | ENTREVISTA A MARIO SERGIO CONTI | 1982
P. 74 | **notícia impopular de *o homem do povo*** | AUGUSTO DE CAMPOS | 1983

antologia 1929-62

P. 88 | **coco de pagu** | RAUL BOPP | 1928
P. 89 | **coco** | RAUL BOPP | 1928
P. 90 | **janelas para pagu** | AUGUSTO DE CAMPOS | 1974

P. 91 | **1 O ÁLBUM DE PAGU 1929**
P. 93 | **eh pagu eh** | AUGUSTO DE CAMPOS | 1975
P. 94 | ***pagu: nascimento vida paixão e morte*** | 1929
P. 110 | **na exposição de tarsila** | CLÓVIS DE GUSMÃO | 1929

P. 113 | **2 O ROMANCE DA ÉPOCA ANARQUISTA OU LIVRO DAS HORAS DE PAGU QUE SÃO MINHAS 1929-31**

P. 131 | **3 A MULHER DO POVO 1931**
P. 134 | **maltus além**
P. 135 | **a baixa da alta**
P. 136 | **o retiro sexual**
P. 137 | **na garupa do príncipe**
P. 138 | **liga de trompas católicas**
P. 139 | **saibam ser maricóns**
P. 140 | **guris patri-opas**
P. 141 | **normalinhas**
P. 145 | **o empastelamento de *o homem do povo***

4 PARQUE INDUSTRIAL 1933 | P. 157
teares | P. 160
trabalhadoras de agulha | P. 160
instrução pública | P. 160
ópio de cor | P. 161
brás do mundo | P. 162

5 CRÔNICAS DE ARIEL 1942 | P. 163
primeira página | P. 165
cante, poeta | P. 165
mixigne | P. 167
algures | P. 168

6 A FAMOSA REVISTA 1945 | P. 169
despenhadeiro | P. 172
zapíski iz podpólia | P. 173
intermezzo | P. 175
explosão | P. 178

7 VANGUARDA SOCIALISTA 1945-46 | P. 181
literatura oportunista | P. 186
pequeno prefácio a um manifesto | P. 188
casos de poesia & guerra | P. 190

8 COR LOCAL 1946-48 | P. 195
cor local | P. 197
ainda o pleito, os concursos, USA e o "romance social" | P. 198
depois de amanhã mário de andrade | P. 200
vivo e é doce, doce e leve | P. 201
despedidas de junho, mês das crianças, balões, chuvas de ouro e prata, noites | P. 202
carta aberta aos palhaços | P. 204

9 ANTOLOGIA DA LITERATURA ESTRANGEIRA 1946-50 | P. 207
james joyce, autor de *ulysses* | P. 210
guillaume apollinaire | P. 218
dois poemas de philippe soupault | P. 222
há cinquenta anos, a 9 de setembro, desaparecia mallarmé | P. 223
antonin artaud e a sua legenda de "poeta maldito" | P. 230

P. 233 | **10 SOLANGE SOHL 1948**
P. 235 | **natureza morta** | SOLANGE SOHL | 1948
P. 237 | **o sol por natural** | AUGUSTO DE CAMPOS | 1950-51
P. 242 | **quem foi Solange Sohl** | GERALDO FERRAZ | 1963
P. 243 | **desta casa destruída** | GERALDO FERRAZ | 1963

P. 249 | **11 CONTRIBUIÇÃO AO JULGAMENTO DO CONGRESSO DE POESIA 1948**

P. 255 | **12 VERDADE E LIBERDADE 1950**
P. 258 | **por que aceitei voltar**

P. 261 | **13 DE ARTE E DE LITERATURA 1950-53**
P. 265 | **contornos e desvãos de um panorama sumário**
P. 267 | **lívio abramo, um prêmio merecido — camargo guarnieri, um manifesto antidodecafônico** | 1950
P. 270 | **ainda o dodecafonismo e guarnieri — fayga, carybé e fernando pessoa** | 1950
P. 272 | **um debate que promete, um salão de propaganda, minutos de minha hora de saudade e a bienale** | 1950
P. 275 | **tarsila do amaral vai nos devolver alguma coisa dos dias idos e vividos, em sua mostra retrospectiva** | 1950
P. 277 | **stravinski no rio, *o anjo de sal*, um congresso e apelo ao mecenas da pintura** | 1951
P. 279 | **antologia de sílvio romero no sábado, contos de um mestre e a arquitetura** | 1951
P. 282 | **crônica de só poesia em torno dos cinquenta anos de murilo mendes** | 1951
P. 286 | **cícero dias, o pernambucano que volta a expor em são paulo** | 1952
P. 288 | **sobre as obras de joão ribeiro editadas nas publicações da academia de letras** | 1953

P. 291 | **14 TEATRO MUNDIAL CONTEMPORÂNEO 1955**
P. 294 | **ionesco**

P. 297 | **15 PALCOS E ATORES 1957-61**
P. 303 | **bate-papo no mar** | 1959
P. 304 | **ainda o nacionalismo** | 1959
P. 306 | **um "bravo" aos "independentes"** | 1960
P. 307 | **às vésperas de viagem predomina a perspectiva** | 1961

16 A "LITERATURA" DE MARA LOBO 1957-61 | P. 311
origens da literatura moderna brasileira | 1957 | P. 319
sobre a didática elementar: origem da literatura moderna nas ideias do século xx | 1957 | P. 320
sobre a didática elementar: modernos e contemporâneos | 1957 | P. 322
manifesto da província | 1958 | P. 324
poe entre poetas | 1959 | P. 326
príncipe dos poetas | 1959 | P. 327
uma escritora cresce | 1959 | P. 329
aprendiz de leitura | 1960 | P. 330

17 POEMAS 1960-62 | P. 333
canal | P. 335
nothing | P. 336
[inéditos] | P. 337

testemunhos

patrícia galvão, militante do ideal | GERALDO FERRAZ | 1962 | P. 343
imagens de perda | CARLOS DRUMMOND DE ANDRADE | 1963 | P. 347
a morte de patrícia galvão | OTÁVIO DE FARIA | 1963 | P. 347
patrícia galvão | ALFREDO MESQUITA | 1971 | P. 349
feijão-soja | RAUL BOPP | 1972 | P. 353
depoimentos | PEDRO DE OLIVEIRA RIBEIRO NETTO E FRANCISCO LUÍS DE ALMEIDA SALLES | 1978 | P. 354
entrevista | SIDÉRIA REHDER GALVÃO E LÚCIO FRAGOSO | 1981 | P. 360

resenhas críticas

mara lobo. *parque industrial* | JOÃO RIBEIRO | 1933 | P. 371
a famosa revista | SÉRGIO MILLIET | 1945 | P. 373
patrícia galvão e o realismo-social brasileiro dos anos 1930 | KENNETH DAVID JACKSON | 1978 | P. 376
a musa antropófaga no *parque industrial* | AUGUSTO DE CAMPOS | 1981 | P. 382

caderno de fotos | P. 384
roteiro de uma vida-obra | P. 420
bibliografia | P. 448
crédito das imagens | P. 454
índice remissivo | P. 455

re-pagu/ AUGUSTO DE CAMPOS

Passaram-se 32 anos desde que saíram as primeiras tiragens deste livro — três — publicadas a partir de 1982 pela editora Brasiliense. Até então, Patrícia Galvão, oculta pelo incendiário codinome PAGU, era uma figura praticamente desconhecida e, quando lembrada, quase uma caricatura, presença trêfega e voluptuosa a incrementar o anedotário do modernismo, envolvida numa aura de escândalo fugaz e leviano.

Talvez seja interessante relembrar que o mesmo preconceito ou a mesma ambiguidade envolveram figuras femininas relevantes do modernismo internacional que pairaram à margem dos protagonistas mais evidentes, dos quais foram por muito tempo sombras pouco delineadas. Penso especialmente nas escritoras de língua inglesa exiladas no "paraíso perdido" parisiense dos anos 1920 do século passado: Djuna Barnes, Mina Loy, Hilda Doolittle, Nancy Cunard, intelectuais de primeira plana, e outras ainda, que, com maior ou menor talento individual, tiveram participação decisiva nas conquistas literárias e intelectuais de seu tempo, como Natalie Barney, Silvia Beach e Adrienne Monier, Margaret Anderson e Jane Heap, Janet Flanner, Caress Crosby, Bryher, a baronesa Elsa von Freytag. Personalidades que ficaram à sombra, no pujante cenário parisiense, ofuscadas pela proeminência de grandes autores, como Joyce, Pound, Eliot, Hemingway, e da própria Gertrude Stein (que, aliás, tardou muito a ser levada a sério). Esquecidas por muito tempo, seu trabalho vem sendo recuperado nas duas últimas décadas. O livro *Paris Was A Woman: Portraits from the Left Bank* [Paris foi uma mulher: Retratos da margem à esquerda], de Andrea Weiss (1996), e o filme que o documenta, dirigido por Greta Schiller, fornecem boas pistas para revisitar e revisar esse rico panorama da marginalizada "intelligentsia" feminina que se projetou, nas primeiras décadas do século passado, na cidade-luz. Outros livros — alguns ainda mais recentes — *Becoming Modern: The Life of Mina Loy* [Tornando-se moderna: A vida de Mina Loy], de Caroline Burke (1996), *Wild Heart: Nathalie Cliffey Barney* [Coração selvagem: Nathalie Cliffey Barney], de Suzanne Rodriguez (2002), *Baroness Elsa* [Baronesa Elsa], de Irene Gammel (2002), *Nancy Cunard: Heiress, Muse, Political Idealist* [Nancy Cunard: Herdeira, musa, idealista política], de Lois Gordon (2007), têm lançado novas luzes sobre aquele período sob a perspectiva da sensibilidade e da inteligência da mulher.

Algo de semelhante terá ocorrido com Patrícia Galvão, desajudada quem sabe pela própria condição feminina. A exuberante beleza pessoal talvez tenha contribuído para vitimizá-la, antes que promovê-la, como aconteceu com Djuna Barnes, Mina Loy e Nancy Cunard, na sua ambiguidade de musas e *makers*. Para não me alongar sobre a matéria, é bastante citar *Nightwood* [No bosque da noite], de Barnes, um dos mais originais e impressionantes romances da modernidade, cujos méritos, embora desde logo reconhecidos por T.S. Eliot, que prefaciou o livro, em 1931, ou por Dylan Thomas, mais adiante, custaram muito a ser avalizados pela crítica oficial e por um público menos restrito, talvez porque se tratasse de uma obra muito sutil, "para ser lida por poetas", como escreveu o autor de "The Waste Land" [A terra desolada], que nela viu traços da tragédia elisabetana.

O fato é que, salvo na esmaecida imagem de estrela menor do anedotário do nosso modernismo, Patrícia Galvão mal existia nos anos 1950, quando Oswald ainda era "tabu" no cânone das nossas universidades. E assim perdurava trinta anos depois, à luz dos rígidos critérios acadêmicos.

Há quem até hoje procure mascarar a omissão de que foi objeto Oswald de Andrade, particularmente na Universidade de São Paulo, responsabilizando os poetas concretos que o reabilitaram por uma pretensa polarização Oswald × Mário. Não é verdade. Em 1954, escrevi o texto de capa da primeira edição das *Poesias completas* de Mário de Andrade, exaltando as qualidades do poeta e do criador de *Macunaíma*. Nunca lhe negamos importância cultural e qualidade poética, ainda que lamentando suas transigências, seu nacionalismo provinciano e o mea-culpa de sua tardia conferência sobre o modernismo, que tanto animou os mais conservadores. O que fizemos foi um trabalho de revisão crítica no sentido que, de todos os protagonistas do movimento literário, era Oswald o mais consequente e consistente, em termos de criação e de defesa das novas transformações artísticas trazidas por aquele movimento à nossa cultura. Patrícia, como veio a se revelar, foi uma crítica severa do retrocesso de Mário de Andrade em relação à experiência modernista, assim como o foi da orientação da revista *Clima*, patenteando sua contrariedade no importante comunicado que assinou, com Geraldo Ferraz, em repúdio à Geração de 45, quando manifestou seu apoio à posição de Oswald, que ela descreveu "de facho em riste, bancando o Trótski, em solilóquio com a revolução permanente", na *Contribuição ao Julgamento do Congresso de Poesia*, que assinou com Geraldo Ferraz em 1948. Mais um motivo para que fosse marginalizada.

Na redescoberta de Patrícia Galvão fui ajudado por um acaso literário — um daqueles acidentes que costumo identificar com a ideia de sincronicidade de Jung. A história é conhecida e faz parte deste livro. Foi o poema "Natureza morta" — que Patrícia publicou em 1948 sob o pseudônimo de Solange Sohl, sem que eu soubesse quem realmente era a sua autora — a ponta do iceberg que me levou a recompor a sua história e a resgatar, por trás da distante aura carismática que cercava o nome Pagu — a garota fatal e doidivanas que fez "vacilar o lar" de Tarsila —, a personalidade artística, literária e humana que hoje se reconhece nela. Quem escreveu aquele poema — pensava eu — era alguém especial. Conversei com o texto de Patrícia no meu poema "O Sol por natural", sem conhecer a sua autora e sem que ela o chegasse a conhecer, embora tivesse acolhido com benevolência o meu livro *O rei menos o reino* (1951), num obscuro jornal da colônia italiana de São Paulo, o *Fanfulla*, de que eu não tinha notícia à época. Patrícia não se dava a conhecer em muitos de seus textos e sua participação, mais intensa no Suplemento Literário do *Diário de São Paulo* dos anos 1940, era pouco ostensiva, dissimulada pela modéstia de pseudônimos e abreviaturas onde mal se vislumbrava sua identidade. Quando Geraldo Ferraz revelou, após a morte de Patrícia no artigo "Quem foi Solange Sohl", que ela era a autora do poema, e, depois, quando o livreiro e pesquisador José Luiz Garaldi me trouxe às mãos o *Álbum de Pagu*, exemplar único desenhado e manuscrito, dedicado a Tarsila, comecei a juntar as peças do quebra-cabeças. Daí aprofundei as pesquisas sobre a sua obra e a sua vida que, unificadas por uma rebeldia generosa e marcada pela tragédia — "vida-obra", como a denominei —, reconstituiriam a sua face mais genuína e lhe dariam a dimensão que merece no quadro da revolução cultural da nossa modernidade.

Este livro busca uma síntese da vida-obra de Patrícia, não de forma narrativa, sob espécie de biografia tradicional, mas sob a égide do fragmento e da intertextualidade. Gosto muito de biografias, mas não está no meu biótipo de poeta redigi-las. Sempre achei enfadonho o passeio das cinco horas da condessa que irritou Valéry, e, no que concerne às vidas de gente que me interessava, sempre pensei que os biógrafos fariam isso por mim. Deixei os biografemas para as notas cronológicas do fim do volume. Minha maior preocupação foi, por um lado, remitificar Pagu, e por outro, desmistificá-la. Enfatizar não a face superficial de sua atratividade, mas a densidade maior de sua aventura intelectual. Mais uma razão para renunciar à excessiva glamorização da personagem e dar preferência à sua atividade literária e intelectual, aos seus poemas, crônicas e críticas, à sua postura inabalável em prol da literatura de ponta, ao ímpeto rebelionário de suas posições políticas, mesmo quando exacerbadas.

Muito se escreveu e se publicou sobre Patrícia Galvão depois desta vida-obra. Por sua relevância, eu destacaria a edição fac-similar do jornal *O Homem do Povo*, que tive o privilégio de prefaciar em 1984 (edição da Imprensa Oficial), hoje em terceira edição; a "memorabilia" autobiográfica revelada por Geraldo Galvão Ferraz no livro *Paixão Pagu* (2005) e a biografia fotográfica reunida por ele e Lucia Maria Teixeira Furlani (2010), além do trabalho de pesquisa realizado por Juliana Neves em *Geraldo e Patrícia Galvão: A experiência do Suplemento Literário do Diário de São Paulo nos anos 1940* (2005). Acentuo, ainda, pela sua importância, os vários estudos de Kenneth David Jackson, relacionados na bibliografia ora atualizada. Além de cotraduzir *Parque Industrial* para o inglês, o brasilianíssimo professor e pesquisador da Universidade de Yale, entusiasta da primeira hora de Patrícia, tem, em preparo, ampla coleção dos seus textos jornalísticos.

No prefácio à primeira edição agradeço pontualmente a todos os que colaboraram comigo nas pesquisas sobre Patrícia Galvão, que duraram cerca de oito anos. A presente edição foi revista e ampliada com alguns textos marcantes que não couberam na publicação inicial, conforme indicado em nota editorial.

Revendo os textos que escrevi sobre Patrícia, lembrei-me de uma entrevista que dei a Mario Sergio Conti, que então dirigia o Suplemento Literário Folhetim, da *Folha de S.Paulo*, e que foi publicada no número 278, de agosto de 1982. Ao reler agora aquela entrevista, achei oportuno recuperá-la e incluí-la nesta nova edição. Pela abrangência das indagações que então me foram formuladas pelo jornalista, ela me pareceu tocar em pontos-chave da "questão Pagu". Uma interlocução que vale como um pós-prefácio e me parece caber bem numa edição não ortodoxa como esta.

Nos anos 1970, anunciáramos chamativamente Pagu como a "musa-mártir do modernismo", slogan criado por Décio Pignatari para as suas primeiras "ressurreições", ocorridas nas revistas *Código* nº 2 (1975) e *Através* nº 2 (1978). Agora que Patrícia Galvão passou a "existir" como personalidade literária, e não apenas anedótica, será talvez necessário voltar a considerar seu trabalho, enfatizando não mais a sua vida-obra mas a sua obra-vida. É preciso colocar em justa medida sua participação no contexto cultural brasileiro, certo como é que sua atuação ousada e tumultuosa, assim como o sofrimento que a condição feminina impôs à sua personalidade inconformista, pesaram bastante em sua realização literária, como o testemunham as tentativas mais ambiciosas, os romances *Parque Industrial* e *A Famosa Revista*, este dividido com Geraldo Ferraz. Djuna Barnes não é Gertrude Stein. Patrícia Galvão não é Clarice Lispector (de quem por sinal era grande admiradora). É menos e é mais. A beleza das intervenções de Patrícia encontra-se, a meu ver, mais no fragmento e na incompletude do que na realização plena e acabada de obras-primas ou obras finitas. Não era talvez fundamentalmente estético o seu objetivo principal, como autora de romances ou poemas, mas a defesa intransigente da arte e da ética — "verdade e liberdade" — afirmada na sua radical pregação em favor da arte de vanguarda ou experimental. O que não quer dizer que não tenha chegado a realizações interessantes e originais. Cumpre renunciar aos exageros de sua museisação — quer como musa, quer como protagonista do museu modernista —, desmuseisá-la, por mais atraente que possa ser a sua personalidade. Remitificá-la outra vez, mas sem mistificações, e situá-la, com todo o seu merecimento, sob parâmetros críticos e objetivos. Patrícia Galvão, revolucionária permanente das nossas letras e artes, não precisa de retoques. Existe, luminosa agente subversiva da nossa modernidade. E mais. Quem sabe ela não escreveu para poetas?

informações sobre esta edição

Esta nova edição foi revista e ampliada. Alguns dados biográficos foram retificados, à luz de novas pesquisas e informações. Acresci à bibliografia organizada por Erthos Albino de Souza as principais publicações de e sobre Patrícia que surgiram após a primeira edição.

As crônicas de *A Mulher do Povo*, assinadas por Pagu, foram completadas com a única que faltava na primeira coletânea — a denominada "O retiro sexual", do nº 3 de *O Homem do Povo* (31 de março de 1931).

Além da entrevista que dei a Mario Sergio Conti, resolvi incluir ainda o estudo introdutório da primeira edição fac-similar de *O Homem do Povo*, publicada em 1984 e reeditada em 2009. O mesmo texto foi reproduzido no meu livro *À margem da margem* (1989), há muito esgotado. Republico as duas fotos de Pagu que acompanharam o texto.

Mantive, tal como estava, o caderno de fotos da edição anterior. Apesar de várias dessas fotografias terem sido difundidas após aquela edição, a maioria foi então publicada pela primeira vez, graças principalmente à colaboração de Sidéria Rehder Galvão, irmã de Patrícia.

nota introdutória à primeira edição

A ideia deste livro — um livro que tirasse da sombra a figura fascinante de PAGU, PATRÍCIA GALVÃO — vem de longe.

Teve início, propriamente, na revista *Código* nº 2 (1975), com a divulgação do *Álbum de Pagu*, descoberto por José Luís Garaldi.

E tomou corpo com a antologia publicada por mim em *Através* nº 2 (1978) e à qual Décio Pignatari batizou, numa faixa publicitária que envolvia a capa da revista, de PATRÍCIA GALVÃO — MUSA-MÁRTIR ANTROPÓFAGA. Essa antologia foi o embrião desta outra, maior e mais ampla.

Mas, na verdade, a ideia vem de mais longe.

Vem da revelação de Geraldo Ferraz, em 1963, esclarecendo um enigma: "Quem foi Solange Sohl?".

E vem, ainda antes de ser pensada, de um poema: "Natureza morta" (1948), de Solange Sohl, cuja história é contada aqui no capítulo que leva este nome: Solange Sohl.

O livro se inicia com três visões de Patrícia: "Pagu: Tabu e Totem", que escrevi como introdução à antologia de 1978; "Pagu: Vida-obra, obravida, vida", ensaio de Antonio Risério, que também figurava nela; e "Pagu: Amadora de artes", que publiquei no *Jornal da Tarde* (14 de março de 1981). Acho que esses três flashes funcionam para dar uma panorâmica — ainda que incompleta — da nossa "musa antropófaga".

Quando tais trabalhos foram escritos, a pesquisa da vida e da obra de Patrícia estava ainda no começo. Muita coisa foi encontrada depois deles. Mas preferi mantê-los como foram redigidos, no calor das primeiras perplexidades e indagações, reservando para outras intervenções ao longo do livro novos informes sobre Patrícia e sua obra. Preservo, assim, para o leitor, um percurso de achados e descobertas que ele irá fazendo, com o autor, ao correr das páginas. Quem quiser ter, desde logo, uma descrição pontual e sistemática do itinerário de Patrícia, deve recorrer ao "Roteiro de uma vida-obra", no final do volume.

Após os "Três flashes" vem a "Antologia" das várias fases de Patrícia, em ordem, quanto possível, cronológica. Uma seleção do que de melhor encontrei entre os seus escritos, dispersos, em grande parte, pelos jornais, cobrindo mais de trinta anos de atividade. Assim reunidos, esses textos assumem um caráter bem menos precário do que se poderia supor, ostentando coerência de propósitos, vigor e multiplicidade de atuação que realmente surpreendem, quando se considera a mesquinhez do nosso meio e a desatenção com que Patrícia foi tratada até agora.

Destaque especial para dois manuscritos: o *Álbum de Pagu* ou *Pagu: Nascimento, vida, paixão e morte* (1929), que já divulguei anteriormente, e o diário a duas mãos de Pagu e Oswald, *O romance da época anarquista* ou *Livro das horas de Pagu que são minhas* (1929-31). Devo o conhecimento deste último, assim como a permissão para reproduzir algumas de suas páginas, a Rudá de Andrade, ao qual — pela confiança com que me facilitou o acesso a esse e a outros documentos de cunho pessoal e pela paciente colaboração — deixo já registrado o meu agradecimento.

Além desses trabalhos, muitos deles inéditos em livro, republico depoimentos — dentre os quais o extraordinário "Patrícia Galvão, militante do ideal", de Geraldo Ferraz, uma das fontes primeiras deste livro, e o caloroso testemunho da irmã-companheira Sidéria Rehder Galvão, a cuja cooperação também muito devo — e resenhas críticas, que considero importantes para recapturar a imagem fragmentária de Patrícia e dar-lhe vida nova. E poemas. Homenagens. Fotos. Muitas fotos. Porque elas dizem muito quando se trata de uma vida-obra.

Completam o volume uma bibliografia das obras de e sobre Patrícia Galvão, que elaborei com o auxílio de Erthos Albino de Souza, e o "Roteiro de uma vida-obra", em que procurei reunir sumariamente as principais informações que recolhi, nas pesquisas realizadas e nos trabalhos incluídos ou citados na bibliografia, de forma a reconstituir, em suas linhas mestras, o itinerário da atuação de Patrícia. A princípio um *puzzle* de algumas peças desmontadas, depois um esqueleto, o roteiro — que eu quis infiltrado da própria vida, com a interpolação de documentos e citações — acabou adquirindo um desenho, ganhando corpo e se transformando quase numa biografia sintética, apesar das muitas lacunas. E resultou, afinal, no registro espantoso de uma generosa e incessante atividade cultural, nas mais diversas áreas de conhecimento.

"Não a amamos devidamente em nossa pequenez", proclamou Geraldo Ferraz, no patético depoimento que escreveu, ao noticiar a morte de Patrícia Galvão. Culpa dos seus contemporâneos, que ocultaram de nós essa figura tão rica, humana e lúcida? Ou culpa dela própria, por ter sido mais revolucionária do que eles? É mais do que tempo de a amarmos como merece.

Quero consignar, ainda, a minha gratidão a todos quantos cooperaram na pesquisa do material e na obtenção de informações sobre Patrícia. A lista é grande e terá um registro à parte. Aqui, quero agradecer, em particular, a Erthos Albino de Souza, incansável colaborador, e a Lygia de Azeredo Campos, minha mulher, que participou apaixonadamente da pesquisa, da seleção de informações e da revisão do trabalho e cujo auxílio foi decisivo para a sua conclusão.

| 1982 |

agradecimentos a

ADELAIDE DE ANDRADE
ALBERT BORK
ANA MARIA SACHETTO
BORIS KOSSOY
BRASIL ROCHA BRITO
ESTHER CALDAS BERTOLETTI
FRANCISCO LUÍS DE ALMEIDA SALLES
GERALDO FERRAZ
JOSÉ LUÍS GARALDI
JOSÉ SEBASTIÃO WITTER
LÚCIO FRAGOSO
LUÍS SACILOTTO
MARCO AURÉLIO GARCIA
MARIA LEONOR ALVAREZ SILVA
PAULO MENDES DE ALMEIDA
PEDRO DE OLIVEIRA RIBEIRO NETTO
SIDÉRIA REHDER GALVÃO
RAUL E LUPE BOPP
TELÊ PORTO ANCONA LOPES

E AOS SEGUINTES ÓRGÃOS E INSTITUIÇÕES:

ARQUIVO DO ESTADO
ARQUIVO EDGARD LEUENROTH — UNICAMP
A TRIBUNA DE SANTOS
BIBLIOTECA MUNICIPAL DA BAHIA
BIBLIOTECA MUNICIPAL MÁRIO DE ANDRADE
BIBLIOTECA NACIONAL
FUNDAÇÃO CASA DE RUI BARBOSA
INSTITUTO CULTURAL ÍTALO-BRASILEIRO
INSTITUTO DE EDUCAÇÃO CAETANO DE CAMPOS
INSTITUTO DE ESTUDOS BRASILEIROS — IEB, DA USP
MUSEU DA IMAGEM E DO SOM, SÃO PAULO

cinco flashes de pagu

pagu: tabu e totem/

AUGUSTO DE CAMPOS

quem resgatará pagu?
patrícia galvão (1910-1962)
que quase não consta das histórias literárias
e das pomposas enciclopédias provincianas
uma sombra cai sobre a vida
dessa grande mulher
talvez a primeira mulher nova do brasil
da safra deste século
na linhagem de artistas revolucionárias
como anita malfatti e tarsila
mas mais revolucionária
como mulher

fragmentos de uma biografia extraordinária
q começa com a sua participação
aos dezenove anos
ao lado de oswald de andrade
no movimento da antropofagia
em sua fase mais radical (segunda dentição)
chegam até nós
como pedaços de um quebra-cabeças
quase tudo o que sei
está no artigo-homenagem
patrícia galvão, militante do ideal
assinado pelo "redator de plantão" da tribuna de santos
(geraldo ferraz, devotado companheiro)
em 16-12-62
três dias após a sua morte

é possível q o turbulento passado político
q cobriu de escândalo o nome de patrícia
e lhe custou anos de prisão e sofrimentos
tenha influído no silêncio
q se faz em torno dela
mas essa fase foi ultrapassada
desde o seu rompimento com o pc
de q é dramático testemunho
o panfleto político *verdade e liberdade* (1950):
"agora saio de um túnel
tenho várias cicatrizes
mas ESTOU VIVA"

passados tantos anos
podemos totemizar mais um tabu:

PAGU

e o q sobressai
é mais q as sobras de uma vida
é a imagem quebrada
mas rica
de uma vida-obra incomum
q a ação política
(a q patrícia foi levada
por um impulso generoso e apaixonado)
fraturou mas não corrompeu

será preciso
buscar nas páginas perdidas dos jornais
os traços de um retrato ainda nebuloso
mas pontilhado de luzes

não digo q tudo seja importante
mas o "álbum de pagu" (1929)
q divulguei pela primeira vez na revista *código* nº 2 (1975)
os "flashes" da "mulher do povo"
no jornal *o homem do povo* (1931)
q ela manteve de parceria com oswald
o romance *parque industrial* (1933!)
oswaldiano pré-marco zero
(apesar do pesado lastro politizante
q o sobrecarrega e retoriciza)
certos trechos de *a famosa revista* (1945)
"o protesto e a pedrada à voragem que proscreveu o amor"

(em colaboração com geraldo ferraz)
cor local
as crônicas-carne-viva de 1946-50
e as traduções de poemas e textos
literários
(entre os quais a versão de um fragmento
do *ulysses* de joyce
a primeira para o português
2-2-47)
na excelente "antologia da literatura estrangeira"
q publicava à época
com geraldo ferraz
no suplemento literário do *diário de são paulo*
por eles organizado
a crítica notavelmente precisa
q formulou à "geração de 45"
e a análise também agudíssima q fez
do abandono da revolução de 22
em artigo publicado em 9-5-48
a propósito do congresso de poesia
que então se realizara em são paulo
ou a notícia q redigiu sobre antonin artaud
em 1950
quando quase ninguém sabia dele
entre nós
— indicam q há aí
uma personalidade q não se pode ladear
muito mais lúcida e mais relevante
q a de outros tantos
cujos nomes
adornam com seus brilharecos
a história epidérmica do nosso modernismo
e das nossas letras modernas
sem nada lhe aditar de instigante
para as novas gerações

um acaso (um acaso?)
me ligou intelectualmente
a essa mulher incrível q não conheci
geraldo ferraz
revelou o mistério
de *o sol por natural*
poema q fiz motivado pelo belo texto
natureza morta de solange sohl
q eu não sabia ser

um pseudônimo de patrícia
o poema foi publicado em *noigandres* 1
(1952)
quando iniciávamos a aventura
de uma poesia nova
e eu me perguntava:
— *solange sohl existe*? *é uma só*
ou é um grupo de vidros combinados?

a ideia de reunir
estes trabalhos de e sobre
patrícia galvão
entrerretratos
em miscelânea da memória
ou disparate sensível
dos dados casuais
é a de tentar recuperar
algo de uma imagem viva
através desses pedaços
cinzas que vão ao mar e o mar espalha
sobre o mar, detrás do qual existe
pagu mara lobo patrícia
solange sohl

| 1978 |

pagu: vida-obra, obravida, vida/ ANTONIO RISÉRIO

O nome de Pagu é ouvido pela primeira vez em 1929, quando, adolescente de dezoito anos de idade, ela frequenta o ambiente contestatório do movimento de *antropofagia*, comandado pela desinibição estética e cultural de Oswald de Andrade. Mais exatamente, Pagu estreia, como colaboradora, na segunda fase — "segunda dentição" — da *Revista de Antropofagia*, detalhe importante, pois só nesta segunda fornada o movimento ganha contornos e corpo, superando o ecletismo e a superficialidade de seus momentos iniciais. Bem vistas as coisas, o "antropofagismo" se posiciona na crítica radical dos descaminhos modernistas (a vanguarda de 1922, àquela altura, acomodara-se) e no ataque panfletário ao complexo da civilização ocidental. Neste aspecto, aparece como manifestação pioneira, entre nós, do que Paul Robinson batizou de *freudian left* — "tendência oculta da psicanálise", segundo Marcuse —, examinando, de uma visada revolucionária, a dialética instinto/ cultura. Contemporâneo do herético Wilhelm Reich, o movimento define-se como tal antes mesmo de a teoria cultural freudiana receber formulação sistemática ("O mal-estar na civilização" é de 1930) ou de surgirem os primeiros analistas brasileiros. E seu "roteiro" pode ser assim resumido: antes da "descoberta", o Brasil conhecera a vida tribal, sem classes e sem a repressão civilizada aos instintos. A propriedade privada e as sublimações sexuais vieram a bordo das caravelas lusitanas. Desse modo, instalando-se no contexto clássico das utopias renascentistas, o movimento antropofágico prega a projeção do passado mítico no futuro da era tecnológica, sugerindo que o *Matriarcado de Pindorama* seja tomado como modelo para a reorganização da vida social em bases livres e igualitárias (no vocabulário marxista, teríamos o "comunismo primitivo" erigido em norma).

Em 1929, Pagu comparece na comitiva de "antropófagos" barulhentos que, indo ao Rio de Janeiro, leva uma exposição de Tarsila do Amaral. Perguntam-lhe, numa entrevista, se tem algo a publicar. Resposta: "Tenho: a não publicar: os 'sessenta poemas censurados' que eu dediquei ao dr. Fenolino Amado, diretor da censura cinematográfica. E o *Álbum de Pagu* ou *Pagu: nascimento, vida, paixão e morte*, em mãos de Tarsila, que é quem toma conta dele. As ilustrações dos poemas são também feitas por mim". Até o momento, ninguém sabe onde andam os sessenta poemas, mas o *Álbum de Pagu*, descoberto por José Luís Garaldi, foi estampado na revista *Código* nº 2 (1975). Apresentando-o, Augusto de Campos assinalou seu feitio "oswald-tarsiliano", adiantando que, embora amadorística "na expressão e no traço", ali estava uma "tentativa rara de ligar verbal e não verbal", na esteira do *Primeiro Caderno do aluno de poesia Oswald de Andrade* (1927). De fato, nos textos e desenhos leves e livres do *Álbum*, longe de condicionamentos estéticos e literários, topamos com o cultivo da paródia e da "despoetização", lirismo oswaldianamente destilado. De um lado, entre a prosa e o poema, Pagu foi surpreender a poesia. De outro, texto e traço, criou um diálogo verbal-visual (*simbólico-icônico*, diriam os semioticistas), tirando partido da mistura e do atrito de linguagens. Neste circuito, os sentidos se completam e se influenciam mutuamente. E há um contágio de formas: em presença do desenho, o texto é atingido pela visualidade, sofrendo um processo de iconização, para funcionar plasticamente. Assim se articula, com uma sensualidade de *joys of morning*, esta saudável autobiografia de *juventura*.

No ano seguinte, chegava a era das definições políticas, e os "vira-latas" (Oswald) que abandonaram os salões modernistas viram-se obrigados a se definir diante de questões mais imediatas e concretas. A revolução de 30 sacudia o país, e a crise mundial do capitalismo, deflagrada pela depressão de 1929, acabaria repercutindo na estrutura econômica da sociedade brasileira, modificando-a. Vivia-se, então, uma daquelas conjunturas em que, conforme a expressão de Celso Lafer, as discussões sobre o papel da política na sociedade ganham "intensidade prática". Escritores e intelectuais, naturalmente, não flutuam acima de tais problemas. E os modernistas "históricos" se fragmentaram em rumos variados. Pagu e Oswald, juntos, evoluíram rapidamente para posições de esquerda, "guinada" ideológica que ambos tratariam literariamente. Oswald, encarnado no Jorge d'Alvellos de *A escada*, último volume de "A trilogia do exílio" (por onde Mário da Silva Brito andou, rastreando fontes biográficas), narra sua conversão ao marxismo, instigado por Mongol ("encarnação fictícia" de Pagu, "a passionária nacional dos momentos primeiros e heroicos da luta ideológica no Brasil", ainda segundo Mário). Descontada a referência à velha stalinista espanhola — Pagu, antes de uma passionária nacional, é a Rosa Luxemburgo que temos —, a identificação é valiosa, permitindo-nos intuir o papel que ela desempenhou na evolução do pensamento oswaldiano. D'Alvellos, de olho na "revolucionária militante ligada ao subterrâneo humano da Terceira Internacional", sonha transformar-se em "artista anônimo da Revolução" (cf. prefácio ao *Serafim*), vivendo ao lado da "mulher integral, livre", que o acusou de "pequeno-burguês lancinante". Fora preciso uma mulher para fazê-lo "descobrir exatos caminhos revolucionários", escreve Oswald. Pagu, por sua vez, retrata o companheiro em *Parque Industrial*: "*... the character Alfredo Rocha, the only male developed in the novel, is patterned after Oswald de Andrade in perhaps the only fictional view of this important Modernist intellectual*", percebeu Kenneth David Jackson, em estudo sobre o "realismo social" brasileiro dos anos 1930. Alfredo Rocha é o "burguês oscilante" que lia Marx no Hotel Esplanada, encontrando uma companheira em Otávia, jovem militante que morava no Brás.

Em 1931, o casal panfletário monta uma tribuna para seus disparos irreverentes: o pasquim *O Homem do Povo*, "imprensa nanica" da época. Um jornalismo agressivo, de caráter panfletário e humorístico, cuja arma predileta era a invectiva polêmica, o ataque verbal despudorado, com um colorido ideológico "de esquerda". Depois de oito números — conforme relato de M. da Silva Brito —, o tabloide foi empastelado pelos estudantes de direito do largo de São Francisco. Em *O Homem do Povo*, além de fazer cartuns satirizando os acontecimentos em pauta, Pagu assina uma coluna feminista: A Mulher do Povo. Nestes textos, compostos de observações fragmentárias, critica hábitos e valores das mulheres paulistas, desancando o feminismo pequeno-burguês em voga, reflexo provinciano do movimento inglês dos primórdios do século. De acordo com Heleieth Saffioti em *A mulher na sociedade de classes: mito e realidade*, as primeiras manifestações feministas, no Brasil, ocorreram depois que Bertha Lutz voltou ao país, após uma temporada londrina, para se tornar líder do movimento. Sob o influxo do feminismo britânico (mais tarde, norte-americano), as mulheres brasileiras modelaram suas reivindicações na base da imitação, lutando para conseguir seus direitos políticos e estruturando suas associações por similaridade às matrizes estrangeiras. Este feminismo incipiente se caracteriza, principalmente, por sua incapacidade em partir de uma interpretação de nossa realidade socioeconômica e em adotar uma perspectiva libertária mais ampla. Nas palavras de Saffioti:

> O feminismo pequeno-burguês é insuficiente para proceder à desmistificação completa da consciência feminina, uma vez que, consciente ou inconscientemente, está compromissado com a ordem social da sociedade de classes, não encontrando, pois, outra via de manifestação senão aquela de atribuição, à categoria *sexo feminino*, de um grau de autonomia que ela não possui.

Menos refinada sociologicamente, a crítica de Pagu (cujo nome não é citado uma única vez ao longo das quase quatrocentas páginas do livro de Saffioti), em essência, é a mesma. E embora não aprofunde sua análise, daí retirando lições para um outro tipo de prática feminista, Pagu acerta. Sua visão é positiva enquanto negação de um feminismo ingênuo que, desejando transformar a situação da mulher, não atenta para a necessidade de modificar a estrutura social que engendra essa situação. Assim, Pagu quer vincular as reivindicações feministas a uma postura transformadora mais global. Que eu saiba, é a primeira vez, entre nós, que uma mulher critica o feminismo em nome do materialismo histórico (especialmente no texto que redige sob o título trocadilhesco de "Maltus além"):

> [...] temos a atrapalhar o movimento revolucionário do Brasil uma elitezinha de "João Pessoa" [obs.: provavelmente, um deslize geográfico de Pagu, querendo se referir ao Rio Grande do Norte, primeiro estado brasileiro a conceder direito de voto às mulheres] que sustentada pelo nome de vanguardistas e feministas

berra a favor da liberdade sexual, da maternidade consciente, do direito de voto para "mulheres cultas" achando que a orientação do velho Maltus (sic) resolve todos os problemas do mundo.

Ao contrário, não só "Marx já passou um sabão no celibatário Maltus", como "os problemas da vida econômica e social ainda estão para ser resolvidos". E mais: "O materialismo solucionando problemas maiores faz com que esse problema desapareça por si" — crença que, de resto, deve ter influenciado na ruptura de Pagu com o stalinismo (a União Soviética, todos sabem, era um colégio interno; e, fora da órbita soviética, o moralismo chinês faria a rainha Vitória se sentir reprimida). O tema será abordado ainda, incisivamente, em seu "romance" *Parque Industrial*. Nos anos 1940, sem o panfletarismo de antes, ela retornará ao assunto, observando, de passagem, que a crescente intelectualização das mulheres conduziria a um questionamento cada vez maior da instituição do casamento. Escreve:

> A mulher de todos os séculos civilizados só conheceu uma finalidade — o casamento. O seu lugar ao sol, agasalhada pela sombra viril e protetora de um homem que se encarregasse de todas as iniciativas. Todos os anseios e necessidades paravam neste ponto, com o consequente sofrimento incluído no contrato.

Militando, agora, nos quadros do milenar Partido Comunista Brasileiro, Pagu segue a palavra de ordem da organização: "proletarizar-se". Apanhada num comício em Santos, ela vai se tornar, segundo Geraldo Ferraz, a primeira mulher presa, no Brasil, por motivos políticos. Fruto da vivência proletária e partidária dessa época, traz à luz, em 1933, o livro *Parque Industrial*, estampado com o pseudônimo de Mara Lobo. Saudando-o, naquele ano, João Ribeiro falou em "panfleto admirável de observações" e "libelo em forma de romance". Na mesma data, Oswald publicava *Serafim Ponte Grande*, radicalizando as experiências textuais anteriores das *Memórias sentimentais de João Miramar* (1924). Construindo-se fragmentariamente como uma colagem de *takes* da vida proletária no bairro do Brás, em São Paulo, a obra de Pagu vem, justamente, instalar-se no campo estético balizado pela nova prosa oswaldiana.

A influência de Oswald sobre *Parque Industrial* é detectável desde o plano macroestético da estrutura da obra até ao nível microestético dos arranjos frásicos, entrando pela seleção vocabular e não deixando escapar sequer os recursos à metonímia e ao ready-made linguístico. A técnica é oswaldiana, de extração cinematográfica, operando por uma sintaxe de justaposição direta dos fragmentos (cenas breves; "tomadas" compondo "sequências") que, reunidos, criam os contextos.

O raconto é seccionado por cortes bruscos e, em consequência da técnica adotada, as personagens, como no cinema, são retratadas em seu "estar fenomenológico" (Merleau-Ponty). "*Flat characters*", na terminologia de Forster — personagens planos, facilmente identificáveis, colhidos em seu comportamento social, ações e relações visíveis, nunca em mergulhos introspectivos.

Destaque-se, ainda, a franqueza sexual de Pagu. Temas e cenas sexuais são abordados sem eufemismo ou literaturização. E também aqui ela descende de Oswald. Quando este publicou seu primeiro romance, *Alma* (1922), foi acusado de licenciosidade por uma crítica chocada com cenas como aquela em que a protagonista, com as pernas retesadas, convida o macho implacável. Roger Bastide viu que o romance oswaldiano representava a falência de uma determinada concepção do amor. Oswald seria o ponto final de uma frase iniciada por Machado de Assis. Se este foi o responsável pela introdução do "amor romântico no interior da família burguesa", aquele fixou, literariamente, a "decomposição desse romantismo amoroso". Pagu bate a mesma estrada. Educada em Freud pela *antropofagia*, reclama uma sensualidade sadia e "autoconsciente" (o lado esquerdista), sabendo que toda moral é uma moral de classe e que as perversões neuróticas têm sua origem não na livre gratificação instintiva, mas sim no represamento da libido.

Apesar de todo o influxo oswaldiano, há um lugar onde Pagu antecipa o mestre: aplica uma injeção política na técnica do *Miramar*, antes de Oswald produzir *A escada vermelha* (1934), *Marco zero* (1943 e 1945) e as peças teatrais. *A revolução melancólica* (1943), tentativa de "afresco social" e "romance mural", acionando a estética simultaneísta de uma mirada política, é um projeto ambicioso. Seu tema é o levante armado de 1932 (lamentável, aí, que Oswald tenha preferido a enfermaria ao front, e o muito que perdeu pode ser avaliado pela leitura de *Palmares pelo avesso* (1947), de Paulo Duarte). Pagu é mais modesta. Ao invés do largo panorama social, optou pela crônica ágil da vida das classes baixas na capital paulista. Além disso, seu texto precário e imaturo não só descamba, com frequência, para o caricatural, como não demonstra a capacidade analítica de Oswald, quando este focaliza as forças engajadas no movimento constitucionalista, para identificá-las ideológica e economicamente.

Pagu nem sequer trata a vida proletária paulista em geral. Detém-se no comportamento do proletariado urbano feminino. Criticando a sociedade burguesa, de um ângulo socialista, é levada a ferroar a aristocracia paulista, ferindo velhos círculos sociais frequentados pelos modernistas de 22. Concentrando-se nas mulheres operárias e lumpemproletárias, satiriza o feminismo burguês, acompanha moças pobres seduzidas, com promessas casamenteiras, por conquistadores ricos, seguindo, particularmente, a trajetória de Corina rumo à prostituição. Através de militantes como Otávia e Rosinha Lituana, mostra a necessidade de se dar uma consciência classista às mulheres dos operários, de modo que estas, apavoradas pela repressão policial, não tentem impedir a participação dos maridos nas movimentações sindicais. A única personagem masculina de peso, no livro, é Alfredo Rocha. Afora ele, o retrato é de massas: "Adeus cinco por cento no salário miserável! Oitenta mil operários se desiludem e põem aspas na Revolução!", escreve, aludindo, possivelmente, a uma promessa do interventor João Alberto.

Redigindo seu livro num momento de empolgação ativista, Pagu exagera na dose política. Sugerir a abolição de temas políticos no âmbito da produção estética é incorrer no avesso da moeda zdanovista. Mas, ao mesmo tempo, o texto literário constrói uma determinada organização do mundo. Ferir a lógica textual é derrapar em atavios, enxertos e ornamentos. Esta, quem sabe, a razão que levou Engels a recriminar, na obra literária, a exibição muito explícita das opiniões políticas do autor. E Alain Badiou chamou a atenção para a existência frequente, em textos estéticos, do que denominou conteúdos ideológicos *separáveis*, caracterizados por produzirem, per se, "um efeito de significação completa", possuindo "a estrutura lógica de uma proposição universal" e não se referindo "contextualmente a nenhuma subjetividade". São verdadeiros enclaves ideológicos implantados no texto, desajustados estruturalmente e funcionando de modo isolado. *Parque Industrial* ressente-se do peso excessivo de tais enunciados destacáveis. Clichês político-partidários (o jargão da militância) irrompem aqui e ali, imunes ao ambiente textual.

Esta ignorância do contexto do texto, com o lugar-comum e o retoricismo consequentes, é o grande pecado do livro.

Publicado *Parque Industrial*, Pagu deixa o país. O trabalho político diário, em condições adversas, conduz ao esgotamento físico. Cansada, e talvez visada pela polícia, Pagu segue para o exterior, percorrendo os Estados Unidos, Japão, China, União Soviética, Alemanha e França. Durante o périplo, trabalha como correspondente dos jornais *Correio da Manhã*, *Diário de Notícias* e *A Noite*. De passagem pela China, torna-se um dos responsáveis pela introdução da soja no Brasil. Conta Raul Bopp:

> A escritora Patrícia Galvão, [...], numa viagem ao Oriente, fez relações de amizade com Mme. Takahashi, [...], casada com o Diretor da *South Manchurian Railway* [...]. Com a influência de sua amiga, Pagu tinha fácil acesso ao Palácio em Hsingking. Conversava informalmente com o jovem imperador Puhy. Ambos pedalavam as bicicletas, dentro do parque amuralhado da residência imperial. Quando, numa de suas viagens a Cobe, Pagu me narrou o ambiente de familiaridade que existia em Hsingking, pedi que ela procurasse arranjar com Puhy algumas sementes selecionadas de feijão-soja.

Logo, Bopp receberia, procedentes da Manchúria, dezenove saquinhos com sementes de soja, que foram enviados ao Brasil e depositados em viveiros de aclimatação. Na mesma época, Mao Tsé-tung e companheiros, depois de longa e famosa andarilhada, haviam declarado guerra ao invasor japonês na Manchúria. Pu Yi, que em criança fora imperador da China, era um fantoche manobrado pelo expansionismo nipônico. A comunista Pagu saberia disso tudo, enquanto pedalava nos jardins do palácio? Talvez. E quem sabe seguisse cegamente o Komintern, que nunca levou Mao a sério, insistindo no caráter democrático-burguês da Revolução Chinesa, assim aninhada sob as asas do Kuomintang e de seu chefete Chiang Kai-Shek, que chegou a ser condecorado por Stálin.

De acordo com G. Ferraz, Pagu, chegando a Paris, arrumou uma identidade falsa, Leonnie, alistando-se na *jeunesse communiste* do Partido Comunista Francês (PCF). Quando Rosinha Lituana, personagem de *Parque Industrial*, é presa, comunicam-lhe, no interrogatório, que será expulsa do país ("Você é estrangeira"). Ela fica triste com a notícia. Sentirá saudades do Brás e do Brasil. Consola-

-se apenas com a lembrança de que, "em todos os países do mundo capitalista ameaçado, há um Brás...". O nome disso — lembrem-se, que as esquerdas se esqueceram — era *internacionalismo proletário*. Pagu, na França, sofre destino semelhante ao da personagem que criara. Presa, identificada como estrangeira, é ameaçada de deportação para a Alemanha ou a Itália, onde serviria de merenda a nazi-fascistas. O diplomata Souza Dantas intervém, conseguindo embarcá-la de volta ao Brasil.

Pagu (em "mísero estado", diz Alfredo Mesquita) desembarca num país agitado. Entre 1933-35, o cenário político brasileiro apresenta, em seus extremos, a Ação Integralista e o Partido Comunista Brasileiro (PCB). Todos reagem diante da polarização ideológica. Entre os modernistas "históricos", os do grupo *Anta*, "verde-amarelistas", envergam a camisa verde do fascismo caboclo. Os da ala "antropofágica", antes disso, já haviam sido atraídos, irresistivelmente, para o pensamento de esquerda. Pela primeira vez, entre nós, o "perigo vermelho" trazia alguma ameaça ao poder. A Aliança Nacional Libertadora (ANL), agrupando, numa "frente única", elementos de esquerda, sindicatos, alguns tenentes etc., expandia-se sob a presidência geral de Luís Carlos Prestes. Ao radicalizar suas propostas, a ANL foi fechada pelo governo, fragmentando-se. Os comunistas, em resposta, optaram pela insurreição armada. Otimista, Prestes esperava que a revolta militar despertasse uma adesão massiva. Mas o que ficou patente, na verdade, foi a incompetência militar do PCB. Com o fracasso do levante, todos os suspeitos foram caçados, milhares de pessoas, presas, outras tantas, torturadas, e algumas, eliminadas fisicamente. Pagu, uma vez mais, foi trancafiada atrás das grades. Desta vez, por um período de cinco anos.

Em 1940, ao sair da cadeia, rompeu definitivamente com o PCB, mergulhando numa crise existencial. "O luar! Há duzentos anos não vejo o luar", escreve numa das crônicas que assina sob o pseudônimo de Ariel (1942), avisando que se sente gasta e cansada, embora disposta a prosseguir "a luta dos náufragos no alto-mar". Nesta fase, sua principal ocupação é combater, consigo mesma, contra a desistência. Em duas crônicas — *Le Démon m'a dit* e *Ainda o diabo* — recorre ao motivo bíblico para expor sua situação. O "demônio", vendo-a "sedenta", "cansada", "sem horizontes econômicos", oferece-lhe, desde que ela renuncie às ideias que defende, todas as facilidades do mundo. "O diabo com certeza esqueceu que eu não gosto de maçãs", rebate, acrescentando: "É possível porém que eu me decida um dia a enterrar os dentes na polpa aveludada desta fruta. Por enquanto, ainda prefiro os abacaxis".

Pagu foi moída nas engrenagens da máquina stalinista. Mas sua reação aberta contra o PCB, que eu saiba, só se deu em 1945. Neste ano, participa, com Geraldo Ferraz e Mário Pedrosa, entre outros, do grupo que edita a revista *Vanguarda Socialista*, da qual não conheço nenhum exemplar. Diz a lenda que a publicação divergia francamente do Partidão, golpeando, aqui e ali, a política stalinista. Ainda em 1945, Pagu publicou *A Famosa Revista*, seu segundo romance, escrito de parceria com Ferraz. Note-se que, durante sua vida, Pagu produziu apenas dois romances, separados entre si por uma dúzia de anos. O suficiente para que o segundo livro fosse o oposto do primeiro. *Parque Industrial*, livro de entusiasmo militante, é uma apologia do Partido e fala de uma crença inabalável na proximidade da revolução libertadora. *A Famosa Revista*, vindo após a ruptura com Moscou, efetivada na filial brasileira, é uma denúncia implacável dos males do "partido monolítico". Mas as dessemelhanças vão além. *Parque Industrial* era um trabalho desataviado e despojado, pipocando no ar quando ainda não havia assentado a poeira da explosão oswaldiana. *A Famosa Revista*, ao contrário, foi obra elaborada com minúcias de artesão, mas nem assim o resultado veio a ser mais estimulante. Ferraz e Pagu quiseram escrever um livro "poético", onde o preciosismo verbal afunda sob o metaforismo movediço. Extravagância retórica. Sérgio Milliet, por exemplo, criticou-lhe o excesso de originalidade. Penso, ao contrário, que o mal esteve justamente ali onde a ousadia falhou. A inquietude formal está presente, decerto, principalmente na recusa da narrativa tradicional, cuja linearidade, no caso, é perturbada pelo fluxo de motivos e situações ("associação de ideias"), que desarticula, na base, o encadeamento lógico das cenas. Esta subversão da ordem causal penetra até mesmo na estrutura das frases. Mas o diabo é que os autores quiseram embelezar o livro, carregando na maquiagem. E o caminho da poesia foi atravancado pela "poetização". Para compensar, temos um belo momento sempre que Pagu e Ferraz acertam a mão:

> Rosa continuou a viagem através do mundo. Dormiu na rua do Jade, banhou-se nos lagos de lótus, comeu sementes perfu-

madas, pesquisou dedos elétricos, viu corações vivos, correu e lutou, comandou, acenou para bandeiras sangrentas, praticou misérias e voos.

Seja como for, *A Famosa Revista* é um trabalho de interesse. De um lado, vale como documento antistalinista, flagrando o enrijecimento autoritário do Partido e sua exacerbação burocrática (no livro, os membros da organização substituem a saudação de *camarada* pelo tratamento mais adequado de *funcionário*), quando a baixeza dos meios já havia triunfado definitivamente sobre a grandeza dos fins. De outro lado, sem dúvida, está entre as melhores coisas que a literatura brasileira produziu na década de 1940, embora não tenha a força e a "tensão psicológica" de *Perto do coração selvagem*, de Clarice Lispector, nem as virtudes da linguagem rosiana, que então se ensaiava em *Sagarana*.

Entre 1946-48, Pagu integra, sob a coordenação de Ferraz, a equipe do Suplemento Literário do *Diário de São Paulo*, espécie de *avant-première*, culturalmente inferior, do que Mário Faustino faria, maravilhosamente, no *Jornal do Brasil*. Entre outras coisas, o suplemento trazia artigos de Aurélio Buarque de Holanda e Otto Maria Carpeaux; textos críticos de Ferraz sobre artes plásticas; Mário Pedrosa examinando os móbiles de Calder; matérias sobre existencialismo e outros temas em voga na época etc. Semanalmente, escolhia-se um autor para figurar, seguido de nota crítica e traduções, na seção *Antologia da Literatura Estrangeira*, onde desfilaram personalidades literárias como Valéry, Joyce (fragmento de *Ulysses* traduzido por Pagu), Soffici, Jarry, Mallarmé (acompanhado pelos extraordinários ensaios de Valéry sobre o *Coup de Dés*), Apollinaire e outros.

Escrevendo em "tempos de massas, alimentícias, moscovitas e outras", Pagu assinava a seção Cor Local, onde, ocasionalmente, realizava alguma incursão no campo da crítica literária, tendo, como disposição básica, o combate cultural. Em observações esparsas e necessariamente esquemáticas, desfere notas críticas agudas, reclamando da ausência de rigor em nosso ambiente literário. E convoca o termo *desistência* para caracterizar o ralo contexto cultural em que intervém, salientando, *grosso modo*, que aqueles escritores que, na vigência do Estado Novo, desculpavam sua inércia pela falta de liberdade no país, arranjaram, após a queda de Vargas, quando o país ingressava numa fase de recuperação democrática, a desculpa mais prosaica de que precisavam ganhar a vida. Assim, andavam todos emaranhados, funcionariamente, nas malhas da burocracia, enquanto sonhavam em produzir best-sellers. Neste contexto, nadando contra a maré, Pagu observa o comportamento dos críticos literários, o surgimento de novos autores, o arreglo final do movimento modernista e a ascensão do "dirigismo" estético. Faz uma pergunta a Sérgio Milliet que ainda hoje pode ser repetida à maioria de nossos críticos de ofício: como ser tão exigente com a literatura estrangeira e, ao mesmo tempo, tão complacente com a "prata da casa"? E diante da notícia de um prêmio oficial para ensaio sobre Castro Alves, comenta: "Estão oferecendo duzentos mil cruzeiros pela cabeça do poeta...". Quanto aos novos escritores, está atenta. Sublinha, no rol dos estreantes, o nome de Clarice Lispector. Uma exceção, contudo. Pagu não caía no engodo da quantidade dos concursos literários e suas legiões de beletristas: muitos versos, nenhuma poesia, declara. Mestres e discípulos têm os mesmos cabelos brancos. Para a nova geração, só um conselho surpreendente: "Por que vocês não leem *Tarzan*, hein? Pelo menos principiariam sabendo que existe uma coisa chamada aventura, descoberta, audácia". De outra parte, não poupava os modernistas da primeira hora, agora nostálgicos dos bons velhos tempos da década de 1920. Necessitava-se de uma revisão da obra modernista, norteada por um prisma rigoroso, para denunciar os frutos pecos de 22.

> O que é incrível é que o movimento modernista tenha procriado uma raça de gente tão diversa. Editoras congestionam tipografias. Livraria que é mato. Disputam-se até livros caros. E a terminologia é infernal, tão notável é um Kafka quanto um "rebento" que pode pagar um editor para se colocar na lista de "editado".

E ainda:

> O volante sobre "O que fizemos em 25 anos", se eu o planejasse, não incluiria como está lá, tanto bobo alegre, tanto sujeito que anda para trás, de pés virados, uns heterogêneos inteiramente sem jeito e sem sinceridade, para contar o conto de vigário que foi a sua vida.

Por fim, Pagu, apoiando uma pergunta de Carpeaux — "por que essa gente que escreve romances sociais, não escreve então relatórios?" —, contesta a literatura "dirigida", consequência desastrosa da política cultural zdanovista. Rebelando-se contra a tentativa estéril de limitar a criação estética à tarefa de confirmar verdades sociológicas estabelecidas de antemão, escreve:

> A fanática gente da literatura social, [...], continua a pensar que está contribuindo para a remoção das pedras da sociedade vigente. Conforme a expressão preferida de Marx, leitor de Balzac, e de Lênin, leitor de Púchkin: "Uma obra literária só existe em função de seu valor literário"; "tout le reste est littérature". O nosso colega Carpeaux diz mais: "Nem literatura".

Mas onde mais claramente ela se expressa sobre o contexto literário brasileiro, no período que vai de 1922 a 1948, é em sua *Contribuição ao Julgamento do Congresso de Poesia* (*Diário de São Paulo*, 9 de maio de 1948). O Congresso, realizado na capital paulista, foi uma promoção da chamada Geração de 45, buscando afirmar a existência de uma nova poesia em oposição à estética de 22. Hoje, é fácil avaliar corretamente a obra de "45", nítido retrocesso em relação ao modernismo, resumida à prática de uma poesia à parnasiana, estetizante, fechada num ritual formalista. Mas, na época, não era bem essa a visão da crítica. O influente Tristão de Athayde, por exemplo, decretou a falência da linguagem de 22, para saudar os novos rebentos raquíticos com a denominação, absolutamente imprópria, de "neomodernismo". Recusando a jogada, Pagu analisa a tese de Domingos Carvalho da Silva, apresentada ao Congresso, para frisar que sua importância está, unicamente, no fato de representar uma corrente literária. Em si mesma, não passava de "uma tentativa sonolenta de manifesto". Contrariando o coro dos contentes, adianta que o Congresso, reeditando "tão limitadamente a Semana de Arte Moderna de 1922, ofereceu o espetáculo triste de um grupo de jovens satisfeitos consigo mesmos...". E acrescenta:

> Os germes de 22 estão frutificando. A própria sublimação da tese do sr. Domingos Carvalho da Silva é um reflexo, nítido, em sulco profundo, da existência daquele marco. Está ainda tão vivo, como "possibilidade", que ninguém pode viver sem ele em São Paulo,

necessitando-se "matá-lo" para que a arte, no caso a poesia, deixe aquele amante e o seu amor. Dostoiévski sabia disso, e o cidadão Kane também.

Avisa que Domingos Carvalho da Silva, tomado como representante do grupo de 1945, "tem de fazer no mínimo uma revolução, se quiser se qualificar pelo menos como soldado raso da nova investida". E conclui, em caixa-alta: "SÓ UMA OUTRA REVOLUÇÃO ARTÍSTICA PODE SUBSTITUIR NA HISTÓRIA E NA EVOLUÇÃO DA NOSSA SENSIBILIDADE E DA NOSSA INTELIGÊNCIA A REVOLUÇÃO DE 22". E a verdade é que Pagu seria inteiramente confirmada pelos fatos futuros. Os novos caminhos da poesia brasileira, em seus momentos mais brilhantes e inventivos, ratificariam sua visão, não só promovendo "uma outra revolução artística", como recusando o convencionalismo de 45 e trazendo a si as conquistas e a aventura de 22 para, especialmente, recuperar a figura de Oswald de Andrade.

Investindo contra a falácia estética de 45, Pagu examina criticamente o modernismo. Em seu entender, 22 foi um "marco revolucionário" ("os dez dias que abalaram o mundo na literatura brasileira"). Frisa, entretanto, que o movimento foi importante

> não porque fosse caracterizado por um pensamento de exportação de poesia e de libertação de formas, podres e mortas. Mas porque 22 foi o nosso reflexo provinciano do maior movimento de revisão nas artes que se produziu no mundo e na história. Em um período de vinte anos [...], na poesia, conhecemos desde o simultaneísmo até o surrealismo. É a quadra de Proust, de Rilke, de Joyce, do futurismo, de Apollinaire, da *Nouvelle Revue Française*, de Fernando Pessoa, de Max Jacob, de García Lorca, da revolução na tipografia, da presença de Freud.

No Brasil, tudo começa com o impacto do estardalhaço futurista, cantando "corações elétricos" e demolindo o velho arsenal retórico. Oswald pensa, igualmente, que a obra da geração modernista, no rastro das vanguardas europeias, foi acertar "o relógio império da literatura nacional". Por outro lado, Pagu acredita que os modernistas não completaram seu trabalho. "Houve uma grossa traição", acusa. Os militantes de 22 desertaram.

Diante da antropofagia, ramificação de 1928, Mário de Andrade confessava que só se mantinha na primeira fase da "Revista", para manter o "aplomb". Deu-se então o estouro da boiada. A revolução de 22 acabou, embora até hoje o sr. Oswald de Andrade permaneça de facho em riste, bancando o Trótski, em solilóquio com a revolução permanente.

O movimento desmembrou-se definitivamente após a radicalização antropofágica, última investida do espírito modernista.

Na nossa vida semicolonial, continuavam a ser ouvidas as vozes do mundo: o movimento literário, intelectual, brasileiro, dividiu-se em três correntes nítidas. Mário de Andrade mantém-se, com o seu grupo, muito próximo e dentro mesmo, do Partido Democrático, que se distende até o movimento constitucionalista; Oswald de Andrade e o seu grupo, na pesquisa do socialismo, distribui-se pelas ideias da extrema esquerda até o comunismo militante, cuja experiência fizeram nos primeiros anos após 30; e o grupo que saíra de uma mitologia sob medida talhada no totem da *Anta*, tingida pelo verde-amarelismo, encarnaria o mussolinismo caboclo, é Plínio e os seus integralistas.

Pagu jamais vacila em declarar o que pensa de Mário e Oswald, a dupla fundamental do modernismo. Se o primeiro recuou, o segundo sonhava uma revolução estética permanente. E Pagu não perdoava as hesitações e a ambiguidade de Mário, sempre disposto a contrabalançar cada arrancada "futurista" com a homenagem a certos "mestres do passado". Retomando a fórmula de Haroldo de Campos, diríamos que, no espírito de Pagu, Mário representava a reforma. Oswald, a revolução. Na primeira crônica de Cor Local, Pagu destaca o perfil oswaldiano, para contrastá-lo com o pano de fundo de uma conjuntura literária estagnada:

Ainda bem que lhe encontro, Oswald de Andrade, madrugando à porta do livreiro da rua Marconi, primeiro na "fila", para comprar os *NRF* [*Nouvelle Revue Française*] acabados de chegar. Ainda bem que continua nem que seja como historiador, procurando ressuscitar a antropofagia, revisá-la, transformá-la — ou então inventar qualquer outra coisa.

De fato, Oswald retomara as teses antropofágicas desde 1944, reforçando-as com análises marxistas, onde se destacava a urgência em se tomar "das mãos aferradas da burguesia o monopólio dos meios de produção". Para Antonio Candido, as discussões de Oswald eram concentradas em tópicos de antropologia e filosofia, e ele afirma:

> A partir de 1945 tornou-se cada vez mais um estudioso, preparando-se para desenvolver o tema da crise da filosofia ligada ao patriarcalismo, que foi para ele a praga da história do Ocidente. Matriarcado redentor, utopia, messianismo eram os pontos principais de sua reflexão.

Mário? Na crítica à Geração de 45, Pagu registrava:

> Politicamente mais atrasado do que todos, como militante, Mário de Andrade realizou a sua evasão na poesia, dedicando-se também a objetivos pedagógicos, que era o seu meio de se tornar um "chefe", um "duce" da juventude. Sua intensa atividade de missivista equivale a um apostolado. Por ser a figura com maiores possibilidades de uma unificação do movimento modernista, ele simboliza o recuo sofrido com a fragmentação verificada desde 1928. Suas responsabilidades são enormes, e ele o confessa ao único agrupamento que surgiu com possibilidades desde a antropofagia: o grupo que produziu a revista *Clima*. Leia-se a sua "Elegia de abril", que é um balanço, e precariamente feito, da "inteligência nova" do Brasil. Veja-se como ele culpa a inteligência de ter sido "a mais fácil de se perverter a si mesma", transformando-se numa justificação dos atos, derivados do "enfraquecimento da sensibilidade", reduzida a "costume". Por isso ele recomenda que se obedeça mais à sensibilidade, mas tempera este conselho com um "talvez", pois vive incerto. Sempre viveu incerto: nele é que se deu, mais do que ninguém, a tragédia de haver se esquecido de si, do amor, dos sentimentos. Há sete anos, exatamente, em maio de 1941, Mário de Andrade denunciava o tema da desistência, mas não via que ele fora o primeiro que desistira: desistira do verdadeiro papel que poderia ter tido, lembrando-se, muito tarde, de reeditar o conselho de Goethe aos moços de seu país, pedindo que se *superassem* porque "não convém à inteligência brasileira se

satisfazer tão cedo de suas conquistas". A essa desistência é que nós chamamos "traição".

Numa crônica lírica de recordações afetuosas do professor do Conservatório ("Depois de amanhã Mário de Andrade", Cor Local, 23 de fevereiro de 1947), Pagu já criticava o Mário hesitante, que ali aparece comendo amendoim, dono dos terrenos de Macunaíma, convidado para um passeio imaginário:

> Venha comigo por esta Pauliceia sem desvario nenhum, onde se esganam os meninos de ontem que, afinal — que diabo — tinham um visto no passaporte e era você, Mário, que displicentemente tinha feito este mal, carimbando a folha branca do prefácio com a firma reconhecida das tuas elegias, porque, afinal, você ia embora, que os tais se danassem. Mas eu, de braço dado com você agora, por esta ladeira do Piques, que diabo, isso não era honesto.

O ataque final é comovente:

> Eu lhe acuso, meu poeta e professor, pelo melado de engodo em você, que podia condenar e corrigir, e varrer a chicote os vendedores ambulantes dos degraus daquela nossa casa, casa velha, arruinada, com inflação, eu lhe acuso — você é o principal responsável por esta massa falida. Se não era líder, por que dançou?

Com a chegada da década de 1950, Pagu parte para novas empresas. Conta Alfredo Mesquita que, quando a conheceu, ela vinha de fundar, em Santos, a Associação dos Jornalistas Profissionais, ao tempo em que preparava uma coletânea de peças de Ibsen, comemorativa do centenário do dramaturgo dinamarquês. Desde 1952, era aluna aplicada da Escola de Arte Dramática (EAD), de São Paulo, onde demonstrava profundo interesse pela criação teatral de vanguarda. Como exercício escolar, criou peças curtas em um ato (uma delas, em cópia datiloscrita, pode ser lida na biblioteca da Escola de Comunicação e Artes, na Universidade de São Paulo [ECA-USP]) e traduziu *A cantora careca*, de Eugène Ionesco, apresentando o trabalho em sala de aula (entre os presentes, Cacilda Becker). Foi a primeira vez que, traduzido, Ionesco foi encenado no Brasil. "Essa mesma versão — a de Patrícia — veio a ser, mais tarde, aproveitada — sem que se nomeasse a autora — por Luís de Lima, nos espetáculos profissionais dessa peça", informa Mesquita.[1] Prosseguindo suas atividades teatrais, Pagu, em Santos, formou grupos amadores de teatro e lutou, com sucesso, pela construção do Teatro Municipal de Santos. Em 1950, em artigo para o *Diário de São Paulo*, comentou a trajetória estética e existencial de Artaud, quando ninguém, entre nós, falava do criador do *teatro da crueldade*. Recentemente Plínio Marcos reconheceria uma dívida pessoal: Pagu foi a primeira pessoa a lhe falar de Nelson Rodrigues e a insistir para que ele conhecesse a obra de Beckett. Segundo Plínio, Pagu, numa ida a Paris, onde seria submetida a uma intervenção cirúrgica, "descobriu um rapazola assustado e faminto, vivendo de expediente e que escrevia peças teatrais". Ela e Ferraz se tornaram, então,

> as primeiras pessoas do mundo a acreditarem nesse moço, pegarem uma peça que estava pronta, *Fando e Lis*, trazerem para o Brasil, mais precisamente para Santos, traduzirem, reunirem o seu grupo de teatro amador e promoverem então a avant-première do então mocinho Arrabal.

Em 1965, três anos após a morte de Pagu, Paschoal Carlos Magno inaugurava, no Rio, a *Aldeia*, imensa escola de arte numa fazenda em Arcozelo, e procurando um nome para dar ao pátio do colégio encontrou o de Patrícia Galvão. E Alfredo Mesquita criou a Biblioteca Patrícia Galvão na EAD (para onde ela enviou seus livros) — temos má memória, como reclama Plínio: hoje, a biblioteca pertence à ECA-USP, e nem sombra de Pagu no local... Mas, voltemos à política.

Em 1950, Pagu concorre, pelo Partido Socialista Brasileiro (PSB), a uma cadeira na Assembleia Legislativa de São Paulo. Politicamente, seu momento menos atrativo. O PSB — cuja denominação de "socialista" nunca foi muito cabível, segundo Afonso Arinos — era um partido elitista (e não uma organização política de vanguarda, o que é diferente), sem apoio eleitoral de massa e sem maior força doutrinária ou ideológica. Conjunturalmen-

1 A tradução utilizada por Luís de Lima era de sua própria autoria. Ver, a propósito, o texto "Ionesco", de Patrícia Galvão, e a nota respectiva, na seção Teatro Mundial Contemporâneo. [Esta e as demais notas chamadas por números são do organizador.]

te, estava espremido, à direita, pela União Democrática Nacional (UDN), à esquerda pelo PCB. Em sua campanha eleitoral, Pagu atacava a extrema direita e a esquerda stalinista, buscando solapar forças estabelecidas na cena política do país. Dirigia-se, em especial, a esquerdistas desiludidos e a dissidentes potenciais do PCB. Assim, evitava sistematicamente as massas, relegando o grosso do eleitorado a um plano secundário e condenando sua candidatura, de antemão, ao fracasso. Crítica virulenta do Partidão e ataque não menos irado ao getulismo, seu panfleto eleitoral, *Verdade & Liberdade*, é um dos documentos mais impressionantes da história política brasileira: "CONTRA UMA ESQUERDA TOTALITÁRIA que distribui palavras de ordem arruinando a democracia, e CONTRA UMA DIREITA REACIONÁRIA, que não quer ver que a civilização atual esgotou as suas possibilidades de permanência dominante".

Pagu estava com vinte anos de idade, começando a se interessar pelas propostas da esquerda, quando eclodiu a Revolução de 30. Sua formação intelectual e política processou-se, em larga medida, no período histórico dominado pela figura de Vargas. Presa, pela primeira vez, nos primórdios da era varguista, também assistiria, do cárcere, aos três primeiros anos da ditadura implantada em 1937. E exatamente em 1950, quando fazia sua rentrée política, lá estava o ex-ditador Vargas retornando ao palco, posando de democrata, para disputar (e vencer) as eleições presidenciais. Pagu não perderia a oportunidade de desfechar golpes rudes e raivosos no "pai dos pobres". Assim, combatendo a "direita reacionária" (pleonasmo perdoável), mirava, em primeiro lugar, o getulismo. Secundariamente, desancava outras personalidades direitistas, do chefete integralista Plínio Salgado à flacidez popularesca de Ademar de Barros:

> BASTA DE MISTIFICAÇÕES — Quando o boneco senil chupando chimarrão compara o seu partido com o Partido Trabalhista Britânico, espanta que as pedras da rua não saiam do calçamento para apedrejar tanta desfaçatez. Espanta que uma imensa gargalhada não se faça ouvir por todos os recantos deste país [...].

Polêmica, primando pelo despudor verbal, Patrícia conhecia a distância entre a retórica populista e a situação real da sociedade brasileira. Desconfiando da "paz social" getulista, ao criticar os quinze anos "de governo de um mentecapto", centra seu ataque no tópico do custo de vida, revelando a natureza falsa do "distributivismo" de Vargas. Em outra passagem, a bordoadas impiedosas, nivela direitistas e esquerdistas.

> HOMEM que me ouves, sai da tua prisão! ROMPE os grilhões que, mais do que escravizar-te, te cretinizam, enfrenta os imbecis camuflados de duce, esses führers de todos os teus minutos, esses improvisados condutores de supersticiosas "cadeias de felicidade", vendedores de bananas — quer se chamem Plínio Salgado, Luís Carlos Prestes, Ademares, Borghis, Caios & Cia., turbas de prestidigitadores!

Tendo aprendido, com a esquerda, a desconfiar da direita, Pagu teve de aprender sozinha a desacreditar numa esquerda viciada, dogmática e inescrupulosa. Esta consciência foi adquirida no interior das engrenagens implacáveis da máquina partidária stalinista, cujo fanatismo é francamente religioso (Hobsbawm, pesquisando na Itália, constatou, surpreso, que boa parte dos secretários de célula do Partido Comunista Inglês ([PCI] também pertence à seita das Testemunhas de Jeová). Nem mesmo na prisão Pagu escapou às pressões do Partido, ao ponto de sentir-se feliz ao ser transferida para um presídio comum de mulheres: "... meus companheiros do presídio político, no Rio, esses que possuíam pregos para fincar na minha cabeça, e na ponta de cada prego a palavra SIM". Entre prisioneiras comuns, estava livre dos "percevejos" do Partido: "Uma assassina chorava me olhando, monte de ossos que fora ali jogada". Seu caso, ainda assim, não era uma exceção, mas o pão de cada dia da era stalinista. Fala Deutscher:

> A concepção de Stálin do partido monolítico foi uma de suas utopias terroristas, o sonho de ópio de um autocrata, assustado até à morte por qualquer dissensão ou "desvio" e elevando-se em sua imaginação sobre as realidades da sociedade e da história. Ele conseguiu "eliminar" as contradições do movimento comunista apenas pela supressão do próprio movimento, retirando sua vida e reduzindo-o a um "aparelho".

Para executar esta deformação monstruosa do marxismo, o "tzar vermelho" não hesitou em decretar expurgos, sacrificar revoluções, assassinar revolucionários no mundo inteiro e cometer equívocos espetaculares de estratégia, transformando a União Soviética num "mausoléu de ideias e de movimentos", como escreveu Paulo Francis. Pagu viveu esta aventura. Em campanha, dirigia-se, para alertar, àqueles que se filiaram ao PCB quando "os beiços revirados do demagogo atrás do poste pronunciaram palavras de sereia soviética". Mitigando o chamado "culto à personalidade", ainda incitava as massas a cortar a dependência infantil de um "pai" onipotente e onisciente: "... o homem nascido no Brasil, em Cuba, na China ou na Rússia, nestes tempos, não tem necessidade de nenhum 'pai dos pobres', de nenhum 'paizinho', quer se chamem Getúlio Vargas ou Ióssif Stálin". Que as massas atirassem fora a "humildade", pois era sobre esta que se estendia "a asa negra dos diversos 'pais' que a si mesmo se nomearam, como se os povos fossem formados de órfãos e bastardos...".

Descrendo da regeneração do comunismo à Stálin, Pagu parte para a defesa singela, algo ingênua, de um socialismo libertário. Passa a acreditar numa estratégia evolutiva suave de transição pacífica para um socialismo democrático e espiritualista. Confia, como tantos utopistas, na força do discurso persuasório e da ação exemplar. Aposta, em suma, no que Lênin batizou de "utopia pequeno-burguesa". E vai deslizar na pista da fraternidade cristã, aqui traduzida em pregações morais onde, sintomaticamente, recorre ao Novo Testamento, sacando metáforas do imaginário católico. Empregando palavras como "fé", "cruz", "martírio", ou aludindo às traições de Judas e Pedro, a Pagu apostólica, salvacionista, é politicamente pobre, valendo por sementes de sonho:

> Uma canção de vanguarda que há vinte anos me ensinaram a cantar entre os adolescentes do futuro registrava este verso: "Tanto pior se a luta for cruel". Penso hoje que será melhor se a luta for cruel — depois das rajadas da tempestade colaremos nas retinas úmidas os primeiros retalhos de azul.

Aí está. Em reconstituição precária e provisória, este é o percurso de Pagu. Muitas passagens de sua vida ainda são obscuras para nós (tentativa de suicídio etc.). Quando ela morreu em 1962, devorada pelo câncer, novos elementos de efervescência cultural e política já ocupavam o cenário brasileiro. É o tempo de Brasília, bossa-nova, cinema novo, poesia concreta, Guimarães Rosa, Arraes, Brizola, Ligas Camponesas etc. Pagu, em Santos, na casa da família, pedia a alguém que lhe desabotoasse a gola e partia. Como defini-la? A tentação é escrever que, no seu caso, vida e obra foram inseparáveis. Evitemos, entretanto, o clichê. O que interessa em Pagu (exemplo de "honestidade ideológica" e "dignidade pessoal", segundo Otávio de Faria) não é esta ou aquela obra particular. Muito menos um conjunto de obra. Nem tudo o que ela escreveu tem importância, embora coisas como o *Álbum*, a crítica ao Congresso de Poesia e *Parque Industrial* sejam trabalhos de real interesse. Pagu vale e conta enquanto *trajetória* — vida-obra, obravida, vida — de uma *ideia-sentimento*, como disse Drummond. Esta peripécia política, poética e existencial é que faz dela uma figura fascinante.

Em sua entrevista de 1929 à revista *Para Todos*, relacionando coisas de sua admiração, Pagu se referiu aos cangaceiros nordestinos e à pintura de Tarsila. A referência é reveladora. Pagu encontra-se em algum lugar entre Tarsila e Maria Bonita. Tarsila revolucionou a linguagem plástica dos alegres tristes trópicos, realizando, na definição precisa de Haroldo de Campos, "uma leitura estrutural da visualidade brasileira". A diferença é que Pagu, experimentando em várias frentes, não deixou, em termos estéticos, contribuição comparável à de Tarsila. Mas, a uni-las, está a mesma disposição contestadora no campo da criação artística. No caso de Pagu, coisa rara: vivemos num país em que os revolucionários em política são invariavelmente reacionários em arte. Maria Bonita, por sua vez, participou de escaramuças na caatinga, ao lado de Corisco e Lampião. Pagu, à sua maneira, também experimentou o engajamento decidido em ações práticas. A diferença é que a primeira, ligada ao banditismo social nordestino, movia-se numa esfera "pré-política" (Hobsbawm). A segunda, ao contrário, foi uma revolucionária urbana e culta. Viveu intensamente os grandes debates de sua época. E aparece, a nossos olhos, como a imagem da nova mulher brasileira. Sensível, politizada, desreprimida. Em seus filmes, Ingmar Bergman, pastor às avessas, condena o intelectualismo como uma das fontes da frustração amorosa. Em *O silêncio*, por exemplo, a intelectualizada Esther vive vida solitária, regada a livros e álcool. Pagu me parece o oposto da personagem bergmaniana, que não suportava o cheiro forte dos genitais masculinos. Desde estudante, escandaliza o provincianismo paulista com atitudes ousadas — soltava papagaio e voltava pra casa sem batom, ela resume, adolescente ainda. Declara ser a mulher mais bonita do

Brasil depois de Tarsila. E não parece ter mudado ao longo de sua vida. Insuportável é que uma nuvem de fumaça ainda envolva a figura desta mulher que, escolhendo o caminho da atuação transformadora do real histórico, se recusou a limitar-se à rotina dos chamados "serviços domésticos" (higiênicos, culinários e sexuais). Esta situação, de resto, talvez seja explicável pela própria vida política de Pagu, cujas "heresias" são imperdoáveis do ponto de vista intolerante do establishment contestador. Sabendo que esse silêncio repressor é culturalmente desastroso, é hora de fazer uma algazarra e espantar os urubus. Mas nada de homenagens póstumas. Deixemos isso para os *literatti* ávidos de comemorações acadêmicas. O que conta é a homenagem viva. A que reconhece as implicações políticas, estéticas e culturais de uma vida militante. Porque Pagu foi revolucionária na arte, na política e na prática da vida.

| 1978 |

pagu:
amadora de artes/ AUGUSTO DE CAMPOS

Não se trata de forjar uma escritora ou uma artista. Patrícia Galvão foi uma e outra coisa, sem propriamente fazer carreira de letras ou de artes. Assim como foi poeta, sem o ser em termos profissionais, se de profissão se pode falar a respeito de poesia. Amadora em artes. Amadora de artes. Trata-se de recuperar a imagem de uma rebelde da vida e das artes, de captar as fulgurações intermitentes mas lúcidas de uma personalidade rara, dentre as poucas que lutaram por manter acesa a chama de inconformismo que, a partir de 1922, incandesceu o nosso provinciano ambiente cultural.

Emergindo, ainda muito jovem, no contexto do modernismo, Patrícia Galvão — pseudônimo, Pagu — estreia de maneira insólita, sob a dupla influência de Oswald de Andrade e de Tarsila do Amaral, na *Revista de Antropofagia*, em sua fase mais revolucionária, a da chamada "segunda dentição". Lançada em maio de 1928, a revista entrara em sua nova fase a partir de 17 de março de 1929, quando passou a ser publicada como página especial do *Diário de São Paulo*. Desligando-se de Mário de Andrade, Antônio de Alcântara Machado, Guilherme de Almeida, Menotti del Picchia, Plínio Salgado e outros, e tendo como plano piloto o "Manifesto Antropófago" que Oswald fizera publicar no primeiro número da revista ("primeira dentição"), os "antropófagos" radicais desencadeiam uma campanha tenaz contra a acomodação e o conservadorismo que sentem infiltrar-se nas hostes modernistas e diluir os aspectos mais contestatários e experimentais do movimento de 1922, em termos de ideologia e de linguagem.

É nesse momento explosivo que Patrícia, com apenas dezoito anos, tem o seu primeiro trabalho — um desenho — publicado no segundo número da revista, no *Diário de São Paulo* de 24 de março de 1929. Dois outros desenhos seus seriam estampados no oitavo número (8 de maio de 1929) e no segundo número (19 de junho de 1929), este último acompanhado de um pequeno texto poético e da informação: "Legenda e figura de Pagu (do *Álbum* de Tarsila)". Seus companheiros, artistas plásticos, nos dezesseis números que teve a revista-página, seriam nada menos que Di Cavalcanti, Cícero Dias e Tarsila. Esta inaugura o primeiro número da segunda dentição com um desenho no estilo do "Abaporu" (Antropófago), tal como o fizera no primeiro número da primeira dentição ilustrando o manifesto de Oswald, e comparece ainda com desenhos ou reproduções de quadros em mais cinco páginas da revista. Depois de Tarsila, é Pagu quem mais colabora.

Discípula confessa de Tarsila, manifesta o seu entusiasmo por ela numa entrevista concedida à revista *Para Todos...*, por ocasião da primeira exposição individual da pintora, no Rio de Janeiro, em 1929. Quando lhe perguntam quais as suas admirações, responde Pagu: "Tarsila, Padre Cícero, Lampião e Oswald. Com Tarsila fico romântica. Dou por ela a última gota do meu sangue. Como artista só admiro a superioridade dela". A mesma entrevista revela que Pagu, diferentemente da pintora, alimenta pretensões literárias. Indagam-lhe se tem livro a publicar:

> Tenho: a não publicar: Os *Sessenta poemas censurados* que eu dediquei ao dr. Fenolino Amado, diretor da censura cinematográfica. E o *Álbum de Pagu*: *Nascimento, vida, paixão e morte* — em mãos de Tarsila, que é quem toma conta dele. As ilustrações dos poemas são também feitas por mim.

É a esse *Álbum* que alude, por certo, a nota do décimo primeiro número da *Revista de Antropofagia*, ainda que o desenho e o texto não venham a integrá-lo. Dos "poemas censurados" lamentavelmente não há notícia, embora talvez deles fizesse parte o poema transcrito na entrevista, que agita, provocativo, uma "bandeira de calças rendadas no varal".

Descoberto, há poucos anos, por José Luís Garaldi, entre alguns documentos de Tarsila, que ficaram com seu sobrinho Oswaldo Estanislau do Amaral, o *Álbum de Pagu* nos coloca diante da produção mais consistente da poeta-desenhista, entre os dezoito e os dezenove anos, em plena efervescência antropofágica. Divulguei-o na revista baiana *Código* nº 2, em 1975, e, mais recentemente, na revista *Através* nº 2, publicada em 1978 pela editora Duas Cidades.

Trata-se de um conjunto de "poemas ilustrados", formando uma sequência, com 28 páginas numeradas. Título: *Pagu*. Subtítulo: *Nascimento, vida, paixão e morte*. A marca de Oswald e de Tarsila é evidente, tanto mais ao se ter em vista que o *Primeiro Caderno do aluno de poesia Oswald de Andrade*, com desenhos do poeta e capa de Tarsila, é de 1927. Mas a eleição de tais influências pela jovem Pagu já é um ato de discernimento e de sensibilidade fora do comum. Por amadorísticos que se mostrem os seus desenhos, na insegurança do traço e na ingenuidade ou no "kitsch" modernista de certas soluções, o *Álbum* é, ainda assim, espantoso como ideia e como realização. A linguagem ao mesmo tempo descontraída e econômica de textos e ilustrações é atrevida para o seu tempo e, ainda hoje, cheia de vitalidade. O texto dialoga com a ilustração e por vezes a invade, como no desenho da página 24, onde a palavra ESCARRO aparece escrita no banco em que está sentada Pagu. Nem se vê diferença marcante, quanto à linguagem dos textos, entre poesia, prosa e legenda, todos eles tingidos de malícia e sensualidade, a começar pela paródia ao indianismo no "Nascimento de Pagu": "Além... muito além do Martinelli", que ecoa o "Além muito além daquela serra... nasceu Iracema", para concluir: "O pai dela gosta de bolinar nos outros... E Pagu nasceu...". Serafim e Macunaíma. Nenhuma outra mulher-poeta brasileira ousara tanto. E muitos outros poetas, antes ou depois do modernismo, nem chegaram perto.

Os "poemas ilustrados" de Pagu estabelecem um inter-relacionamento entre as linguagens verbal e não verbal que convoca para a poesia elementos das "charges", dos anúncios, das histórias em quadrinhos, do cinema e de todo o universo visual modernista. Tudo isso faz do *Álbum*, além de precioso documento "antropofágico", uma experiência instigante, por não se poder definir isoladamente nem como poesia nem como desenho, ficando a meio caminho *entre* essas artes, naquela zona incatalogável que hoje se chamaria de "intermédia". É a área de trabalho artístico onde se situam as propostas de interpenetração de disciplinas antes hierarquicamente separadas, e que tem talvez em John Cage, músico de profissão, dos maiores do século, poeta e artista plástico "amador", de enorme criatividade, o seu mais exemplar praticante.

Outro testemunho das atividades de Pagu, desenhista, é o bico de pena que aparece ilustrando a entrevista de *Para Todos...* — uma quase caricatura do rosto de Tarsila —, preciso na enxutez com que a ideogramatiza em cabelo-pestanas-boca-brincos, a partir do conhecido autorretrato da pintora, de 1924.

Um novo documento das incursões de Patrícia no domínio das artes visuais será o desenho do título da seção A Mulher do Povo, no jornal *O Homem do Povo*, que edita com Oswald, na fase comunista, em 1931. As letras são desenhadas num traçado livre, em tipos art déco, rematados com figurinhas abreviadas de mulher, que gestualizam o discurso. É provável que ela tenha interferido também na diagramação, que às vezes tem soluções interessantes, como a espacialização da palavra "pagu", cobrindo toda a extensão da linha no artigo *a baixa da alta*, título e nome em caixa-baixa.

Dez anos de militância política, de exílios e prisões, nos devolveriam uma outra Patrícia Galvão, no pós-guerra da década de 1940. Que se saiba, não voltou ela à "persona" da apaixonante "musa antropófaga", que acabara roubando Oswald a Tarsila, trocando, de parceria com ele, o "sarampão antropofágico" pela luta de classes e lançando, em 1933, *Parque Industrial*, com o subtítulo *Romance proletário*.

A partir de 1940, já desvinculada do comunismo, que repeliria em dramático documento — o panfleto político *Verdade e Liberdade* (1950) —, retornou Patrícia aos seus interesses artísticos, passando a desenvolver intensa atividade jornalística, como cronista, articulista, tradutora e, eventualmente, poeta. No jornal *A Noite*, do Rio, assinou crônicas literárias, sob o pseudônimo de "Ariel", em 1942. No *Diário de São Paulo*, de 1946 a 1950, colaborou com Geraldo Ferraz no Suplemento Literário, publicado aos domingos, escrevendo crônicas sob o título genérico de Cor Local e contribuindo com textos críticos e traduções para a seção "Antologia da Literatura Estrangeira", precursora da série "Fontes e correntes da poesia contemporânea", que Mário Faustino publicaria, no Suplemento Dominical do *Jornal do Brasil*, entre 1956 e 1958. Em tradução de Patrícia, foram divulgadas páginas fundamentais, algumas delas pela primeira vez em português, como o estudo de Valéry sobre "Un Coup de dés" de Mallarmé ou um trecho do *Ulysses* de Joyce.

Não obstante seja ainda difícil lograr uma perspectiva cabal da atuação de Patrícia, dispersa por jornais e revistas, que incluem a *Vanguarda Socialista* de Mário Pedrosa e Geraldo Ferraz, em 1945,[1] e *A Tribuna*, de Santos,[2] nos últimos anos (ela morreu em 1962), pode-se ter uma medida da amplitude de seus interesses pelas crônicas que publicou, de 1950 a 1953, no jornal *Fanfulla*, editado em São Paulo. Graças ao trabalho de pesquisa de Erthos Albino de Souza, pude conhecer a primeira safra dessas crônicas (1950-51), que compunham a série "De arte e de literatura"[3] e foram precedidas por outra, em geral titulada "Duas faces do mesmo dia", tratando de política nacional e internacional.

A coluna "De arte e de literatura" abre-se com a crônica "Contornos e desvãos de um panorama sumário", em 15 de outubro de 1950. Nela Patrícia Galvão delineia o campo de suas reflexões:

> Literatura, poesia, teatro, música, pintura, arquitetura — na obrigação "moderna" (em sentido dialético como o emprega Pierre Naville), eis alguns dos contornos e desvãos de um panorama sumário, que pouco a pouco iremos detalhando, se nos permitir um bocado de persistência na tarefa, nesta coluna aberta sobre o domingo dos leitores eventuais.

Embora advirta, numa de suas crônicas, que "não pretende e não lhe compete fazer crítica de arte", essas rápidas anotações, redigidas ao sabor dos acontecimentos artísticos do momento, não deixam de trazer a marca polêmica da ex-"antropófaga". Já na crônica inaugural traça este perfil desabusado de um Portinari decadente:

> O Portinari que me desenhava a fisionomia dezenas e dezenas de vezes para fazer um quadro já não é o mesmo. Portinari de hoje, certo de sua glória — embora eu pense que ele deveria, em vez de glória e dinheiro, buscar a arte... Pois Portinari daquele tempo

1 Ver, a propósito, a seção *Vanguarda Socialista* da Antologia.
2 Quanto às colaborações de *A Tribuna*, de Santos, consultar as seções Teatro Mundial Contemporâneo (1955), Palcos e Atores (1957-61), "A Literatura de Mara Lobo" (1957-61) e Poemas (1960-62).
3 Para uma visão panorâmica mais completa da série, consultar a seção De Arte e de Literatura da Antologia.

que dava tanta esperança e que era um artista pobrinho, num apartamento de Laranjeiras, dessas casas coletivas quase improvisadas, Portinari que arriscava, perdeu ao ser colocado no Ministério da Educação. Ali tanto o engrandeceram, o enquadraram dentro da ordem que ele acabou fazendo tudo certinho, e no final essa coisa carnavalesca que é o painel de Tiradentes.

Contrariando a opinião de Mário de Andrade — até o fim, admirador incondicional de Portinari —, as palavras de Patrícia rimavam, ainda uma vez, com as de Oswald, que já em 1940 desafinava o coro das louvações, assim situando o pintor, denominado sarcasticamente "Coronel Candinho": "O modernismo saído da fase heroica — Segall, Anita Malfatti, Tarsila — tinha que amolecer. Coube a Portinari esse destino que arfa de espasmos as narinas de seus dilatados capangas. Não foi só a Escola de Belas-Artes que venceu. O coronel também...".[4]

Aliás, a Escola de Belas-Artes seria objeto da crônica seguinte, de 22 de outubro de 1950, "As iniciativas do ensino das artes na Pauliceia Desvairada no ano de 1950", em que Patrícia criticava o projeto de um deputado estadual visando à encampação, pelo governo, dessa Escola e do Conservatório Musical:

> A Escola de Belas-Artes não valeria o interesse do Estado por ela. Examinada sob um critério de qualidade, o que se deveria, antes de tudo, era pôr aquela gente toda, professores e alunos, sob um regime de reeducação [...]. O Conservatório tem uma tradição, mas não tem presente que corresponda a essa tradição.

Em outra crônica, datada de 10 de fevereiro de 1950, nas vésperas de uma exposição retrospectiva de Tarsila, faz o elogio da pintora ("Ela me parece ser o nosso primeiro caso de 'emancipação mental' entre as mulheres paulistas"), mas não deixa de assinalar a perda de criatividade de sua obra:

> Não sei por que vicissitudes Tarsila não continuou a ser a grande pintora que vinha sendo entre 1925 e 1930. Não lhe adiantou nada à

4 Paulo Mendes de Almeida, *De Anita ao museu*. São Paulo: Perspectiva, 1976, p. 158.

> sensibilidade a sua viagem à Rússia. Aliás, que é que podia mesmo adiantar? Ela como artista colocara-se marginalmente à camada social a que pertencia. Isto sem jamais deixar de ser individualizada na sua criação e no seu esforço. A descoberta do social tendo produzido alguns quadros destroçadores de sua visão da vida, Tarsila retornou ao nível anterior da pintura gratuita. Não encontrei, entretanto, nela, nenhuma das descobertas mais de outrora [...]

A par de fazer o registro crítico das exposições de pintura de Fayga Ostrower, Caribé, Burle-Marx, Milton Dacosta, Clovis Graciano, Antonio Bandeira e muitos outros, ela comenta, com exigência, as manifestações teatrais (*Cacilda Becker no Pega-Fogo e algumas advertências necessárias*, 4 de fevereiro de 1951, ou *Passam pela "A Porta" 8 personagens à procura de um autor e de uma peça*, 29 de abril de 1951), transitando, frequentemente, de um assunto a outro na mesma crônica. À literatura e à poesia volta sempre, sempre polêmica, seja quando revê Sílvio Romero, numa crônica de 22 de abril de 1951:

> Sílvio Romero foi um barulhento demolidor. Sabem? Pois se não sabem vão saber. Foi Sílvio Romero que fez uma série "contra" o "Romantismo no Brasil" que é ainda gostoso saborear em cada trechinho. Considera logo a poesia de Gonçalves Dias apenas um equívoco, quando ele dizia ter criado "uma poesia nacional do Brasil" — e Sílvio Romero a repicar: "A chamada poesia indiana é uma poesia bifronte, que não é brasileira nem indígena".

Seja quando homenageia os cinquenta anos de Murilo Mendes, reclamando contra a eterna omissão do livro de poemas *História do Brasil*, de 1933: "Sei que todos, até o poeta estão esquecidos de que houve este livro na vida dele, cinquentão Murilo" (6 de maio de 1951). Por vezes mistura a crítica de arte à de literatura. Tiradas à Oswald: "A prosa presente de Carlos Drummond de Andrade me traz uma capa sem desenho de Santa Rosa (felizmente, sem desenho), embora mantenha o Santa Rosa como tipógrafo. Boa capa" (22 de abril de 1951).

A música não ficaria à margem dos interesses de Patrícia. Numa crônica de 12 de novembro de 1950 ("Lívio Abramo, um prêmio merecido — Camargo Guarnieri, um Manifesto Antidodecafônico"), toma posição contra a "Carta aberta aos músicos e críticos do Brasil", de autoria de Camargo Guarnieri, publicada em 7 de novembro. Investe, com palavras candentes, contra o "arrazoado faccioso" em que Guarnieri estigmatiza as práticas dodecafônicas dos jovens compositores de então:

> Qualquer imbecil a serviço da propaganda staliniana conhece bem o emprego dessa terminologia com que Camargo Guarnieri se põe a defender a música brasileira — folclórica principalmente — terminologia que se estadeia em coisas como "cosmopolitismo", "cerebralista", "antipopular" e "antinacional" e também "arte degenerada", de empréstimo da linguagem hitleriana, diante de toda a arte moderna. E Guarnieri também generaliza, pois chega a comparar: "É preciso que se diga a esses jovens compositores que o dodecafonismo em música corresponde ao abstracionismo em pintura; ao hermetismo em literatura; ao existencialismo em filosofia, ao charlatanismo em ciência".

Em artigo posterior, de 26 de novembro de 1950 ("Ainda o dodecafonismo e Guarnieri — Fayga, Caribé e Fernando Pessoa"), insiste:

> Camargo Guarnieri, fazendo-se porta-voz do reacionarismo totalitário que chamou a música de Shostakovich de antinacional, antipopular e cosmopolita, o que levou o compositor a pronunciar o seu "mea culpa" diante do Comitê do Partido, está pelo menos vestindo "a pele do urso". Um músico brasileiro como ele diz ser, vestindo a referida pele, desbrasileira-se, é claro.

E na crônica seguinte, de 3 de dezembro de 1950, acrescenta com ironia: "Anteontem, embarcou o maestro Camargo Guarnieri. Podia voltar e eu gostaria que nos explicasse de viva voz o que quer dizer mesmo arte degenerada".

Mais adiante, assinalando a primeira apresentação de *A sagração da primavera* no Brasil, relembra, oportunamente, *O pierrô lunar* de Arnold Schoenberg, o grande inovador, vítima predileta dos sequazes do "realismo socialista". Diz Patrícia, na crônica "Stravinski no Rio, *O anjo de sal*, um congresso e um apelo ao mecenas da pintura", de 1º de abril de 1951:

> Quando circular esta edição, com este artigo, já terá passado o sábado 31 de março, já estaremos em 1º de abril, com todas as

> mentiras, e o acontecimento de ontem, que me levou a umas tantas lembranças, acontecimento que é no Rio, mas pela primeira vez em todo o Brasil, já terá sido também enrolado com as lembranças dos que o assistiram. Trata-se da primeira audição da mais famosa obra do modernismo em música, *A sagração da primavera* de Igor Stravinski. Cabem umas linhas de história, porque *Le sacre du printemps*, com ter sido uma das grandes obras do modernismo musical, seguindo-se a revolução encabeçada pelo grupo dos seis, em Paris, não ficou uma peça hermética, desde logo, embora Jean Cocteau tenha lastimado na época a sua apresentação a um público que não a merecia e que não estava preparado para a sua grandeza. Entretanto, outra peça revolucionária, de mais marcante repercussão talvez, que é *Le Pierrot Lunaire*, de Schoenberg, até hoje permanece combatida, ainda mais se contarmos a investida dos comunistas contra a inovação que representa...

Nessas e em outras intervenções críticas, como a notável comunicação que fez, ao Congresso de Poesia, realizado em São Paulo em 1948 — também reproduzida no segundo número da revista *Através* —, sente-se em Patrícia, apesar do desencanto e das decepções, uma disposição de luta. A luta pela manutenção do espírito renovador de 1922, coisa rara num período em que se dilui, sob a pressão da chantagem do "humano" e dos revisionismos conservadores, a aventura revolucionária dos modernistas radicais, então praticamente reduzidos a Oswald, que ela descreveria, naquele Congresso, isolado, "de facho em riste, bancando o Trótski, em solilóquio com a revolução permanente".

No fundo das manifestações dessa Patrícia Galvão mais sofrida e mitigada, parece ressoar, ainda, a voz irreverente da jovem "antropófaga", desafiando as convenções com a "bandeira de uma calça rendada no varal" — Pagu, "vida, paixão e morte", à espera da ressurreição e da justiça que ainda tardariam algumas décadas.

| 1981 |

a verdade de pagu/ ENTREVISTA A MARIO SERGIO CONTI

CADERNO FOLHETIM,
FOLHA DE S.PAULO,
DOMINGO,
16 DE MAIO DE 1982.

Pela natureza polêmica de seu temperamento e de suas críticas, Patrícia Galvão é uma figura incômoda, especialmente para os adeptos da politização das artes que frequentam a intelligentsia de esquerda no Brasil.

MARIO SERGIO CONTI Ainda este mês estará nas livrarias *Pagu: vida-obra*, uma antologia de textos de e sobre Patrícia Galvão, organizada pelo poeta Augusto de Campos. Trata-se de um roteiro biobibliográfico daquela que foi uma das figuras mais fascinantes da literatura moderna brasileira. Autora de *Parque Industrial* e de *A Famosa Revista*, Pagu — o seu pseudônimo mais conhecido — foi poeta, tradutora, crítica literária, além de ativista política, tendo sido presa na França e no Brasil. Nesta entrevista, Augusto de Campos traça um perfil de Patrícia, dizendo que "no seu combate sem tréguas às tentativas de tiranização das artes pela política, Pagu está mais atual do que nunca".
Depois de tantos anos de silêncio envolvendo Pagu, por que um livro sobre ela?

AUGUSTO DE CAMPOS Exatamente para acabar com o silêncio. Na verdade, Pagu (o principal dos apelidos de Patrícia Galvão) envolve um mito. Um mito que foi reativado desde que comecei a divulgar o *Álbum de Pagu* (coleção de "poemas ilustrados", que ela dedicara a Tarsila em 1929), primeiro na revista baiana *Código* (1975), depois na revista *Através* nº 2 (1978), nesta última com uma antologia de trabalhos dela e sobre ela. De então para cá, cresceu o mito de Pagu. Acho, porém, que tanto a personalidade como a obra de Patrícia são ainda muito desconhecidas ou só conhecidas superficialmente. E isto se explica por duas razões fundamentais: primeiro, porque a sua produção está, quase toda, dispersa em jornais, cobrindo mais de trinta anos de atividade, de 1929 a 1962. O conhecimento real do que fez e do que foi Patrícia demandaria, pois, um trabalho prévio de pesquisa, que até aqui não havia sido completado. Segundo, porque Patrícia é, afinal, pela natureza polêmica e crítica de seu temperamento e de suas posições, pelo exemplo dramático de sua vida, uma figura incômoda, especialmente para os adeptos da politização da literatura e das artes, que frequentam a intelligentsia de esquerda no Brasil. Meu livro pretende derrubar as barreiras do silêncio e do próprio mito de Pagu, para mostrar quem era ela, essencialmente, em termos de pensamento e de luta: uma escritora de vanguarda, adversária de todas as formas de cerceamento da liberdade, inclusive, e principalmente, do dirigismo político nas artes. Uma "escritora da aventura", a cujas palavras a experiência política, vivida intensa e radicalmente (e não apenas metaforicamente), confere uma autoridade moral indiscutível.

MSC Você poderia dar uma ideia sumária de seu livro?

AC Meu livro é difícil de definir. E não é inteiramente ou propriamente meu. É, basicamente, uma antologia comentada de textos de Patrícia (1929-62), acrescida de textos críticos, meus e de outros, e de fotos, documentos, poemas, homenagens — muitas dessas peças em fac-símile — e tudo isso completado por um longo roteiro biobibliográfico, articulado sob a forma de montagens de fatos e citações. É, de certa forma, uma elaborada colcha de retalhos. O poeta americano Ezra Pound definiu os seus *Cantos*, na primeira versão do Canto I, como uma espécie de "rag bag" (sacola de trapos). Meu livro é meio "rag bag". Eu tentei montar um canto fragmentário em homenagem a Patrícia Galvão, porque gosto de fazer livros não ortodoxos, e porque achei que essa forma tinha muita correspondência com a protagonista do livro. Quis, em suma, fazer um livro vivo, uma biografia não biográfica, um biotexto ou biolivro, do qual emergisse o que chamo, para definir o "caso Pagu", de VIDA-OBRA, uma imagem que Antonio Risério desenvolveu no estudo "Pagu: vida-obra, obravida, vida".

SEGUNDA DENTIÇÃO MODERNISTA

MSC Qual a importância de Pagu para o modernismo?

AC Patrícia tinha onze anos quando aconteceu a Semana de 1922. Pela idade ela não pertenceria nem à segunda geração (Drummond, Murilo), mas à terceira geração modernista, a de Vinicius de Moraes, que nasceu em 1913. O extraordinário é que, já aos dezoito anos, ela tenha participado, ao lado de Oswald de Andrade, Tarsila, Raul Bopp, Geraldo Ferraz e Oswaldo Costa, do grupo radical da *Revista de Antropofagia*, na deglutição furiosa da "segunda dentição". Sua participação, na época, parecia ser mais de ativista do que de artista. Publicou, então, alguns desenhos, anunciou poemas "censurados", mas o que ela era, mesmo, aos olhos de todos, era a "musa antropófaga", a inspiradora do poema "Coco", de Raul Bopp, a primeira mulher nova a surgir das hostes modernistas sob a tutela de Oswald e Tarsila (esta, bem mais velha, faria 43 anos em 1929). Bonita, atrevida, desabusada, escandalizando com saias curtas e maquilagem extravagante, ela era, nas palavras de Álvaro Moreira, "o anúncio luminoso da antropofagia". Dos trabalhos que ela realizou nessa época, os *Sessenta poemas censurados* (que ela anunciou numa entrevista) nunca foram encontrados e o surpreendente *Álbum de Pagu*, descoberto por José Luís Garaldi, só veio a ser divulgado, como eu disse, em 1975. Mas, ainda em 1929, ela agitaria os meios artísticos declamando poemas modernistas no Teatro Municipal, em contraste com a bem-comportada Didi Caillet, "Miss Paraná", "diseuse" (ou "dictriz", como então se dizia) de poemas convencionais do tipo "Dindinha Lua", de Adelmar Tavares. O resto de sua produção da época vai se localizar numa documentação de cunho pessoal — o diário a duas mãos que escreve com Oswald de Andrade (do qual dou exemplos fac-similados no meu livro) e um caderno de "croquis". Após a desagregação dos "antropófagos" e a união com Oswald, ela retornará, em 1931, em sua nova "persona" de revolucionária política, com desenhos, charges e escritos panfletários, como *A Mulher do Povo*, do pasquim *O Homem do Povo*. A seguir, partirá para a tentativa de romance modernista-proletário, *Parque Industrial* (1933), obra recentemente reeditada, em fac-símile, pela editora Alternativa. Isso tudo parece precário e fragmentário para caracterizar a sua importância no contexto do modernismo. Mas se juntarmos esses fragmentos e os compusermos com a sua própria militância artística e política, e com os lances aventurescos da sua tumultuada biografia, pontilhada de *objets trouvés* arrancados da própria vida, como o demonstram os fragmentos de sua correspondência com Oswald e com Bopp, veremos que ela encarna, como poucos, os ideais e o espírito libertário dos modernistas. É bom lembrar que ela era contemporânea em idade de escritoras como, por exemplo, Raquel de Queiroz e Dinah Silveira de Queirós e apenas dois anos mais velha do que Nelson Rodrigues e Jorge Amado. Na verdade, Patrícia foi dos poucos remanescentes do modernismo que permaneceram fiéis aos ideais revolucionários do movimento no tocante à renovação da linguagem artística, quando a maioria ou se academizou ou se arrependeu.

MSC Como Pagu conjugou a militância partidária com a sua atividade artística?

AC Tudo indica que ela tentou, mas não conseguiu conjugar as duas coisas. O período agudo de militância partidária acabaria por afastá-la das atividades artísticas. Após a curta atuação de *O Homem do Povo*, fechado pela polícia em menos de um mês (o jornal só teve oito números), e a publicação *de Parque Industrial*, a política a impeliria às agitações de rua e às prisões, na França e no Brasil, em 1935. Aqui, esteve presa por quatro anos e meio (muito mais tempo do que Graciliano Ramos, cuja prisão durou cerca de nove meses). E ela foi ferida nos movimentos de rua em Paris, foi torturada no Rio e esteve quase à morte, em fins da década de 1930. Ela aludiria, mais tarde a esse período, como "os dez anos que abalaram meus nervos e minhas inquietações, transformando-me nesta rocha vincada de golpes e de amarguras, destroçada e machucada, mas irredutível". Penso que nunca se recuperou totalmente do traumatismo dessa experiência, embora, aos poucos, a partir de 1942, tenha recobrado os seus interesses culturais, distanciando-se progressivamente da política para se ocupar, cada vez mais, da literatura e da arte de vanguarda.

A VERDADE DA LIBERDADE

MSC Em que condições se deu o rompimento dela com o PCB?

AC Segundo a própria Patrícia, ela começou a se decepcionar, quando esteve em Moscou, em 1934, em plena era de Stálin. "O ideal ruiu na Rússia", dirá, mais tarde, no panfleto *Verdade e Liberdade* (1950). Mas ela ainda militou, em Paris, em 1935, no *Front Populaire*. Presa, com risco de ser deportada para a fronteira da Itália ou da Alemanha, e repatriada graças à intervenção do embaixador Souza Dantas, continuou filiada ao PC. Mas não sou um especialista em assuntos políticos. Há inclusive, no Rio, a documentação relativa aos processos a que ela foi submetida, e que pode trazer maiores luzes sobre a questão. A mim me interessam, acima de tudo, os aspectos éticos e poéticos do caso de Pagu.

UMA NOVA REVOLUÇÃO

MSC Você já conhecia Pagu quando fez a série de poemas dedicados a Solange Sohl, um de seus pseudônimos?

AC Nunca a conheci pessoalmente. E nada sabia sobre ela, àquela altura. O conjunto de poemas a que você se refere, "O sol por natural", escrito entre 1950-51, foi inspirado pelo poema "Natureza morta", publicado em 1948 no Suplemento Literário do *Diário de São Paulo*, como sendo de autoria de uma jovem estreante, Solange Sohl. Nem ela chegou a ver o meu poema, que, publicado pela primeira vez em 1952, na revista-livro *Noigandres*, só voltou a ser impresso na *Antologia Noigandres*, em 1962. Nesse mesmo ano, em dezembro, ela morria. Só no ano seguinte é que Geraldo Ferraz, ao tomar conhecimento da antologia, revelou, em artigo, a identidade de Solange Sohl. Ele era um dos maiores adversários dos concretistas, e, eu mesmo, tinha polemizado com ele, nas páginas do Suplemento Literário do *Jornal do Brasil*. Mas, desde a sua revelação, nos reconciliamos, ou nos conciliamos, trocamos cartas, ficamos amigos; a partir de então, todo livro nosso que saía — o *Panaroma do Finnegans Wake*, *Mallarmé* — ele aplaudia na *Tribuna* de Santos. E há um episódio engraçado. Quando eu expus os meus poemas "popcretos", juntamente com Waldemar Cordeiro, o líder dos pintores concretos, na galeria Atrium, em dezembro de 1964, o Geraldo, que fazia crítica de artes plásticas no *Estadão*, escreveu um artigo tocando o pau na exposição e no Cordeiro, mas referindo-se a mim, de leve — sem comentar os meus poemas —, como "notável poeta". Tinha conseguido um jeito de me poupar. Foi através do contato com o Geraldo, e a partir do conhecimento do artigo extraordinário e patético que ele escreveu na *Tribuna*, ainda em 1962, "Patrícia Galvão: Militante do ideal", que começou a nascer em mim a ideia de fazer um livro que a retirasse do esquecimento.
MSC Em 1948, Pagu criticou a poesia da "geração de 45". Suas posições podem ser consideradas como uma antecipação das críticas formuladas por Mário Faustino e pela poesia concreta?
AC Sem dúvida. Na indicação que fez ao Congresso de Poesia, em 1948, Patrícia percebeu e criticou, com incrível lucidez, a tentativa de tomada do poder literário pelos poetas da "geração de 45", representados pela tese de Domingos Carvalho da Silva, que postulava o reconhecimento da existência de uma "nova poesia", em oposição à de 1922. Ela faz uma breve, mas perfeita análise da evolução do movimento modernista, onde detecta o que chama, polemicamente, de "traição", reportando-se à "Elegia de Abril", de Mário de Andrade, e solidarizando-se com Oswald, que vê,

"de facho em riste, bancando o Trótski, em solilóquio com a revolução permanente". Toca em pontos essenciais: relembra a luta das vanguardas do começo do século, chegando a enfatizar tópicos como a "revolução na tipografia" e a "evolução de formas", que seriam tematizados por nós — sem que conhecêssemos essa manifestação — na década de 1950. Afinal, Patrícia conclui pela rejeição da tese da "geração de 45", pela sua inocuidade, afirmando: "Só uma outra revolução artística pode substituir na história e na evolução da nossa sensibilidade e da nossa inteligência a revolução de 1922". Sua comunicação ao Congresso de Poesia é uma verdadeira prefiguração das posições que iríamos assumir — os poetas concretos e Mário Faustino — em relação aos poetas de 22 e à geração de 45, ainda que Patrícia não tivesse demonstrado maior apreço pelos concretistas, cujo trabalho — é preciso ressaltar — não chegou a conhecer bem.

MSC Qual o nível das traduções feitas por Pagu, principalmente a dos trechos do *Ulysses*, de James Joyce?

AC O que se coloca aí não é tanto a questão da qualidade das traduções. Mas a da excelência da escolha e a da atualidade da informação, já que o propósito de Patrícia era essencialmente o de divulgar o trabalho dos grandes renovadores da linguagem em nosso tempo. Até nisso a sua atividade, nesse campo, se aproxima da de Mário Faustino. As traduções de Faustino, publicadas nas páginas dominicais do suplemento do *Jornal do Brasil*, de 1956 em diante, não eram, em geral, muito elaboradas; muitas delas eram feitas mesmo em cima da perna, para ilustrarem os artigos informativos da "Fontes e correntes da poesia contemporânea", exatamente como fizera Patrícia com a sua "Antologia da Literatura Estrangeira", no suplemento do *Diário de São Paulo*, de 1946 a 1948. É muito diferente uma tradução dimensionada em termos de recriação, que requer um trabalho e um tempo especiais. Ainda assim, e particularmente na tradução de poemas, Patrícia revela uma aguda sensibilidade e consegue bons resultados, superando as limitações da pressa jornalística e as suas próprias limitações no tocante ao domínio de idiomas. Percebe-se que as traduções de textos ingleses procedem geralmente de uma versão francesa: este é o caso do fragmento do *Ulysses* que Patrícia verteu a partir da tradução de Augusto Morel e Stuart Gilbet, e do poema "And Death Shall Have no Dominion" de Dylan Thomas, traduzido, provavelmente, da coleção dos "Poètes d'Aujourd'hui". Mas o que é realmente espantoso é a quantidade de textos que foram por ela traduzidos em primeira mão, entre nós, desde Lautréamont, Joyce, Valéry, Kafka, Proust, Ítalo Svevo, passando por Apollinaire, Cendrars, Tzara, Souppault, até Ionesco, Arrabal e Octavio Paz, para citar alguns nomes expressivos. Uma lista enorme de textos atualíssimos, que incluem, numa seção em homenagem a Mallarmé, um trecho de Valéry sobre "Um lance de dados", essa obra fundamental que, à época — 1948 —, era praticamente desconhecida entre nós e vista com pouco interesse no resto do mundo.

A "MILITANTE DO IDEAL"

MSC A obra de Pagu continua válida, ou ela será lembrada mais como uma "grande personalidade"?

AC É difícil, no seu caso, separar a obra da personalidade. Por isso, falei em "vida-obra". Uma vida-obra que, estou certo, continua válida e nunca mais será esquecida. Vista por uma ótica meramente estilística e simplificadora, a "obra" de Patrícia poderá parecer fragmentária, os desenhos e poemas, amadorísticos, e os dois romances — *Parque Industrial*, o modernista-proletário, e *A Famosa Revista* o seu antídoto experimental —, interessantes, mas irrealizados. Patrícia, porém, não é só isso. Há, em primeiro lugar, um profundo valor ético que transparece do seu roteiro tumultuário, com todos os seus desacertos e contradições. Patrícia foi, na expressão feliz de Geraldo Ferraz, a "militante do ideal". Há, em grandes linhas, uma grande coerência em sua vontade de renovar, e uma fidelidade à luta em favor da atualização do pensamento e da linguagem que só encontramos em raríssimos escritores e artistas entre nós. E há, independentemente desse valor ético, e do encanto de sua personalidade feminina, a beleza das intuições artísticas que emerge da precariedade e do fragmentário de suas incursões do tipo guerrilha, na poesia, no desenho, na prosa criativa, na crítica de literatura ou de arte. Afirmo que, às gerações de hoje, hão de interessar, muito mais do que os discursos poetizados e os fáceis memorialismos que os conservadores de sempre nos querem impingir, as estocadas anticonvencionais de Patrícia, como as que encontramos nos "poemas ilustrados" do *Álbum de Pagu*, nos quadrinhos de K. B. Luda, ou nos epigramas e biogramas do diário a duas mãos de Pagu e Oswald, *O romance da época anarquista* ou *Livro das horas de Pagu que são minhas*. E, além disso, no seu combate sem tréguas às tentativas de tiranização das artes pela política, Pagu está mais atual do que nunca.

notícia impopular de *o homem do povo*/ AUGUSTO DE CAMPOS

> No fundo de cada utopia não há somente um sonho, há também um protesto. Não é outro o sentido do grande estudo de Karl Mannheim intitulado *Ideologia e utopia*, esse de que ao contrário da ideologia que procura manter a ordem estabelecida, toda utopia se torna subversiva, pois é o anseio de romper a ordem vigente.

Assim se expressaria Oswald de Andrade em *A Marcha das Utopias*, série de artigos que escreveu para *O Estado de S. Paulo* em 1953.

Desde 1945, Oswald se distanciara do marxismo, retomando e aprofundando os temas da antropofagia, a "filosofia do primitivo tecnizado" que ele prenunciara em 1928 com o Manifesto Antropófago. Em sua tese para concurso da cadeira de Filosofia na Universidade de São Paulo (1950) — *A crise da filosofia messiânica* — não tem dúvida em afirmar: "As premissas de Marx vieram produzir a atualidade da União Soviética. É que o estado de negatividade, o segundo termo de Kojève, que devia ser superado, consolidou-se no sectarismo obreiro". E logo adiante:

> Mas o mundo mudou. O que era messianismo, fenômeno de caos na sucessão de crises de conjuntura que deu afinal a crise de estrutura do regime burguês, tornou-se sacerdócio empedernido e dogma imutável na União Soviética. Houve uma grosseira escamoteação do problema. Evoluída a classe trabalhadora, perdidos os seus contornos, a ditadura de casse se substituiu pela ditadura de partido. O fenômeno que deu o fascismo instalou-se

no coração revolucionário da URSS e produziu o colapso de sua alta mensagem.

A certa altura de sua crítica ao comunismo, assevera, cáustico:

Quem poderia prever, quem ousaria sonhar que o messianismo em que se bipartiu a religião de Cristo (Reforma e Contrarreforma) iria medrar no terreno sáfaro das reivindicações materialistas do marxismo? [...] Pelas condições históricas do progresso técnico o trabalhador deixou de ser o pilar das teses românticas de Marx. Mas a autocrítica desapareceu. Toda a crítica naufraga no sectarismo. O perfeito militante é o mesmo boneco farisaico do puritanismo — socrático ou americano — que se apresentou ao mundo para edificá-lo, pedante, cretino, faccioso. E não seria mais estranho ouvirmos uma noite, pela boca universal da Rádio Moscou, que foi proclamado o dogma da imaculada Revolução.

Ao eclodir a crise econômica dos anos 1930, vemos, no entanto, o criador da anárquica e inventiva utopia antropófaga — colhida num "*melting pot*" de Marx, Freud, Keyserling e modernismo na caldeirada mitoantropológica do matriarcado (Bachofen via Engels e Nietzsche) — renegar o "sarampão antropofágico" e optar pelo alistamento partidário, disposto a transformar-se em humilde "casaca de ferro na Revolução proletária", como está no prefácio de *Serafim Ponte Grande* (1933).

Em 1931, ele e Patrícia Galvão (Pagu), então casados, alistam-se no Partido Comunista. A história desse momento ideológico na vida de ambos ainda está por ser amiudada. Mas nem um nem outro parecem ter sido levados muito a sério pelos políticos ortodoxos. O militante Leôncio Basbaum, em suas memórias (*Uma vida em seis tempos*, 1976), recordando o ano de 1932, assinala, preconceituosamente, "a infiltração de intelectuais e membros das classes médias" no partido (era a época da "proletarização" do PC, em que os intelectuais eram vistos com suspeita): "Um desses elementos", relembra Basbaum,

podemos dizer perniciosos, era uma moça (poetisa) chamada Pagu, que vivia, às vezes, com Oswald de Andrade. Ambos haviam ingressado no Partido, mas para eles, principalmente para Oswald, tudo aquilo lhes parecia muito divertido. Ser membro do PC, militar ao lado de operários "autênticos" (tipo Miguel), tramar a derrubada da burguesia e a instauração de uma "ditadura do proletariado", era sumamente divertido e emocionante.

Insipiente como é, o depoimento se tinge de mesquinhês e irrisão quando se sabe que as atividades partidárias de Patrícia lhe valeram anos de prisão, marcados pela doença e pelo sofrimento ("Dez anos que abalaram meus nervos e minhas inquietações, transformando-me nesta rocha vincada de golpes e de amarguras, destroçada e machucada, mas irredutível", diria ela numa crônica de 14 de outubro de 1952, em *Fanfulla*). Mas é talvez sintomático do desencontro que se verificaria fatalmente entre as personalidades originais e criativas de Oswald e Pagu e as mentalidades mais subservientes que subversivas dos adeptos por assim dizer religiosos dos credos políticos e suas palavras de ordem.

Das últimas prisões, que a segregariam por quatro anos e meio, a partir de 1935, Pagu só voltaria à liberdade em 1940, já desvinculada do PC. O desencanto com os comunistas a levaria a tornar-se uma aguerrida crítica de sua doutrina e de sua política cultura. "Saio de um túnel", diz ela no prefácio do panfleto *Verdade e Liberdade* (1950), em que expressa drasticamente o seu repúdio ao comunismo, candidatando-se pelo Partido Socialista Brasileiro à Assembleia Legislativa do Estado, "tenho várias cicatrizes mas ESTOU VIVA".

Mesmo no período inflamado dos anos 1930, o alistamento de Oswald não se faz sem contradições e rebeldias. Dessa época é a publicação de *Serafim Ponte Grande*, que ele terminara de redigir em 1928, e bastaria a menção a esse livro incatalogável para situar o "engagement" oswaldiano mais sob a ótica da anarquia do que de uma disciplinada religião de Estado. Mais ortodoxa é, a princípio, a posição de Patrícia — como se vê do seu "romance proletário", *Parque Industrial*, publicado no mesmo ano do *Serafim* e influenciado por sua linguagem telegráfica, mas limitado por uma visão simplista dos conflitos sociais —, embora, dentro de pouco tempo ela já se alinhe na dissidência trotsquista, que cindiria o Partido.

O Homem do Povo, lançado em 1931, é um registro da fase mais sectária e *enragée* da atuação política de Oswald e Pagu, numa primeira postura de adesão quase que incondicional às "verdades" partidárias e ao proselitismo do PC.[1]

1 Ver o capítulo "A Mulher do Povo" neste livro (pp. 131-55).

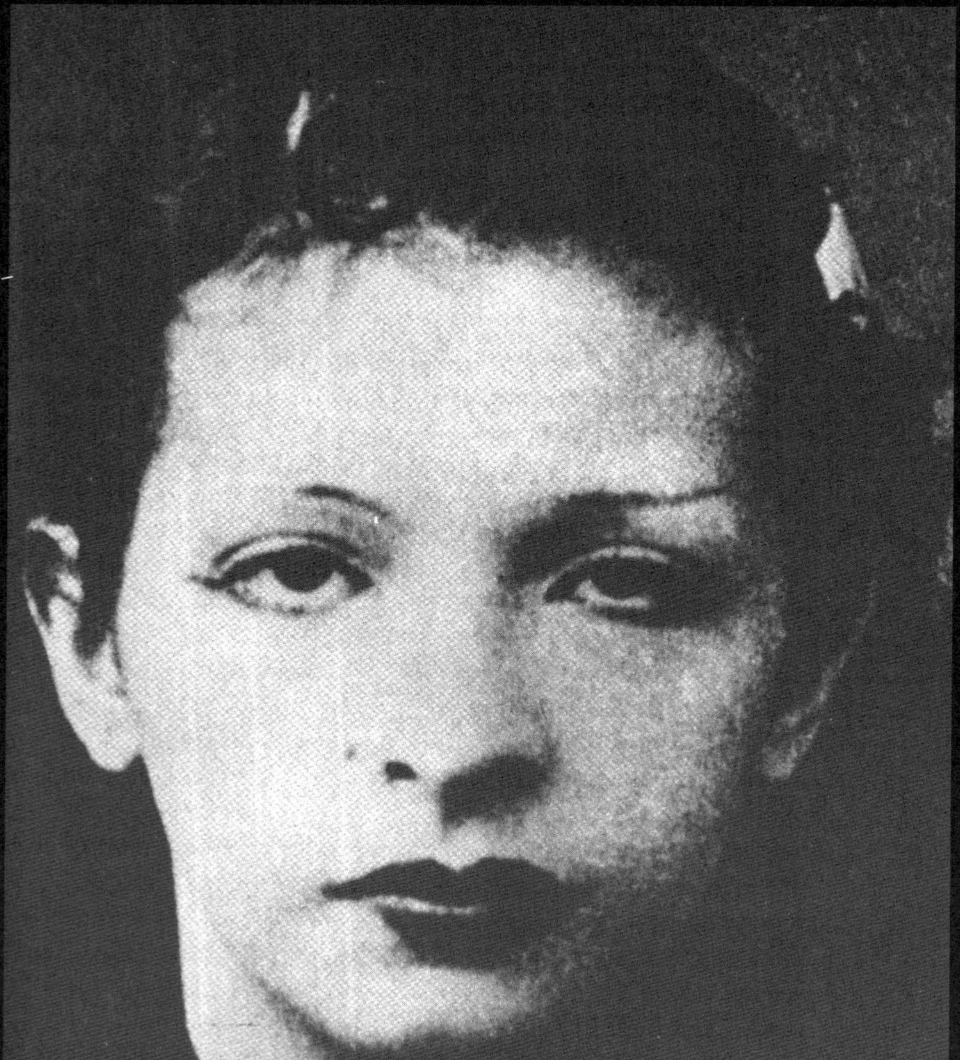

Trata-se de um jornal panfletário, de um assumido pasquim político, que teve curtíssima duração — apenas oito números. Em formato tabloide, 48 por 34 cm, com seis páginas e títulos desenhados em letras art déco, a publicação apresentava como editor Álvaro Duarte e como secretários Pagu e Queiroz Lima, sob a "direção do Homem do Povo". Oswald assinava os editoriais que também apareciam com a rubrica de "O Homem do Povo". A sede da redação ficava no Palacete Rolim, na praça da Sé, nº 9-E.

Programado para circular às terças, quintas e sábados, conforme se lê no anúncio da última página do segundo número, o jornal teve as seguintes publicações: nº 1 (sexta-feira, 27 de março); nº 2 (sábado, 28 de março); nº 3 (terça-feira, 31 de março); nº 4 (quinta-feira, 2 de abril); nº 5 (sábado, 4 de abril); nº 6 (terça-feira, 7 de abril); nº 7 (quinta-feira, 9 de abril); e nº 8 (segunda-feira, 13 de abril). Paradoxalmente, o povo não leu *O Homem do Povo*. Leram-no alguns intelectuais, os estudantes de direito... e a polícia, que acabaria proibindo a sua circulação após a ocorrência, nos dias 9 e 13 de abril, de graves incidentes com os estudantes, que tentaram por duas vezes empastelar o jornal por causa de dois editoriais considerados ofensivos à tradicional Faculdade de Direito do Largo de São Francisco.

As manchetes e legendas de fotos das reportagens da época formam um expressivo ideograma dos acontecimentos:

> UM JUSTO REVIDE DOS ESTUDANTES DE DIREITO
> AOS INSULTOS DE UM ANTROPOPHAGO
>
> *Oswald de Andrade, que classificou a Faculdade de Direito como sendo um "cancro" que mina o nosso Estado, foi agredido e quase linchado em plena praça da Sé/ Foi preciso que os soldados de prontidão na Central se movimentassem para impedir o linchamento/ Os estudantes que se dispuseram a aplicar o corretivo no escritor Oswaldo de Andrade*
>
> (*FOLHA DA NOITE*, 9 DE ABRIL DE 1931).
>
> *Na praça da Sé o diretor e a secretaria do* Homem do Povo *foram agredidos*
>
> (*A GAZETA*, 9 DE ABRIL DE 1931).
>
> OFENDIDOS PELAS COLUNAS DO *O HOMEM DO POVO* OS ESTUDANTES
> DE DIREITO AGREDIRAM O DIRETOR DO JORNAL
>
> *Foi também vítima de agressão a esposa daquele jornalista — Depredações nos escritórios da redação*
>
> (*DIÁRIO DE SÃO PAULO*, 10 DE ABRIL DE 1931).

PAGU, FOTO DA CARTEIRA DE IDENTIDADE OU PASSAPORTE (DÉCADA DE 1930).

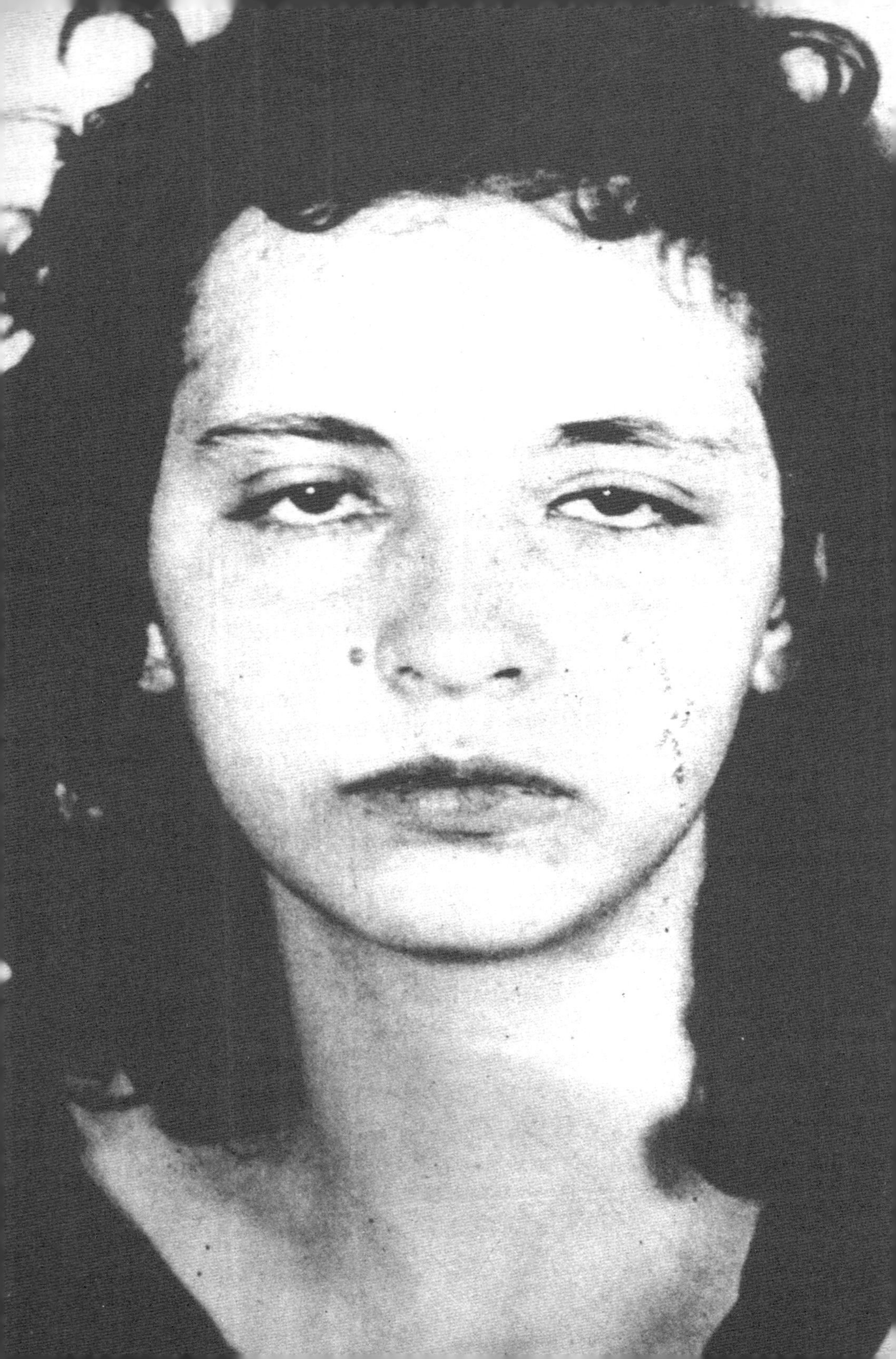

A POLÍCIA MANDOU GARANTIR A REDAÇÃO DO *HOMEM DO POVO*

(*A GAZETA*, 13 DE ABRIL DE 1931).

RECRUDESCE O CONFLITO ENTRE OS ESTUDANTES E O DIRETOR DO *HOMEM DO POVO*

Por ordem do delegado Geral da Capital, o jornal foi suspenso e seus diretores processados / Os acadêmicos em frente à Central de Polícia

(*FOLHA DA NOITE*, 13 DE ABRIL DE 1931).

NOVAS MANIFESTAÇÕES DOS ESTUDANTES DE DIREITO CONTRA O JORNAL *O HOMEM DO POVO*

A polícia instaurou inquérito a respeito

(*DIÁRIO DE SÃO PAULO*, 14 DE ABRIL DE 1931).

TENTATIVA DE EMPASTELAMENTO DO *HOMEM DO POVO*

(*FOLHA DA MANHÃ*, 14 DE ABRIL DE 1931).

UM PASQUIM VAIADO PELOS ESTUDANTES

Oswald de Andrade e sua companheira deram motivo a um novo conflito.

PEDINDO GARANTIAS/ DOIS TIROS/ A PRISÃO DOS DOIS PROVOCADORES/ DUAS VÍTIMAS DE PAGU/ ESTÁ SUSPENSO O PASQUIM

(*FOLHA DA NOITE*, 13 DE ABRIL DE 1931).

"Creio que faremos o jornal em breve. Mas está tudo demorado." Estas linhas, extraídas de uma carta de 12 de dezembro de 1930 de Oswald a Pagu (então em Buenos Aires, para um recital de poesia), mostram que *O Homem do Povo* já estava nas cogitações de ambos desde essa época. O último número da *Revista de Antropofagia* (segunda dentição) saíra em 1º de agosto de 1929 no *Diário de São Paulo*, que, por sinal, fechara suas portas à página antropofágica devido aos protestos dos leitores do jornal, indignados com as irreverências de Oswald e seu grupo. A nova experiência — apesar de distante, ideologicamente, da anterior — não deixa de ter certas afinidades com ela.

Como no caso da página do *Diário* — um contrajornal revolucionário introjetado num jornal conservador — predomina aqui a pseudonímia. Salvo os artigos assinados por Oswald e Pagu e por alguns outros nomes conhecidos que raramente aparecem — Flávio de Carvalho (no nº 3), Geraldo Ferraz (no nº 5), Galeão Coutinho (no nº 7) e Brasil Gerson (nos nºs 7 e 8) —, o que emerge das colu-

FOTO DE ARQUIVO DA POLÍCIA DIVULGADA COM A NOTÍCIA DA PRISÃO DE PAGU NO *DIÁRIO DE SÃO PAULO*, 23 DE JANEIRO DE 1936.

nas incendiárias de *O Homem do Povo* é toda uma galeria gaiata de colaboradores anônimos, a maioria dos quais possivelmente forjados pelo próprio Oswald: Álcool Motor (que ataca o sr. Plínio Saldoce no nº 4), Anjo, Anonimus, Aurelino Corvo, Capitão Rodolfo Valois, Carcamano, Corifeu, Estalinho, Gás Asfixiante, João Bagunça, Lima Trilhos, Piramidon, Plebeu, Reporter Z, Sombra, Spartacus, Visconde De Xiririca, Zumbi. Ao lado dos apelidos engraçados que compõem esse afinado coro de descontentes, há alguns nomes que aparecem com mais constância e que podem ser verdadeiros: Hélio Negro, Raul Maia. A Patrícia Galvão se podem atribuir os pseudônimos Brequinha, Cobra, G. Léa, Irmã Paula, K. B. Luda e talvez aquela Mme. Chiquinha dell'Oso (responsável pela seção de corte e costura, "A Tesoura Popular", que comparece no nº 2, depois de anunciada com destaque no nº 1).[2] A própria direção do pasquim se anonimiza sob a rubrica do "homem do povo". No terceiro número, uma nota afirma: "Que diretor? Há tantos também. O *O Homem do Povo* é dirigido pelo homem do povo". Depois de figurar nos quatro primeiros editoriais ("Ordem e progresso", "Ovo de Marx", "Os músicos do Titanic", "A ordem da ferradura"), o nome de Oswald fora substituído pelo de *O Homem do Povo*; mas após o conflito motivado pela provocação de "As angústias de Piratininga", no nº 7, Oswald reassume a paternidade dos artigos de fundo e assina "Isto aqui é Coimbra?", respondendo aos estudantes no último número.

A despeito das evidentes imposturas, o jornal se organizava por seções. Na primeira página, sob o título geral de "A cidade, o país, o planeta", saem os editoriais e outros artigos. Pagu redige, na segunda página, a seção A Mulher do Povo. A terceira página, encimada pelos dizeres "Panfleto e doutrina", com vários colaboradores, dos quais o mais assíduo é Raul Maia, tem sempre um "Barômetro econômico". Na quarta página aparece a seção de variedades — "Palco, tela e picadeiro" —, tendo como "diretor de cena" Piolin, com reportagens assinadas, em geral, pelos pseudônimos femininos; embaixo, "Esportes no mundo e na ponte grande", dirigida por Anjo, "valoroso esportman, campeão de terra, mar e rios também, uma das maiores glórias do espor-

2 Chiquinha dell'Oso era, efetivamente, diretora de uma Academia de Corte e Costura "muito conhecida em São Paulo" e "pretexto para brincadeiras", segundo o atesta a pesquisadora Vera Chalmers em nota a uma crônica de Oswald ("Álvaro Moreyra e outras questões que não são de todos", 24 de março de 1927) transcrita em *Telefonema*, vol. x das *Obras Completas* de Oswald de Andrade (Rio de Janeiro: Civilização Brasileira, 1974, p. 39).

te estrangeiro e indígena", tendo anexa a "seção das Salgações", orientada pelo Visconde de Xiririca,

> notável homem de letras (não de câmbio), autor de diversos trabalhos literários e inventos científicos, largamente conhecidos em todo o universo, sobressaindo entre os seus últimos inventos o aparelho de medir a distância que um gato bem furioso pode cuspir.

Na quinta página, intitulada "Sumário do mundo", o noticiário internacional, que tem como redator Aurelino Corvo. Na sexta, "Ontem, hoje, amanhã", notícias e artigos variados. As duas últimas páginas dão ainda lugar para o "folhetim do homem do povo", No País da Gente Nua, presente em quase todas as edições e assinado no terceiro número, e só neste, por P. L. Royer, descrevendo a visita a uma colônia de nudistas na Alemanha.

Ecos da antropofagia ressoam no primeiro editorial de Oswald (Ordem e progresso): "Queremos a revolução nacional como etapa da harmonia planetária que nos promete a era da máquina. [...] Queremos a revolução técnica e portanto a eficiência americana". E sobram as saborosas tiradas oswaldianas:

> Dum país que possui a maior reserva de ferro e o mais alto potencial hidráulico, fizeram um país de sobremesa. Café, açúcar, fumo, bananas. Que nos sobrem ao menos as bananas! [...] Sendo assim, o ouro entra pelo café e sai pelo escapamento dos automóveis.

Mais explicitamente tributário do idioleto antropofágico é o artigo "A carniça está gostosa", assinado por Aurelino Corvo, ao dar a orientação do noticiário internacional, no primeiro número:

> O homem do povo, que trabalha, que sai cedo de casa para a fábrica, a oficina, o escritório, o armazém, só dispõe para tanto dos poucos minutos da viagem de bonde, e o que lhe importa são as notícias rápidas, concisas, concretas. É o que este novo jornal, que além de novo é pequeno e não pretende chegar a venerando, vai fazer, nesta página, sumariando em quatro linhas os acontecimentos mundiais da véspera.

Aurelino Corvo promete, em suma, "o suco dos telegramas", em sintaxe modernista ("O mundo em convulsão. Combustão.

Vulcão. Revolução.") e em semântica antropofágica ("Notícias que estimulam o apetite de estômagos sólidos e saudáveis. Para dentes de homens do povo. Carniça gostosa").

Além de responder pela seção A Mulher do Povo, na qual criticava, de um ponto de vista marxista, em linguagem desabrida, as "feministas de elite" e as classes dominantes nos artigos "Maltus além", "A baixa da alta", "O retiro sexual", "A garupa do príncipe", "Liga de trompas católicas", "Saibam ser maricons", "Guris patri-opas", "Normalinhas", Pagu assinava a Correspondência, onde polemizava com leitoras (supostas ou verdadeiras), conforme a convocação-provocação do quarto número: "Às leitoras. Recebemos colaboração de qualquer pessoa mesmo de ideologia diferente. Estabelecemos polêmica no próprio jornal. Qué apanhá pula aqui. Correspondência para Pagu". Ademais, era a autora das ilustrações, charges, vinhetas, títulos e legendas, como o atesta a comparação com os desenhos do *Álbum de Pagu*, da *Revista de Antropofagia* e de outras fontes da época. Dos desenhos publicados em *O Homem do Povo* apenas alguns eram assinados sob o pseudônimo "Peste". Ela criou, também, uma história em quadrinhos, que aparece em todos os números — *Malakabeça, Fanika e Kabeluda* —, com três personagens, um casal e uma sobrinha revolucionária. O cartunista não era identificado; no sexto número surge, porém, no canto direito no último quadrinho, o característico "P." de Patrícia, Pagu e Peste, confirmando a autoria.

O clima do jornal é de ostensiva provocação. Ataques aos imperialistas, louvores à União Soviética, insultos às autoridades, violento anticlericalismo... Intermináveis gozações com o príncipe de Gales, então em visita ao nosso país, chargeado e caricaturado desde o primeiro número ("S. A. manifesta-se favorável ao afunding do Brasil"). Nessa mesma edição lança-se o 1º Concurso do *Homem do Povo*: Qual é o maior bandido vivo do Brasil? —, que começa a ser apurado a partir do quarto número, incluindo, entre os mais votados, políticos, industriais, eclesiásticos, e até o secretário da Segurança Pública, ao lado de Lampião e Meneghetti e do próprio Oswald e gente da sua roda como Jayme Adour da Câmara. Com tantas irreverências, não é de admirar que *O Homem do Povo* chegasse ao oitavo número? Só a sua pequena circulação pode explicar que tenha passado incólume pelos curtos dezoito dias de sua existência...

Como se sustentava o jornal? Provavelmente Oswald o financiava. Alguns anúncios surgem repetidamente — Antártica, Brasserie Paulista, Café Paraventi. Mas serão para valer?[3] Dentre eles, há os que aparecem totalmente estranhos ao contexto do jornal, como aquele que dá o telefone "das perfumarias mais finas e dos melhores charutos Havana", ou aquele outro que alardeia "os melhores figurinos na Agência Scaffuto". Outros são claras contrafações, com propósito de humor ou de crítica, como o caso da Light ("VIAJAI de preferência nos bondes da LIGHT"). "Mande nos dizer qual é a outra companhia de bondes onde a gente pode viajar em São Paulo. Não entendem que estamos atacando os monopólios seu besta!" — esbraveja Pagu no sétimo número, defendendo-se de alguma reclamação na seção Correspondência. No mesmo número, o anúncio aparece um tanto modificado ("VIAJAI de preferência nos bondes da LIGHT/ camarões, caraduras, estribos") ao lado deste outro, sardônico: "Para os vossos enterros preferi a Casa Rodovalho/ a alegria dos herdeiros". No oitavo número, acompanhado de outro sobre os trens da São Paulo Railway, passa a ser encimado pelo título "Os monopólios".

Mesmo sem se concordar com a radicalidade e o sectarismo das diatribes de *O Homem do Povo*, é possível lê-lo com interesse e curiosidade. Não só pelo fato de estar ligado a personalidades tão fascinantes como Oswald e Pagu, partindo-se do pressuposto de que, quando um autor é interessante, tudo o que se relaciona com ele — até as obras menores — se torna interessante, por constituir subsídio para a compreensão de outros aspectos de maior relevância para a sua caracterização.

Sem dúvida, aqui não se encontrarão as grandes páginas de invenção estilística de *João Miramar* e *Serafim Ponte Grande*. A *Revista de Antropofagia* é mais rica em ideias e em criatividade, e os estereótipos da catequese política estão hoje mais desgastados do que antes. Mas, no desleixo das suas linhas apressadas, no seu amadorismo algo provinciano, na sua ingenuidade quixotesca, *O Homem do Povo* traz, ao lado da marca feroz e veraz da utopia, o rastro literário da modernidade e da paródia que dele fazer como que um prolongamento da "segunda dentição antropofágica". Este pasquim proletário não deixa de ser — como eu já afirmei antes — um

3 Segundo Fernando Morais, "o excêntrico milionário Celestino Paraventi", simpatizante do comunismo, contribuía para o partido e frequentemente ajudava a financiar publicações comunistas com anúncios de sua indústria de torrefação de café. Assim, ao menos o anúncio do Café Paraventi em *O Homem do Povo* era, de fato, para valer (ver *Olga*, São Paulo: Alfa-Ômega, 1985, p. 63).

descendente engajado da *Revista de Antropofagia*. Estilhaços do riso oswaldiano espoucam por esses textos irados, fazendo com que eles desbordem da razão política, datada e perecível, para se incorporarem ao plano menos transitório das criações intelectuais, "Do meu fundamental anarquismo jorrava sempre uma fonte sadia, o sarcasmo", disse Oswald no prefácio ao *Serafim*. Por isso, esse *Homem do Povo*, que o povo não leu, pode ser lido agora, e não apenas como documento de uma época, suas lutas e suas contradições. Podemos rir com ele. E até perdoar facilmente os seus desmandos e excessos verbais. Vão por conta da impaciência, da impotência e do desespero dos que tentam pensar com generosidade nos desfavorecidos sociais, num mundo onde ainda prevalece a *manunkind*, de que fala o poeta norte-americano E. E. Cummings — a "humanimaldade" —, um mundo onde até hoje, depois de meio século, exauridas as utopias, a justiça e a fraternidade estão longe de ser alcançadas.

| 1983 |

antologia/

1929-62

pagu — patrícia galvão

COCO DE PAGU'

AO DI

Pagú tem os olhos molles
Olhos de não sei o quê
Si a gente está perto delles
A alma começa a dóer
Ai Pagú eh
Dóe porque é bom de fazer dôer

Pagú! Pagú!
Não sei o que você tem,
A gente, queira ou não queira,
Fica lê querendo bem.
Eh Pagú eh
Dóe porque é bom de fazer dôer

Você tem corpo de cobra
Onduladinho e indolente,
Dum veneninho gostoso
Que dóe na bocca da gente.
Ai Pagú eh
Dóe porque é bom de fazer dôer

Eu quero você pra mim,
Não sei si você me quer;
Si quizer ir pra bem longe
Vou pronde você quizer,
Eh Pagú eh
Dóe porque e bom de fazer dôer

Mas si quizer tár pertinh
Bem pertosinho daqu
Então... você pode vir
Ai... ti ti ti, ri ri-ri... ih...
Eh Pagú eh
Dóe porque é bom de fazer dôer.

RAUL BOPP

COCO/ RAUL BOPP

Pagu tem os olhos moles
uns olhos de fazer doer
Bate-coco quando passa
Coração pega a bater

Eh Pagu eh!
Dói porque é bom de fazer doer

Passa e me puxa com os olhos
provocantissimamente
Mexe-mexe bamboleia
pra mexer com toda a gente

Eh Pagu eh!
Dói porque é bom de fazer doer

Toda gente fica olhando
seu corpinho de vai-e-vem
umbilical e molengo
de não-sei-o-que-é-que-tem

Eh Pagu eh!
Dói porque é bom de fazer doer

Quero porque te quero
Como não hei de querer?
Querzinho de ficar junto
que é bom de fazer doer

Eh Pagu eh!
Dói porque é bom de fazer doer

| 1928 |

TEXTO DEFINITIVO DO POEMA, TAL COMO APARECEU EM LIVRO, EM *COBRA NORATO E OUTROS POEMAS* (BARCELONA: DAU AL SET, 1954, PP. 104-5). A PARTIR DA *ANTOLOGIA POÉTICA, DE BOPP* (RIO DE JANEIRO: LEITURA S.A., 1967), O POEMA PASSOU A INTITULAR-SE APENAS "COCO".

REVISTA PARA TODOS..., ANO X, Nº515, RIO DE JANEIRO, 27 DE OUTUBRO DE 1928, P. 24. 1ª VERSÃO DO POEMA "COCO DE PAGU", DE RAUL BOPP.

o álbum de pagu/ 1929

JANELAS PARA PAGU, 1974, AUGUSTO DE CAMPOS

eh pagu eh/ AUGUSTO DE CAMPOS

patrícia galvão (pagu)
desenhescreveu
PAGU (*nascimento vida paixão e morte*)
em 1929
tinha então 19 anos
por essa época ela colaborava
com alguns desenhos
nas páginas da *revista de antropofagia*
(2ª dentição)
publicadas no "diário de são paulo"
de 17-3-29 a 1-8-29

o "álbum de pagu"
pelo seu estilo e pelo seu teor
de antifábula desmi(s)tificante
começando pela paródia iracêmica
(além... muito além do martinelli...)
pode ser colocado
sem esforço
e com relevo
entre os documentos antropofágicos

estes textos e desenhos
oswald-tarsilianos
cheios de amor e humor
têm algo de amadorístico
na expressão e no traço
e no entanto constituem
uma tentativa rara
de ligar verbal e não verbal

uma senda pessoal no caminho aberto
pelo *primeiro caderno do aluno de poesia oswald de andrade*
com desenhos de oswald e capa de tarsila
(1927)

PAGU
(*nascimento vida paixão e morte*)
uma vida vivida
na concisão de uma história em quadrinhos
autobiofagia

é provável q patrícia
nunca tivesse pensado em publicar esse
"livro"
deu-o de presente
objeto único
a tarsila

josé luís garaldi
descobriu o original
na biblioteca de
oswaldo estanislau do amaral filho
sobrinho de tarsila
q nos permitiu divulgá-lo
nas revistas *código* nº 2 (1975)
e *através* nº 2 (1978)

esta é a 3ª edição
do "álbum de pagu"
em versão quadrinizada
pela redução fotográfica

no original
cada desenho
ocupa uma página

repito:
a nossa pobre literatura
tão fechada e tão chata
não se pode dar ao luxo de ignorar
coisas como essa
com gosto de invenção e de liberdade

PAGÚ

NACIMENTO

VIDA

PAIXÃO

E MORTE

I

pra Tarsila

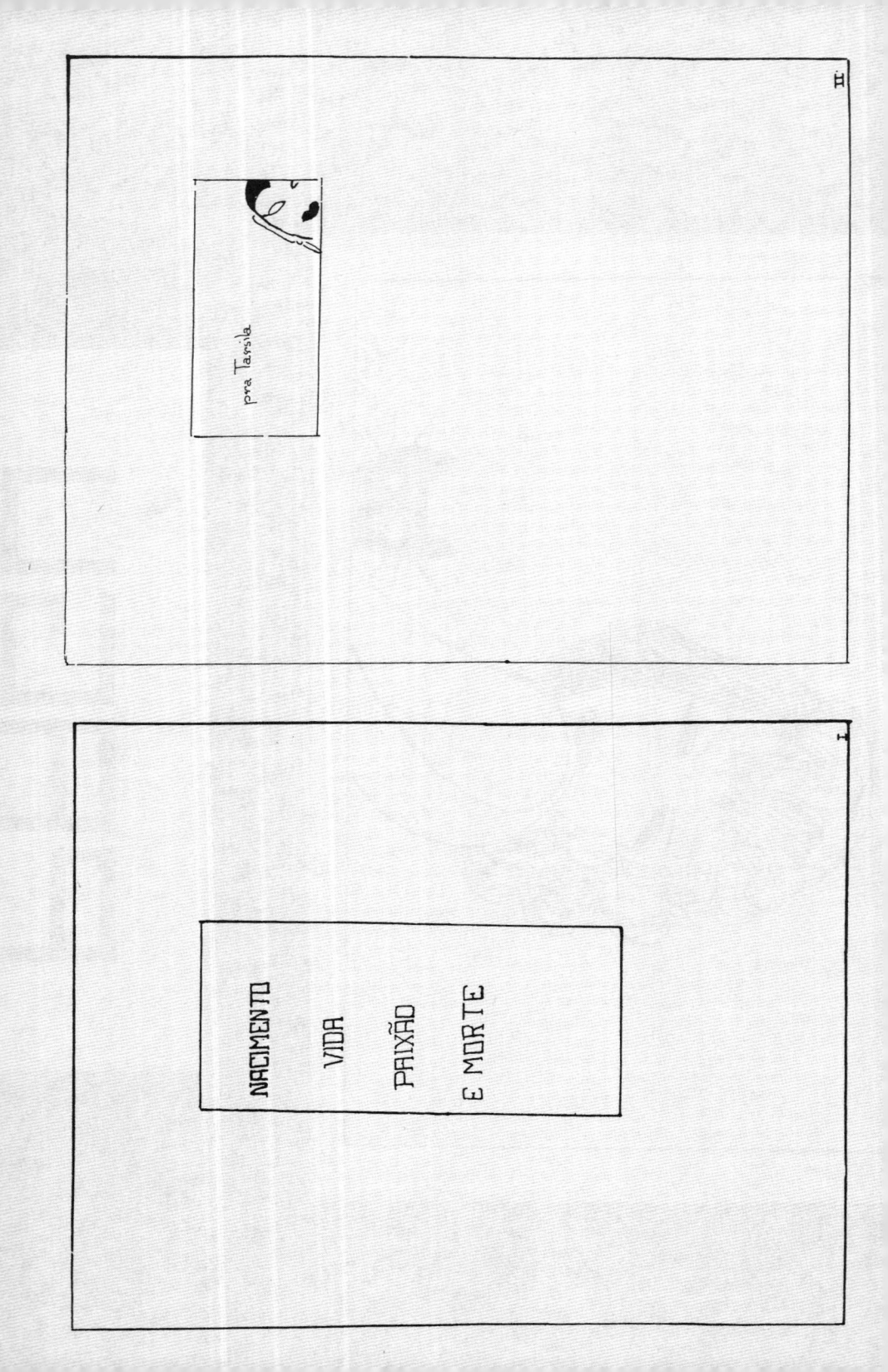

II

NACIMENTO

psalmo I.

Alem... muito alem do Martinelli...
...martinellamente escancara as cento e cinquenta e quatro guelas...

Era filha da lua ...
Era filha do sól...

Da lua que aparece serena e suave no céu, amamentando eternamente o Cavaleiro de S. Jeorge... Barrigudinha...

Do pae sól, amado D. decorador dos quadros futuristas...
O pae dela gosta de bolinar nos outros...

E Pagú nasceu...

de olhos terrivelmente molengos
e boca de cheramy . . .

E o guerreiro branco cantou.
E Freud. desejou...

Mandioca braba faz mal.
Pagú era selvagem.
inteligente
E besta.:.

Comeu da mandioca braba...

E fez mal.

VIDA

psalmo 7.

Pagú
1929
Só... e a lua...
VII.

Tia Babá disse que sineiro
pode pecar...
... toco à finados como
ninguem...
Pagú
1929
VIII.

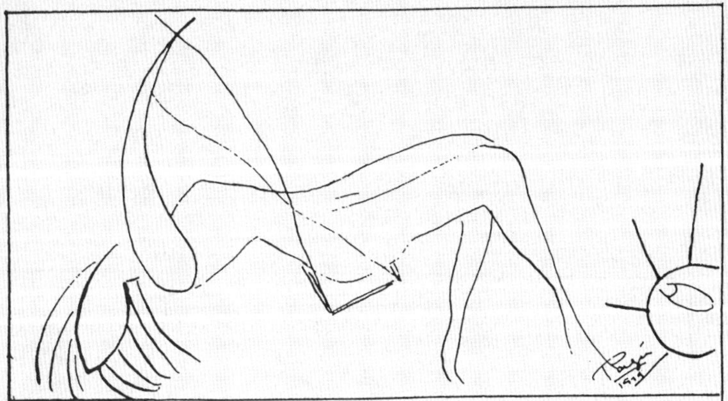

O retangulo insensivel de cabreuva recolhe
o deleite vulcanico de minha vitalidade...
quero ir bem alto... bem alto... numa
sensação de saboroza superioridade -
é que do outro lado do muro tem uma
coisa que eu quero espiar...

IX.

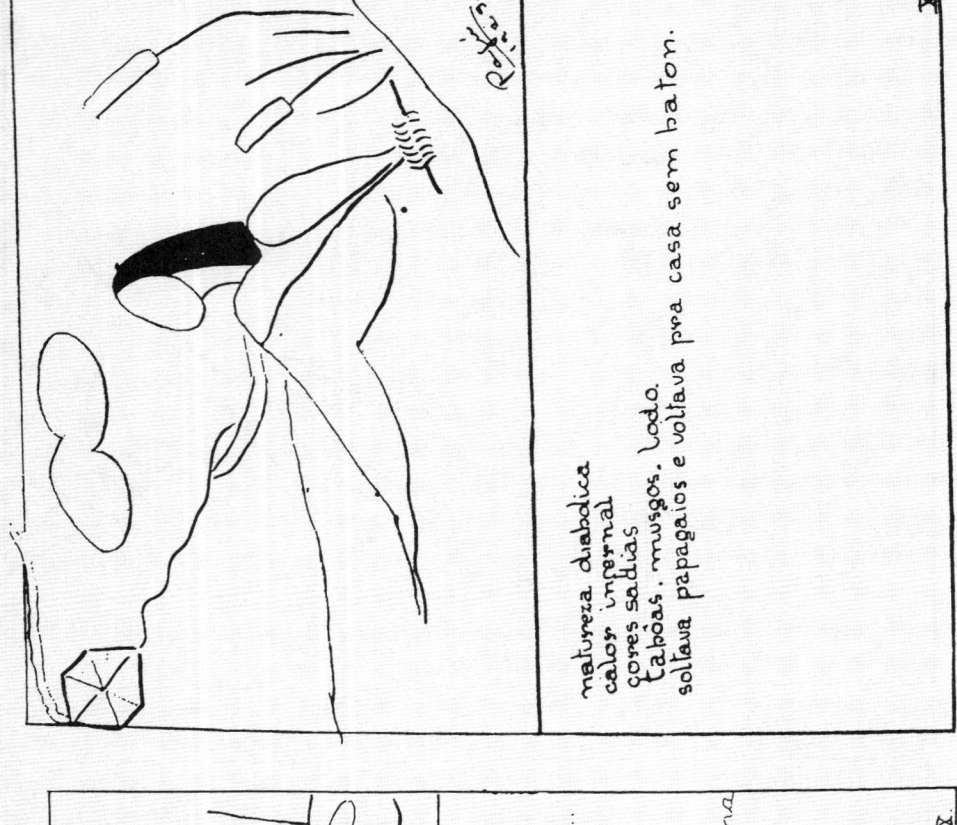

natureza diabolica
calor infernal
cores sadias
tabôas. musgos. lodo.
soltava papagaios e voltava pra casa sem baton.

X.

... a minha gata é safada e corriqueira...
arremeda "picassot"
trepa na trave do galinheiro e preguiçozamente escancara a
boca e as pernas.
... a minha gata é vampira...
mimo de um italiano velho e apaixonado. general de brigada. dois
metros de altura. pelado e sentimental. atavismo.
o luxo da minha gata é o rabo
ela pensa que é serpente...

XI.

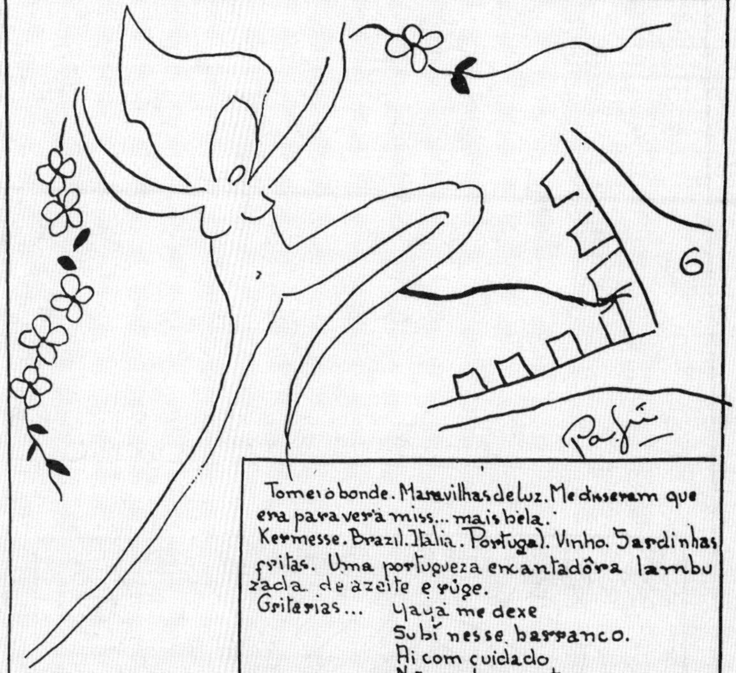

Tomei o bonde. Maravilhas de luz. Me disseram que
era para ver a miss... mais bela.
Kermesse. Brazil. Italia. Portugal. Vinho. Sardinhas
fritas. Uma portugueza encantadôra lambu
zada de azeite e ruge.
Gritarias... Yayá me dexe
Subí nesse barranco.
Ai com cuidado
Não quebre meu tamanco.
Tombolas. A 200 reis...
Eu tirei uma tijela, um pacote de algodão e
um sabão de pedra.
Um mulatinho sorumbatico, de sapato vermelho e costeleta preta me bolinava... Moita! Tomei o bonde com um pasteleiro que escarrava sangue.
O tragico moreninho concentrado perseguiu-me, mostrando com o encolher dos beiços chupando o ar e uma lingua roxa e ferindenta, a força do temperamento.
Pazadelo!...
A rispada foi enorme. Depois de um sanduiche de pão e

XIII.

linguiça dormi...agarrada a vassoura de encerar e com o facão da cozinha debaixo do travesseiro.

Moita! Sonhei com o mulatinho sorumbatico, de lingua feridenta...

IXV

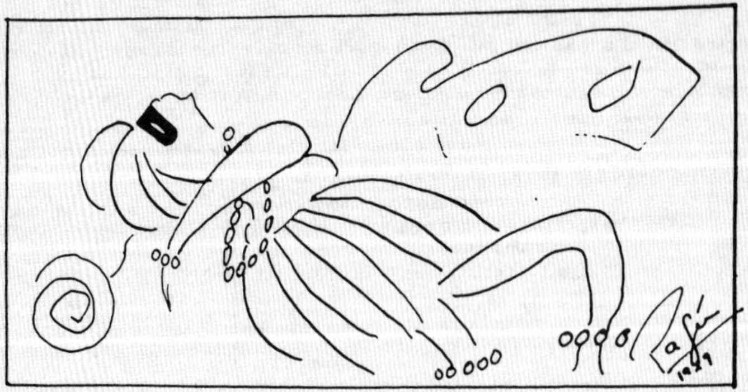

Quando eu era avaiana tomava éter.

XV

eu quero... você...

IXV

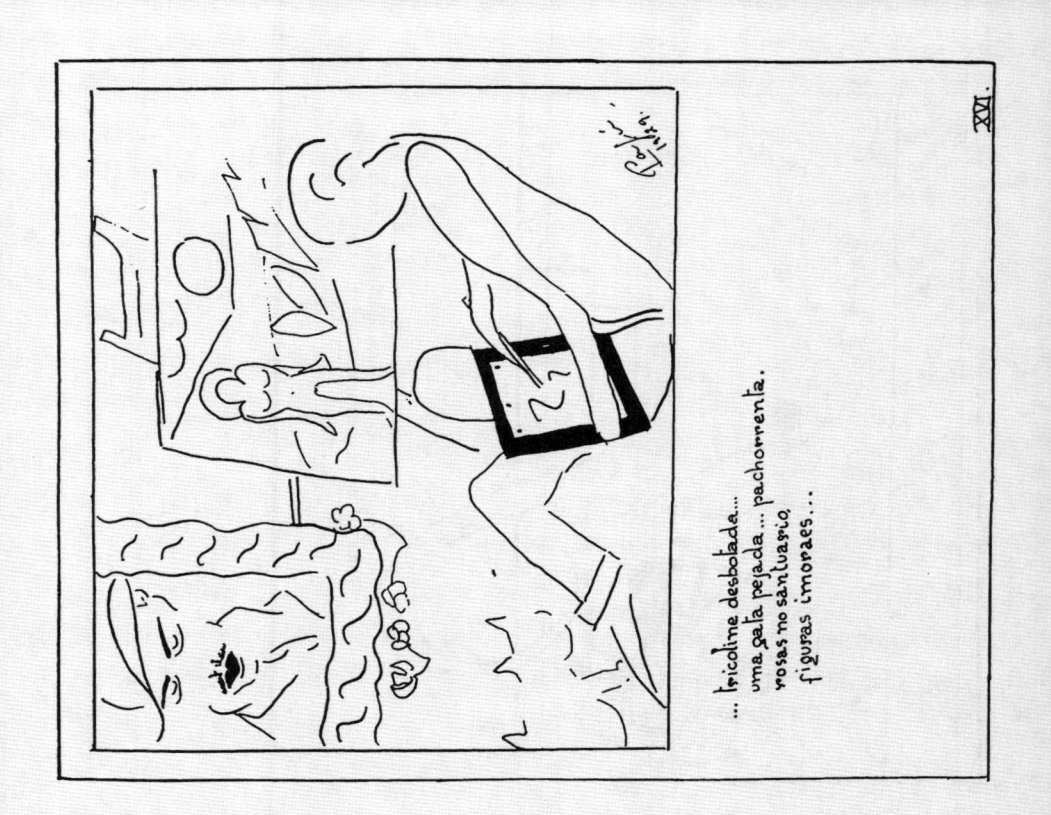

... tricoline desbotada...
uma gata pejada... pachorrenta.
rosas no santuario,
figuras imoraes...

XVI.

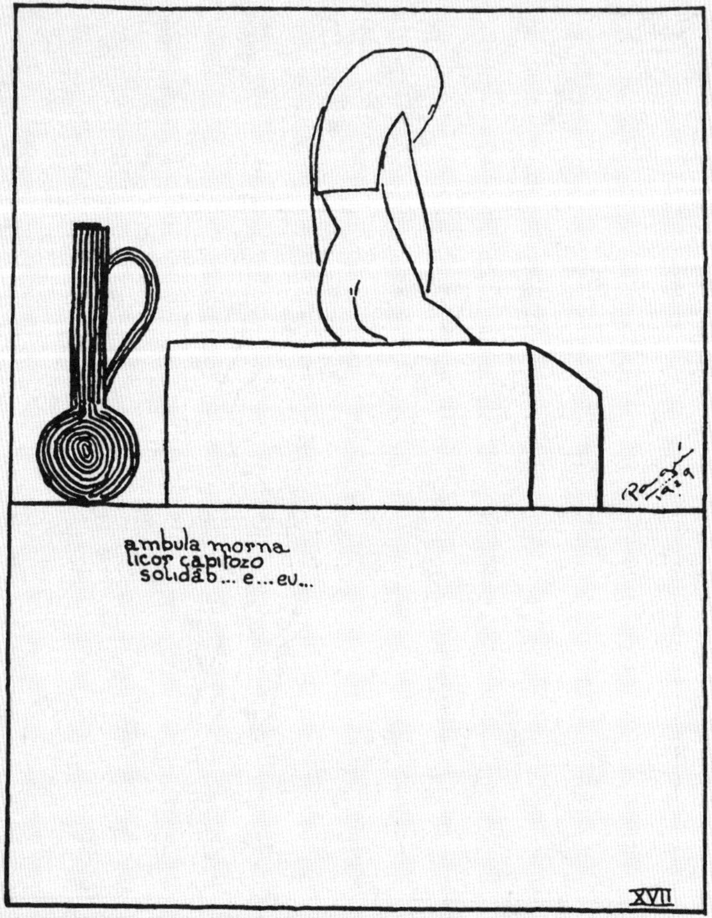
Pagú
1929
ambula morna
licor capitozo
solidão... e... eu...
XVII

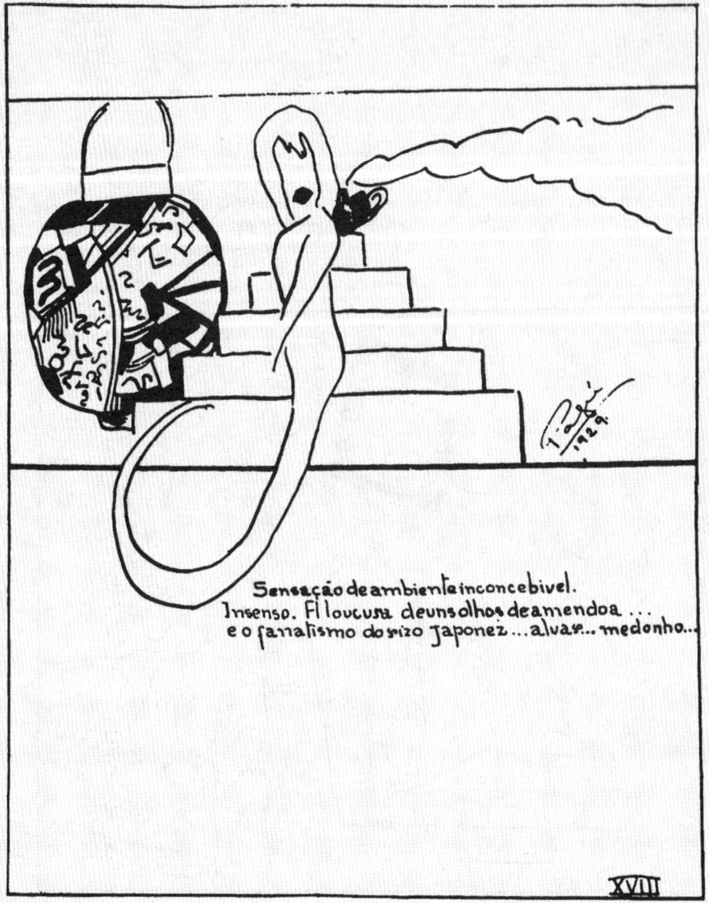
Pagú
1929
Sensação de ambiente inconcebivel.
Insenso. A loucura de uns olhos de amendoa...
e o fanatismo do rizo japonez... alvar... medonho...
XVIII

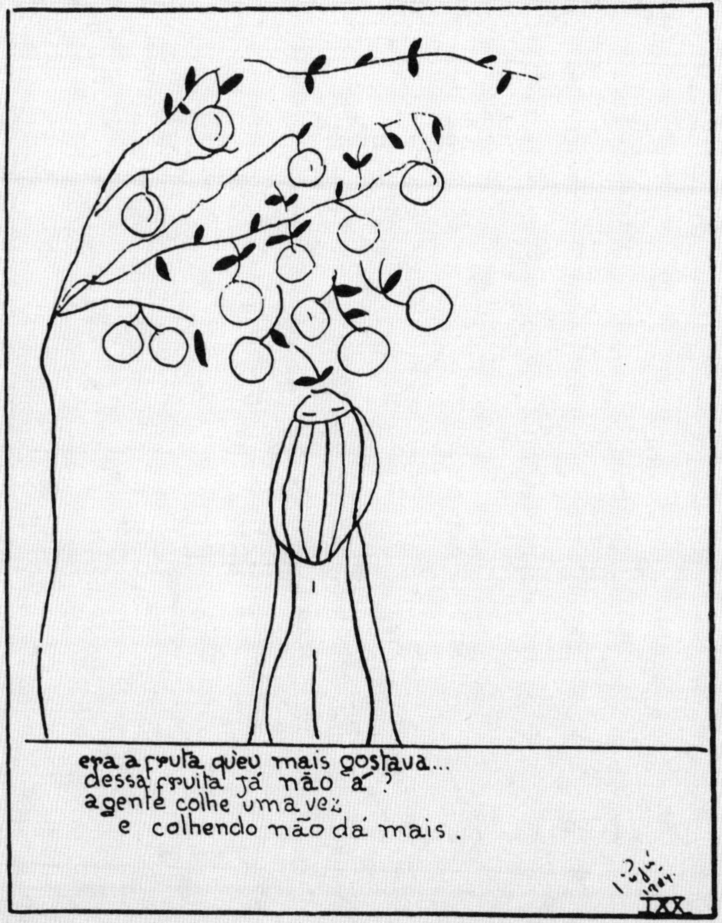
era a fruta queu mais gostava...
dessa fruita já não á ?
agente colhe uma vez
e colhendo não dá mais .

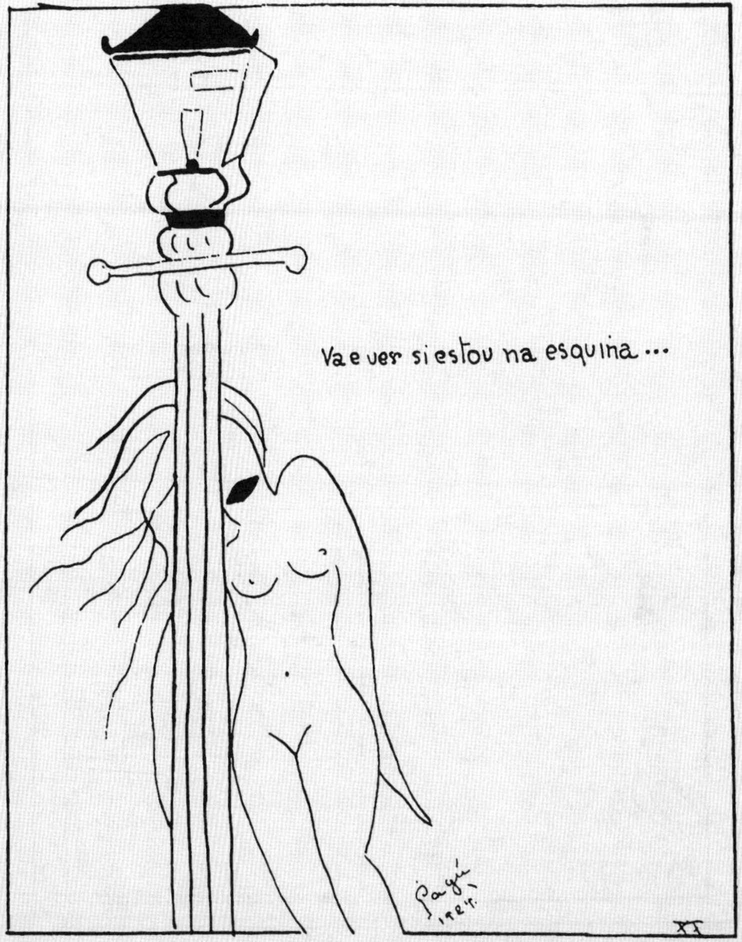
Vae ver si estou na esquina ...

PAIXÃO

psalmo 13

XXI

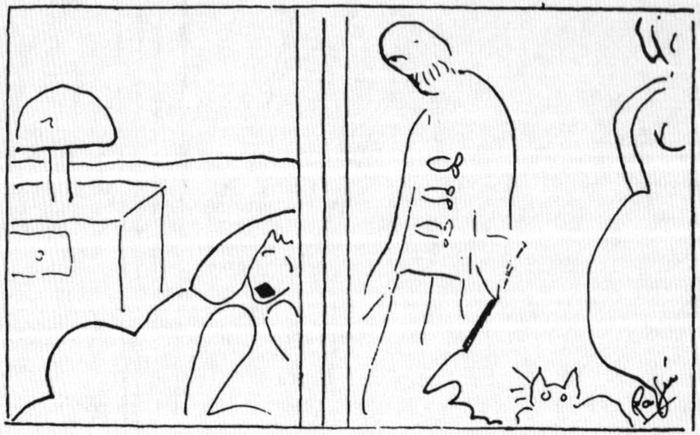

dentro da lei... nha...

XXII

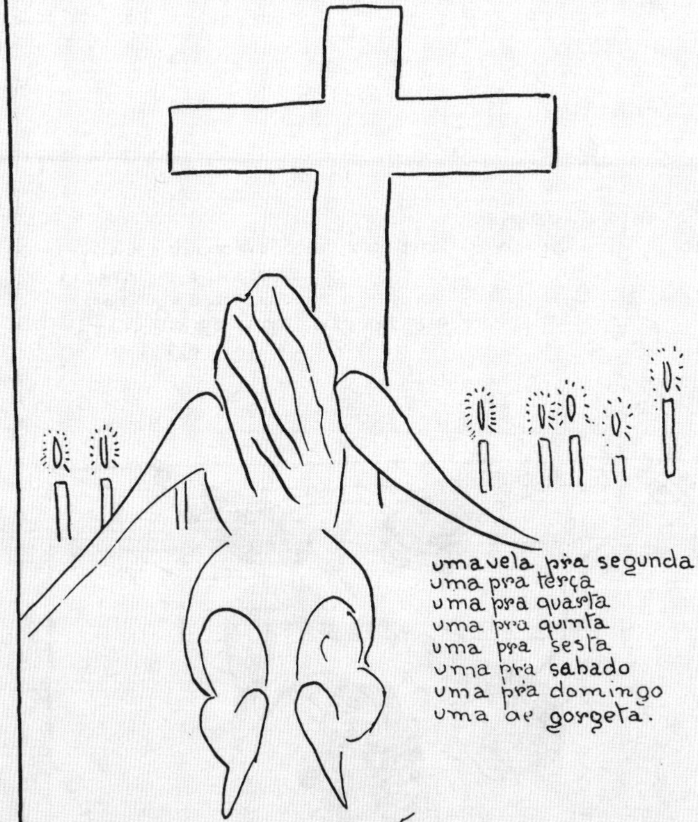

uma vela pra segunda
uma pra terça
uma pra quarta
uma pra quinta
uma pra sesta
uma pra sabado
uma pra domingo
uma de gorgeta.

Ó meu diogenes espalhajatozo
Ó meu primeiro amor
que acabou com o segundo.

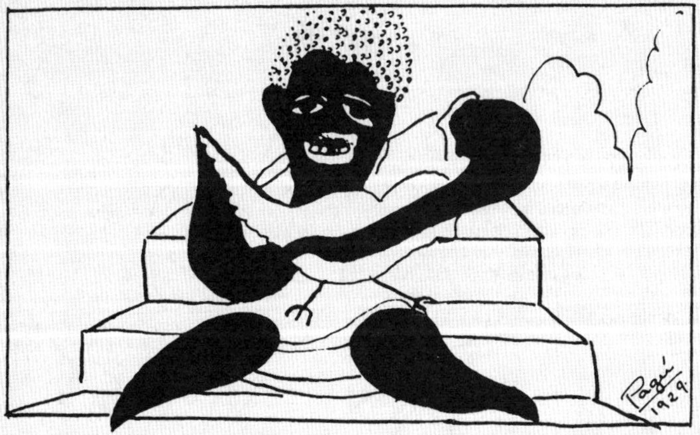

Lá em casa tem uma negra...
Carapinhenta e de "rizo safado"
Doidinha por joias
Maravilha o carteiro
Uma fugida de gratificação para ver o
sexo dos pintos...

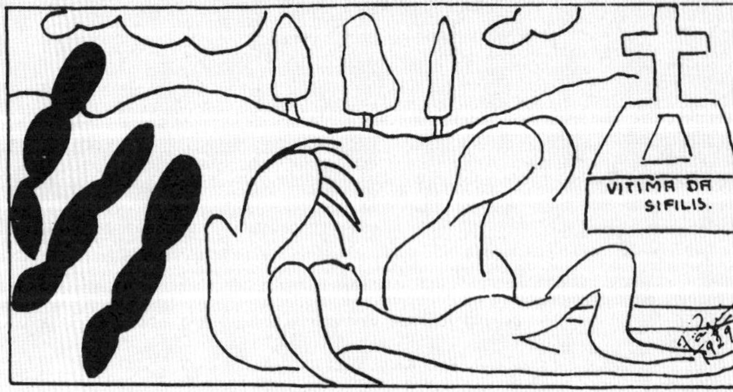

O cedro tem cheiro
Arranjei um galan e fomos ao cemiterio.

XXVI

MORTE

psalmo 1.001.

XXVII

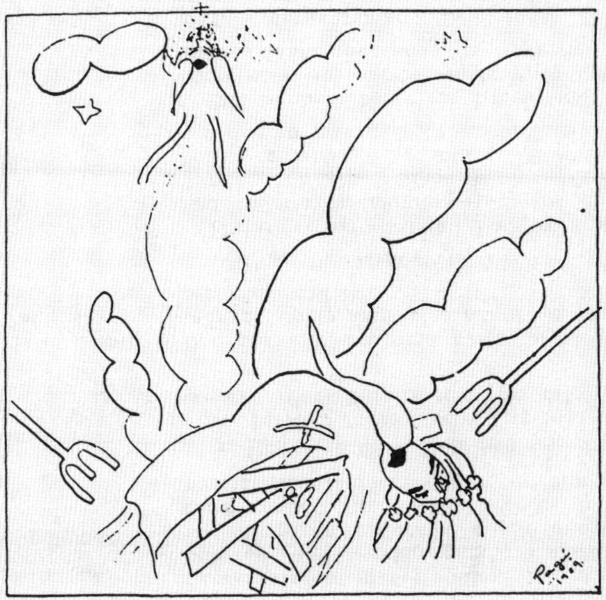

Quando eu morrer, não quero que chorem a minha morte.
Deixarei o meu corpo pra vocês...

XXVIII

Na Exposição de Tarsila

A exposição de Tarsila do Amaral marca na historia da corrente de idéas, chamada descida antropofagica, o seu maior surto. Não porque tenha congregado a maioria dos seus adeptos do Rio e de São Paulo, mas porque a arte da grande pintora brasileira é um resumo vivo de mentalidade antropofagica.

Arte que sobe da terra, não possue por isso mesmo aquelle escesso de detalhismo que asphyxia a nossa escola de bellas artes.

E' desafogada. Simples. Ingenua. Limpa.

Nella as estrellas vivem. Qualquer sapo poderá brilhar por conta propria. E a totalidade cosmica não vae além do que os olhos abrangem.

Dahi a quasi nenhuma perspectiva dessa arte sem espaço. Mas onde o tempo e a massa emergem identificados do sólo. Fundidos. Presos ambos á mesma idéa espontanea de saúde e de meninice.

Porque a arte de Tarsila não é feita de cima para baixo. Para ella o céo é um vago accidente da sua topographia esthetica. Sempre claro. Numa clareza e indifferença que é talvez um bocado de noção meio distrahida que ella tem de Deus.

A terra pelo contrario: é a vida. Em cada uma das suas arvores a gente

Reportagem de

CLOVIS DE GUSMÃO

A arte onde as cousas vivem — O mundo de Tarsila e o seu primeiro habitante: Pagú—O primeiro congresso brasileiro de antropofagia.

•

chegar no mundo de Tarsila. Mas já encontraram um habitante: Pagú. Pagú encantou a todos pela graça, pela intelligencia e pela ingenuidade. Bopp fez um poema para ella. E o Brasil inteiro ficou conhecendo Pagú:

— Eu não penso: eu gosto.

— Tem algum livro a publicar?

— Tenho: a não publicar: — Os "60 poemas censurados" que eu dediquei ao Dr. Fenolino Amado, director da censura cinematographica. E o Album de Pagú — vida, paixão e morte — em mãos de Tarsila, que é quem toma conta delle. As illustrações dos poemas são tambem feitas por mim.

— Quaes as suas admirações?

— Tarsila, Padre Cicero, Lampeão e Oswald. Com Tarsila fico romantico.

Dou por ella a ultima gotta do meu sangue. Como artista só admiro a superioridade della.

— Diga alguns poemas, Pagú.

(Informações: — Pagú é a creatura mais bonita do mundo — depois de Tarsila, diz ella. Olhos verdes. Cabellos castanhos. 18 annos. E uma voz que só mesmo a gente ouvindo).

Ella se chega bem para o meu lado. Sorri com um sorriso mais doce do que os labios de todas as Iracemas

E fala devagarzinho. Bem junto de mim:

no meu quintal tem uma laranjeira
aquella mesma

não são construidos. Nem pertencem ao mundo onde tudo nasce.

São apanhados, naturalmente, dentro do salto biologico. Em plena evolução, é umbigados ainda no sólo. Guardando, por isso mesmo, a espontaneidade que só as cousas verdadeiramente jovens pódem ter.

Nenhuma concepção batida. Nenhuma fórma que nos faça lembrar outra fórma. Tudo novo. Brasil ainda com gosto daquelle sol creador de todas as cousas.

Jorge de Lima escreveu: "Tarsila é a maior pintora do mundo. Ella não me recorda ninguem. Lembra-me directamente o nosso ambiente povoado de cousas ingenuas e simples. Outros pódem ser grandes. Chirico é enorme. Tarsila é a maior, porque é a mais nova".

Mas não é sómente a mais nova. Ninguem como Tarsila consegue deixar na gente uma idéa tão funda da terra e da raça que veiu. Ella é mesmo a reveladora de um mundo que nem todos conhecem porque não está na cultura livresca, e sim aqui mesmo. Na vida.

Mundo sem maldade. Sem preconceitos. Sem recalcamentos. Onde os homens são realmente humanos. E vivem a vida natural dos homens. Onde tudo "existe" sem a preoccupação obsedante da morte.

Oswald de Andrade, Raul Bopp e Oswaldo Costa foram os primeiros a

Pagú

T a r s i l a

p o r

P a g ú

Pagú tem uns olhos molles,
olhos de não sei o quê,
se a gente tá perto delles
a alma começa a doêr.

é — Pagú — ê!
dóe — porque é bom de fazer doêr.

Pagú! Pagú!
Eu não sei que você tem
que a gente queira ou não queira
fica te querendo bem.

Pagú veiu ao Rio com Tarsila. Alvaro Moreyra escreveu uma cousa deliciosa sobre ella. Murillo mandou tambem. Olegario Marianno disse uma porção de phrases romanticas. Mas a gente quando vê Pagú repete p'ra dentro aquillo que o Bopp escreveu: — dóe — porque é bom fazer doêr!

— Que é que você pensa, Pagú, da antropofagia?

no meu quintal tem um pecegueiro
com flores côr de rosa
onde chupei-te a bocca
pensando que era fruta.

no gallinheiro tem oito gallinhas,
um pato, um ganso e um pinto.

no gallinheiro fiz um arranha-céo
com latas de gazolina.
E fiz com páos de vassoura
estacas para os cravos.

meu quintal é uma cidade!...

De frangos, postes, luz e arranha-céo.
E para symbolizar o seu progresso,
desafiando triumphal,
tem a bandeira de uma calça rendada
no varal.

Agora já não sou sómente eu a applaudir. Alvaro Moreyra, Annibal Machado, Oswald, Eugenia Alvaro Moreyra. E Tarsila.

Conversando, Oswald lembra a necessidade de um congresso de antropofagia. Concordamos. Será em Setembro, em São Paulo.

REVISTA *PARA TODOS...*, ANO XI, Nº555, RIO DE JANEIRO, 3 DE AGOSTO DE 1929, P. 21.

o romance da época anarquista

ou livro das horas de pagu que são minhas/ 1929-31

Este diário — diário mesmo, a duas mãos —, feito por Patrícia (então Pagu e Bebê) e Oswald, tem datas esparsas, nem sempre em ordem cronológica, que vão de 24 de maio de 1929 a 2 de junho de 1931.

Trata-se de um caderno de capa dura, medindo dezenove centímetros de altura por doze centímetros de largura, e que contém 68 páginas escritas, à tinta e a lápis, com muitas folhas em branco.

Pode-se dizer que ele está para *O perfeito cozinheiro das almas deste mundo* — o diário da "garçonnière", de Oswald e seus amigos (1918-19) — como um concerto de câmara a duas vozes para uma sinfonia.

Das anotações caóticas desse esboço de "romance anarquista", também denominado "romance romântico", extraem-se, em meio a alguns dramáticos passos biográficos da tumultuada união de Pagu e Oswald, cutiladas críticas de amor e humor, epigramas improvisados e até poemas, como se pode observar das páginas selecionadas para esta edição.

Impõe-se, aqui, a reprodução direta do original. Embora seja às vezes difícil reconhecer a autoria, em face das frequentes interpolações, diga-se, à guisa de orientação geral, que as letras mais graúdas e separadas e os desenhos são de Patrícia; os textos mais longos sobre o casamento e sobre Pagu, obviamente, de Oswald, assim como o poema "Que horas são, coração".

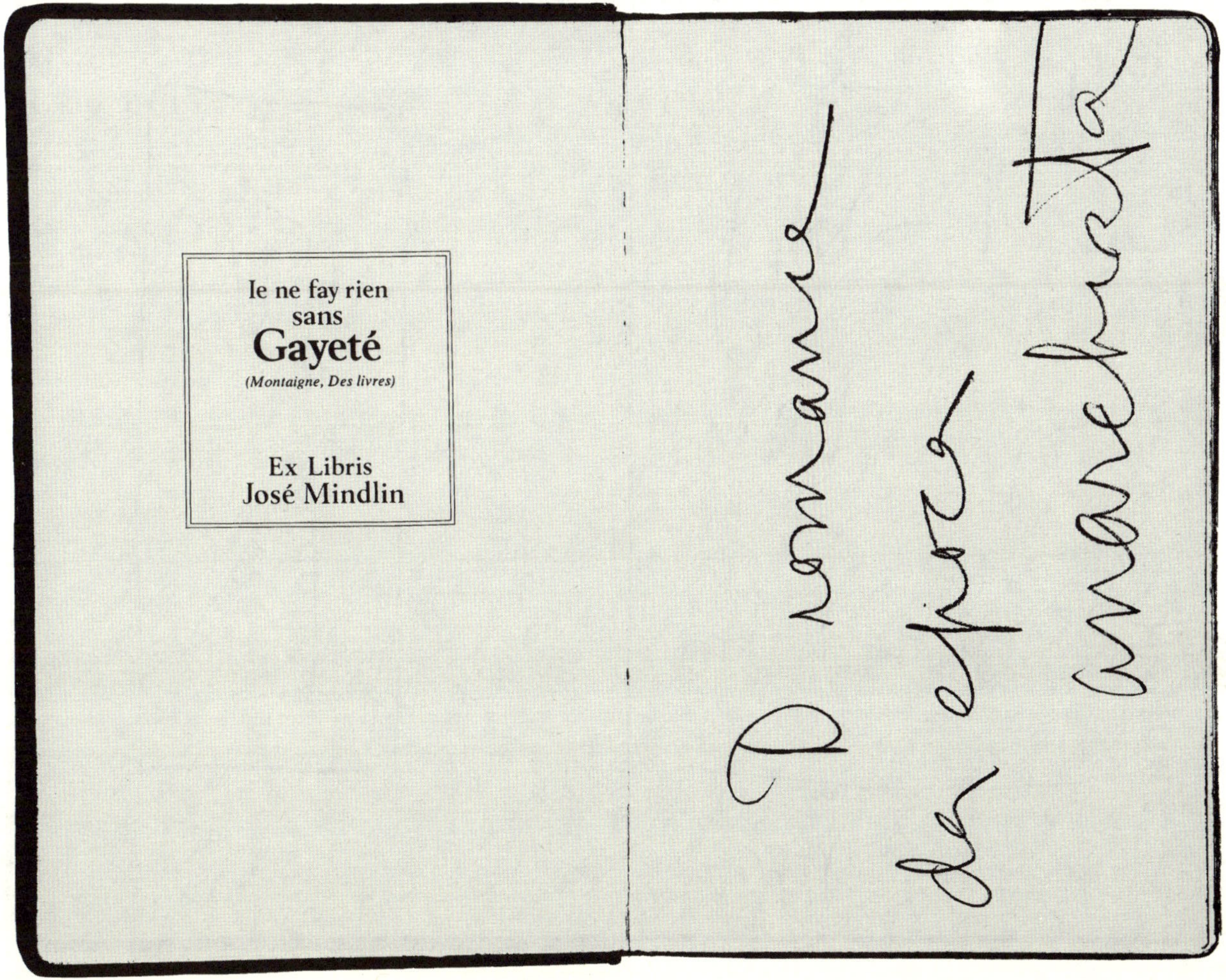
Ie ne fay rien
sans
Gayeté
(Montaigne, Des livres)
Ex Libris
José Mindlin

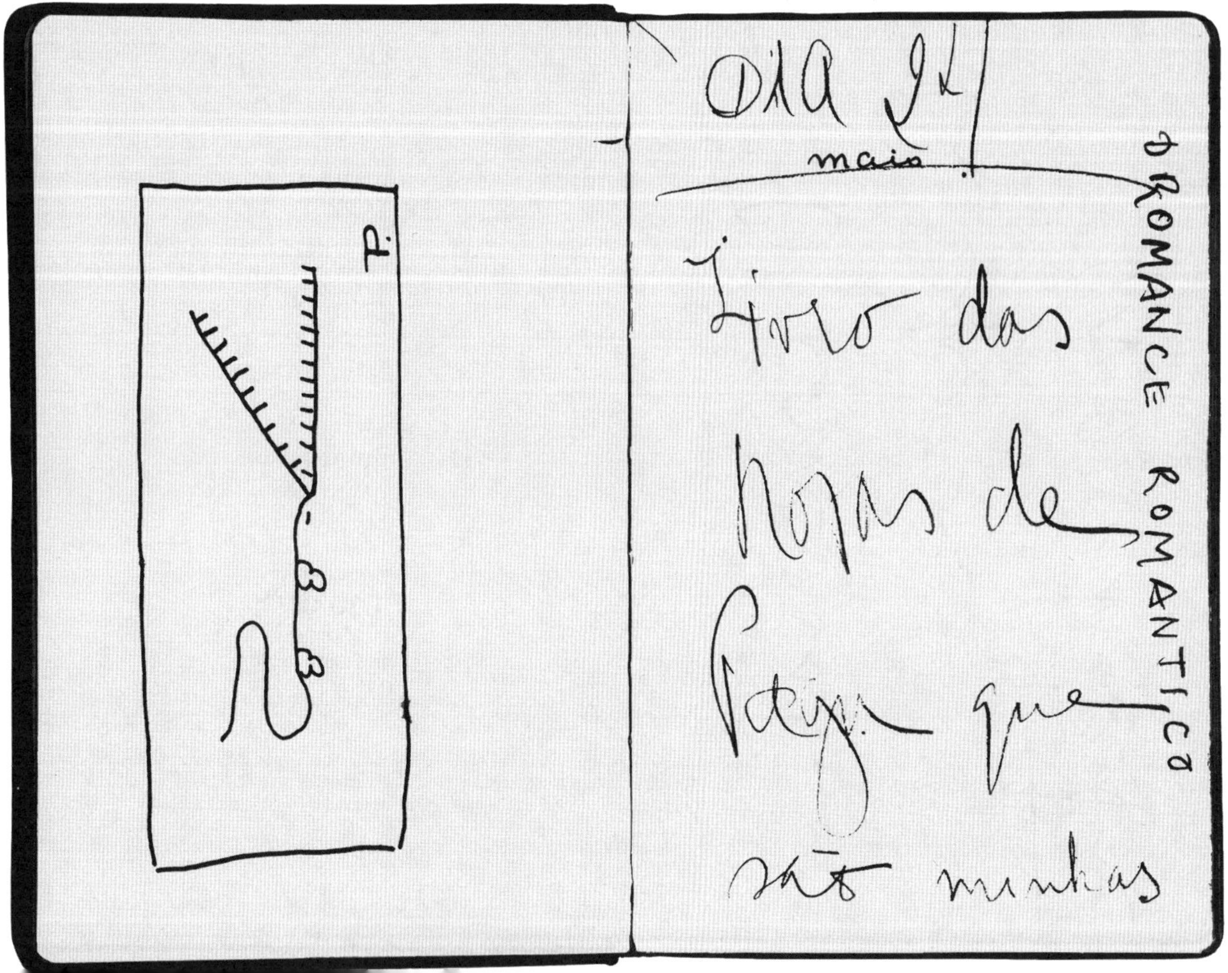
Dia 21
maio
O ROMANCE ROMANTICO
Livro das
horas de
que
são minhas
d

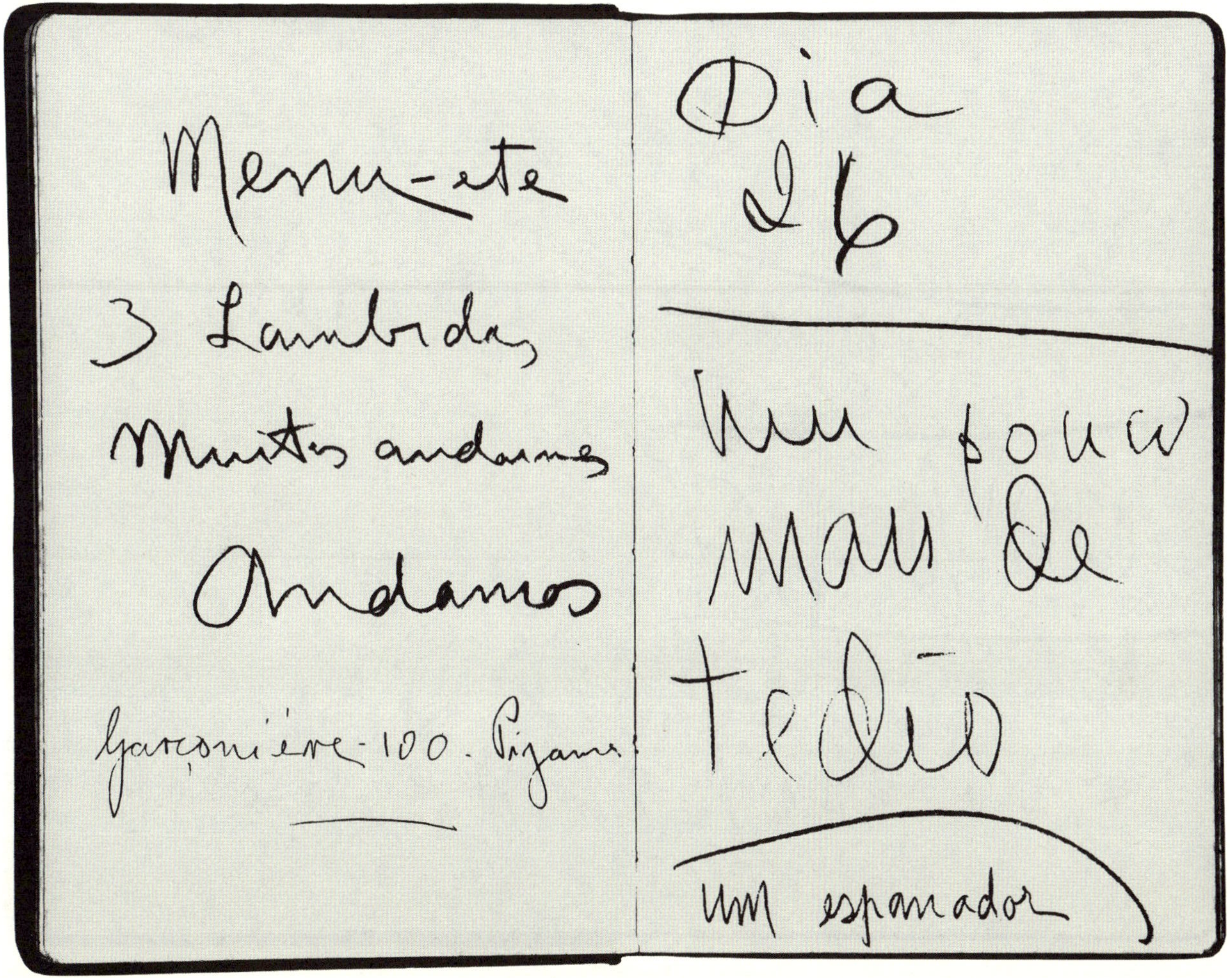
Menu-ete
3 Lambidas
Muitos andares
Andamos
Garçonière - 100 - Pijama
Dia 16
um pouco mais de tédio
um espanador

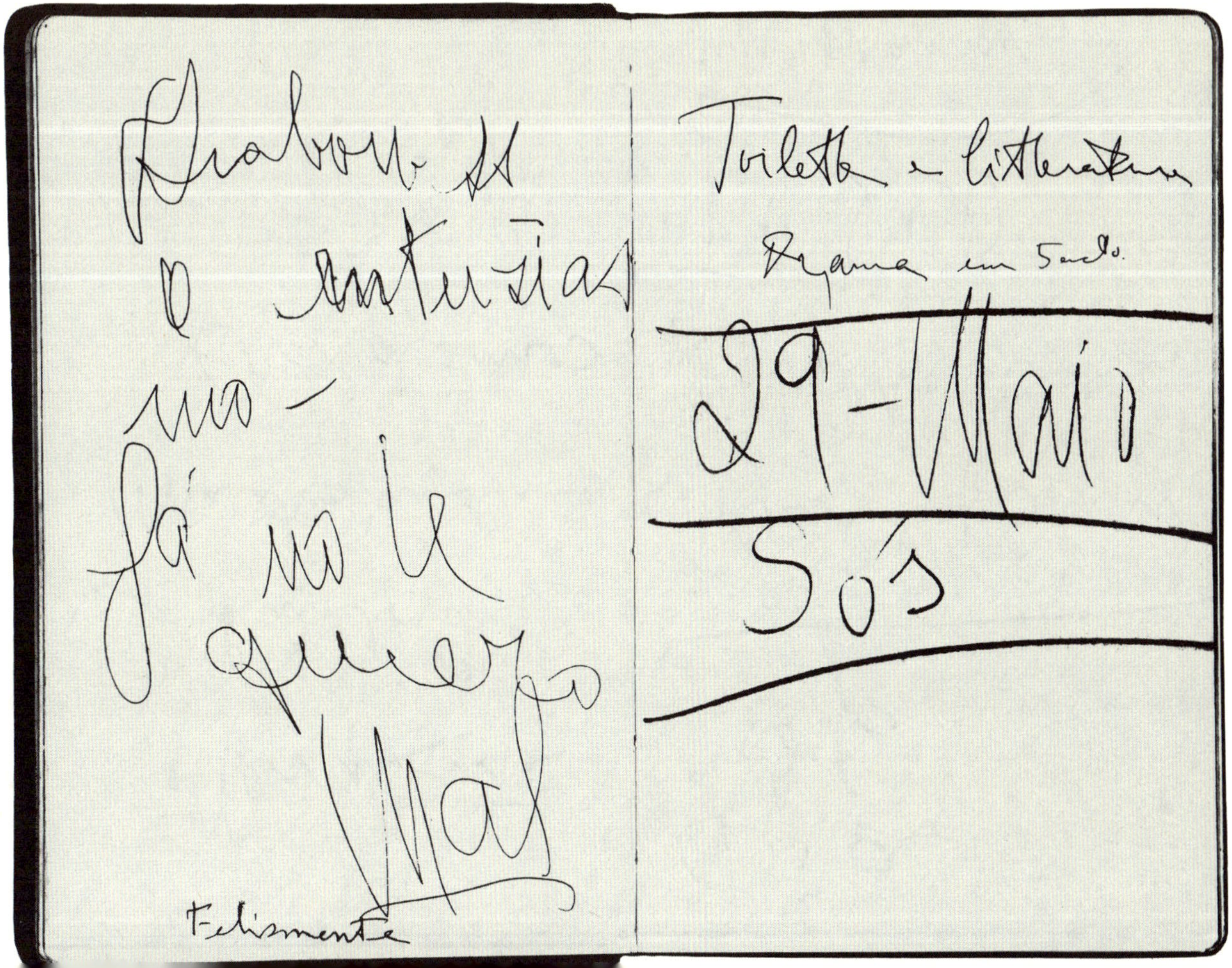
Toilette e litteratura
29-Maio
Sós
Felismente

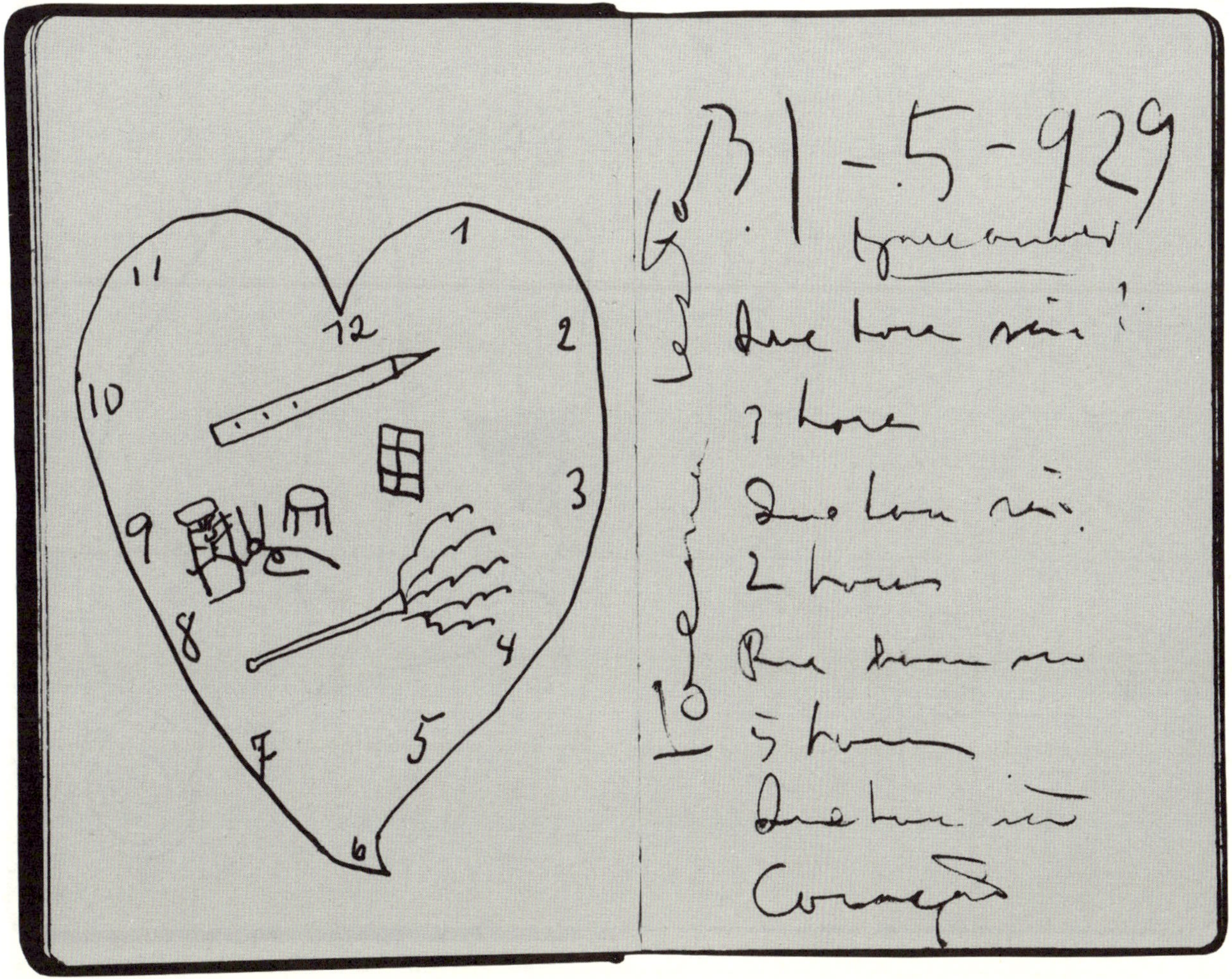
31-5-929

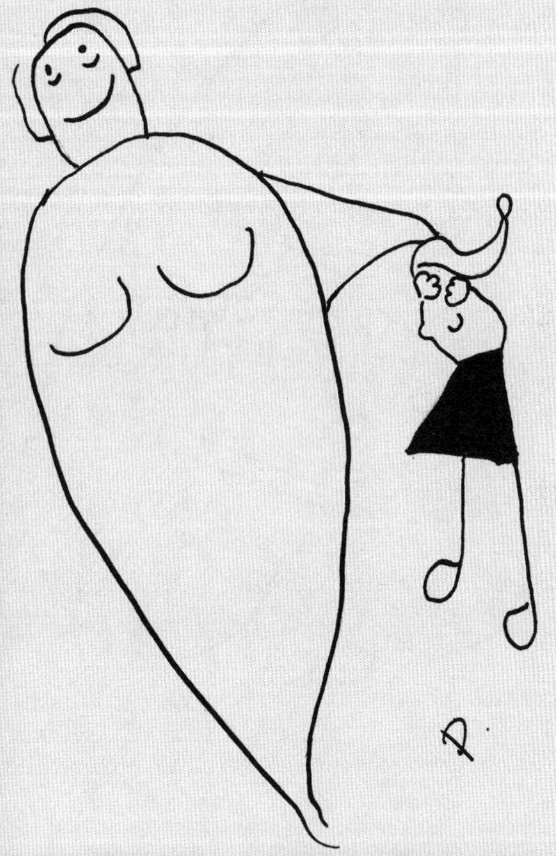

Tia Fanny
uma girafa gorda
gorda

Um dia me disse
- É a coisa melhor
do mundo
Eu respondi
- Tenho medo

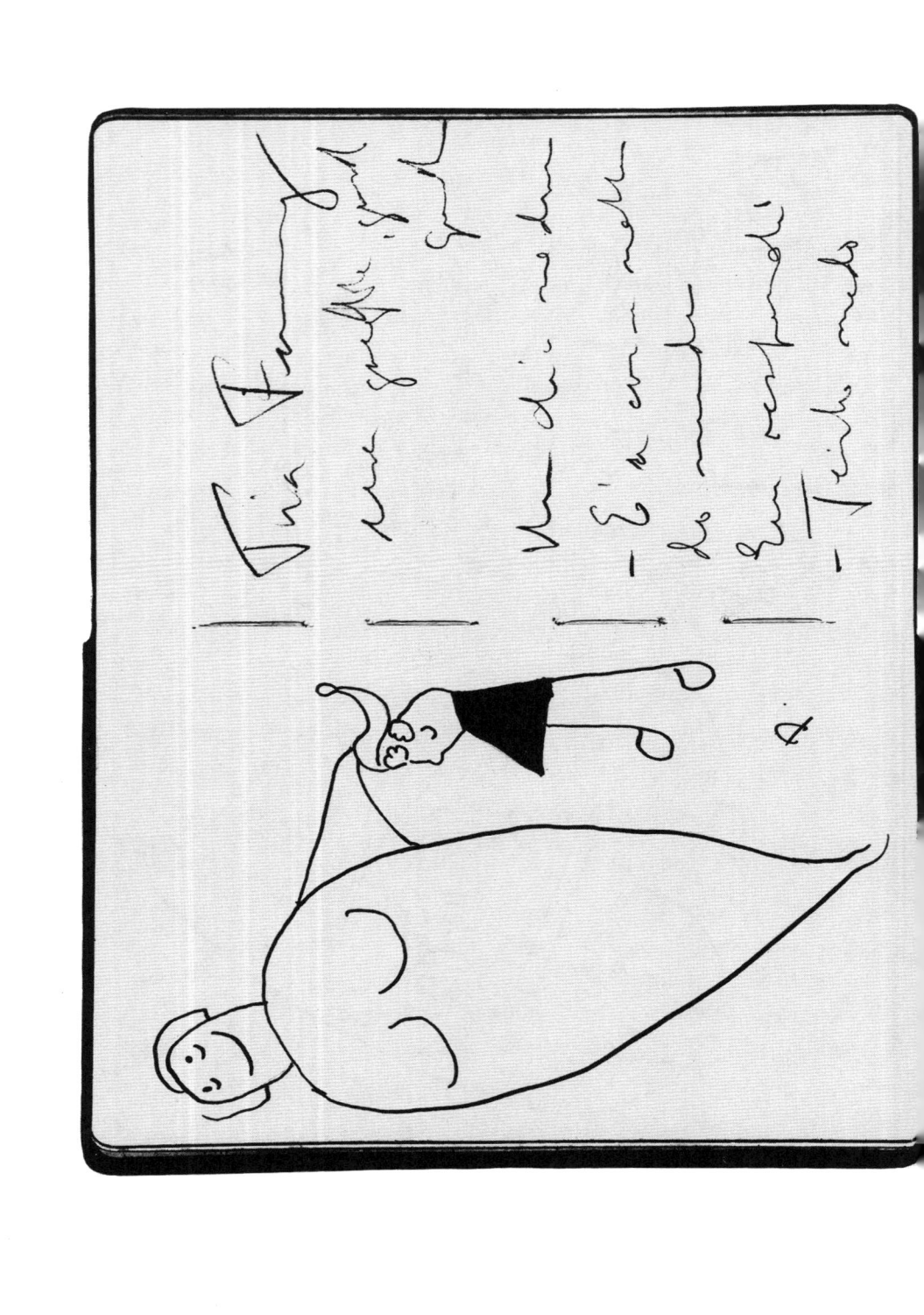

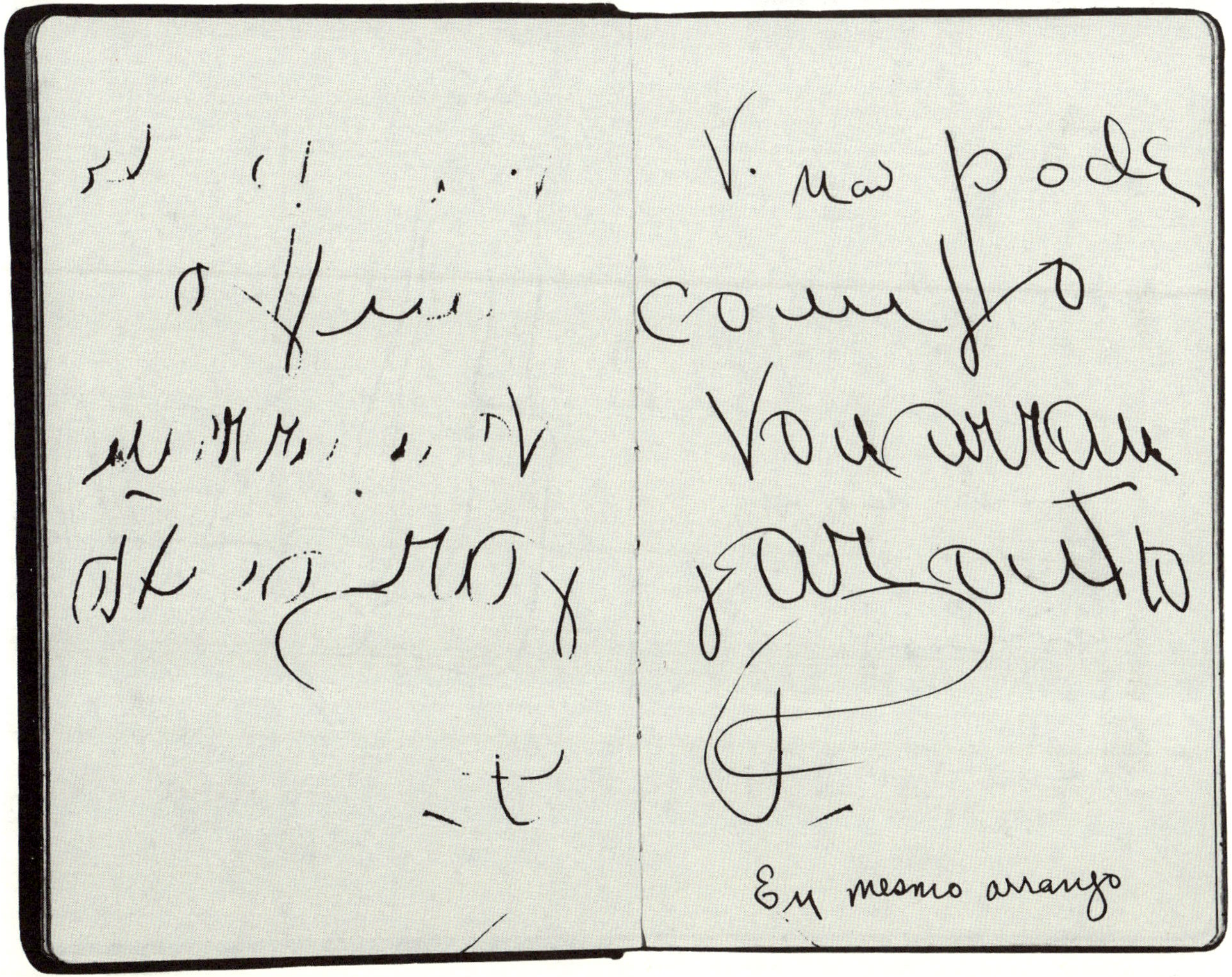
V. não pode
comigo
Eu mesmo arranjo

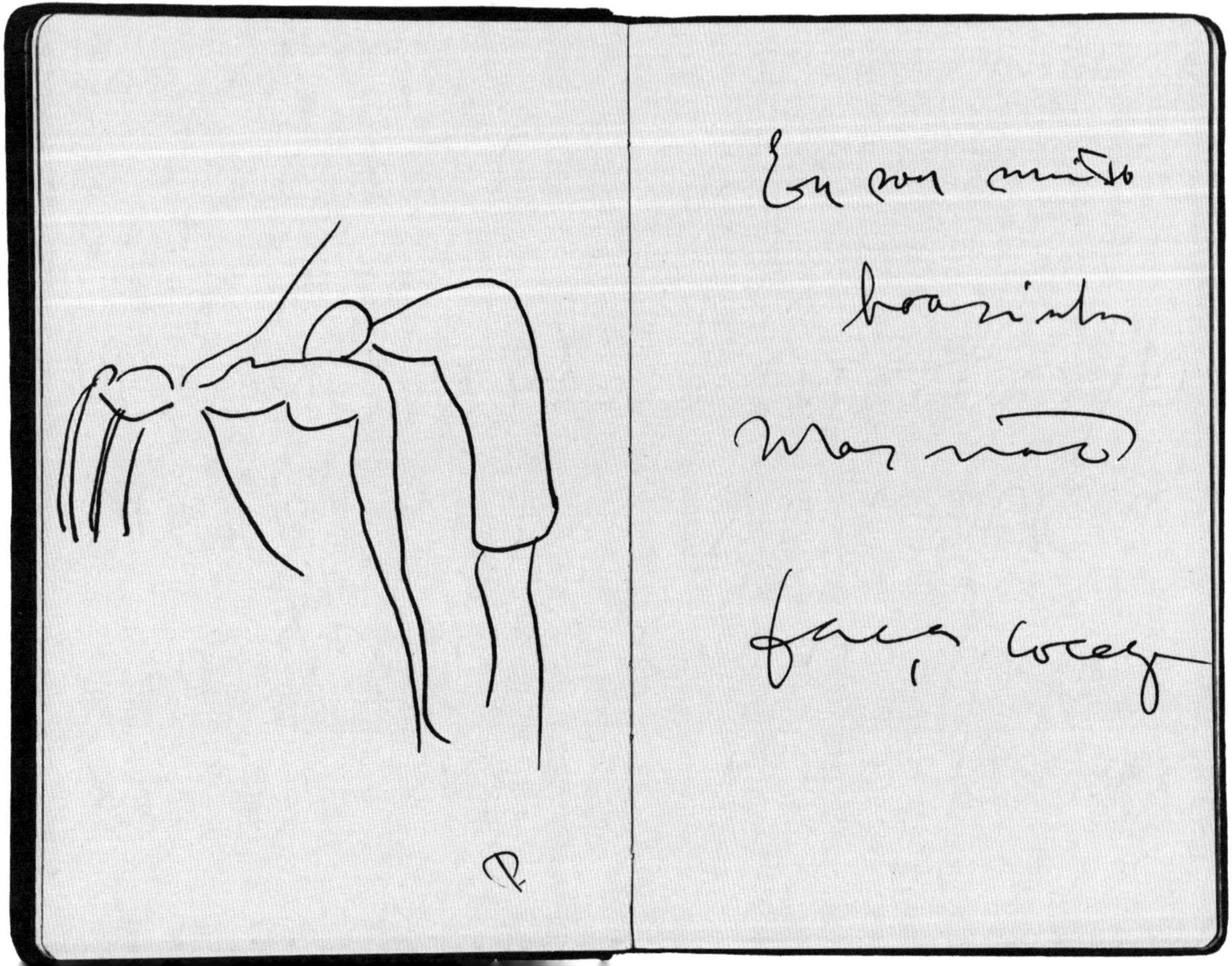
Eu sou muito
bonzinho
Mas não
faça cócegas

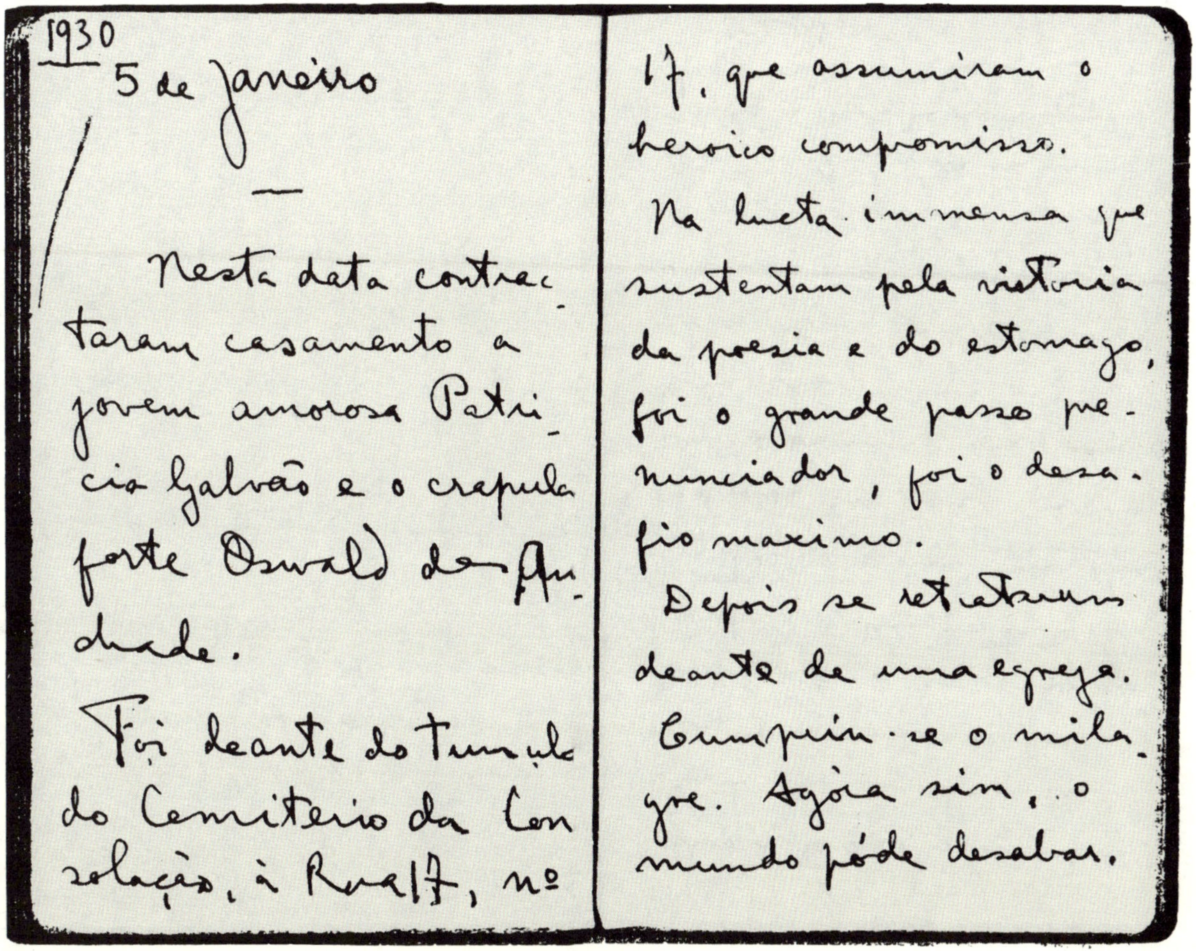

1930
5 de Janeiro

—

Nesta data contractaram casamento a jovem amorosa Patricia Galvão e o crapulaforte Oswald de Andrade.

Foi deante do tumulo do Cemiterio da Consolação, à Rua 17, nº 17, que assumiram o heroico compromisso.

Na lucta immensa que sustentam pela victoria da poesia e do estomago, foi o grande passo prenunciador, foi o desafio maximo.

Depois se retrataram deante de uma egreja.

Cumpriu-se o milagre. Agora sim, o mundo póde desabar.

Agora Todas as horas de
Pagú são minhas. Eu
sou o relogio de Pagú.
Ella gosta e vive do meu
ponteiro. Um ponteiro só.

Desde o dia que ella
entrou na casa que
eu morava, eu sahi
com ela, vivi com
ella. Fui primeiro
o minuto, depois as
5 horas, depois a meia-
noite. Quando morrer
serei a noite de Pagú.
Hoje sou o dia de
Pagú.

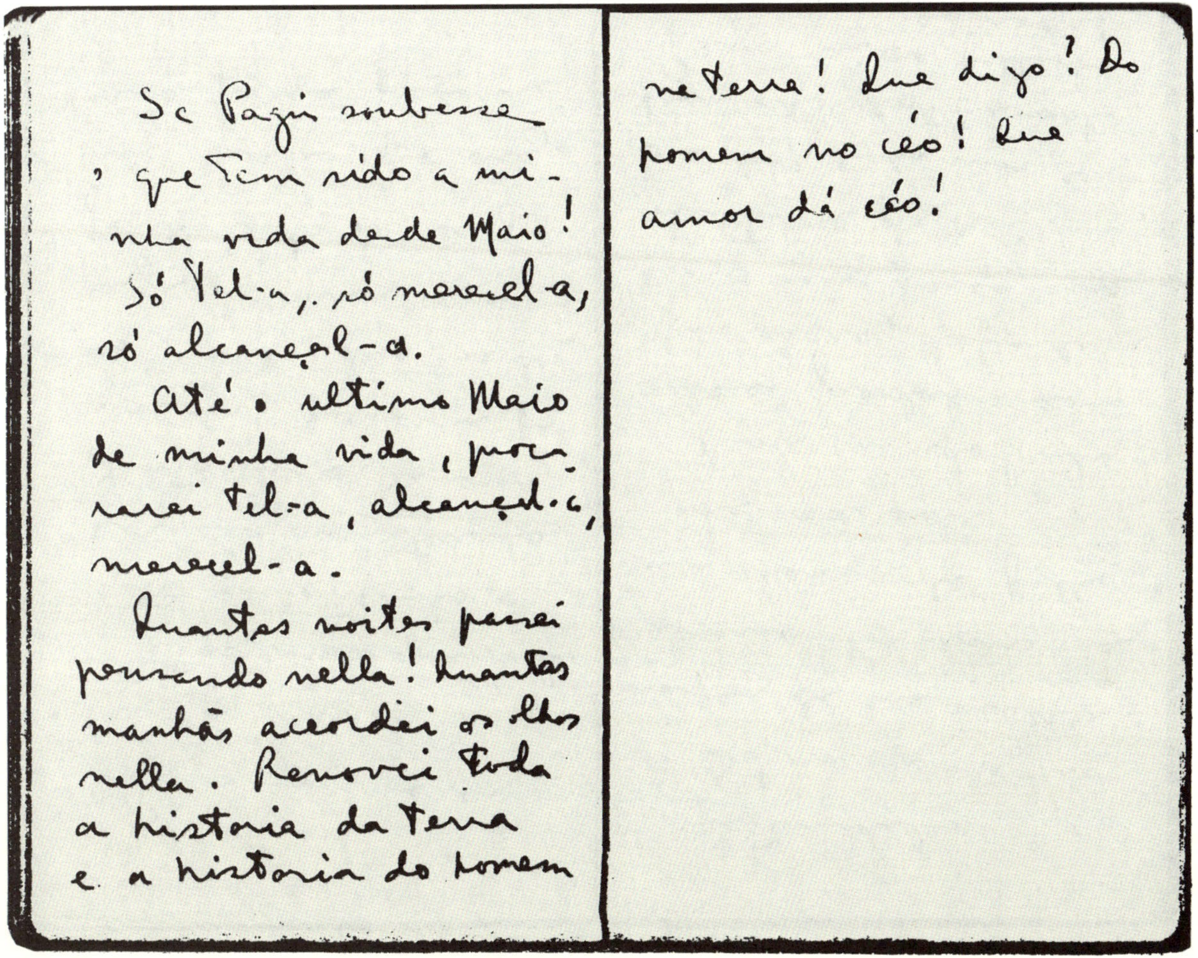
Se Pagiu soubesse
o que tem sido a mi-
nha vida desde Maio!
Só tel-a, só merecel-a,
só alcançal-a.
Até o ultimo Maio
de minha vida, procurarei tel-a, alcançal-a,
merecel-a.
Quantas noites passei
pensando nella! Quantas
manhãs acordei os olhos
nella. Renovei toda
a historia da Terra
e a historia do homem
na Terra! Que digo? Do
homem no céo! Que
amor dá céo!

Pagú quer que eu
escreva mais.
Escrever o quê? Que
esta noite tenho o
coração menstruado.
Sinto uma ternura,
nervosa, materna, fe-
minina. Que se des-
pega de mim como um
jorro lento de sangue.
Um sangue que diz
tudo porque promette

maternidades.
Só um poeta é
capaz de ser mulher
assim. Por isso que
eu chamo de filhi-
nha adorada.
Nesse mundo bruto
saberei guardal-a como
num utero, defendel-a
como num berço, ama-
mental-a da minha
bravura e do meu sen-
timento sentimental.
Pagú minha filhinha
adorada!

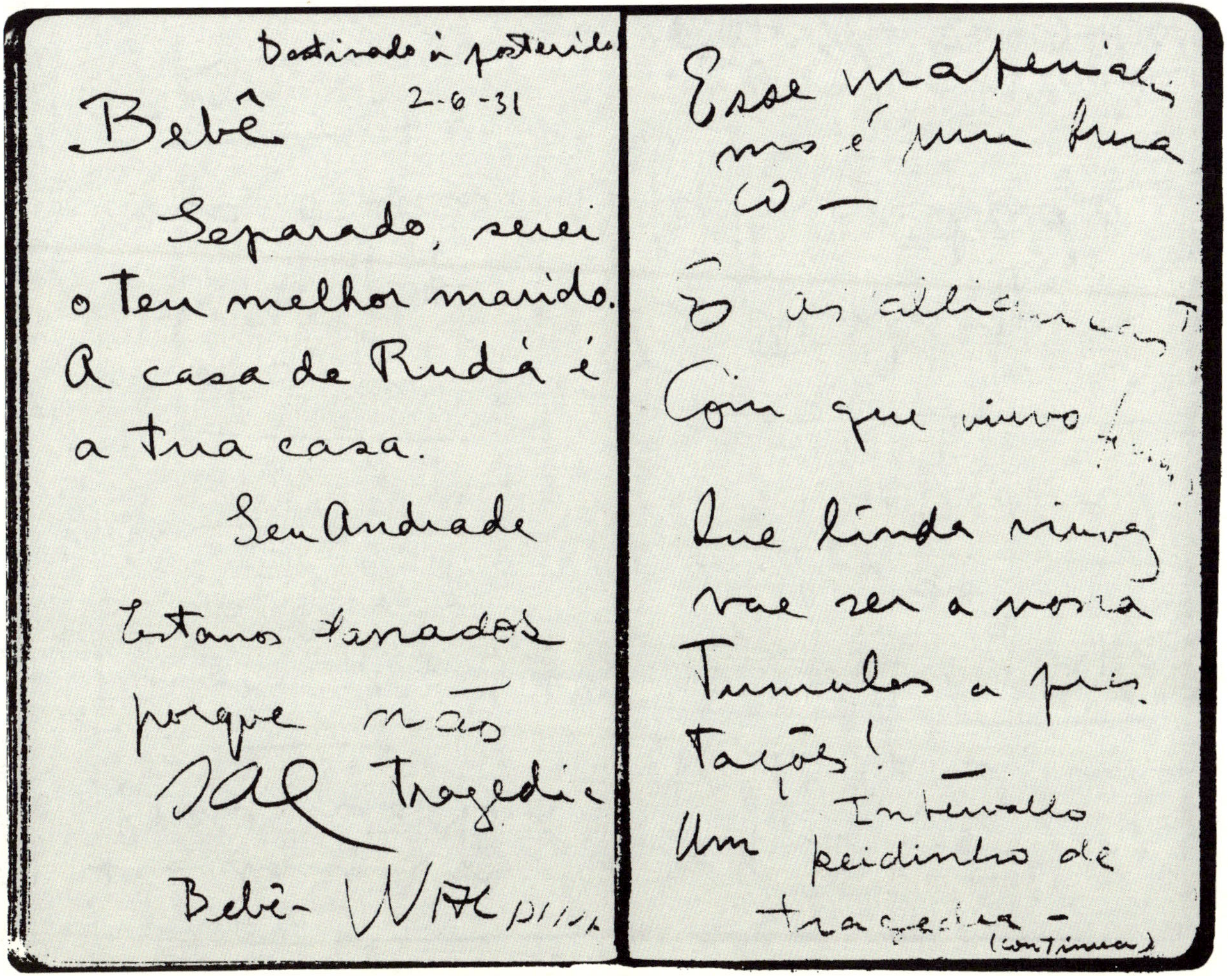
Destinado à posteridade

2-6-31

Bebê

Separado, serei o teu melhor marido. A casa de Rudá é a tua casa.

Teu Andrade

Estamos casados porque não [illegible] Tragédia

Bebê - [illegible]

Esse materialismo é uma forma [illegible] —

É as allianças! Com que vivo [illegible]

Que linda viuva vae ser a nossa Tumulos a prestações! —

Intervallo

Um poucochinho de tragedia —

(continua)

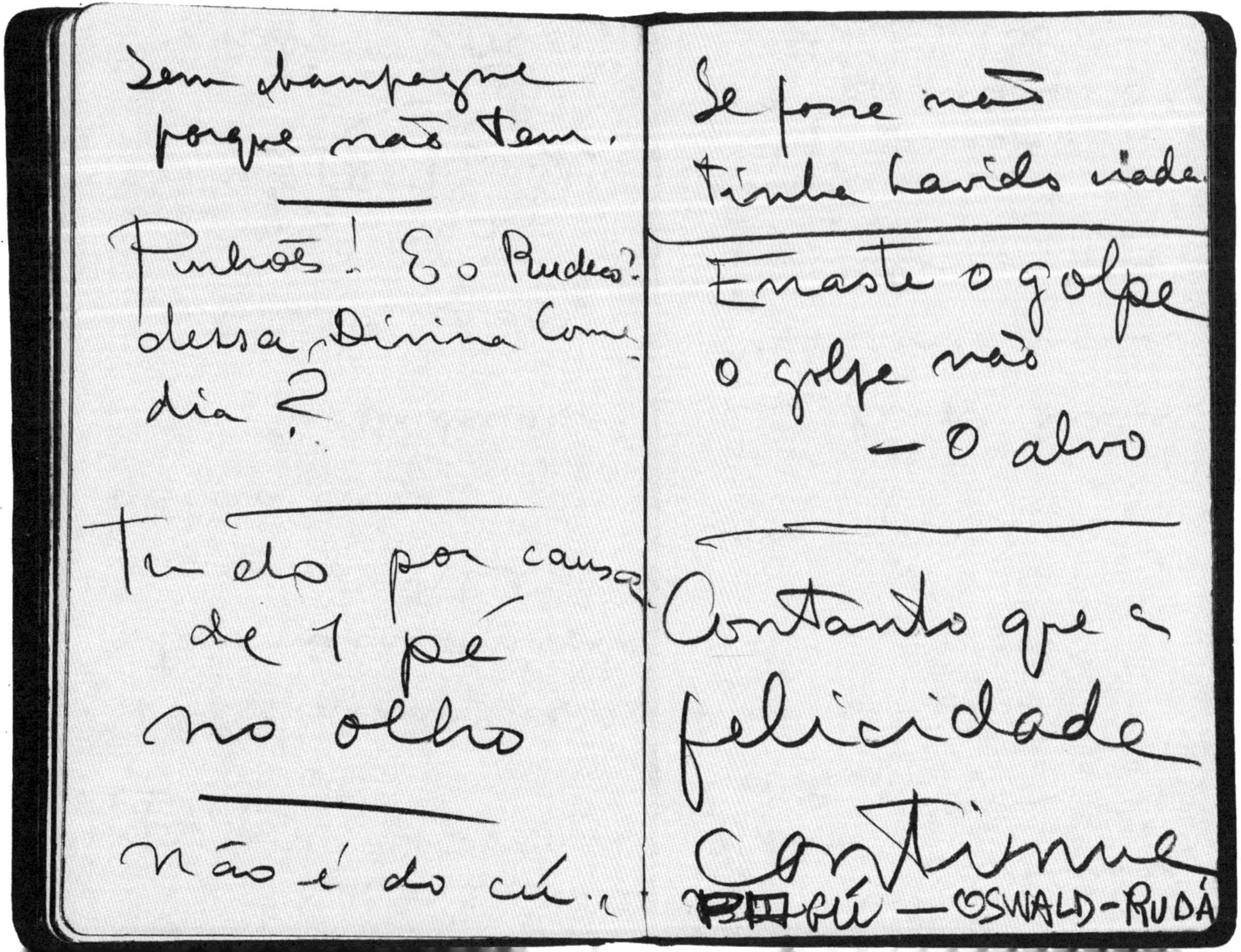
Sem champagne
porque não tem.
Pinhões! E o Rudeco?
dessa Divina Comé-
dia?
Tudo por causa
de 1 pé
no olho
Não é do céu..
Se fosse não
Tinha havido viada.
Erraste o golpe
o golpe não
— o alvo
Contanto que a
felicidade
continue
PAGÚ — OSWALD-RUDÁ

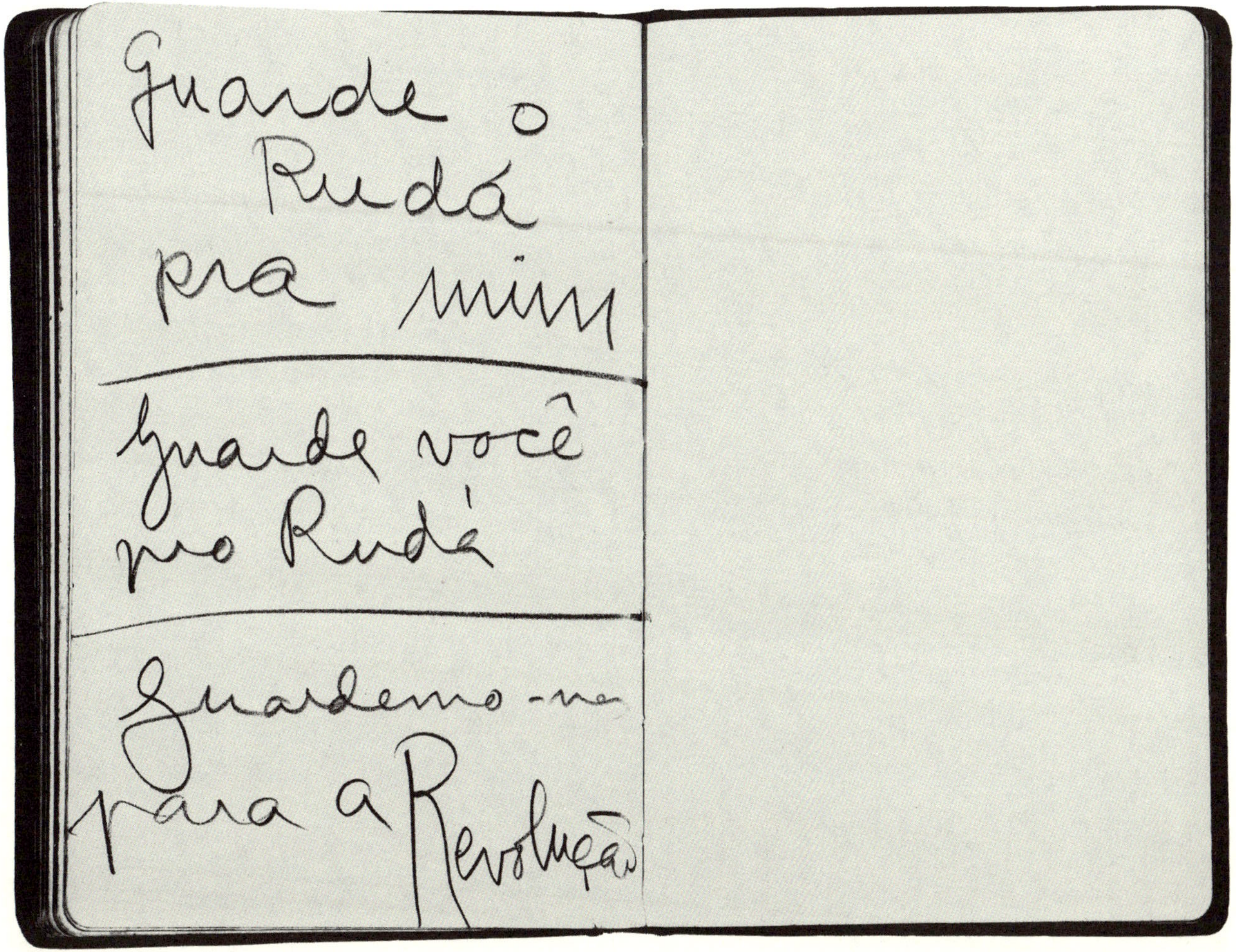
Guarde o Rudá pra mim
guarde você pro Rudá
Guardemo-nos para a Revolução

a mulher do povo/ 1931

Em 27 de março de 1931, Oswald de Andrade e Pagu lançaram, em São Paulo, o jornal panfletário *O Homem do Povo*, que teve curta duração — apenas oito números. Acabou proibido de circular por ordem da polícia, após a ocorrência, nos dias 9 e 13 de abril, de graves incidentes com os estudantes da Faculdade de Direito, que tentaram empastelá-lo.

A publicação — em formato tabloide, com títulos desenhados em letras art déco — apresentava como editor Álvaro Duarte e como secretários Pagu e Queiroz Lima, sob a "direção do homem do povo". Oswald assinava os editoriais, que também apareciam com a rubrica de *O Homem do Povo*.

Nesse assumido pasquim "proletário" — um descendente engajado da *Revista de Antropofagia* (segunda dentição) —, Patrícia colaborava com artigos, sob vários pseudônimos, além do já famoso Pagu — Irmã Paula, G. Léa, K. B. Luda... Além disso, era a autora das ilustrações, charges, vinhetas, títulos, legendas, como o comprova a comparação com os desenhos do *Álbum de Pagu*, da *Revista de Antropofagia* e de outras fontes. Dos desenhos publicados em *O Homem do Povo* apenas alguns eram assinados sob o pseudônimo Peste. Ela criou, também, uma história em quadrinhos, *Malakabeça, Fanika e Kabeluda*, com três personagens, um casal e uma sobrinha revolucionária. O desenhista não era, em geral, identificado; no sexto número de *O Homem do Povo* aparece, no entanto, o característico "P." de Patrícia, no canto direito do último quadrinho, confirmando a sua autoria.

Pagu respondia pela polêmica seção A Mulher do Povo (que incluía uma Correspondência), na qual criticava, de um ponto de vista marxista, em linguagem destabocada, as "feministas de elite" e as classes dominantes. Damos, a seguir, cópias xerográficas de sete dos artigos por ela assinados sob esse título.

As amostragens dos artigos assinados por Irmã Paula e K. B. Luda e das ilustrações e histórias em quadrinhos exemplificam as outras intervenções de Patrícia.

Complementando esse material, divulgamos o pitoresco noticiário da imprensa sobre os acontecimentos que levaram ao fechamento de *O Homem do Povo*, e que preferimos manter na ortografia da época, para acompanhar os excertos da colaboração de Pagu, publicados em sua forma original.

A MULHER DO POVO

Maltus Alem

Excluida a grande maioria de pequenas burguezas cuja instrucção é feita nos livrinhos de belleza, nas palavras estudadas dos meninos de baratinha, nos gestos das artistas de cinema mais em voga ou no ambiente semi-familiar dos cocktails modernos — temos a atrapalhar o movimento revolucionario do Brasil uma elitezinha de «João Pessoa» que sustantada pelo nome de vanguardistas e feministas berra a favor da liberdade sexual, da maternidade consciente, do direito do voto para «mulheres cultas» achando que a orientação do velho Maltus resolve todos os problemas do mundo.

Estas feministas de elite que negam o voto aos operarios e trabalhadores sem instrucção, porque, não lhes sobra tempo do trabalho forçado a que se têm que entregar para a manutenção dos seus filhos, se esquece que a limitação de natalidade quasi que já existe mesmo nas classes mais pobres e que os problemas todos da vida economica e social ainda estão para ser resolvidos. Seria muito engraçado que a illustre poetisa D. Maria Lacerda de Moura fosse ensinar a lei de Maltus ao sr. Briand, para que elle evitasse a guerra mundial atirando a bocca avida dos imperialistas gananciosos, um punhado de livros sobre maternidade consciente. Marx já passou um sabão no celibatario Maltus, que desviava o sentido da revolução para um detalhe que a Russia por exemplo já resolveu. O materialismo solucionando problemas maiores faz com que esse problema desappareça por si. O batalhão João Pessoa» do feminismo ideologico tem em D. Maria Lacerda de Moura um simples sargento reformista que precisa extender a sua visão para horizontes mais vastos afim de melhor actuar no proximo Congresso de Sexo.

Pagú

O HOMEM DO POVO, Nº1, SEXTA-FEIRA, 27 DE MARÇO DE 1931.

A MULHER DO POVO

a baixa da álta

O 1.° time não tem mais.

Os condes e os fazendeiros commendadores de roleta quebraram o titulo. As festejadas e illustres mamães de caridade desta vez despencaram das colleirinhas de velludo e brilhantes pra um mofo de riqueza suja, quotidiana.

Apparecem ainda no seu apparelhamento calhambeque de tafetá deslustrado querendo ainda tirar umas casquinhas. Um illustre financista de S. Paulo via só oito familias no Brasil.

Pois estas oito familias estão entregando os pontos. E as menins de Syon já são gilrs clandestinas. Todo o mundo sabe que a reviravolta fataliza.

Respeitaveis e nobres senhores esmolam tostãozinhos fallidos no cubiculo de Usurarios e 'dos novos ricaços.

Estes querem agora tomar olugar das familias desmoronadas.

Agitem bem as suas desmedidas lantejoulas compradas com o suor dos explorados!

Agitem bem suas escamas doiradas e casos de moeda até chegar o dia dá sarabanda.

p a g u

O HOMEM DO POVO, Nº2, SÁBADO, 28 DE MARÇO DE 1931.

o retiro sexual

Evohé! Já tá na hora. O pessoal já está promptinho da silva.

O enxoval do dia e da noite já está arrumadinho nas malas. O retiro abre os braços por que é semana santa, a semana da farra.

"Donec mihi satisfaciam".

O padre Bremmond diz que os retirantes podem ficar em qualquer posição comtanto que venham "les consolations les larmes et le reste"...

E em qualquer posição ficam elles implorando "uma faisca de tua doçura e uma torrente de tuas voluptuosidades"...

Parece Freud mas não é.

E' um trechinho do velho livro mystico: "O espelho da alma" citado pelo acima citado padre Bremmond, grande esteio da Academia Franceza.

E no seu livro sobre a "conquista mistica" continúa ensinando pra gente uma porção de coisas que a gente não sabe.

E' muito engraçada a historia da consolação sensivel e dos "contentos" da hespanhóla dona Thereza de Jesús, que chega a sentir a presença fisica de Deus.

Eis aqui o que escreve a este respeito um dos grandes misticos do seculo XIX:

"Deus toma a alma segundo a fraqueza de sua natureza. Ella se espalha nos sentidos e habituada a receber suas impressões pelos sentidos só vive pelos sentidos.

Isto tudo está na "Conquista Mystica" do academico francez. (Volume 4.o do livro "Le sentiment religieux en France").

O misticismo está desmoronando evidentemente com a decadencia das moraes de controle e a Santa Thereza de antes tinha muito mais importancia sexual do que a Therezinha de agora que não passa de uma pequena datilographa que faz as suas farras de domingo, portanto sem misticismo exagerado.

Entretanto o fenomeno de sublimação embora em muito menor escala apparece ainda hoje nos retiros onanistas de semana santa e carnaval.

Os sublimados explosivos ao primeiro contacto, se reunem para o goso permittido e ajudado pelo padre.

O jejum mazoquista auxilia o prazer fisico e transporta para uma loucura desenfreada os histericos dos dois sexos.

Antes, a historia do Ovallinho que é melhor porque este ao menos mandou o retiro ás favas e traiu os santos com uma mulata chamada Berta Lux.

Os fenomenos que elucidam os delirios histericos dos santos e freiras foram bem verificados por Freud nas experiencias de hipnose com que elle começou os seus estudos...

Constata-se cada vez mais que o misticismo só apparece nas civilisações recalcadas e doentias.

Agora, que nós caminhamos embora muito de vagar para uma época sem recalque e de moral biologica racionalizada, onde não existirão nem desvios sexuaes nem retiros fisicos, Freud e o Padre Manfredo podem pedir demissão.

p a g ú

O HOMEM DO POVO, Nº3, TERÇA-FEIRA, 31 DE MARÇO DE 1931.

A MULHER DO POVO

NA GARUPA DO PRINCIPE

Puc sang. de reputação impeccavel... primeiro time do bagaço, isso sim.

Todo mundo sabe que esta coisa de alta classe está cáindo de podre. E é canginha a gente passar uma rasteira nesse restinho sifilitico.

As grandes damas estão se esborrachando e no ultimo estertor economico se agarram a unica tabôa de salvação para não engraxar os sapatos das cosinheiras.

D. Azeitona já ficou descabellada, porque não funcciona mais. Mesmo assim quiz aproveitar a sua antiga popularidade de prima-dona, tentando tirar as ultimas casquinhas com o principe.

Porém mlle. Camiseta Branca botou à tal zinha em nocaute.

— Só então verificou-se que S. A. faz duas escritas.

*

Infelizmente para a vencedora um peso pesado companheiro de infancia da vencida interveio e pulou no picadeiro pra revanche.

E a taça foi pro cosinheiro.

*

Emquanto isso — ficaram com o dedo chupado uma duzia de meninotes (alguns já com rugas) de bôa familia, que tiveram na vida a gloria sensacional de uma aventura doutro mundo — contrair nupcias religiosas com cocotes analfabetas e cretinas das provincias da França, porque traziam um rotulo falsificado de Paris.

*

A festa foi sensacional.

*

E depois da farrinha vulgar de automovel, de bulinações mutuas e promessinhas de garçonniére, chega ás 5 horas a D. Pinta em casa, sob os gracejos vaccaes do marido que dana porque a farra foi curta e sem resultado.

*

E ha centenas de meninas histericas e doentes de inveja imbecil porque não estão nesta cusparada covarde além das que nada conseguem e tuberculizam, porque não recebem de Deus os beneficios da ALTA.

*

P. S. — Quem ficou na garupa foi o cosinheiro do club do commercio.

p a g ú

O HOMEM DO POVO, Nº4, QUINTA-FEIRA, 2 DE ABRIL DE 1931.

A MULHER DO POVO

LIGA DE TROMPAS CATHOLICAS

Tem um festival de declamação e modinhas brasileiras. Cartõezinhos foram distribuidos a troco de uns niklizinhos de contribuição mensal e as senhoras catholicas na maioria féras desilludidas e velhas professoras — conduzem as suas filhas pintadas e querendo para a distração familiar.

Lá se vão ellas...

A Curia se enche de meia dusia de desafinações da moda e olharinhos maliciosos quando cantam coisas de amôr e filhinhos escapulidos, sob as pernas abertas de um Christo muscular. ..E são invejadissimas as actrizes porque tem uma possibilidade de dizer aos moreninhos catholicos e honrados que tem gambias bôas, corpinho regular, e uns seios nada ruins devido ao soutien proposital.

E as senhoras catholicas se succedem num espoucar de normalistas e estudantas hipocritas, cheias de vergonha e bons modos — escolhendo companhia decente para se jogar sem nenhum controle ou conhecimento, nas garçonieres clandestinas porque não tem divulgação jornalistica.

E vão vivendo a vida desmoronante e pequena. E a organização das ligas de trompas continuam escondendo, qualquer consequencia da sua falta de liberdade.

*

Mães idiotas que querem dar a uma vida de controle a compensação de violões e cantinhos da Curia.

Uma educação errada a lá "Estado de S. Paulo" que ensinando tudo faz campanhas pr'a gente fazer o que elle prohibe.

Mães que se desgraçam porque querem catholicamente que as filhas façam do casamento um caixão do Rodovalho até que apodreça ou arrebente

*

Senhoras que cospem na prostituição, mas vivem soffrendo escondidas num véu de sujeira e festinhas hipocritas e massantes, onde organizam o hymno de cornetas ligadas pr'a todos os gosos, num coro esteril, mas barulhento.

p a g ú

O HOMEM DO POVO, Nº5, SÁBADO, 4 DE ABRIL DE 1931.

A MULHER DO POVO

saibam ser maricons

Meninas que nasceram errado mas que não querem se conformar em seguir a lei da natureza.

Querem continuar meninas.

..Botam atraz da porta a masculinidade, lambuzam a voz, celibatarizam-se...

São catholicos e dizem-se communistas.

Como se essa corja de pederastas militantes tivesse a coragem de uma ideologia.

São passivos em tudo.

A litteratura das estrellas sáe das caras espinhentas e pallidas e são louquinhos na arte de copiar livros.

Flôres da noite. De cabello enluarado.

E á traição da collega expremem a dor de resignados nos lampeões estoicos da garôa.

As vezes musicos.

Quando se trata de equilibrar classes mudam de posição e passam para cima.

Gozam do prestigio dos bigodes que lhes mudam até o nome e são finissimos caixeiros das cocheiras dos salões.

Sobrinhos de ex-grandes damas, falam mal do Brasil aos principes.

— São tão poucas as familias aqui...

—O principe e mui guapo mas preferem os cavallos que o machucam.

Corja para uma surra, que nem serve pr'a forca.

*

Os primeiros viajantes, os primeiros missionarios encontraram aqui o trafego entre indios perfeitamente normaes — civis e robustos. —

A civilização e o padre trouxeram para cá o preconceito o peccadinho, e a coisa hoje é mais feia do que nunca.

Para um acto que entre os pombos é quasi biologico não é preciso, cantar estrellas, falar francez na Leiteria Campo Bello, nem andar com medinhos de formiga.

A Grecia tambem conheceu destes pandegos que não afinavam a vóz para ser bons preceptores.

Alcebiades tinha um munhecaço capaz de dar com Dempsey no chão e tirava tambem as suas socraticas casquinhas.

Voçês aqui de S. Paulo fazem questão de ser dansarinas e não prestam nem para o documental de Havelock Ellis.

p a g ú

O HOMEM DO POVO, Nº6, TERÇA-FEIRA, 7 DE ABRIL DE 1931.

A MULHER DO POVO

guris patri-opas

Garnízezinhos esganiçados e petulantes-ovelhas, empanturradas do leite democratico que escorre das tetas amorfas de uma duzia de cães de fila.

Imbecís, alcaiótes aguilhoados e amestrados por essa corja de coroneis civis, que lhes entope de patrias e opas para que elles com a faixa auri-verde esganicem vivas a terra dos paes. E tudo em nome de Deus.

Filhinhos dos papaes ricos, entufados de orgulho porque agrupados num pelotão de mil, enterram-se quando accusados, por uma redação de jornal desprevenida e cacarejando empafia, quebram meia duzia de cadeiras vasias, numa formidavel valentia guerreira.

Cretinos das matinées que se aventuram em farranchos meninaes a gastar gazolinas inuteis

E na cegueira das suas façanhas só compreendem boquiabertos e boçaes a situação economica escangalhada, na quebradeira do pae suicida.

Continuem a gritar em nome de Deus cherubins enriquecidos a custa de espoliação.

Que coragem têm ainda estes cachopos da opa, de fazer farras beneficientes para tirar do lucro liquido de uma bagunça cara, uma machina de escrever para milhares de fomes operarias.

Isto é decididamente o cumulo da pouca vergonha. Dar ao operario um atomo apodrecido do que já tiraram do seu suor numa esmola fundida em corações repletos de sensibilidade e bons sentimentos. Oh! Oh! Oh!

Guris idiotas. Não sabem nada do rumor que se levanta deante delles. Protegem os democraticos usurpadores em nome da egreja e não percebem o tumulto esfomeado que se levanta com mãos descarnadas pelo soffrimento, mas fortalecidas por uma ideologia.

*

Farranchinhos infantis que gritam clamores revolucionarios, prontinhos pr'a gente enganar.

Vem impingir na gente a tapiação da Eucharistia e o respeito pelas pias das tradições do seculo.

Isso tudo será recommendado com carinho e culminado no Santissimo Sacramento de uma metralhadora.

p a g ú

O HOMEM DO POVO, Nº7, QUINTA-FEIRA, 9 DE ABRIL DE 1931.

normalinhas

As garotas tradiiconaes que todo o mundo gosta de ver em S. Paulo, risonhas, pintadas, de saias de cor e boi nas vivas. Essa gente que tem uma probabilidade exepcional de reagir como moças contra a mentalidade decadente, estraga tudo e são as maiores e mais abominaveis burguezas velhas.

Com um enthusiasmo de fogo e uma vibração revolucionaria poderiam se quizessem, virar o Brasil e botar o Oyapock perto do Uruguay. Mas D. Burguezia habita nellas e as transforma em centenas de inimigas da sinceridade. E não raro se zangam e descem do bonde, se sobe nelle uma mulher do povo, escura de trabalho.

A gente que as vê em um bandinho rizonho pansa que estão forjando alguma coisa sensacional, assim como entrarem em grupo na Igreja de S. Bento, derrubar altar, padre estola, sacristia... Nada disso. Ou commentam um tango idiota numa fita imbecil ou deturpam os fatos escandalosos, de uma guria mais sincera, em luta corporal com o controle cristão. A grupam-se para abandonal-a. A camarada tem de andar sozinha... E' uma immoralidade... Ao menos, se fizesse escondido...

E' isso, mesmo o que ellas fazem.

Eu, que sempre tive a reprovação dellas todas; eu que não mentia, com as minhas attitudes, com as minhas palavras, e com a minha convicção; eu que era uma revolucionaria constante no meio dellas, eu que as abborrecia e as abandonava voluntariamente ennojada da sua hipocrisia, as via muitissimas vezes protestar com violencia contra uma verdade, as via tambem com o rosto enfiado na bolsa escolar e pernas reconheciveis e tremulas subirem a baratas impassiveis para uma garconiére vulgar.

Ignorantes da vida e do nosso tempo! Pobres garotas incurraladas em matineés oscillantes, semi-aventuras, e clubs cretinos.

A variadas umas pelas outras, amedrontadas com a opinião, azoinando preconceitos e corvejando disparates, se recalcam as formadoras de homens numa senda inteiramente incompativel com os nossos dias. E vão estragar com os ensinamentos falsos e moralistas a nova geração que se prepara. E' caso de policia! O governo como bom revolucionario que se diz, devia intervir com uma dezena de grillos numas visitinhas pela casa corruptora.

Com uma duzia de palmadas ellas se integrariam no verdadeiro caminho.

* * *

Acho bom Vocês se modificarem pois que no dia da reinvindicação social que virá, vocês servirão de lenha para a fogueira transformadora.

Si Vocês, em vez dos livros deturpados que lêm, e dos beijos sifiliticos de meninotes desclassificados, voltassem um pouco os olhos para a avalanche revolucionaria que se forma em todo o mundo e estudassem, mas estudassem de fato, para comprender o... que se passa no momento, poderiam, com uma convicção de verdadeiras proletarias, que não querem ser, passar uma rasteira nas velharias enferrujadas que resistem e ficar na frente de uma mentalidade actual como authenticas pioneiras do tempo novo.

* * *

Vocês tambem não querem que nem os seus colleguinhas de Direito, trocar bofetões commigo?

p a g ú

O HOMEM DO POVO, Nº8, SEGUNDA-FEIRA, 9 DE ABRIL DE 1931.

m a l a k a b e ç a f a n i k a e k a b e l l u d a

— Kabelluda resolveu fundar um jornal do povo

incitou Malakabeça a organizar uma grande empreza

— O jornal fez enorme sucesso

— O jornal fechou

m a l a k a b e ç a f a n i k a e k a b e l l u d a

Malakabeça e Fanika eram um casal sem filhos.

A cegonha lhes trouxe uma sobrinha pobre — Kabelluda

Foi o pomo de discordia

E

e o consolo de Malakabeça

O HOMEM DO POVO, Nº2, SÁBADO, 28 DE MARÇO DE 1931.

O HOMEM DO POVO

direcção do homem do povo

editor: alvaro duarte

secretarios: pagú e queiróz lima

anno I — são paulo, 9 de abril de 1931 — num. 7

a cidade, o paiz, o planeta

as angustias de piratininga

Precioso e ridiculo, como literatura politica, nullo de visão social, fechado no mais estreito e pifio provincianismo, vertendo apenas o puz que brota dos dois cancros de São Paulo — a Faculdade de Direito e o café — o manifesto do Partido Democratico fixa bem para os olhos ingenuos dos que acreditam nas meias-revoluções, de que tamanho é a guela ambiciosa e hypocrita dos exploradores que depois de ter erguido palacios e fazendas, a chicote e a tronco de escravos — pretendem continuar a sugar o suôr dos que trabalham, a troco de represental-os na comedia dos cargos publicos.

Cynicos, comediantes sem treino, pois foi da mais deslavada, da mais clara exploração feudal que até hoje viveram do alto de suas cathedras de professores, de suas bancas de jornalistas e de suas mesas de jogo — eil-os que surgem ao embate da primeira crise séria, chamando a si o encargo de ser o traço de União entre o governo e o povo!

Traço de união entre o parasita e o explorado, entre o que come e o que é comido, entre o carrasco e a victima, elles mesmo confessam que são a forca lenta onde esperneia o trabalhador da cidade e dos campos, batido, humilhado, morto de miseria e de desesperança, mas que num ultimo espasmo ha de se despegar dos que o esganam, para leval-os por sua vez ao patibulo definitivo que pleiteiam e merecem.

Felizmente, a degringolada já os attingiu e as angustias de Piratininga são simplesmente feitas do odio covarde dos que sempre se viram na farra facil da Edade Media que o café produzia e a Faculdade abençoava em nome do Direito Burguez, e agora se vèem forçados a subir os elevadores dos que imponentemente emprestam a 5 % ao mez, para implorar as reformas já obtidas nos Bancos da grande fuzarca.

Vencidos pelo phenomeno da agonia capitalista, a sua cégueira ideologica attribue intenções communistas a sinceros consolidadores da Ordem Burgueza, como francamente são o Coronel João Alberto e o General Miguel Costa, com toda a razão mais de uma vez apontados ao odio das massas exploradas pelo altifalante de Luiz Carlos Prestes.

Consolidadores fascistas, a sua bôa vontade esbarra na inconcertabilidade da maquina onde inutilmente querem andar. Que entreguem essa lata velha, esse forde furado sem radiador nem gazolina, ao ganancioso grupo de fazendeiros e professores que ambiciona os ultimos tucros do ferro miúdo.

O dr. Julio Prestes gastava trezentos contos em palacio, o Coronel João Alberto gasta seiscentos, o dr. Morato gastará novecentos.

Que o governo dos tenentes se demitta e entregue ao Partido Democratico a maquina podre do Estado Burguez que esganou a economia paulista — para que perante as massas elucidadas, seja essa a ultima tragica experiencia de desastre, — é o que deseja e pede

o h o m e m d o p o v o

b a g u n ç a e m f a m i l i a

D. Duarte Leopoldo	88
Assis Chateaubriand	88
Conde de Lara	69
Juarez Tavora	60
Padre Valois de Castro	57
Mello Vianna	51
Oswald de Andrade	50
Coronel João Alberto	50
Raphael Correa de Oliveira	19
Sylvio de Campos	47
Antonio Carlos	45
Passaro Preto	38
Rodolpho Miranda	38
Antonio Azeredo	38
Pedro Motta Lima	32
Jayme Adour da Camara e	30
Bicheiro Bianchi	30
Alvaro Duarte	15
Antonio Silvino	10
Albino Mendes	10
Dr. Israel Souto	10

QUAL É O MAIOR BANDIDO VIVO DO BRASIL

. . . .

o 1.º concurso do homem do povo

miss butantan

recebeu uum pacote de suffragios que deixou uma rabeira louca o gordo cardeal, o sinistro Bernardes e o innocente Meneghetti.

as nossas prisões

«Ainda hontem o homem do povo salientava, em seu principal artigo, a differença flagrante de tratamento dispensado pela policia politica burgueza ao conspirador "da bôa roda" e

riado o espirito de classe.

Nem poderia ser de outra forma. Neste ultimo caso, o Estado burguez, por intermedio do seu orgão policial, exerce a funcção

PALCO TELA E PICADEIRO

d i r e c t o r d e s c e n a : p i o l i n

t h e a t r o

As estrellas abundam nestas plagas.

Algumas luzem, correm, e apagam-se. Outras não passam do periodo embryonario e algumas não são mais do que "estrellas" de maginação.

A mania de constellações entre nós é hereditaria. Phantasia de cerebros sedentos de celebridade...

Pobres "estrellas"! Jupiter resolveu julgal-os a ferro e fogo.

Na hora da condemnação houve um litigio, que foi osso duro para conferir.

Uma "estrella" chocou-se com um "cometa". A theoria de Sazzeck a respeito do fim do mundo, é que as estrellas de verdade encontravam-se com a terra e, bumba, ia tudo por agua abaixo, a rodar no immenso espaço...

Houve scisão e, ao que parece, bordoadas.

Serenados os animos, o quadro que se nos apresentou foi que a "estrella" Violeta Ferraz fôra vencida pela outra "estrella "Olga Novarro. Foi uma luta titanica, mas a segunda com mais "força" e com a vara de Diana eliminou a sua perigosa rival.

E agora a ex-esposa do Principe da Victoria, continua a brilhar, mas os horizontes estão toldados e se não se firmar, adeus principado e poderio...

Esperemos que a sua "estrella" não se apague... do nosso incerto firmamento...

*

O escriptor italiano A. Vernatti escreveu, ha tempos, uma revista intitulada o "Fim do Mundo". Possue 12 quadros, e é uma maravilha.

Dentro de pouco tempo essa revista apparecerá traduzida e será levada á scena em um dos nossos theatros.

*

Onze mil virgens!

Esta é a nova revista do Apollo. Está sendo ensaiada noite e dia.

Se o autor tivesse lido Alberto Londres, a revista que dentro de poucos dias será levada á scena, não se denominaria "Onze Mil Virgens".

Evidentemente são muitas virgens para uma terra que as carece e que faz questão que o sejam... mas (?) chi lo sá?

Só mesmo de "visu"' pode-se affirmar.

Este assumpto é por demais complicado a um pobre mortal e só mesmo o Saraiva, póde dar uma saraivada e nos contar se de facto, são onze mil...

Como Pilatos, lavo as mãos e não dou palpite...

*

Vamos um pouco ao Moinho do Jéca.

O Jordão, nosso velho camarada, entra na Censura, todo afobado e offegante, dirige-se ao censor, e diz-lhe, á queima-roupa:

— Dr. Contractei uma actriz... que fez sucesso em todas as partes do mundo, inclusive Mogy das Cruzes e Pindurassaia.. Todo o universo a apreciou e a admirou como bailarina de primeira grandeza.

Eu venho á presença de v. excia., pedir permissão para que ella possa exhibir-se num bailado, em trajes de Eva, mas não como Deus a pôz no mundo, e sim em ponto maior...

O censor, pensou, meditou ,soltou uma baforada de fumo e displicentemente assim falou ao nosso emprezario:

— Só se ella fizer uma demonstração, um ensaio para a Censura...

Talvez...

Phrynéa deslumbrou os juizes com a sua belleza e foi absolvida, mas esta, ao que parece, foi condemnada...

Que mentalidade, santo Deus!

IRMAN PAULA

c i n e m a s e x u a l

Os corpos nu's das estrellas esculpturaes, os olhos languidos de vampiras, platonicas não tem mais nenhuma importancia nem faz friinho mais no espectador.

O Jazz convencional, dansa espevitado ou a cocaina só são importantes para essa infinidade de creançolas cretinos, e a tragedia de chorar não faz mais chorar.

Eu quero agora o cinema sexual.

Eu quero Marlene, a Greta Garbo, o Von Strohein, a simplicidade biologica, o misterio radical já desvendado.

E toda a gente acha Greta Garbo misterioza, mistica, exquezita, original.

A Marlene, doutro mundo.

São simplesmente normaes materiaes e deste mundo.

Não tem preconceitos de gestos, não tem espevitamentos de enfeites, não tem regimens de comida. Não pensam em mostrar o corpo para excitação artificial.

Têm a saude allemã esportiva.

Ninguém mais sexual do que Marlene com os babados de renda de suas calças nas pernas cobertas por meias rigorosas.

Von Strohein, Jannings, sem a preocupação de galan bonito tem a fealdade excitantissima de um macho caudaloso.

Largue de besteiras voluntarias seus debeis contrariadores da vida.

Greta Garbo, Marlene, Von Sthroien são os menos exquisitos, os menos misteriosos e os mais humanos artistas sexuae.

*

Porque Greta Garbo foge de manifestações espetaculares e da cinvivencia, espalhafatoza de uma prole holliwodense estragada? O que tem isso?

Se ella prefere uma intimidade resumida, intellectual?

Quando ella se mostra nos dramas sexuaes da téla como Marlene no "Anjo Azul", como Lya de Putti em "Varieté" — a mulher no sentido biologico, apparece mais que vestida, enfeitada para as festas da vida, onde o amor compõe a trama quotidiana em que se enroscam homem e mulher.

K. B. LUDA.

marlene dietrich

O EMPASTELAMENTO DE *O HOMEM DO POVO* — NOTICIÁRIO DOS JORNAIS, ABRIL DE 1931

FOLHA DA NOITE, SÃO PAULO, Nº3.136,
QUINTA-FEIRA, 9 DE ABRIL DE 1931, P.8 (ÚLTIMA PÁGINA):

UM JUSTO REVIDE DOS ESTUDANTES DE DIREITO
AOS INSULTOS DE UM ANTROPÓFAGO

Oswald de Andrade, que classificou a Faculdade de Direito como sendo um "cancro" que mina o nosso Estado, foi agredido e quase linchado em plena praça da Sé.

(duas fotos dos soldados e dos estudantes,
com as legendas que se seguem)

Foi preciso que os soldados de prontidão na Central se movimentassem para impedir o linchamento — Os estudantes que se dispuseram a aplicar o corretivo no escritor Oswald de Andrade.

Oswald de Andrade, com 41 anos de idade, residente à rua dos Ingleses, s/n., pelas colunas de um jornalzinho que edita, classificou hoje a Faculdade de Direito como um cancro que mina a existência e patrimônio do nosso Estado.

A liberalidade inédita do jornalista, que atacou, sem razão, o vetusto e glorioso edifício, de onde, anualmente, uma plêiade de moços sai trazendo nos olhos a fagulha da inteligência sadia e brilhante e segue à conquista de grandiosos ideais, provocou, como era de se esperar, a justa repulsa e revolta nos espíritos dos estudantes que, "ipso facto", resolveram castigar o autor da ofensa.

Cerca das onze horas, numeroso grupo de estudantes da Faculdade de Direito dirigiu-se à praça da Sé, onde está instalada a redação do jornal em questão. Justamente quando pretendiam galgar as escadas que conduz a um dos últimos andares do esguio edifício sito na esquina com a rua Floriano Peixoto, a gorda figura de Oswald de Andrade apareceu.

Foi um Deus nos acuda!

Cercado pela estudantada indignada, o jornalista passou um péssimo quarto de hora e deve à intervenção de vários guardas civis o ter escapado à formidável surra que lhe estava reservada.

Houve luta e violenta. Oswald de Andrade e sua esposa Patrícia Thiers, de vinte anos de idade, reagiram, recuando, em companhia dos guardas-civis, até a Central de Polícia onde penetraram, correndo, embarafustando para a sala do delegado enquanto a guarda do palácio da Secretaria da Segurança Pública, não atinando com os gritos da multidão que avançava aos berros de:

— Lincha! Mata! — acorria de baioneta calada, guarnecendo a entrada do edifício.

Populares, que não puderam adivinhar o por quê daquilo tudo, corriam em várias direções, julgando ser o início de um movimento revolucionário.

O general Miguel Costa desceu de seu gabinete para tomar imediatas informações. S.S. permaneceu cerca de dez minutos no corredor que dá entrada ao saguão da Central, enquanto os estudantes se retiravam.

Oswald de Andrade e sua esposa foram ouvidos pelo dr. Affonso Celso que estava de serviço na Central. Ambos prestaram as necessárias declarações que foram tomadas a termo.

Em seguida, ambos foram à presença do general Miguel Costa e logo após se retiraram.

Foi uma verdadeira cena tragicômica, a que hoje veio quebrar a monotonia do momento atual. Trágica, pela atitude de justa revolta dos estudantes que quiseram dar o merecido corretivo ao insultador da gloriosa instituição de ensino, cômica, devido à rápida e trêmula retirada do casal que só encontrou um princípio de coragem, entre as paredes protetoras da Central de Polícia...

A GAZETA, SÃO PAULO, Nº 7548,
QUINTA-FEIRA, 9 DE ABRIL DE 1931, P. 10:

NA PRAÇA DA SÉ

O diretor e a secretária do Homem do Povo *foram agredidos*

O jornal *O Homem do Povo*, que se edita nesta capital, com redação à praça da Sé, inseriu em sua primeira página de hoje uma nota que os estudantes consideraram ofensiva à classe.

Um grupo de moços, indignado, foi à redação desse matutino e ali, após ligeira troca de palavras, agrediu e contundiu ligeiramente o sr. Oswald de Andrade, diretor do jornal e a secretária do mesmo, sra. Pagu.

Em seguida os estudantes foram à Secretaria da Segurança Pública onde expuseram os fatos ao general Miguel Costa que prometeu providências que evitem novos aborrecimentos aos moços estudantes.

DIÁRIO DE SÃO PAULO,
SEXTA-FEIRA, 10 DE ABRIL DE 1931, P. 5:

OFENDIDOS PELAS COLUNAS DE *O HOMEM DO POVO*

OS ESTUDANTES DE DIREITO AGREDIRAM O DIRETOR DO JORNAL

Foi também vítima de agressão a esposa daquele jornalista — Depredações nos escritórios da redação

Indignados com a atitude que o jornal *O Homem do Povo* tem assumido com relação à Faculdade de Direito, numerosos estudantes desse estabelecimento de ensino superior resolveram protestar junto aos diretores daquele órgão. Ontem, às onze horas, mais ou menos, os acadêmicos, em número aproximado de cinquenta, dirigiram-se do largo São Francisco para a praça da Sé, onde, no último andar do prédio nº 9, está instalada a redação daquele jornal. Chegando à sala da redação os estudantes encontraram o sr. Oswald de Andrade e sua esposa d. Patrícia Rehder Galvão, autores dos artigos considerados insultuosos pelos jovens acadêmicos. Protestando, aos gritos, contra a atitude do jornal, entregaram-se os estudantes a depredações no mobiliário e arquivo do *Homem do Povo*. Aquele jornalista e d. Patrícia, reagiram, descendo com os acadêmicos para a rua onde vários guarda-civis, então chegados ao local, procuraram defender os agredidos conduzindo-os para a Central de Polícia acompanhados dos estudantes.

Na Central, atendeu à ocorrência o delegado de plantão, dr. Affonso Celso de Paula Lima, que fez conduzir para o seu gabinete os dois jornalistas perseguidos. Entretanto, os estudantes enchiam os corredores do edifício, tendo descido a apaziguar os ânimos exaltados dos rapazes, o general Miguel Costa, secretário da Segurança Pública.

Aberto inquérito sobre o fato, o sr. Oswald de Andrade e d. Patrícia Rehder Galvão, declararam que a agressão fora motivada por artigos seus, insertos no *Homem do Povo*. Declararam ainda que haviam conseguido reagir, motivo por que não se encontravam contundidos.

Prestadas estas declarações, o dr. Affonso Celso acompanhou o sr. Oswald e sua mulher até o gabinete do general Miguel Costa, com quem ficaram em palestra durante largo tempo.

A GAZETA, SÃO PAULO, Nº 7.551,
SEGUNDA-FEIRA, 13 DE ABRIL DE 1931, P. 8:

A POLÍCIA MANDOU GARANTIR A REDAÇÃO DO *HOMEM DO POVO*

O sr. Oswald de Andrade, diretor do jornal *O Homem do Povo*, às dez horas de hoje solicitou ao dr. Benevolo Luz, delegado de serviço na Central, garantias contra moços estudantis que ameaçavam destruir a redação desse matutino. Vários soldados da Força Pública foram colocados à porta daquele jornal impedindo, dessa forma, qualquer atentado.

FOLHA DA NOITE, SÃO PAULO, Nº 3.139,
SEGUNDA-FEIRA, 13 DE ABRIL DE 1931, P. 10 (ÚLTIMA PÁGINA):

RECRUDESCE O CONFLITO ENTRE OS ESTUDANTES
E O DIRETOR DO O *HOMEM DO POVO*

Por ordem do delegado geral da capital, o jornal foi suspenso e seus diretores processados

(foto com legenda)

Os acadêmicos em frente à Central de Polícia.

Hoje, por volta das onze horas, inúmeros estudantes da Faculdade de Direito resolveram empastelar o jornal *O Homem do Povo*, pelos insultos reeditados no seu último número.

Assim é que o prédio da praça da Sé viu-se assediado por muitos moços que, em altos brados, pediam o comparecimento do diretor do jornal, cuja redação está colocada no último andar do arranha-céu.

Já a polícia tinha providenciado o guarnecimento da entrada do prédio, para evitar sérios distúrbios. Em breve, formou-se uma verdadeira multidão.

De súbito, e sem que ninguém esperasse, apareceu à porta do prédio a companheira de Oswald de Andrade, Patrícia Thiers Galvão, mais conhecida por "Pagu". Vinha armada de revólver e com o qual fez dois disparos em direção dos estudantes. A indignação não conheceu limites e os militares, postados à porta, tiveram um grande trabalho para salvar Patrícia Thiers Galvão das mãos dos estudantes. Atrás dela, surgiu o sr. Oswald de Andrade, que entrou em desferir violentos pontapés contra os estudantes.

A indignação atingiu o auge.

Para evitar maiores males, o delegado geral da capital mandou prender o sr. Oswald de Andrade e d. Patricia Galvão.

Entre duas alas de soldados, caminharam para a Central, enquanto ao redor se ouviam gritos de indignação:

— Morra o patife!

— Mandem-no para Fernando de Noronha!

— Morra o Comunismo!

Patricia Galvão, então, atirou-se aos estudantes, ferindo dois deles com as unhas.

Os soldados sacaram dos espadins e investiram contra os moços. Mas, devido à atitude enérgica destes, os façanhudos militares acharam prudente embainhar novamente as armas.

O delegado geral, por intermédio do dr. Benévolo Luz, delegado de serviço na Central de Polícia, mandou dizer aos estudantes o seguinte:

— Oswald de Andrade e sua companheira iriam ser processados. Ela, por uso abusivo de armas, tentativa de homicídio e ferimentos leves. Ele, por insulto e provocação de distúrbios. Além disso, não mais circularia *O Homem do Povo*.

A notícia foi recebida com verdadeiro prazer pelos estudantes que, em seguida, se retiraram.

DIÁRIO DE SÃO PAULO,
TERÇA-FEIRA, 14 DE ABRIL DE 1931, P. 5:

NOVAS MANIFESTAÇÕES DOS ESTUDANTES DE DIREITO CONTRA O JORNAL *O HOMEM DO POVO*

A polícia instaurou inquérito a respeito

Há dias os estudantes da Faculdade de Direito, tentaram empastelar o jornal *O Homem do Povo*, periódico que se publica nesta capital, sob a direção do sr. Oswald de Andrade e sua esposa d. Patrícia Galvão de Andrade.

Ontem, por ter aquele periódico feito novas referências contra os estudantes da Faculdade de Direito, estes voltaram a realizar novos protestos contra o jornal em questão.

Como da outra vez, o empastelamento de ontem assumiu caráter violento, tendo os alunos da Faculdade procurado agredir o sr. Oswald de Andrade e d. Patrícia Galvão de Andrade.

Isso só não se deu devido às providências tomadas em tempo pelo dr. Benevolo Luz, delegado de plantão na Central, enviando quatro soldados e um cabo da Força Pública, a fim de fazer policiamento junto ao prédio nº 9, da praça da Sé, onde se acha instalada a redação do *Homem do Povo*.

O casal de jornalistas foi a custo conduzido, sob a proteção dos soldados, para a Central de Polícia, tendo ali permanecido até que os ânimos serenassem. Foi instaurado inquérito a respeito, tendo sido ouvidos os jornalistas em questão.

FOLHA DA MANHÃ, SÃO PAULO,
TERÇA-FEIRA, 14 DE ABRIL DE 1931, P. 5:

TENTATIVA DE EMPASTELAMENTO DO *HOMEM DO POVO*

Ontem, pela manhã, cerca das onze horas, um grupo de estudantes da Faculdade de Direito, em sinal de protesto contra um artigo assinado pelo sr. Oswald de Andrade, diretor do *Homem do Povo*, reuniu-se na praça da Sé e tentou empastelar a redação do jornal em questão, no que foram obstados pelos policiais que guarneciam a porta do prédio.

Nesse momento d. Patrícia Thiers, esposa do sr. Oswald de Andrade, armada de revólver, fez dois disparos contra os estudantes. A indignação destes então aumentou. O delegado geral da capital, para evitar graves consequências, mandou conduzir Oswald de Andrade e sua companheira para a Central. Contra ambos foi lavrado o flagrante e serão processados. Patrícia Thiers Galvão deverá responder pelo crime de porte de armas, tentativa de homicídio e ferimentos leves nas pessoas de Domingos Ferreira Guedes e Carlos Sampaio Masildo.

Pouco depois das 24 horas, o Secretário da Segurança Pública ordenou ao dr. Raul Tucunduva, que providenciasse a suspensão definitiva do jornal *O Homem do Povo.*

DIÁRIO NACIONAL, SÃO PAULO, ANO IV, Nº 1.153,
TERÇA-FEIRA, 14 DE ABRIL DE 1931, P. 8 (ÚLTIMA PÁGINA):

UM PASQUIM VAIADO PELOS ESTUDANTES

Oswald de Andrade e sua companheira deram motivo a um novo conflito

No dia 9 do corrente, como os leitores devem estar lembrados, os acadêmicos de direito, justamente indignados com a atitude do pasquim dirigido por Oswald de Andrade, que injuriara a Faculdade de Direito, promoveram resoluta manifestação de desagrado em frente à sua redação, na praça da Sé.

Oswald, que recebeu uma lição dos estudantes, foi levado, juntamente com sua companheira à Policia Central, debaixo de grande assuada.

Com as providências tomadas pela polícia constou que o periódico que finge fazer propaganda das ideias de Moscou não mais voltaria a circular.

Assim não aconteceu. E no número que ontem circulou, novos insultos foram atirados aos estudantes, ao mesmo tempo que Pagu assinava um artigo ofensivo às alunas da Escola Normal.

A represália por parte dos estudantes era por isso inevitável.

PEDINDO GARANTIAS

Oswald de Andrade não tinha também ilusões a esse respeito. Recebeu vários avisos telefônicos e, receoso, pediu garantias à policia. Foram destacados para a praça da Sé, um cabo e quatro soldados da Força Pública, mas isso mesmo o diretor do pasquim achou pouco: e pediu reforços.

Às onze horas os estudantes apareceram na praça da Sé e promoveram uma grande assuada, em frente ao escritório do pasquim de Oswald. Os populares, que ali se encontravam, sabendo do que se tratava, fizeram causa comum com os estudantes e ajudaram a vaiar.

DOIS TIROS

Os soldados procuravam conter a multidão, quando de súbito apareceu à porta do prédio, Pagu, a companheira de Oswald. Vendo-se protegida pela força, quis virar valente e procurou agredir com as unhas os manifestantes, enquanto Oswald, que a acompanhava, desferia pontapés contra alguns populares.

Nesse momento, foram ouvidos dois tiros. Os que se encontravam mais próximos afirmam que Pagu foi a autora dos disparos, mas o revólver não foi encontrado e ela nega que tivesse atirado contra alguém. Isso aumentou a indignação dos estudantes, que a todo custo queriam agredir Oswald e Pagu.

A PRISÃO DOS DOIS PROVOCADORES

O delegado geral da capital, inteirado do que se passava e para evitar consequências mais desagradáveis, mandou prender Oswald de Andrade e Pagu.

Seguiram os dois para a polícia, entre alas de soldados, e sob os apupos do povo, que exclamava:

— Morra o Comunismo! Abaixo o vendido de Moscou!

Temendo uma agressão, os soldados sacaram dos espadins, mas tiveram de desistir das suas ameaças, devido à atitude resoluta dos estudantes.

DUAS VÍTIMAS DE PAGU

Na Polícia Central, foram medicadas duas vítimas das unhas de Pagu: Domingos Ferreira Guedes, de dezoito anos de idade, casado, empregado no comércio, residente à rua Angelo Villa, 53 e o inspetor de segurança Carlos Sampaio Marinho, de 32 anos de idade, residente à rua Xavier de Toledo, 20.

Ambos apresentavam escoriações na testa, rosto e pescoço.

Oswald de Andrade e Pagu prestaram declarações no inquérito instaurado e foram depois levados à presença do delegado geral da capital.

Em seu gabinete aguardaram a chegada do secretário da Segurança Pública.

Restituídos à liberdade, à noite, voltaram à polícia pedindo garantias.

ESTÁ SUSPENSO O PASQUIM

Atendendo a motivos de tranquilidade pública, o 1º delegado auxiliar determinou seja suspensa definitivamente a publicação do insolente papelucho.

Folha da Noite

S. Paulo — Quinta-feira, 9 de Abril de 1931

UM JUSTO REVIDE DOS ESTUDANTES DE DIREITO AOS INSULTOS DE UM ANTHROPOPHAGO

OSWALD DE ANDRADE, QUE CLASSIFICOU A FACULDADE DE DIREITO COMO SENDO UM "CANCRO" QUE MINA O NOSSO ESTADO, FOI AGGREDIDO E QUASI LYNCHADO EM PLENA PRAÇA DA SE'

Oswald de Andrade, com 41 annos de idade, residente á rua dos Inglezes, s.n., pelas columnas de um jornalzinho que edita, classificou hoje a Faculdade de Direito, como um cancro que mina a existencia e patrimonio do nosso Estado.

A liberalidade inedita do jornalista, que atacou, sem razão, o vetusto e glorioso edificio, de onde, annualmente, uma pleiade de moços sáe trazendo nos olhos a fagulha da intelligencia sadia e brilhante e segue á conquista de grandiosos ideaes, provocou, como riano Peixoto, a gorda figura de Oswald de Andrade appareceu.

Foi um Deus nos accuda!

Cercado pela estudantada indignada, o jornalista passou um pessimo quarto de hora e deve á intervenção de varios guardas civis o ter escapado á formidavel surra que lhe estava reservada.

Houve luta e violenta. Oswaldo de Andrade e sua esposa Patricia Thiers, de 20 annos de idade, reagiram, recuando, em companhia dos guardas-civis, até á Central de Policia onde penetraram, correndo, embarafustando para a sala do de-

O general Miguel Costa desceu de seu gabinete para tomar immediatas informações. S. S. permaneceu cerca de 10 minutos no corredor que dá entrada ao saguão da Central, enquanto os estudantes se retiravam.

Oswald de Andrade e sua esposa foram ouvidos pelo dr. Affonso Celso que estava de serviço na Central. Ambos prestaram as necessarias declarações que foram tomadas a termo.

Em seguida, ambos foram á presença do general Miguel Costa e logo após se retiraram.

FOI PRECISO QUE OS SOLDADOS DE PROMPTIDÃO NA CENTRAL SE MOVIMENTASSEM PAR AIMPEDIR O LYNCHAMENTO — OS ESTUDANTES QUE SE DISPUZEREM A APPLICAR O CORRECTIVO NO ESCRIPTOR OSWALDO DE ANDRADE

era de se esperar, a justa repulsa a revolta nos espiritos dos estudantes que, "ipso facto", resolve-

legado enquanto a guarda do palacio da Secretaria de Segurança Publica, não atinando com os gritos da

Foi uma verdadeira scena tragicomica, a que hoje veiu quebrar a monotonia do momento actual. Tre-

Fòlha da Noite

S. Paulo — Segunda-feira, 13 de Abril de 19

RECRUDESCE O CONFLICTO ENTRE OS ESTUDANT E O DIRECTOR DO "O HOMEM DO POVO"

POR ORDEM DO DELEGADO GERAL DA CAPITAL, O JORNAL FOI SUSPENSO E S DIRECTORES PROCESSADOS

OS ACADEMICOS EM FRENTE A CENTRAL DE POLICIA

Hoje, por volta das 11 horas, innumeros estudantes da Faculdade de Direito resolveram empastelar os jornal "Homem do Povo", pelos insultos reeditados no seu ultimo numero.

Assim é que o predio da Praça da Sé viu-se assediado por muitos moços que, em altos brados, pediam o comparecimento do director do jornal, cuja redacção está collocada no ultimo andar do arranhacéo.

Já a policia tinha providenciado o guarnecimento da entrada do predio, para evitar sérios disturbios. Em breve, formou-se uma verdadeira multidão.

De subito, e sem que ninguem esperasse, appareceu á porta do predio a companheira de Oswald de Andrade, Patricia Thiers Galvão, mais conhecida por "Pagú" qual fez dois disparos em direcção dos estudantes. A indignação não conheceu limites e os militares, postados á porta, tiveram um grande trabalho para salvar Patricia Thiers Galvão das mãos dos estudantes. Atraz della, surgiu o sr. Oswald de Andrade que entrou em desferir violentos ponta-pés contra os estudantes.

A indignação attingiu o auge.

Para evitar maiores males, o delegado geral da capital mandou prender o sr. Oswald de Andrade e d. Patricia Galvão.

Entre duas alas de soldados, caminharam para a Central, enquanto ao redor, se ouviam gritos de indignação:

— Morra o patife!

— Mandem-n'o para Fernando de Noronha!

— Morra o communismo!

aos estudantes, ferindo dois de com as unhas.

Os soldados sacaram dos e dins e investiram contra os ços. Mas, devido á attitude e gica destes, os façonhudos mi res acharam prudente embain novamente as armas.

O delegado geral, por interme do dr. Benevido Luz delegado serviço na Central de Policia, m dou dizer aos estudantes o seg te:

— "Oswald de Andrade e companheira iram ser proce dos. Ella, por uso abusivo de mas, tentativa de homicidio e rimentos leves. Elle, por insult provocação de [illegible] disso, não mais circulará "O mem do Povo"."

A noticia foi recebida com

Folha da Noite

S. Paulo — Segunda-feira, 13 de Abril de 1931

RECRUDESCE O CONFLICTO ENTRE OS ESTUDANTES E O DIRECTOR DO "O HOMEM DO POVO"

POR ORDEM DO DELEGADO GERAL DA CAPITAL, O JORNAL FOI SUSPENSO E SEUS DIRECTORES PROCESSADOS

OS ACADEMICOS EM FRENTE A' CENTRAL DE POLICIA

Hoje, por volta das 11 horas, innumeros estudantes da Faculdade de Direito resolveram empastelar o jornal "Homem do Povo", pelos insultos reeditados no seu ultimo numero.

Assim é que o predio da Praça da Sé viu-se assediado por muitos moços que, em altos brados, pediam o comparecimento do director do jornal, cuja redacção está collocada no ultimo andar do arranha-céo.

Já a policia tinha providenciado o guarnecimento da entrada do predio, para evitar sérios disturbios. Em breve, formou-se uma verdadeira multidão.

De subito, e sem que ninguem esperasse, appareceu á porta do predio a companheira de Oswald de Andrade, Patricia Thiers Galvão, mais conhecida por "Pagú". Vinha armada de revolver e com o qual fez dois disparos em direcção dos estudantes. A indignação não conheceu limites e os militares, postados á porta, tiveram um grande trabalho para salvar Patricia Thiers Galvão das mãos dos estudantes. Atraz della, surgiu o sr. Oswald de Andrade que entrou em desferir violentos ponta-pés contra os estudantes.

A indignação attingio o auge.

Para evitar maiores males, o delegado geral da capital mandou prender o sr. Oswald de Andrade e d. Patricia Galvão.

Entre duas alas de soldados, caminharam para a Central, enquanto ao redor, se ouviam gritos de indignação:

— Morra o patife!

— Mandem-n'o para Fernando de Noronha!

— Morra o communismo!

Patricia Galvão, então, atirou-se aos estudantes, ferindo dois delles com as unhas.

Os soldados sacaram dos espadins e investiram contra os moços. Mas, devido á attitude energica destes, os façanhudos militares acharam prudente embainhar novamente as armas.

O delegado geral, por intermedio do dr. Benevolo Luz, delegado de serviço na Central de Policia, mandou dizer aos estudantes o seguinte:

— "Oswald de Andrade e sua companheira iriam ser processados. Ella, por uso abusivo de armas, tentativa de homicidio e ferimentos leves. Elle, por insulto e provocação de disturbios. Além disso, não mais circularia "O Homem do Povo".

A noticia foi recebida com verdadeiro prazer pelos estudantes que, em seguida, se retiraram.

OS ALUMNOS DA ESCOLA POLYTECHNICA RENDERAM HOMENAGEM Á MEMORIA DE PAULA SOUZA

Hoje cedo, no cemiterio da Consolação, falaram sobre a personalidade do saudoso mestre diversos oradores

O ORADOR DO GREMIO POLYTECHNICO REALIZANDO O SEU DISCURSO — NOS MEDALHÕES, O DR. FONSECA TELLES E O ORADOR DO CENTRO ACADEMICO XI DE AGOSTO

Conforme estava annunciado, realizou-se hoje, ás dez horas, no cemiterio da Consolação, a homenagem promovida pelo Gremio Polytechnico á memoria do saudoso fundador da Escola Polytechnica, dr. Paula Souza, fallecido ha quatorze annos.

Acorreram áquelle local muitos estudantes e professores. Falou, primeiramente, o orador do Gremio Polytechnico, Francino Ribeiro Junior, que traçou uma rapida biographia de Paula Souza, desde os seus primeiros estudos até o seu fallecimento, descrevendo os principaes successos de sua vida que culminaram com a fundação da Escola Polytechnica, onde, de uma de suas cathedras prelecionava com carinho e competencia ás primeiras turmas de engenheiros de S. Paulo.

Falou, depois, o academico de direito Antonio de Queiroz Filho, em nome do Centro XI de Agosto, produzindo uma bella oração. Depois, em nome do Instituto de Engenharia, o dr. Fonseca Telles pronunciou algumas palavras, concisas e sobrias sobre Paula Souza. Finalmente, o director da Escola Polytechnica, dr. Carlos Gomes de Souza Schalders falou em nome da Congregação, affirmando que ella era solidaria com aquella manifestação feita ao mestre cuja memoria "deverá ser sempre cultuada com carinho pelos moços".

O vapor hollandez "Statendam" encalhou ao largo de Cowes

LONDRES, 13 (H.) — Telegramma de Cowes annuncia que o vapor hollandez "Statendam", em viagem de Rotterdam para Nova York, encalhou ao largo daquelle porto.

Para o local do accidente haviam partido varias embarcações de soccorro, que esperavam salvar o navio na maré alta.

Foi creada a Policia Maritima em Natal

NATAL, 14 (A. B.) — O governo do Estado creou a Inspectoria de Policia Maritima, em substituição á actual repartição da Policia Maritima. Foi tambem publicado o acto do governo que nomeou para inspector sanitario municipal da cidade de Mossoro, o medico Antonio Soares Junior.

DELINQUENCIA Norte Americana

A DELINQUENCIA DOS MENORES — A INFLUENCIA PERNICIOSA DOS "GANGS" — PENAS SEVERISSIMAS E SENTENÇAS PAVOROSAS — BANDOS DE MENORES CHEFIADOS POR MULHERES

Willy Aureli (Chefe da reportagem policial da "Folha da Noite")

V

Outro surto da delinquencia norte-americana é a dos menores. Faz um anno, os primeiros grupos de fedelhos, armados até os dentes, deram para assaltar e matar, unicamente pelo prazer de experimentar as poderosas sensações que podem advir com a pratica de um delicto.

Rapazes de 16 annos, demonstrando uma ferocidade inaudita, sem o menor escrupulo, iniciaram a jornada rubra, semeando o caminho com os cadaveres das victimas que, tomadas de surpreza, tombavam para sempre sob os tiros certeiros dos fedelhos ferozes.

São recentes os delictos commettidos pelos jovens millionarios Smith e Goldmann que, durante o sensacional jury, declararam cynicamente que mataram porque sentiam a necessidade de "observar os ultimos momentos de um homem quando morre"! Assim como são recentes os delictos e a electrocução dos tres jovens bandidos, o mais velho dos quaes contava apenas 19 annos e que acabaram nas mãos de mister Elliot, na Casa da Morte de Sing-Sing. Sobre a electrocução dos tres jovens bandidos, já demos uma extensa reportagem no mez de fevereiro ultimo.

A delinquencia dos menores norte-americanos não se prende aos factores conhecidos entre nós, que lançam os menores á vida de delictos. Tomando por exemplo São Paulo, veremos que a delinquencia dos menores, tão combatida pelos delegados de Furtos e Roubos, é filha unicamente da falta de assistencia aos mendigos, cujos filhos, iniciados numa vida de miseria e dôr, aprendem demasiadamente cedo o prazer de infringir o sagrado mandamento biblico: não furtarás. No paiz dos dollares, não existe mendicancia igual á que é praticada nos nossos meios. Os menores tem uma assistencia rigorosa e a vida marcha ao rythmo de uma disciplina que soube enquadrar as massas. Os factores que fazem dos jovens "yankees" perfeitos bandoleiros, devem ser procurados nos exemplos deleterios dos "gangs" que, com a audacia de suas façanhas, conseguem despertar, entre os jovens, um enthusiasmo [illegible] e uma vontade [illegible] de assemelhar-se [illegible] bandidos que [illegible] a admiração sem limites [illegible] que lhes conhecem as gestas. Podiamos, aqui, tratar tambem da nefasta influencia dos [illegible] que obrigam, na maioria dos casos, á [illegible] chronistas. Muitas vezes, um bandido, "focalizado" pelas pennas dos reporteres policiaes, se torna verdadeiro heróe, se bem que [illegible] seus heroismos [illegible] á cadeira electrica.

Emular um "Bugs" Moran ou um Al Capone é [illegible] fedelhos norte-americanos, a [illegible] ração dos sonhos dourados.

E' [illegible] constatar a participação de jovens mulheres, [illegible] tas das quaes verdadeiras [illegible] nos bandos [illegible] tão perigosos quanto os [illegible] "gangsters" que [illegible] vida ao delicto continuo. [illegible] se ás dezenas as moças [illegible] processadas, condemnadas e sentenciadas. E, na historia [illegible], a actividade e ferocidade [illegible] mulheres, sempre superam á dos homens, mesmo á dos mais audazes.

OS LATROCINIOS

Para o ladrão norte-americano existe uma unica sahida nos [illegible] de assalto: [illegible] matar! [illegible] ao trabalho [illegible] somente no interior de um escriptorio, de um Banco ou de uma residencia, unicamente para roubar, sem pensar em matar. Os que assim procedem são classificados pelos delinquentes da época actual, como sendo "passadistas"...

A necessidade do perigo immediato, do conflicto, da façanha tragica, do remate sangrento, dos riscos á cadeira electrica, empolgam os assaltantes que, muitas vezes, roubam e matam unicamente para experimentar uma nova sensação.

Uma grande degenerescencia que contamina o grande povo, degenerescencia essa que está sendo combatida com todas as armas: desde a suavidade das palavras nos templos, palestras essas que incitam os jovens á pratica do bem, até á supressão immediata dos criminosos, impossivel se torna fazer um rapido historico dos assaltos e roubos, dos latrocinios — para melhor dizer — que se deram nos Estados Unidos desde o primeiro dia do anno. Contam-se milhares de proezas que augmentaram as estatisticas policiaes. Para dar uma pallida idéa do que seja a audacia dos jovens delinquentes, citaremos alguns dos ultimos assaltos praticados em Nova York, no dia 11 e 12 de março ultimo.

UM TRAGICO DUELLO NA ESCURIDÃO

Na noite de 11 de março do corrente anno, o detective Samuel Cohen, sem esperar pelo segundo Brooklyn, teve a attenção chamada pelo rapido clarão que partia do interior do n. 421, onde está sita a confeitaria da firma Harry Livin. Adivinhando a presença de ladrões, naquelle estabelecimento, o policial para lá se dirigiu, abrindo cautelosamente a porta. Mal tinha penetrado e eis que um tiro de revólver o fere, levemente, na cabeça. Cohen, se mesperar pelo segundo disparo, faz uso do revólver. Entre os ladrões que se encontravam no interior e o policial a partida, [illegible] [illegible]

Eis de como se refere um jornal norte-americano, ao assalto em questão: "O que impressiona é a idade do morto e a dos companheiros. Trata-se de mais uma prova desoladora do recrudescimento da delinquencia juvenil, á qual, custe o que custar, precisa antepor um reparo. Em 10 dias, quatro meninos que cáem sob o chumbo dos policiaes. Quatro jovens bandidos que tombam victimados pelos que têm o dever de proteger a vida e as propriedades alheias! Syndicancias para enfraquecer o prestigio da Justiça, apparecem sem cessar, mas nada que cure a chaga do delicto que se propaga, pavorosamente, no mundo juvenil."

E isso o diz o "Correio da America" em sua edição de 12 de março. Infelizmente, as façanhas dos menores não acabaram... No dia immediato, sem citarmos os innumeros delictos que assolaram o territorio dos "yankees", desenvolveram outra façanha, tragicamente [illegible] [illegible]

UM BANDIDO COM 16 ANNOS DE IDADE

[illegible]

Narremos os factos: na noite de sabbado (13), vinte e cinco freguezes estavam sentados no interior do "Speakeasy" sito no 2330 de Webster Ave.) Bronx, quando tres bandidos, com as pistolas automaticas apontadas para o grupo, penetraram no local, mandando erguer os braços. Um dos clientes, que se encontrava proximo á porta, conseguiu fugir. Encontrando os detectives Clarenne Grieter e Lous Martin, informou-os do que se passava. Os dois policiaes dirigiram-se ao local, onde, depois de uma verdadeira batalha, conseguiram ter mãos aos bandidos. Um delles tombara para sempre; outro estava gravemente ferido e o terceiro, apesar de ferido, conseguira fugir. O morto era o joven Rodolfo Alacca, com 22 annos de idade, residente na 2a Avenida, 2235. Quasi simultaneamente, outro drama tinha por theatro o "Rumanian Restaurant", sito na Norfolk Street, 170. [illegible] bandidos armados de revólveres, obrigaram a clientela a levantar os braços. Mas naquelle momento passava pelo local uma patrulha de [illegible] que, sem perda de tempo, [illegible] bandidos a [illegible] os policiaes [illegible] por uma [illegible] e o fogo [illegible] pela bala. Levado [illegible] para o hospital [illegible] o menor Edward [illegible] annos de idade [illegible] gravemente ferido [illegible] pelo nome [illegible] 18 annos [illegible] parte do [illegible]

[illegible]

Eis um grupo de empregados de uma firma commercial de Nova York: armados e promptos a rechassarem um ataque de assaltantes. Todos elles cursaram uma "academia de tiro" onde aperfeiçoaram a pontaria!

[illegible]

[illegible]

ENCONTRO DE AUTOMOVEIS

[illegible]

A ARANHA 301 ATROPELOU-O

A's 22 horas de [illegible] o menor [illegible] Alcides, de 9 annos [illegible] Martins Rodrigues, [illegible] Avenida Celso Garcia [illegible] Na occasião em que, com outros meninos, brincava na frente da casa de seus paes, foi atropelado pela aranha chapa 301, tendo soffrido, em consequencia disso, contusões leves pelo corpo.

Logo que se deu o desastre, o conductor da aranha evadiu-se, abandonando a victima, que, transportada para o Posto de Assistencia, ali foi medicada.

O delegado de serviço na Policia Central abriu inquerito a respeito.

[illegible] DAS RUAS

[illegible] apanhado pelo [illegible] 13 da Limpeza Publica, ficou gravemente ferido

[illegible]

AGGRESSÃO A NAVALHA

A's 23,30 horas de hontem, [illegible] de somenos importancia, [illegible] Arantes de Souza, morador á rua [illegible] Guaynazes 100, foi aggredido á navalha no largo do Arouche [illegible] desconhecido, ficando levemente ferido.

FOI ATROPELADO POR UM BONDE

[illegible] da linha [illegible] 11 horas, trafegando [illegible] atropelou [illegible] Alves de Paes [illegible] com 34 annos [illegible] no Posto [illegible] perna esquerda.

OUTRO MENOR ATROPELADO

[illegible]

CAHIU DO ELEVADOR, FRACTURANDO A PERNA

[illegible] de hontem, cerca das [illegible] horas, do predio Martinelli solicitaram os soccorros da Assistencia [illegible] para um homem que, momentos antes, havia sido victima de um desastre.

Tratava-se de Augusto Ramos de Freitas, de [illegible] annos, funccionario publico, morador á rua Maria Antonia, [illegible] que, ao entrar num dos elevadores [illegible] predio, cahiu do [illegible] andar, soffrendo, na queda, fractura da perna esquerda.

CAPA DA PRIMEIRA EDIÇÃO DE *PARQUE INDUSTRIAL* (1933).

parque industrial/ 1933

Publicado em janeiro de 1933, quando Patrícia Galvão tinha apenas 22 anos, *Parque Industrial* foi editado a expensas de Oswald, segundo testemunho de Oswald de Andrade Filho, em suas memórias, ainda inéditas, intituladas *Dia seguinte e outros dias*.*

A autora, que então se assinava "Pagu", não pôde usar o apelido artístico que já a tornara famosa como a musa da antropofagia. Por exigência do Partido Comunista, ao qual se filiara em 1931, mas que a considerava uma "agitadora individual, sensacionalista e inexperiente", teve que adotar outro nome: "Mara Lobo".

Na capa, ao que tudo indica desenhada por Patrícia — estilização cubista de uma fábrica, com os títulos art déco recortados a mão sobre o fundo preto e branco —, surge a expressão "romance proletário".

Chama a atenção a diagramação moderna do livro, arejada de brancos e com titulagem em caixa-baixa, em tipos da família kabel — a mesma que serviu aos títulos do *Serafim Ponte Grande*, de Oswald, lançado no mesmo ano.

O romance foi bem acolhido por João Ribeiro, em artigo publicado no *Jornal do Brasil*, de 26 de janeiro de 1933 (transcrito no capítulo "Resenhas críticas"), um dos raros registros do aparecimento de *Parque Industrial*.

Alguns tópicos de uma crônica de Ari Pavão, incluída no livro *Bronzes e plumas* (1933), dão uma medida do choque que provocava até entre os seus simpatizantes:

* Com este título veio a publicar-se em 2004, pela editora Codex, livro de memórias de Oswald de Andrade Filho, organizado por Timo de Andrade e Maria Eugenia Boaventura. A montagem final dos numerosos cadernos deixados pelo autor relativos às suas memórias resultou em texto muito diferente dos que consultei e dos quais extraí a informação sobre o financiamento de *Parque Industrial*.

Romance veloz, cores fortes, personalidade. Mesmo para os que, como eu, não estejam integrados na corrente de ideias que o inspirou, *Parque Industrial* de Pagu é um livro que se lê com prazer. Impróprio para menores e senhoritas — como todo livro que tem ideias — interessa, porque retrata com uma simplicidade notável os aspectos mais desoladores dessa luta tremenda que as desigualdades humanas criaram nas diferentes camadas sociais.
Se não fosse a existência de certos termos que os dicionários civilizados baniram de suas páginas, por incapacidade estética, eu aconselharia a toda gente a leitura desse livro.

Descontados os sestros panfletários, é uma última pérola modernista engastada na pedreira do nascente romance social de 1930, do qual é um excêntrico e atrevido precursor. Há muito de positivo em seu estilo fragmentário, direto e conciso, influenciado pela "prosa telegráfica" de Oswald. Nos flashes de suas frases curtas faíscam alguns achados fascinantes, das montagens cubistas como "A rua vai escorrendo pelas janelas do bonde" ao inesquecível corte paronomástico "Brás do Brasil, Brás de todo o mundo", que sintetiza o livro, coroando a pungente poeticidade da utopia proletária de Pagu.

TEARES[1]

São Paulo é o maior centro industrial da América do Sul: O pessoal da tecelagem soletra no cocoruto imperialista do "camarão" que passa. A italianinha matinal dá uma banana pro bonde. Defende a pátria.

— Mais custa! O maior é o Brás!

TRABALHADORAS DE AGULHA

Duas mãos nodosas agarram o pescoço da mulata velha.

Corina esconde a cena com a porta. Está acostumada. Sai. Modifica o batom, sorrindo no espelho da bolsa. Toma o 14.

A rua vai escorrendo pelas janelas do bonde.

INSTRUÇÃO PÚBLICA

Línguas maliciosas escorregam nos sorvetes compridos.

Peitos propositais acendem os bicos sexualizados no "sweter" de listas, roçando.

O caixeirinho de calçados morde de longe.

Clélia, a portuguesinha chique, lisa como uma tábua, sorri na boca enorme para um estudante rico.

1 Este e os demais subtítulos identificam os capítulos de que foram extraídos os trechos escolhidos.

— Não tem mais papel de seda em nenhuma venda. Já fui no seu Domingos e no seu Fernando. Só se a gente for na Avenida.

Todas as operárias se pintam. Estragam a cara esfregando papel vermelho e cuspe.

— Vamos para Avenida! Anda gente!

— Vou botar pó-de-arroz na cabeça...

— Quer fazer uma vaca pra comprar uma lança-perfume?

— Eu não. O meu bigodinho me dá.

Cadeiras na rua. Caixotes. Italianas gordas. Comadres escancaradas nas sarjetas. Os colos de aventais azuis de pintas e babados com amendoins. Meninos grandes chupam as mamas de quilos.

O confete vai da cabeça pro chão. Do chão pra cabeça.

— Olha o bando! Olha o bando! Chiquita!

As meninas atiram-se como gatas pegando os rolos das serpentinas. Os sexos estão ardendo. Os grilos estrilam nos sinais. Os burgueses passam nos carros concordando que o Brás é bom no Carnaval.

No Colombo, as damas brancas, pretas ou mulatas como as meninas fugidas de casa, não pagam entrada.

— Alerta, rapaziada maxixeira!

Um urso vende serpentinas nos estribos dos carros em movimento. Mocinhas urram histericamente com medo do bicho.

Todas as meninas bonitas estão sendo bolinadas. Os irmãozinhos seguram as velas a troco de balas. A burguesia procura no Brás carne fresca e nova.

— Que pedaço de italianinha!

— Só figura! Vá falar com ela. Uma analfabeta.

— Pruma noite, ninguém precisa saber ler.

— Passei um bilhete praquela tipa.

No fordinho novo, Eleonora ao lado de Alfredo, se empertiga numa fantasia cara de boneca Lenci e sacode todas as pulseiras do braço, querendo voltar para o Esplanada.

— Aqui só tem barbeirinhos!

As filas de automóveis se misturam, engrossam, lavando a promessa das meninas pobres, cheias de ventarolas e rolos catados. Pierrôs vermelhos. Arlequins. Dominós. Fantasias irreconhecíveis.

— Ah! Se eu pudesse fazer o corso!

Chinesinhas barulhentas tomam guaraná na garrafa, afogando e tossindo.

As orquestras sádicas incitam:

— Dá né-la! Dá né-la!

Aquele pierrô feminino está cheirando éter. Aprendeu. Uma baiana imensa ronca num degrau.

— Não olhe praquele sujeito da baratinha!

— Vê lá se eu vou deixar aquele batuta por causa de você!

— Vem embora! Anda!

— Não vou. Me deixa!

Uma facada. Um grito. Viúva alegre. Um lençol. Desaparecem as rodelas vermelhas de carmim dentro do carro branco de sinos.

A borboleta de lentejoulas, caída de um cabelo frouxo, espeta as antenas duras na poça de sangue.

O carnaval continua. Abafa e engana a revolta dos explorados. Dos miseráveis. O último quinhentos réis no último copo.

— Moço, me dá um rolo?

A rua Bresser está iluminada. Os garotos de bigode de rolha catam confete no chão.

— Mas cara-do! Cu ras-gado!

BRÁS DO MUNDO

No interrogatório, comunicam-lhe que a vão expulsar.

— Você é estrangeira!

Mas ela não conhece outro país. Sempre dera o seu trabalho aos ricos do Brasil!

Sorri numa amargura. Vão levá-la para sempre, do Brás... Que importa?

Ela ouvira dos próprios defensores do presídio social: — Pobre não tem pátria!

Mas deixar o Brás! Para ir aonde? Aquilo lhe dói como uma tremenda injustiça. Que importa! Se em todos os países do mundo capitalista ameaçado, há um Brás...

Outros ficarão. Outras ficarão.

Brás do Brasil. Brás de todo o mundo.

crônicas
de ariel/ 1942

Sob o pseudônimo de "Ariel", Patrícia Galvão publicou cerca de uma centena de crônicas diárias, de 22 de agosto a 31 de dezembro de 1942, no jornal *A Noite*, de São Paulo, então dirigido por Menotti del Picchia.

Tais colunas faziam parte da seção Social. A crônica inaugural, Primeira página, sai, curiosamente, na edição extraordinária que anuncia o ingresso do Brasil na segunda conflagração mundial com esta manchete: O BRASIL NA GUERRA REVIDANDO ATIVAMENTE AS AFRONTAS TOTALITÁRIAS. O presidente Vargas decreta o estado de beligerância entre o nosso país e a Alemanha e a Itália.

Das crônicas de "Ariel", além da inicial, em que Patrícia procura dessemantizar a "crônica social" para se defender e se liberar dos limites do gênero, escolhemos para esta antologia duas de teor poético — o dominante nestes escritos —, "Mixigne" e "Algures"; e, ainda, "Cante, poeta", interessante pela contradita a Mário de Andrade, uma divergência que, oriunda dos tempos da antropofagia, se mantém ao longo dos anos e que irá repontar mais adiante em "Depois de amanhã Mário de Andrade" (23 de fevereiro de 1947), da série Cor Local, e na "Contribuição ao Julgamento do Congresso de Poesia" (9 de maio de 1948).

PRIMEIRA PÁGINA[1]

A tarefa circunscrita é esta. Uma crônica social. O tradicional cantinho do jornal infalivelmente presente nos mais humildes hebdomadários rurais, veio ocupar nesta nova folha o seu lugar obrigatório. Porque há tradições que ninguém se lembra de afastar, tradições inofensivas, contra as quais nem uma revolta estala, nem uma inovação se lembra de intervir. Mas, quem sabe, se a imposição superficial do título não oculta uma evolução subterrânea, adstrita às naturais contingências da transformação?

Cada momento pode ter a sua exigência específica. A expressão "crônica social" da rotineira terminologia jornalística, pode ter hoje uma significação mais transcendente. Há sempre a eventualidade de novos voos.

Nestas horas de contradição imperante, de milagres e fenômenos de toda a categoria, a semântica não poderia se evadir. As palavras têm que satisfazer às necessidades desdobradas.

A sociedade humana considerava o "social" revestido de veludo e de refinamento luminoso. Era um termo encantado, cheiroso, poético, monopólio acetinado da aristocracia educada em reunião. Encenava as curvaturas que se aprendem, o jogo fidalgo da superficialidade.

"Social" é hoje um termo rotineiro, distribuído aos trapinhos, a todas as camadas, a todas as condições, com interpretação facultativa.

E agora? Vamos falar de cores, do lustro dos tecidos em voga, do decote feminino, de uma palestra intencionalmente metafísica? Vamos falar de bailes, aniversários, reuniões? Vamos descer as escadas de alabastro e chegar à democracia dos termos, das ideias, do que existe por aí, na sociedade humana, quero dizer, na condição humana?

Se voltarmos à finalidade da crônica não há necessidade de perguntas. Voltemos pois à estratégia de nosso campo. Não escrevemos para nós. O jornalismo não é um ideal. É uma profissão. Todos os dias uma crônica social sem a liberdade da incineração voluntária para as produções que mais respeitamos. Vamos escrever para quem lê. Procuraremos escrever para quem lê. O nosso esforço deve ser esse.

—ARIEL

CANTE, POETA[2]

Desejaria conversar...

Um pouco de literatura, preferivelmente da mais sutil e refinada literatura — a poesia de todos os séculos.

Talvez o sr. Mário de Andrade tenha razão quando declara que "não esta-

1 *A noite*, 22 de agosto de 1942.

2 Ibid., 26 de agosto de 1942.

mos sem dúvida vivendo uma época de literatura". É um ponto de vista absolutamente respeitável. Mas o sr. Mário de Andrade, com a sua responsabilidade de mestre, pode desprezar esta parte da sua vida com a serenidade que um entusiasmo novo não possui.

Embora reconhecendo a gravidade do momento, discordo da presente opinião do autor de "Remate de Males". A minha possível irresponsabilidade recusa fechar a única porta de evasão para um mundo erigido de acordo com o nosso desejo. Que seria da vida, sem poesia?

É uma necessidade conversar com os poetas. E se os poetas morrerem, procurarei os mortos, as flores do mal que estão na minha estante. E existe também a poesia no ar, a vaga música imune aos gases mortíferos, invulnerável aos bombardeios. Coloco-me irredutivelmente na estrada de Cecília Meireles.

No estrondo das guerras que valem meus pulsos?
No mundo em desordem, meu corpo que adianta?
A quem fazem falta, nos campos convulsos
Meus olhos que pensam, meu lábio que canta?

O poeta é um espécimen predestinado, habitante de um compartimento especial, que nada tem a ver com o nosso mundinho. Consente quando muito abrir as janelas, para que ouçamos de fora a deliciosa música subjetiva.

A guerra não pode produzir uma literatura de guerra. Pode no máximo ser um pretexto às vibrações dos privilegiados, dando oportunidade à criação de páginas notáveis, a novas canções como as que lembram um vento de mar, ou uma rosa morrendo.

Se o poeta ou o escritor baixar de suas quimeras ou de suas ficções para buscar expressamente, no momento objetivo, motivos para as suas produções, deixa de ser literato ou poeta. Transformar-se-ão em dignos militantes de uma causa que pode ser muito venerável ou em pintores descritivos dos acontecimentos.

O sr. Mário de Andrade não quer desconversar.

Converse, sr. Mário. Mas também cante. Inutilmente? Não, não será inutilmente.

Cante, e será útil, útil mesmo, às descontinuadas esperanças, aos corações amargurados, àqueles que se encontram sem um ponto de apoio nas bordas destes precipícios. Que pode fazer o poeta senão cantar?

Não fique silencioso. Cante nas horas vagas.

—ARIEL

MIXIGNE[3]

Encontrei um de meus companheiros atrapalhadíssimo com um monte de antologias e glossários à sua frente. Já havia consultado todos os "pais dos burros", e não havia encontrado a significação de uma palavra que ouvira de uma formosa boca, muito de seu interesse, numa palestra de salão. A graciosa menina, no dizer de meu amigo, narrando a história de um homem, terminara com esta expressão: "Ele é mixigne".

Não querendo demonstrar ignorância na presença de instruída senhorinha calou-se, mas, dali mesmo saiu para a via-sacra dos livros avantajados que ensinam coisas. Evidentemente já havia indagado a explicação do estranho termo a todas as pessoas conhecidas, a todas as enciclopédias.

Desalinhado, sonolento, desesperado, estava a ponto de resolver uma telefonada anônima diretamente à detentora do vocábulo, quando um pequeno da redação, um menino de recados se ofereceu timidamente para elucidar o problema.

"Trabalhei na casa de um mixigne".

Nada mais acrescentou. Apenas sabia que o seu antigo patrão era mixigne.

De posse do endereço, corremos à casa do desconhecido. Era tal a nossa impaciência para desvendar o enigma que até esquecemos de nos apresentar:

— "O senhor é mixigne?"

E antes da resposta:

— "O que é isto de mixigne? Que profissão ou que doença é isso?"

O interlocutor, saboreando a nossa ignorância, meteu-nos a porta na cara. Estávamos na mesma. Desoladíssimos, deixamos o quarteirão. Íamos tomar o primeiro transporte que aparecesse.

No bonde vinha o autor da "Experiência nº 2" e outros mecanismos. Ele anda agora de bonde porque ainda não tem gasogênio no seu carro, que sempre foi um transporte coletivo.

O nosso amigo Flávio de Carvalho deu-nos a chave de tal gregueria:

> O mixigne é um homem que se equilibra no ar, desobediente à gravitação, ao dicionário, que consegue esmagar a relatividade das coisas e dominar todas as perspectivas de uma só vez. É o que nos deixa com as palavras quando a nossa vaidade procura convencer, é o que sorri quando há tristeza, e troca os sapatos com o primeiro defunto. O mixigne conversa apenas com o candidato suicida, lê jornais velhos e livros que não existem. Apanha flores nos jardins suspensos das lendas e conta histórias às crianças. E no meio das luzes de uma cidade nascente, desconhecendo o trânsito, os apitos, as buzinas, posta-se no meio dos trilhos para falar às estrelas.

—ARIEL

3 Ibid., 8 de setembro de 1942.

ALGURES[4]

Algures é um lugarzinho lúgubre onde ardem céus e terra, onde existem cheiros e destroços, onde moram, em casas soterradas e ruínas, a palidez, a fadiga, o entusiasmo, a vingança. O céu de Algures é um céu de fogo e a terra está doente. Às vezes, um rio vermelho é cruzado por embarcações fantasmas, por barcos de mortos e feridos, com mulheres queimadas e crianças transformadas em carvão. Às vezes Algures é branco, frio e silencioso.

Os estudantes de geografia nunca ouviram falar nesta pequenina terra que se chama Algures. Nem os geógrafos ou os cartógrafos mais consagrados souberam da existência desta terra de fumaça descoberta pela guerra de nossos dias.

Mas, hoje, mesmo as crianças já conhecem Algures.

Sabem que na devastação noturna vultos negros se movimentam na direção das tragédias. E sabem que, à luz do sol, única neutralidade que se sobrepõe a todas as circunstâncias, os corpos em catálise apresentam ostensivamente o seu fenômeno. Massas de carne viva, buquês de cabeças na primeira infância, olhos perfurados e monstros sem braços e sem pés. Corações pálidos, respiração venenosa, ruas e subúrbios soturnos. Às vezes a planície atacada de calor emite sons desconhecidos e os passarinhos se escondem dos homens.

Uma criança corajosa aparece, numa nesga de luz, batendo mãozinhas à feerie da morte. Possui olhos de poeta e gosta das ondas do mar. Não sabe que o mar é vermelho e está morto. Segura, como a um bichinho, aperta, nas mãos, os cerebelos dos que morrem. Depois dorme amamentada de sangue, a cabeça nos lírios ridentes, o corpo estendido na poeira que o envolverá dentro de alguns minutos.

Bate ainda o coração da cidade devastada. Batem as tábuas e as farpas queimadas. Os subterrâneos se enchem de farrapos, crianças, mulheres, comandantes.

Num barracão desmoronado, um padeiro coloca pães no forno, habituado à nova sinfonia.

De Algures, alguém telegrafa para o mundo pedindo atenção.

—ARIEL

4 Ibid., 26 de setembro de 1942.

a famosa revista/ 1945

Romance escrito em colaboração com Geraldo Ferraz. Publicado pela Americ-Edit., do Rio de Janeiro, em 1945, o livro veio a ser reeditado, em conjunto com Doramundo, de Geraldo Ferraz, sob o título de *Dois romances*, pela José Olympio, em 1959.

A segunda edição foi comentada por Patrícia (com o pseudônimo de Mara Lobo), na seção Literatura do Suplemento nº 132 de *A Tribuna de Santos* (4 de outubro de 1959), no artigo "Dois romances reeditados", que tem o valor de um depoimento. Dizia ela, a certa altura:

> Aparecido em 1945, na antiga e extinta Americ-Edit., onde foi a única obra de ficção editada, o romance *A Famosa Revista* saiu dos moldes da novelística brasileira, para enfrentar não apenas uma temática universal, mas problemas de estilo que se tornava necessário incorporar em nossa experiência do gênero.
>
> Naqueles tempos, como ainda agora, a produção literária vivia presa a problemas de grupos — *A Famosa Revista* surgiu completamente desamparada. Não fora a brilhante defesa que dela fez Sérgio Milliet, num dos mais altos julgamentos críticos que pronunciou, no *Diário de Notícias*, o livro que a iniciativa de Paul Fisher incluíra em seu programa editorial, no último ano da Segunda Guerra Mundial do século, não teria conhecido qualquer êxito... Dir-se-ia, porém, que foi para inspirar essa crítica brilhante, que *A Famosa Revista* foi escrita. Poucos mais lhe deram o registro necessário. Mas, principalmente, em São Paulo, isto aconteceu. A imprensa do Rio, onde o livro, afinal, fora editado, fechou-se ao noticiário sequer...

Assim, tem toda a importância de um lançamento, a edição de *A Famosa Revista*. O tema permanece com todas as suas linhas marcantes, no mesmo plano em que foi lançado sobre a história de um partido político, de uma corrupção e de uma distorção ideológica... E há uma história de amor à margem, heroica e transcendente, tramada em imagens que não raro ocupam capítulos inteiros. É o caso do "incompreensível", como dizem muitos, "Intermezzo", depois do pesadelo que se registra em "As cem páginas da revista".
A Famosa Revista ganha uma surpreendente intensidade como pesquisa de estilo.

Em entrevista a Edla Van Steen,[1] esclarece Geraldo Ferraz:

Nós combinamos escrever o livro porque queríamos produzir uma sátira contra o Partido, de uma forma romanceada, com incidências no plano nacional e no plano internacional. Foi feito um itinerário prévio e cada um escrevia um capítulo, depois fazíamos a revisão, mutuamente, corrigíamos, às vezes reescrevíamos capítulos. Quando estávamos de acordo, passávamos adiante. Salvo o capítulo "A chave", escrito, frase por frase, a quatro mãos mesmo. Eu escrevia um período, ela outro, até acabarmos o capítulo, que é um diálogo intenso.

Dos trechos selecionados — extraídos da segunda edição "Despenhadeiro" e "Zapíski Iz Podpólia" pertencem ao quarto capítulo — "As cem páginas da revista"; "Intermezzo" constitui o quinto capítulo; "Explosão" integra o sexto capítulo —"Compartimentos".

1 Edla Van Steen, *Viver e escrever*. Porto Alegre: L&PM Editores, 1981, vol. 1.

Então como a pedra solta correu os dedos em sangue Rosa foi. Sem um gemido na irresistível perversão da queda. Lá embaixo! De tão alto! Veio-lhe angustiado o instinto de conservação com as suas soezes observações. Certo qualquer trambolhão é ridículo, principalmente quando o clown se joga duma altura dessas e não apanha o trapézio do outro lado e ele ó deuses não tinha o hábito puritano de trabalhar com a rede por baixo...

Tonta desembaraçou-se da pedra coaxando insolúvel e gotejando granito e sacudindo cascalhos. Atravessou moitas pisadas na passagem pantanosa. Os silvos da condenação riam fininho por todos os lados. Expurgada. E a assuada continuava percorrendo as galerias, enxurrando o engradamento formado mercê do excessivamente humano contingencial. Dacier pagou o porteiro do apartamento para que ele ficasse de braguilha aberta exibicionista distraído à sua passagem. E Rosa jogou os cabelos sobre as nuvens terrosas e insistiu: ofereceu as mãos aos companheiros de infortúnio... Todos porém misturados com os gendarmes, os enfermeiros e carcereiros, jogavam futebol sob os refletores. E vaiavam, como vaiavam!

Naquele crepúsculo sombrio e gelado ela sentou-se à borda do mato o ar comprimido entre os lábios, balancê, insulada na agonia cloacal. Se pudesse, baba de lesma, voltaria — oh se voltaria! — ao túmulo delirante para sepultar-se novamente sob a rocha que desprendera da montanha. Como estava ali ainda tomando a sopa, perto de uma mulher monte mole de gordura pretensões e espessuras burrice? Viu as paredes frias, as lágrimas barulhosas e a vaia cava vindo de longe, veia cava depositando no coração todos os rios densos de lama coagulada!

— Não olhe para mim.

— É preciso que se conforme com a prisão, Rosa.

— Conformar-me com a prisão?

O urro do protesto penetrou nas frinchinhas mais distantes da noite invernosa. E prosseguiu:

— Conformar-me por quê? Sabe onde está fincado o limite de minha prisão? Entende alguma coisa? Sabe o que está doendo e onde e como? Tire estes olhos de minha mão!

Os olhos oleados de veneno viborento rolavam e rolavam pedindo agressões físicas. Então Rosa voltava em passo de fera para junto da mesinha negra. Tentava escrever. Para quem, Mosci chorando vivo bem vivo na larga blusa azul. Entrara no pequenino quarto arrastando a queixa sem endereços:

— Minha Tribli está morta.

E ela ficara o livro do poeta pânico e visionário entre as mãos a cabeça nas folhas ensanguentadas, e páchi, páchi, páchi, as folhas da Revista grossas e pesadas, lavadas à soda cáustica, caindo em rodopio ao fundo poço, poço, com forro de pele, pele dela, e ficou repetindo bobamente sem chorar: "peledela", "peledela". Logo ergueu um comentário braviamente condecorativo: "Da minha pele farão um tambor para as múmias da honra, da afeição e da delicadeza."

Sobre o hábito grosso de lã brilhavam as grã-cruzes. Escondia-as. Olhos e bocas vinham ao tugúrio e vozes falsas, mentirosas vozes, rotuladas de autorização argumentavam:

— Você não tem razão. Você não sabe nada. Você está usando o privilégio das suas saias para arrastar os homens contra a Revista.

Na ronda das horas não custava muito quando tudo estava silencioso colar o ouvido no chão e perceber lá fora os pés nus de Mosci arrastando as correntes marulhosas sobre o cimento da sua solidão.

O sangue chuviscava da platina, tinta alastrada, e o borrão gordo rimava com a ereção da língua no vale submerso da boca escancarada contorcendo o uivo diante do incêndio ao longe... Caíam os negros cabelos, milhões de cabelos brancos se multiplicavam. Como poderia falar da etimologia de Didomai? Os tecidos estavam desorganizados e havia penetras. Maiorais boleando o rebanho leproso.

— Você é uma ótima funcionária Rosa.

ZAPÍSKI IZ PODPÓLIA[2]

De tanto horror tinha arrancado os olhos como na tragédia grega e procurava apelar, pelas lombadas dos livros, aos trapos gastos do ideal. Na friagem histérica quem sabe se haveria uma grota da salvação embora os rebenques lhe lambessem os dedos e varressem-lhe o baixo-ventre exposto?

Ergueu os dedos tateantes: eram as maxilas de Pic oferecendo-lhe o copo da cicuta.

— Falaste do alto da rocha que tinhas sido abandonada entre os ladrões e por que não queres beber o exemplo? Bebe Didomai.

As unhas aduncas dos membros da Revista na ponta das falanges, imoralíssimos cogumelos rubros, riscos de luxúrias nas paredes cetinosas da prisão, e o sino vibrando pedindo silêncio. "Páchi, páchi, páchi", pensava, pensava, e iam se sucedendo as folhas e as folhas da vida, não era isso não o que estava no itinerário mas agora também não tinha importância nenhuma, nenhuma! "Lutar, para quê? Eu quero ir embora."

Rosa quebrou a caneta, deixou a pena e correu para o muro das execuções. A cicuta entre os dedos, uma nesga de incêndio, e não conseguiu se

2 Em transcrição, do russo, significando *Memórias do subterrâneo*, título de uma novela de Dostoiévski de 1864.

embaraçar nas saliências das paredes frias. Permaneceu ali vagamente oradora, móvel e renunciante, ante o conjunto de ouvintes que lhe arrancavam os coalhos privativos. "Eh, tira esses olhos da minha mão!"

Então construiu um tabique para se isolar.

— Pois é — dizia a língua viborosa — eu nunca achei procissão de machos diante do meu altar, do meu monte.

Os olhos maus continuavam escorrendo óleos infectos, encostados junto às grades, fincando-lhe na espinha perguntas boçais e inexpressivas. Construiu a tenda com cobertas vermelhas muito peludas e se aninhou no escabelo. Mandou a sua demissão para a Revista. Iria sem dúvida trabalhar com Planque e Marcial na Revistinha. (Tribli estava morta.)

No escabelo begônia bandalha, com a pequenina e mísera alegria de finalmente estar só, tendo furado os olhos maus.

— Agora poderei chorar, ahn, ahn. Ou abrir as pernas assim, ah... e cuspir meu sangue... puah...

Estendeu-se com frio para levantar um dique à enxurrada desagregadora. E voltou pelos caminhos da inocência e da pureza, a lava ardente subindo da infância branca, *Fräulein* triste de cabelos santificados, a sombra menorzinha e papai e mamãe, cartilhas amorosas, um grande pássaro em chamas, asas chamuscadas de ouro, dedos na garganta. Homens, ondas de mar, Sócrates. O caminho velado, a montanha, dedos furados em pua... Um sopro morno de um recanto estivai:

— Mosci! Preciso ir embora Mosci...

Os meses batiam agora gota a gota nos horários entre as camas indigentes. Ali estava: ladrões, criminosos, devassos, prostitutas, uma antologia de sarjeta e desespero. Patinhava penosamente na lagoa de treva, sujando os pés em todos os escarros do compartimento.

— Eu quero ir embora.

E voltava menina para a Grécia, uma escola na colina azul. Grupos conversavam na claridade helênica da manhã. Faltou às aulas num gazeio de andorinha para ouvir a sonata heroica, em busca de flores e de clima... Chegou até o cais dos navios silenciosos, que lhe deram saudades aos olhos estudiosos dos argonautas de outrora. E tomou conta do navio e comandou. Bateu o pé para transformar o mundo, para levantar a criança caída na estrada, para arejar as minas fechadas onde a multidão soldava os metais fabricando moedas. E então, nos quarenta graus de febre da derrota o balido soluçante saiu tímido para a noite das cobertas felpudas nas feridas abertas:

"Eu preciso ir embora..."

Argonauta niilista no meio da noite um barco um véu soluços filamentosos e acidez resolutiva. Dos tempos imemoriais o mesmo barco sobre as mesmas águas profundas eriçadas de hímens. Pequeninas cidades da terra, reduzidos seres humanos alimentando o néon noturno. A quilha vai empurrando as ramas furiosas da noite fechada, abrindo as portas dos mares, o pé firme pisando o asfalto, negro, a cabeça ululante em silêncio sobre as multidões de um domingo. Neuralgias prolongadas nos dentes amarelos do piano longínquo, o motor do Ford pisando maciamente pelas pedras da estrada. Um rápido foco de luz, a visão quase cinematográfica do segundo marcado no escorregão da areia, a visão; o estremecimento *des ondes* furando linhas ou milhas, som...; furnas nasais aspirando profunda fundamente e os pés do marinho aroma entre os poros capilosos; agora a papila amorosamente dedada em finíssimo toque de cutícula, plasmando a sensação fragílima corrida de um choque relembrativo, que acorre ao cérebro interessando o coração... niilista argonauta.

Na beira da ponte Rosarrosa disse:

— Só quero o outro lado do mar!

Estávamos ali naqueles doirados horários de outubro, transparentes no verde vegetal sobre as areias encarnadas da praia. Pesadíssimos bois com a calma das colinas e o andar decidido nas horas matutinas. Nunca me esquecerei daquela paisagem. Rosarrosa: abro a minha mão, está aqui, na imensidade da praia descontínua, feliz resumo de todas as praias da terra, extensão pobreza desabitada subindo pelas paredes da antiga casa Pensão das Estrelas a pênsil ponte o mar embaixo com os seus surdos queixumes do trabalho eterno; e ali o teu maiô Rosarrosa correndo de pedras margas pernas magras na beira da cama ouvidos de concha noite e dia sempre o mesmo queixume!; e indo pra diante e cantando e cantando, braços dados olhos rindo e a boca mastigando horizontes na marcha colhendo florinhas azuis, frutos silvestres peixes de amora pendendo nos arbustos transfigurados em mergulhos. Os longos meses passaram por cima daqueles voos de lua e de mar, as redes pesadas ao passo pesado dos enormes bois calmos andando desde o alto-mar, gritos na distância, harmoniosos, altos, solitários. Certa madrugada víramos as fogueiras meninos em torno, as pesadas correntes mergulhando longe na profundeza e os nossos olhos maravilhados em colapso nos leitos antiquíssimos da margem respirando — Rosarrosa — a palpitação colorida da aurora, dedos de rosa, hoje amanhã e sempre, na reverberação solene de Homero.

Completamente esquecidos!

Apoiando porém os cotovelos na mesinha do café, chegando bem perto a boca noturna falando tão baixo. Tão baixo.

Há uma resolução anterior e de tal maneira que não poderemos prosseguir. Confesso-lhe amigo na afirmação negativa que isto produzirá... Preciso que saiba ser o confidente desta vontade. Exijo isto do teu amor.

Sim.

Os ouvidos do mundo, os olhos do mundo, a babugem supersticiosa das ciências e das religiões, os vereditos dos tribunais, éticas conformadoras, sabes o que são, não devo resumir mais... Tudo no teu amor.

Sim.

Mas também confesso que é só por medo ao contacto físico dessa contingência. Não sei me provocar a dor. Tenho medo da dor. Recuarei se for preciso me imolar... Irei porém serenamente para o muro das execuções. Agora volta a vigência da mesma covardia branca, pelo irremovível sobre a resolução antiga, anterior.

Compreendo. Mas não disseste por que essa excrescência virulenta na rocha...

(Silêncio no mostrador dos segundos.)

Falta de fé, falta de fé. O musgo mentiroso, os beijos na face diante da multidão, vendida e revendida, traída e atraiçoada, alimentada a vilipêndio e agonizante no desamparo de todos os irmãos, a série de costas voltadas, o rosto coberto de cuspo, a minha verdade transformada em armadilha contra mim mesmo, como em Kipl, eu sozinha entre as grades com a coroa de espinhos, não, não cedi... e portanto não creio mais. Tenho de pedir ao teu amor enorme o tiro de misericórdia. Compreenderá agora, não é?

Sim.

Argonauta niilista navegando na solidão sei que anoiteceu para sempre e me arrisco aos trancos desta primeira e única noite. A neuralgia do piano uiva na recordação auditiva através *des ondes*. Toco nesta abertura subterrânea o céu ali em cima penteando o meu cabelo é preciso até me desviar dos raios outrora divinos quando a tempestade ruge. É longe longe. E cada vez mais longe. Não posso trazer em lenços molhados o sabor amaro das lágrimas caídas na planície calcinada... O barco mesmo dos tempos imemoriais para destinos marcados de fatalidade realizadora. Só a função lógica trabalha nesses desertos arenosos. Nem veios nem veias nem artérias, nem coração. Estávamos tão sós! Argonauta niilista arrumei a trouxa dos mandamentos deixei-a na praia, na praia.

Gosta de caja-manga, gosta?

O caldo amargo-doce-azedo-espinhento-aromoso vai descendo pelo estremecimento.

Um leque de papel afastou as moscas que insistiam sobre os doces do tabuleiro e os leques das palmeiras contemplativas olhavam para o mar empurrados pela brisa.

Não gosto de nada, amor.

Sim.

Onde está o teu niilismo?

Punhal, não. Um pequenino pedaço de metal.

Sim, um estilete sem mão.

Rosarrosa sorriu apontando o pé nu de criança que ficara marcado na areia molhada da praia.

Ninguém saberá que passamos por aqui...

Amo os teus olhos e nunca mais eles abrirão as auroras para o meu sonho.

Disse-te apenas que trouxesse o niilismo, romanticamente.

Buscarei flores nos cipós.

O que quiser Mosci. Estou vazia, vazia. Apenas o invólucro caminha ao teu lado ao lado do teu amor. Acabou-se a Rosa dos Ventos, só ficaram os ventos melancólicos desencontrados sem norte.

Tocamos a terra. O mesmo barco argonauta. Rodeamos a ilha. Sítios aprazíveis de serenatas, amores, beiços grudados nas feridas da terra, lambidas sobre as folhas ardidas, cópulas, sonos e agonias, agora...

Não terias enfado argonauta naquela terrível mansão onde as sondas da dúvida jamais poderão chegar, onde só existem certezas acumuladas, silogismos bravios, irretorquíveis, eretos.

Não poderias ter nenhuma interrogação no olhar. Os mares encapelados da noite deram os golpes de escopro ao escopo trazido no teu bolso, do velho paletó azul de sarja grossa.

Agora sentado entre algas e águas graminhas raquíticas horizontes brancos voando nas paredes pintadas, a febre em quarenta graus sempre abaixo de zero numa esquina do lado Lagoda delirando argonauta?

Quando quiseres Rosarrosa...

Não é verdade que não adianta mais? Só invólucro.

Sim.

E você tão vivo tanto sangue tanta força, entusiasmo...

Fui devorado pela tua ausência. Estavas aí e a minha voz não alcançou jamais os teus ouvidos...

Não, amigo. Alcançou sempre. Julguei que poderia receber alguma coisa por te ouvir porque eu não tenho fé na tua voz e a tua voz procurava me falar. Quero as moedinhas negras da eutanásia uma a uma caindo em minha mão na tua prodigalidade de aventura. Faço-te feliz não é verdade? Levo o teu amor à última das consequências... Há pinceladas trágicas neste meu sorriso e nunca poderás ver outra máscara viva a não ser esta. Beija-me. Beija-me na boca ardentemente. Faz tanto frio!

O velho eterno queixume trabalhoso sob a ponte, onde?

Rosarrosa...

Adeus, sim? Já.

A branca asa caiu partida na glória clamorosa do voo interrompido e veio rolando. Ficou apenas o lento ofegar nos ombros e a ferida escorrendo um sangue muito vivo para dentro da gola do vestido, abertura negra de fogo e pólvora, uma enorme cratera na nuca branca, mesmo à raiz dos cabelos finos, e sexualmente a quebra em espasmo de toda a resistência.

Trouxe-lhe esparzindo-as sobre o sono verminoso, roxas margaridas espantosas flores rubras de maracujá em soberbas coroas de ouro e brilhantes, na irisação do orvalho noturno, folhas de crepúsculo azuladas e sombrias, cascatas de pétalas ressonantes de abelhas, corolas sugadas na violação dos beija-flores, toda a gama barroca da ornamentação em brocado de um vestido de nossa senhora na luxúria da maior apoteose. Rosarrosa na areia estendida morta-morta, tão cera, tão ocre, tão desfalecida. Pegou-lhe com carinho indescritível os longos cabelos arrumando-os à feição dos ventos para que não desmanchassem durante a noite da paixão, e lhe compôs a dobra do pequeno casaco ferrugento, e lhe passou a mão direita criminosa sobre as pálpebras frias afastando-as pelas pestanas longas para dizer adeus ao último olhar. Não estava mais. Tinha-se sumido e só a pupila estava ali parada lembrando muito o olhar amigo amoroso eternamente desesperado de Rosarrosa. Não estava mais.

E vinha a noite e a mulher estava morta com a cabeça nos joelhos do namorado e a lágrima não vinha nem o soluço. Vibrando na grande mortalha do mundo acabado as flores sorriam tristemente no compartimento.

Eu matei Rosarrosa.

EXPLOSÃO

Voltava, virgulada, a cada cinco minutos, enérgica, influente, intensa, dominante, sentia a imposição de dobrar os joelhos angustiosos contrariados entre as cobertas geladas que escorregavam, iam cair como placas no chão, deixando-a despida e dilatada sair da cafua entre os aventais de couro. Imaginou que apesar de tudo os vidros das janelas eram roxos e a dor não estirava assim tão grande como diziam porque dava para permanecer de boca fortificada, e abafar os sons de dentro.

Mosci sério e grande manchava a porta esmaltada com o contorno. Tinha os olhos parados na expectativa, comovido não inquieto, sabendo que se estivessem sós se aproximaria da seda castanha dos olhos lagos verdes que agitaria mansamente.

— Deve ser lá muito bem boa noite, e a parteira comandou a retirada do banco alarmante das enfermeiras afastando Mosci do esmalte fundo branco da porta e os dois, quase pai quase mãe, ficaram sós.

Pés nus ela esperaria mais tarde a criança no colo e ele vinha vindo do trabalho quando sabiá gritasse entre os baloiços dos galhos. As pancadas da dor fabricavam, a cada cinco minutos, uma divisão nova do tempo.

— Então?

— Está doendo um pouco. Estou cansada. Ela vem vindo outra vez.

Encarquilhou o corpo ansiosa para que Mosci visse a dor. (A cada cinco minutos.) As cobertas azuis caíam desta vez e o ventre volumoso, não muito, levantava a desculpa entre as pernas poderosas se aproximando dos seios molhados. Deixou os poros frios, Rosa muito colorida, desfeita, arquejante na respiração aprisionada, intervalada, parecendo querer chorar.

— Está doendo sim. Não muito... (A cada cinco minutos.) O quarto deve ser caro. Como iremos dar um jeito. Vê você é uma verdadeira fortaleza amarela no meio da guerra. O ruído dos bombardeiros surdo, a muralha nem estremece.

As janelas vestidas de roxo na expectativa do alarma. O crepúsculo seria terroso na cidade entorpecida. Árvores decepadas no céu cadavérico, casas desfeitas, urbe delida no black-out. A pequenina luz quase alegre envernizava o lampadário na iminência de acender-se com a nova vida. Podia-se esquecer naquele abrigo da esperança o sangue das ruas demolidas, as boiadas frenéticas noturnas corcoveando nas entradas das porteiras trancadas, podia-se mas quem esquecia? Os pontapés eram dados nas colchas da carne viva dos muros de onde o sangue escorria diluviando os campos brancos de algodão e trigo. Rosa sentia as feridas abertas e estertorava comprimindo o baixo-ventre com as mãos murchas de bruxa arruinada. Mosci os grandes olhos muito mansos.

— Está para chegar. Se eu pudesse dormir. Sono. Quando parece que vai acalmar, volta...

Mosci viu-a retorcer-se coberta de sombra azul, e assomando o útero apontado em coração, cérebro, ossos, glândulas de sangue, tudo preparado, fraldas, ampolas, cueiros, casaquinho, seios.

A horda invadia a noite estremecia pontes, repimpava-se no colo da terra. Árvores caíam sacudidas pelos músculos, ninguém amparava as torres cercadas de crateras. O bando de mulheres voltou branco e Rosa viu que ligavam o grande refletor da vida, globo branco, o fórceps esterilizado as rodas metálicas com adormecedores de borracha e numa convulsão crescente, Mosci cabeça inclinada, contido, muito calmo. Explosão de motor impelindo novas hélices. Cruzou o movimento de pernas, de causa, de cama, estendida, novos olhos vendados, verdes, cegos, abertos na sombra e a sombra da vagina desalinhada importante, recebendo a desvirginação de novo. Mosci viu um belo sorriso para uma outra pessoa, Rosa curiosa erguida nos cotovelos.

Duas horas da manhã nos relógios da cidade onde Bach caído entre os negros claros do órgão encontrava os gritos heroicos, epopeicos de uma nova partita.

vanguarda socialista/ 1945-46

Em 1945, Patrícia Galvão e Geraldo Ferraz se unem a Mário Pedrosa, Hilcar Leite e Edmundo Moniz para integrar o corpo redacional da *Vanguarda Socialista*, semanário editado no Rio, dirigido por Pedrosa e secretariado, inicialmente, por Geraldo Ferraz.

Nesse periódico, de cunho essencialmente político, Patrícia mantém, de 31 de agosto de 1945 a 24 de maio de 1946, uma seção que leva a princípio o título geral de Crítica Literária e que, depois dos três primeiros artigos, passa a denominar-se Crônica Literária.

São, ao todo, 24 artigos, entremeados de uma manifestação de caráter político, à margem da série ("Peço a palavra", versando sobre o tema da democracia, em 30 de novembro de 1945), nos quais a preocupação maior de Patrícia é a defesa da autonomia do escritor contra as tentativas de politização promovidas pela literatura de inspiração comunista.

No nº 1 da *Vanguarda Socialista* (31 de agosto), inicia os seus comentários com áspero ataque à "Vida de Luís Carlos Prestes, o cavaleiro da esperança", de Jorge Amado. Nessa crônica, denominada ironicamente "O carinhoso biógrafo de Prestes", escreve que "Jorge Amado escolheu os caminhos fáceis da literatura documentária, aquela que se apropria do fabulário ingênuo com que o povo borda as suas conversas". Repele, com sarcasmo, a afirmação, a ele atribuída, de que com o seu livro estaria pagando a "dívida de toda uma geração de escritores para com um líder do povo". Oswald de Andrade também entra na dança:

> Um parêntese para o reconhecimento da dívida, no único cúmplice do literato pagante: o escritor Osvaldo de Andrade que, agora, citando Astrogildo Pereira, transforma Luís Carlos Prestes em guia espiritual da Semana de Arte Moderna, a qual, sem o Cavaleiro, ficaria sem sentido... Osvaldo, entretanto, pode pelo seu passado dizer-se modernista. Jorge Amado, não.

E prossegue, implacável: "A literatura de Jorge Amado é igual à má literatura acadêmica. Não toma pé no tempo, não conhece uma técnica, uma renovação, um processo de expressão adequada ou pessoal, em que transpareça uma ressonância da literatura moderna".

Em "Literatura Oportunista" (sua terceira crônica, no terceiro número da *Vanguarda Socialista*, de 14 de setembro de 1945), Patrícia volta ao ataque, satirizando "a literatura brasileira proletária, da linha justa" sob a forma de um imaginário programa de orientação das letras no após-guerra, para uso dos "literatos das massas".

Na crônica seguinte, "Pequeno prefácio a um manifesto", de 28 de setembro de 1945, defende a ideia de se prestigiar a literatura, saudando estas palavras de Antonio Candido, que retorna, então, à crítica literária cotidiana: "Pretendo tratar a literatura cada vez mais literariamente, reivindicando a sua autonomia e a sua independência, acima das paixões nem sempre límpidas do momento".

Tal posição é reafirmada em "A sementeira da revolução" (5 de outubro de 1945):

> Sem dúvida, nestas colunas, temos colocado a independência e a liberdade do escritor acima de tudo... e ao fazê-lo não limitamos aquelas duas condições à contingência do servilismo que o Partido impõe aos seus militantes. Entendem-no as vanguardas, os portadores da rebelião, a inteligência viva dos seus contemporâneos (como Jules Laforgue comentava Rimbaud). [...] A liberdade do escritor quebra as tábuas dos mandamentos partidários.

Patrícia aborda, a seguir, os "Problemas da crítica" (12 de outubro de 1945), manifestando-se contra "o me-ufanismo mental a que não resistem os mais sérios críticos".

Na crônica de 26 de outubro de 1945, "Em defesa da pesquisa", retoma o seu tema obsessivo:

Essencial se torna pois pensar e cuidar da pesquisa... Talvez esse seja um lugar-comum para muitos, mas na verdade um lugar incomum, fechado à perlustração dos que agora se prendem à literatura nos limites do social e do político, pensando que assim cuidam da literatura e da vida.

Em Influência de uma "Revolução na Literatura" (9 de novembro de 1945), volta a criticar a literatura politizada:

O gênero já deu o que tinha que dar — outros rumos surgem e deverão reabilitar essa precária literatura brasileira. Para isso trabalhamos. Do ponto de vista literário foi negativa, para o mundo e para nós, a influência ou influências decorrentes da revolução de 1917. Uma literatura traída.

Comentando favoravelmente o livro de poemas *Mundo enigma*, de Murilo Mendes, numa crônica de 21 de dezembro de 1945, não poupa a "literatura de guerra", a que já se opusera numa das "crônicas de Ariel", divergindo de Mário de Andrade. Diverge agora, também, de Oswald, quando o vê "em delírio guerreiro sob inspiração patriótica", assinando um inimaginável "Canto do pracinha só", e reclama dele o ressurgimento do pioneiro das *Memórias sentimentais de João Miramar*, concluindo: "O lugar do poeta, seu território de liberdade, sua luta e sua epopeia independem do pau de vassoura no ombro e do chapéu de papel na cabeça...".

Em "Linha do determinismo histórico literário do Ano-Novo" (4 de janeiro de 1946) analisa o estado da "nossa pobre literatura colonial--colonizada", asseverando:

Os literatos que dominam o campo brasileiro da produção, liderados por José Lins do Rego e Graciliano Ramos, este talvez a maior possibilidade que já tivemos de romancista no país, trazem o titulo de "modernos" apenas exteriormente, porque sua produção está vazada ainda no romance português realista.

A crônica seguinte, "Algo sobre literatura e revolução" (11 de janeiro de 1946), é toda ela composta da tradução de excertos do livro *Littérature et Révolution*, de Victor Serge, um escritor muito estimado por Patrícia, que a ele retornará em mais de uma oportunidade. Na "Antologia da Literatura Estrangeira", publicada no Suplemento Literário do *Diário de São Paulo*, sairá, em 30 de novembro de 1947, poucos dias após a morte do escritor, o artigo Victor Serge — a oposição, onde se lê que, em *Littérature et Révolution*, Serge "examina, como nunca mais se fará na Rússia, as relações entre a vida intelectual, a obra de arte, a literatura e o humanismo proletário". Ele voltará a ser lembrado em Victor Serge, o literato que emergiu de um militante revolucionário de 1917, colaboração de Patrícia ao Suplemento Literário do *Jornal de Notícias*, de São Paulo, em 5 de novembro de 1950.

Quando chega à décima nona crônica, no nº 28 da *Vanguarda Socialista*, ela se mostra desalentada com a repercussão de seus comentários. Na crônica que então escreve, "Explicação necessária com o seu que de importante" (8 de março de 1946), desabafa:

Esta seção não tem tido a sorte de encontrar maior acolhida por parte dos leitores de *Vanguarda Socialista*, se se avaliar aceitação pelo número de críticas, e estas inteiramente desfavoráveis, desde que participam do estado de espírito da incompreensão, ou seja da própria incapacidade de comunicação da cronista.

E alude à dificuldade da literatura moderna, como uma das possíveis causas dessa incompreensão, com este exemplo expressivo: "O mundo de imagens que desabrocha numa página de James Joyce, para só citar este, realiza certamente muito mais que um móbile de Calder, este artista plástico que utiliza a dinâmica do movimento no arbítrio equilibradíssimo de suas figuras..."

Não falta muito para que a escritora encerre as suas colaborações na *Vanguarda Socialista*. Ela o fará com uma série de quatro artigos interligados, de 26 de abril de 1946 a 24 de maio de 1946, "Descaminhamento Onde Vai Parar?" (I e II), "Parêntesis no Descaminhamento" e "Fala o Destempero da Náusea", que termina com estas palavras:

> Aí fica o documento essencial, o retrato do descaminhado por ele mesmo. Aos colecionadores de panoramas psicológicos contemporâneos, cabe endereçar mais estas linhas, como esclarecimento ao objetivo final da série aqui traçada. Estarei sendo suficientemente explicativa? É autêntico o "documento" traçado? É ele inteiramente legítimo? Suportará a pesquisa mais profunda nas suas entranhas, na intimidade de suas células?
>
> Não respondo a estas perguntas que surgem na gradação da análise a que vos submeto, vermes rastejantes da negação, da passividade e do esbanjamento, no "laisser faire" que por aí vai. Retomaremos o fio da meada, a mais intricada que poderemos tentar desenovelar no plano de trabalho que nos propusemos dentro da vanguarda.
>
> O "documento" que fala o destempero da náusea fica sobre a mesa como a carta que já foi jogada.

As três crônicas aqui selecionadas exemplificam a escrita contundente e apaixonada de Patrícia, patenteando, ainda uma vez, a sua fidelidade à renovação da linguagem literária e à liberdade do artista, numa época em que mesmo os mais radicais, como Oswald, pagavam tributo à "má consciência". É que talvez nenhum escritor, como ela — a autora do nosso primeiro "romance proletário" —, tivesse a autoridade moral que lhe davam a militância política e o longo encarceramento, algo mais do que as habituais flores de retórica dos nossos intelectuais "participantes".

LITERATURA OPORTUNISTA[1]

Jovens escritores transviados pela *linha justa* propuseram-me, como a mais recente comentadora das letras, uma questão que me apresso em responder, nestas considerações literárias, na impossibilidade de lhes proporcionar uma sabatina... Querem eles saber de mim, pois não acharam suficientemente claro o que venho explicando, qual a orientação que as letras vão ter neste após-guerra que não há meio de começar, ou como formularia Paul Valéry, qual "*le destin prochain des lettres*", tema que forneceu um "entretien" inteiro aos membros do Instituto Internacional de Cooperação Intelectual, nesse longínquo ano de 1937. O mundo, pensam eles, está se libertando para as esquerdas, e eu diria "esquerdamente".

Como serão encarados os problemas da criação literária nesse mundo em que não acabam mais de morrer japoneses vitimados pela lembrança da bomba atômica? É o que me perguntam, naturalmente sem as galas de estilo que aqui vão e que revelam, talvez, um certo esmero de forma, coisa que deve escapar ao futuro escritor do Partido, aos literatos das "massas".

Efetivamente, o tema é sedutor, pois envolve a funcionalidade da literatura proletária ou "social" (havendo grandes debates sobre a sua denominação), o conteúdo do objeto, a finalidade objetiva, a objetivação do objeto, e toda a logomaquia que os pedagogos ditos "proletarizantes" gastam no seu apostolado. Ora, ensinava o velho marxismo que a superestrutura que a literatura constitui está condicionada, em suas raízes mais profundas, à estrutura econômica, condicionante que é de todos os fenômenos sociais. Qual a estrutura que perseguem os stalinistas e os prestistas *et caterva*? Qual a que, em sua cabecinha de doidivanas, está sonhando o melancólico Partido? O Partido sonha e morre de amores por uma estrutura econômica ordenada num capitalismo "bonzinho", progressista, camarada, "não reacionário". O Partido vai embalado, numa corrida sem freios, para um colaboracionismo de classe que extingue completamente qualquer possibilidade de demonstrar a exploração do homem pelo homem, única saída para um literato "proletário" manifestar a sua febril devoção à causa operária.

Nessas condições, e estou apenas seguindo o que a *linha justa* procura defender, a transformação política do Partido — conciliação de classes, burguesia progressista etc., negará a que se chamava antes literatura "social", proletária etc. Dentro do campo de concentração a que se recolheram os escritores do Partido, é fácil assinalar para onde vão os rumos da nossa literatura, se a doença continuar progredindo... Nessa nova literatura, far-se-á, forçosamente, conciliação de classes. Desenhar-se-á, portanto, o patrão-bur-

1 *Vanguarda Socialista*, ano 1, nº 3, 14 de setembro de 1945.

guês de grande compreensão progressista, "liga" do operário em vez de arrancar de seu lombo a mais-valia, levando o proletário aos seus "weekends" em Petrópolis e até mesmo em Quitandinha, onde, numa tarde fortuita, o feliz construtor do progresso poderá até namorar a filha do referido burguês, acabando o romance na igreja de Caxias que o Partido vai construir e que até lá já estará funcionando... Esse, um dos temas. Outro tema, mais alto, político por certo, não é original, porquanto já foi tratado pelo major Amilcar Dutra de Menezes, ex-diretor do ex-DIP: é o que nos romanceará a vida de um ditador bonzinho, influindo beneficamente na felicidade, em *O futuro nos pertence*, novela mal compreendida porque muito se antecipou à época cinzenta que estamos atravessando agora, e em que possivelmente seria criado um prêmio para uma obra do gênero. Possivelmente, o modelo mais remoto dessa literatura, e que irá fatalmente ressurgir dos mortos, está na história maravilhosa da Gata Borralheira, quando uma fada progressista intervém e faz da pobre menina abandonada a dona do pé em que o sapatinho de ouro servia como se fora uma luva sob medida... É essa literatura que predominará, transformando pastoras em princesas, garotas das Lojas Brasileiras em noivas do "haute gomme", com minuciosa descrição dos lençóis, nas páginas das revistas elegantes ou galantes da cidade. Os jovens operários também pompearão nas páginas apoteóticas da era da burguesia progressista, nadando tudo na inefável felicidade da cooperação de classes. Será uma beleza...

Outro gênero que talvez abafe a imaginação dos autores de contos de fadas progressistas será o da biografia romanceada dos líderes do proletariado, dos condutores das massas, como aliás já está acontecendo, pois foi comentado a Luís Carlos Prestes se ele consentia em ser novamente biografado, embora, para muitos, a novela de Jorge Amado encha as medidas. Prestes se dignou em consentir que sim, pois que mal faz uma nova biografia? É possível que esta seja a indicação do futuro, e que o jovem camarada que está na trilha do autor das *Terras do sem fim* tenha afinal acertado o passo na previsão da nova pepineira. Biografias e mais biografias, endeusadoras todas. Naturalmente, lá podia ser de outro jeito?

Outro gênero ainda será o de coisas adaptadas dos romances russos, pois já se vive, neste Rio de Janeiro, de lições de russo desde sessenta cruzeiros ao mês.

A derradeira calamidade está numa velha notícia de um jornal que o tempo amarelou, e será o enquadramento dos escritores num sindicato único com os juramentos rituais de felicidade à cooperação de classes e à simpatia para com o capitalismo não reacionário. E estará então tudo feito.

É verdade que estas coisas não acontecerão aos escritores do Partido, que são medalhões acabados, os prêmios Nobéis da literatura indígena, os que já construíram a sua obra, que a *linha justa*, segundo penso, não deverá alterar. Aliás, sinto que estou sendo imprudente, porque pode muito bem haver nas reedições, como aconteceu na edição brasileira da vida de Prestes, modificações para dar aos romances e novelas de outros tempos o tônus da idade da desfaçatez e da pouca vergonha que se anuncia, através de todos os desfiles, de todas as manobras, de toda essa enfiada de "táticas" sem decência alguma, sem linha alguma, nisso que chamam a *linha justa*.

Aí está, para os literatos do Partido que querem desfraldar a bandeirola da literatura progressista, um punhado de observações que penso que os ajudarão, úteis como procurei produzi-las, ao encontro das aspirações que eles não sabem que estão alimentando.

É verdade que me esqueci de mencionar o caráter nacionalista daquela literatura nova. Será pontilhada de estrelinhas de me-ufanismo, cantará Volta Redonda e o petróleo de Lobato, assim como os fartos bigodes do generalíssimo... o que é afinal uma outra maneira de ser nacionalista e patriota. E os heróis, naturalmente, terão os nomes terminados em off, ou shenko, ou in, ou vitch... Aí estarão as consequências finais, para a literatura brasileira proletária, da *linha justa* em que o Partido desliza, com a inconsciência de quem brinca com o fogo, sem saber que o fogo queima. Literatura oportunista, bela introdução à história da inteligência sob o signo do progressismo!

PEQUENO PREFÁCIO A UM MANIFESTO[2]

Reiniciando a crítica literária cotidiana, o intelectual paulista Antonio Candido escreveu há dias no pórtico de suas tarefas: "Pretendo tratar a literatura cada vez mais literariamente, reivindicando a sua autonomia e a sua independência, acima das paixões nem sempre límpidas do momento". Para os que estão envolvidos nos comícios destas jornadas, os escritores que se atiram às candidaturas para a Câmara dos Deputados, a plataforma de Antonio Candido talvez passe despercebida. Encontrei ali, porém, com verdadeiro interesse, um ponto de vista coincidente, e que eu pretendia no meio de outras tarefas, também urgentes, cuidar de expor numa destas crônicas, que pela sua intermitência e nenhuma especialização, servem de repouso e de anteparo no meio dos embates destes dias apressados e equívocos.

Trata-se na verdade de defender as obras literárias pelo que elas são e devem valer, aos olhos dos intelectuais que as cultivam. Porque, como observa Antonio Candido, atravessamos uma situação de perigo para as letras, e essa perspectiva o leva a pensar "na obrigação que temos de prestigiá-las".

Inicialmente, há que pensar no papel particular de cada um, perante a enxurrada que a muitos arrasta... Uma adesão a um Partido não deve implicar, necessariamente, numa subordinação militante de serviços, a tal ponto que o

2 Ibid., ano 1, nº 5, 28 de setembro de 1945.

intelectual acabe como os outros, pintando paredes ou fazendo discursos nas praças públicas. Mas há os que são conscientemente carregadores de andor pelas vantagens materiais e divinas que tais esforços trazem consigo. Esses não são os piores nem os verdadeiramente malignos e contagiosos. Fazem lá o seu negócio... Há porém os que se embebem de uma necessidade de carregar também o andor, certos de que estão exercendo o que adequadamente lhes cabe na ordem das coisas, e como são desprendidos servem de modelo aos jovens. É aí que a fascinação do erro começa e vai arrastando para o inferno os meus poetas e os meus escritores de amanhã. Recordo Rosa de Luxemburgo na rigorosa seletividade do papel dos intelectuais, na severa determinação do trabalho imenso que é o da tomada de consciência do proletariado, o qual não tem tempo a perder com literaturas de qualquer colorido... Enquanto adquire os dados de sua ciência social, não pode estar fazendo aquisições paralelas que de maneira alguma irão contribuir para a formação de uma cultura ou de uma arte proletária. Os aleijões proletários, proletarizados, os folhetins "socializantes", como diria Sérgio Milliet, que querem influir na massa, deixam de ser literatura para se constituírem em reportagens da miséria, como se o povo já não sofresse bastante miséria, capaz de lhe fornecer uma escada para a sua revolta... Sabemos que não é assim, e que estamos longe ainda do dia em que a consciência da própria inferioridade econômica, a escravização exploradora do capitalismo, coloque na mão de cada homem do povo uma flama de rebelião. Mas aprofundemos em exemplos concretos esta acusação: por que os partidos proletarizantes não se metem a proletarizar a química, a medicina, a física? Não irá o proletariado, na aurora distante de sua libertação, utilizar as conquistas da química, da física e da medicina decorrentes do conjunto das ciências que vão avançando sem uma hesitação, indiferentes à economia burguesa de que vivem? Então por que só a literatura e a poesia devem passar pelo processo de trituração proletarizante?

Agora lemos nos jornais poesias sobre o Partido de Prestes, em que tem tudo, desde a boba ilustração até o apelo a estas grosseiras insinuações da *vanguarda stalinista* e da *burguesia progressista*, e tudo isso metido em verso, como se fora algo mais do que subserviência vesga e precária. Recordamos também o jovem mas gigantesco Rimbaud de 1871: "L'art éternel aurait ses fonctions, comme les poètes sont citoyens. La Poésie ne rythmera plus l'action; elle sera en avant. [A arte eterna teria suas funções; como os poetas são cidadãos. A Poesia não ritmará mais a ação; ela estará adiante]".

E é aí que é preciso chegar. Não importa para a poesia a instalação de uma sede do Partido na Bahia ou na Coreia. O que importa é o voo da imaginação para além dos muros do horizonte, para me servir de uma imagem de Fernando Pessoa, onde se forja a ampla libertação do homem, de suas guerras, de suas guardas de fronteiras, das eleições que o Kremlim está preparando para a Bulgária, dos empréstimos que os Estados Unidos vão fazer, ou da construção da indústria pesada nos países semicoloniais deste ano de 1945.

Burguesa mesmo, ou não burguesa, carregada dos resíduos de classe, ou libertada, como em certos casos de grandiosa prospecção humana, a literatura tem os seus inimigos e é até fácil enumerá-los. Eles são assim discrimináveis, numa ordem odienta que não me cabe sistematizar, e que compreende o comercialismo, o sectarismo político, a igrejinha político-literária, o descaso pela forma baseado na importância do assunto ou o descaso do assunto baseado na importância da forma, a desonestidade crítica, a suficiência favorecida pelo sorriso complacente dos "amigos" do escritor, a preguiça intelectual, a miserável rodinha... E há os amigos da literatura, fatores a cultivar, a incutir no ânimo dos moços, como escreveu Antonio Candido no artigo citado:

> Precisamos convencer os jovens de que há tanta dignidade em perder as noites estudando ou trabalhando numa obra de arte, quanto em distribuir boletins e lutar pelo futuro. Não nos furtemos ao dever de participar da campanha, mas não esqueçamos os nossos deveres para com a arte e a literatura. Vivamos o nosso minuto, mas procurando, como Fausto, pará-lo, num assomo de plenitude.

Naquelas noites, portanto, que vos velem os verdadeiros amigos de literatura: a independência, a informação, a pesquisa intelectual, o esforço em fazer o melhor que possa ser feito, a persistência no treino e sempre, sobre essa persistência, a autocrítica... Tenho certeza que através dessas dificuldades aparentes surgirá em vossas mãos para iluminá-las o fogo de que falava o Poeta — a força revolucionária da arte, indo adiante da ação, dos comícios, da propaganda e das manobrazinhas equívocas, dessa venda a retalho do ideal e da ideologia...

Talvez se devesse formular um manifesto aos críticos em torno desta ideia central: *Prestigiemos a literatura*!

CASOS DE POESIA & GUERRA[3]

Há nos poemas de *Mundo enigma*, de Murilo Mendes, principalmente, um tônus de guerra porque o poeta nesses dias que vão marcando os poemas de 1942 é apenas um "ouvinte da guerra" que registra na "Noite de junho" o seu "desejo de subsistir no desconhecido", desejo que

> *Vem do ar minúsculo*
> *Vem da irregular musa distraída*
> *Vem do massacre dos reféns inocentes.*

3 Ibid., ano 1, nº 17, 21 de dezembro de 1945.

Assim, portanto, o mal da expressão sofre obsessivamente da fatalidade, sempre de pé diante do poeta. São aqui os "tempos sombrios":

Servida a sinfonia, poderíamos nos sentar,
Cruel é o azul: de um buquê de vidas
Surge a guerra.

Sinistro planejamento...
Todos pisam em crianças que foram.

É mesmo uma fatalidade a guerra intervindo na noite do solteirão amargo, em "A fatalidade":

A grande sementeira de espadas
Atrai o olhar das crianças.

Fatalidade, ainda mais no exemplo seguinte da "A noite em 1942":

Tuas penas de amor
Alimentam seres desertos
A fatalidade com pés de bronze
Anuncia as núpcias solenes
— Cerimônia matemática —
Do adolescente e da guerra.

Aqui me parece que chega de dar exemplo. Não é preciso explicar mais o esmagamento com que o poeta se dá conta que diante dele há um mundo e no mundo um enigma, e esse enigma para ele deve ser, pela chave que nos oferece — em Murilo nada há deixado ao acaso — é a fronteira em sangue, todas as fronteiras em sangue, impedindo a comunicação da poesia, que ele põe nas "asas da semente", para quem julgue e queira teimar em julgar a sua uma poesia hermética, desse hermetismo sistemático que se acredita ser o apanágio da poesia que se opõe, ainda, para muitos, ao parnasianismo... É naturalmente elementar esse pequeno poema-chave, mas nele bem se sentem as alturas dos muros circundando o território do poema, com a enorme força do trombone simbólico (comprem o livro e se quiserem saber do que falo leiam à página 29 o poema "Trombone").

Assim o poeta andou sofrendo as dores dos "crimes de guerra" e o livro sai agora quando se julgam os criminosos de guerra e certamente não há nada em comum do Tribunal de Nuremberg com este livro, porque a voz do poeta é mais geral e não tem nada que ver com os indivíduos envolvidos na encrenca.

Mas sinceramente, a obsessão da guerra não precisava ser imediata como aconteceu para que a canção do "Poema barroco" saísse com o acento impressionante com que se dirige no cenário de sua grandeza ao reconhecimento do sentimento de impotência com que o poeta reza na madrugada, misturando os rumores da rua com o espaço e o tempo, numa libertinagem ousadíssima que tudo centraliza para o efeito final mesmo do barroquismo que é a soma de todos os elementos disponíveis e postos nos versos grandiloquentes. Ainda continuo sem achar o hermetismo.

Se esta crônica tratasse de crítica, deveria eu me referir à passada poesia de Murilo para lhe confessar que achei mais sentimento trágico em "O visionário" — na verdade o maior dos compêndios do poeta principalmente na última parte. E deveria ser assim? Então uma guerra que só acaba com a bomba atômica não inspirou mais do que as próprias catástrofes do poeta no escalonamento do trágico? A resposta para as duas perguntas poderá ser uma só. A vida do poeta é mais importante e os seus conflitos maiores mesmo do que uma guerra grande e esta não inspira, antes deprime, donde a poesia do *Mundo enigma* só deixar escapar uma pura abstração reativa, de um valor violentíssimo como é "O penacho" que só poderá ser compreendido sobre o suporte de um chão extasiante, o da autonomia do poeta diante da vida e dos acontecimentos.

A invenção de Maria da Lucidez é fraquinha para quem como o poeta sem Maria nenhuma já possuía e possui tanta lucidez. Mas homenagem não se discute, vá lá.

Na segunda parte deste volume, que vai completando dificultosamente o conhecimento da obra poética de Murilo Mendes, na cronologia mais arrevesada que já se viu para publicar poemas, todos de vários tempos, ressurge o mesmo herói da primeira parte do "O visionário", com o seu canhenho de fatos diversos, pequenas imagens desdobradas em grandes poemas, embora de pequeno tamanho, o que é preciso mencionar para que me entendam...

Ainda a poesia mais insignificante de toda a obra de Murilo é poesia... Entretanto a coitada da poesia anda servindo de rótulo a uma versalhada sórdida que povoa aos domingos os suplementos dos jornais, quando não aparece em revistas. Os versos que a musa do Partido Comunista anda inspirando, no chato plano em que se coloca hoje a bandeira descorada dos rapazes da rua Conde de Lage, são de fazer a poesia fugir definitivamente da palavra versificada...

A propósito, leio na *Revista acadêmica* de Murilo Miranda um desses compostos a que também muita gente chama poema, assinado pelo sr. Osvaldo de Andrade, antigo herói do *Pau Brasil* agora em marcha batida para o Brasil pau... O "Canto do pracinha só", datado de depois da guerra, pela primeira vez apresenta o poeta em armadura mavórtica, mandando o pracinha marchar, combater, lutar, por causa da Pátria que espera as façanhas do referido pracinha só. É sem dúvida engraçado encontrar Osvaldo de Andrade, agora, em delírio guerreiro sob inspiração patriótica:

Mas eu ouvia baixinho
A voz da Pátria falar.

Ora, Osvaldo não sofre da penúria de inteligência que reveste os cantores da "burguesia progressista", que chegaram a versejar sobre o tema da Constituinte. Pode ser que o "Canto do pracinha só" se deva à incursão do poeta pelo Partido de Prestes donde saltou "de paraquedas" conforme sua graciosa expressão. Mas é uma lástima ter de registrar como exemplo esse trecho:

Pracinha. São teus irmãos
Churchill. Truman.
O eterno Franklin Delano Roosevelt.
O trabalhista Attlee.
O Camarada Prestes.
O marechal Stálin.

Irmãos por parte de quem?

Será que tais cantos vão impedir ou retardar a publicação do terceiro volume de *Marco zero*, no qual continuo esperando que ressurja o pioneiro das *Memórias Sentimentais de João Miramar*?

O lugar do poeta, seu território de liberdade, sua luta e sua epopeia independem do pau de vassoura no ombro e do chapéu de papel na cabeça...

cor local/ 1946-48

A série de crônicas que têm o título geral de Cor Local saiu inicialmente no *Diário de São Paulo*, no Suplemento Literário dominical organizado por Geraldo Ferraz e Patrícia.

As duas primeiras crônicas (24 de novembro de 1946 e 1º de dezembro de 1946) vinham apenas com esse título. A terceira ainda se chamou "Da Cor Local" (15 de dezembro de 1946). As demais — que apareceram em quase todos os números do suplemento —, até a última ("Cançoneta de novembro", 28 de novembro de 1948), ostentavam, sob aquele rótulo genérico, títulos personalizados, alguns deles bastante insólitos pelo comprimento ou pela originalidade, como "Despedidas de junho", "Mês das crianças", "Balões", "Chuvas de ouro e prata", "Noites" (29 de junho de 1947), "ésseóésse" (15 de fevereiro de 1948), "Benemerontida em rosa na primavera de junho" (27 de junho de 1948), "Verbo soluluçar" (17 de outubro de 1948).

Interrompidos quando se encerrou o suplemento, os "monólogos inquietos e criadores da cronista de Cor Local" — na expressão de Almeida Salles — ressurgiriam, mais tarde, sempre com esse título geral, no Suplemento Literário do *Jornal de São Paulo* (1949) e na *Tribuna de Santos* (1954). Até 1949, as crônicas eram assinadas com um "Pt.". Na fase da Tribuna levavam a rubrica "P.G.".

Os exemplos desta antologia são todos da época do *Diário de São Paulo* (1946-48).

COR LOCAL[1]

Numa tarde desta demudada São Paulo de novembro, 1946, eis o "insubstituível" mas não "justificável" Flávio de Rezende Carvalho, perambulando pelo Viaduto do Chá. "Olá", como sempre. Falamos no sono desta nossa ilha desabrigada, onde a política predomina, enquanto uns velhos náufragos ficam sentados na praia. Flávio concorda, mas diz que ainda é o que existe, e que "dá muita esperança". O autor dos *Ossos do mundo* informa que está escrevendo e terminando um ensaio sobre geofísica. Acrescenta coisas desagradáveis sobre a nova geração. Enquanto andávamos, evoquei um trecho de Samuel Beckett, em que um sujeito absolutamente consciente de que nada mais podia produzir, estendeu-se numa estrada, "lá onde era mais estreita, de modo que os carros não poderiam passar sem cortar-lhe o corpo, pelo menos com uma roda, ou com duas, se o carro tivesse quatro". Ora, Flávio de Carvalho, com todo seu "estoque" de irreverência, não pode — "não pode!" — querer produzir apenas louça e cerâmica "made in Brazil" e bibelôs em série, quando tem uma série de livros para acabar e a palheta limpa e os pincéis secos...

— Rua Aurora, esquina de Arouche, terceiro, Rachel de Queiroz me declarou, peremptoriamente, que se tornara apenas e simplesmente mercenária, e que só escrevia para ganhar dinheiro, e que não seria capaz de fazer uma linha, desinteressada do mercado consumidor e do comerciante de revistas e livros. Falou-me também na "insônia de guerra", que ainda nela permanece... Coragem, Rachel.

— Sérgio Milliet, pelo menos, está lendo. Aparece um livro e Sérgio sai do outro lado com a crítica. Foi o primeiro dos nossos críticos que pôs em foco o sucesso esplêndido do livro de Koestler, "Le zéro et l'infinit", ainda esta semana. Sexta-feira lá estava ele, transmitindo a um auditório a iniciativa do sr. Nelson Rockefeller, presidente do Museu de Arte Moderna de Nova York, que desejava um núcleo aqui, do referido organismo, para fazer transitar pela nossa cidade as exposições ambulantes do Museu. "Muito bem tudo isso, seu Sérgio, mas deixe de complacências. Vamos dizer, no duro, mesmo ali 'na batata', qual é o lugar desta nossa literatura no mundo." Por que ser exigente com a literatura estrangeira e glorificar essa coisa informe e péssima que anda por aí?

— Agora tenho que pensar: realmente, nos anos do Estado Novo, era comum a justificativa: "Não posso escrever sem liberdade". Hoje o "slogan" é outro: "preciso ganhar para viver". Mas, na realidade, só excepcionalmente vive um escritor aqui, de literatura. Uns têm negócios, outros um emprego.

— E nesta Pauliceia, que deixou de ser desvairada — "... olhai, oh, meus olhos saudosos dos ontens, esse espetáculo encantado da avenida!" —

1 *Diário de São Paulo*, 24 de novembro de 1946.

só diante das vitrinas das livrarias, mercados consumidores da Suíça e do Canadá, ainda. Mas há livreiros que foram a Paris e prometem um dezembro de presentes. Muito obrigado.

— Na entradinha acanhada da biblioteca, se expõe — Paris expõe, acintosamente, ao público, a leitores, a curiosos — também aos intelectuais, por que não? — o que está publicando em revistas e em jornais. Uma aragem fresca de civilização neste fim de bruta primavera. Voltei ali nos intervalos da cidade, que puxa a gente para as ocupações, e em horas diferentes verifiquei numerosas vezes o mesmo fato: as revistas de arte, de poesia, de literatura, ficam dormindo nas estantes. Modistas e elegantes cheiram os figurinos e uns característicos personagens, camaradas de bigodes, folheiam a coleção de "L'Humanité". Incrível.

— O que é incrível é que o movimento modernista tenha procriado uma raça de gente tão diversa. Editoras congestionam as tipografias. Livraria que é mato. Disputam-se até livros caros. E a terminologia é infernal, tão notável é um Kafka quanto um "rebento" que pode pagar um editor para se colocar na lista de "editado"... Ainda bem que lhe encontro, Oswald de Andrade, madrugando à porta do livreiro da rua Marconi, primeiro na "fila", para comprar as *Nouvelle Revue Française* acabadas de chegar. Ainda bem que continua nem que seja como historiador, procurando ressuscitar a antropofagia, revisá-la, transformá-la — ou então inventar qualquer outra coisa.

—PT.

AINDA O PLEITO, OS CONCURSOS, USA E O "ROMANCE SOCIAL"[2]

As águas estão baixando e as ruas da Pauliceia do Ipiranga retornam à lama pois ainda não há sol. Bem que se fizeram apostas no "match" eleitoral. E agora? O entusiasmo decresceu como as águas das inundações entre vitoriosos e vencidos. Os primeiros não sabem muito bem o que fazer com a vitória, dando a impressão de que venceram para os outros. Os vencidos estão procurando jeito ou de desfazer a vitória, ou de entrar no cordão vitorioso, ainda, enquanto é tempo. Quem sabe se a abstenção não foi o fiel da balança? Em Portugal, a abstenção, o voto em branco, é contado em favor do governo. Fazem-se deputados com eles. Sei que há cansaço e o giz nos "placards" quase apagado no preto. Passei agora mesmo diante da redação do "órgão do povo" e foi assim:

— Você votou no Portinari?

— Não conheço.

— Mas o Di Cavalcanti votou nele.

— Não sei quem é.

2 Ibid., 2 de fevereiro de 1947.

— Mas afinal de contas, você é pintor ou não? Como não conhece?
— Não sou político...

Cor de chuva e de morte, não obstante o sol deste fim de janeiro.

O pintor Mikhailovitch está expondo e também cem anos faz Castro Alves. Parabéns. Há aliás outros centenários, mas ninguém se lembra. Sei que há prêmios de valor. Para quê? Das águas sampaulinas emerge uma promessa. O Departamento de Cultura da Prefeitura Municipal, a nossa, instituiu um prêmio de vinte mil cruzeiros pela cabeça de Castro Alves. Desculpe. Pela memória de Castro Alves, o poeta da minha rua. Cruzeiros para o melhor estudo inédito (evidentemente) sobre a vida do poeta na Pauliceia do seu tempo. Os interessados deverão escrever um ensaio que não passe de 150 laudas datilografadas de um só lado (espaço duplo), originais em três vias, e remetê-los (é claro) ao dito Departamento de Cultura até o dia 26 de fevereiro.

Não falemos mais do prêmio Fábio Prado, por favor.

Você também Murilo Mendes? Ah, visionário.

Bem. Há uma novidade "made in USA". Érico Veríssimo resolvido a realizar-se num livro que desta vez — diz — tem de atingir a massa. Está zangado com os Estados Unidos porque os seus livros são mais lidos aqui do que lá. Não pode ser. É preciso que o vento leve os seus personagens ou o pacto interamericano não tem razão de ser. Reminiscência de Tristão de Athayde que crismou o escritor de Gato Branco sobre monte de neve de nossa "Margaret Mitchel". Prazer em conhecê-la.

Otto Carpeaux expendeu em seu artigo de domingo publicado no *O Jornal* uma cousa sensata.

Remexendo no velho tema do romance social, a propósito de "um romance que não sabe muito bem se deve ou não chamar de histórico. A propósito, a obra é de Thomas e Ianiecki sobre a imigração polonesa, cujo 'valor' reside, a seu ver, na particularidade de ter sido escrito quando a voga da referida imigração já terminara".

Mas, como íamos dizendo, Carpeaux adiantou:

> Por que essa gente que escreve romances sociais não escreve então relatórios? Não sabem, pergunta ele aos autores de "Literatura dirigida", que a imigração do artista só pode prejudicar a veracidade e a exatidão das afirmações de natureza sociológica que "estamos" procurando extrair dos romances?
> A fanática gente da literatura social, não obstante, continua a pensar que está contribuindo para a remoção das pedras da sociedade vigente.

Conforme a expressão preferida de Marx, leitor de Balzac, e de Lenine, leitor de Pushkin: "Uma obra literária só existe em função do seu valor literário"; "tout le reste est littérature".

O nosso colega Carpeaux diz mais: "Nem literatura".

—PT.

DEPOIS DE AMANHÃ MÁRIO DE ANDRADE[3]

Depois de amanhã, porque há um depois de amanhã, não é, intercalado no tempo da tua cidade, leitor. Depois de amanhã é um adiamento como o da poesia tão dele, de Fernando Pessoa, "levarei amanhã a pensar em depois de amanhã". Mas não há nenhum plano. Da poesia de Fernando: "Por hoje qual o espetáculo que me sugeriria a infância?". Mário de Andrade tinha um riso largo de criança, na minha infância, eu roubando frutas no tabuleiro da casa que tinha perto do Conservatório, na avenida São João, e nós meninas sem saber que aquele professor comprido e feio de riso de criança grande, era um poeta, comia amendoim abrindo o clã do jaboti, e ninguém de nós no piano, na sala, na rua, na porta, pressentindo "depois de amanhã o porvir, sim, o porvir...". Nenhuma de nós sabia que o poeta era o poeta, que o professor fosse outra coisa. Um dia no circo, Piolim me contou que Mário professor era seu Mário, dono dos terrenos de Macunaíma. No circo que aprendi. "Quando era criança o circo de domingo divertia-me toda a semana. Hoje só me diverte o circo de domingo de toda a semana de minha infância." E depois de amanhã, continuo lhe recordando o perfil solitário de uma dedicação a saber coisas, outras vezes de querer fazer coisas tão grandonas que nem ninguém pode fazer até agora, e nós todas indiferentes diante do poeta que nos amava tanto, que até um dia, um dia o coração doeu muito, depois de amanhã, sim, depois de amanhã. Deixai que esta visita ao amanhã, agora transferido para no duro depois de amanhã, lhe vá fazer algum bem "porque te has muerto para siempre". Vi-lhe a penúltima vez, meu velho professor — não era poeta nem escritor — vi-lhe na madrugada de sono, "tenho sono como o frio de um cão vadio", você se despedia das coisas, rindo, rindo. Não se ria dos meninos que punham a cabeça no seu caminho, para que do alto descesse a mão que abençoaria profética os limbos das possíveis consequências, tornando-as sumamente importantes? Mas hoje não.

Venha comigo por esta Pauliceia sem desvario nenhum, onde se esganam os meninos de ontem que, afinal — que diabo — tinha um visto no passaporte e era você, Mário, que displicentemente tinha feito este mal, carimbando a folha branca do prefácio, com a firma reconhecida das tuas elegias, porque, afinal, também,

3 Ibid., 23 de fevereiro de 1947.

você ia embora, que os tais se danassem. Mas eu, de braço dado com você agora, por esta ladeira do Piques, que diabo, isso não era honesto. Entretanto, depois de amanhã, "que depois de amanhã é que está bem o espetáculo", você verá em torno do quadrângulo estes a quem convoco por edital, e que, também, já deviam ter me convocado, porque eles é que lhe aproveitaram, eles correrão cheios de litanias nos bolsos dos lenços, quem sabe se a tal glândula os ajudará?

Agora que há um silêncio de domingo — foi numa noite de domingo — e eram dez horas em todos os relógios, como se pode parodiar tão fácil — agora que não dói mais e que não tenho sentimento em lhe recordar, poeta e professor, agora, agora bem que podíamos sentar nesta beirada de coluna, nesta hora cinzenta deste fevereiro paulistano, para ajustarmos contas, para eu lhe pesar na balança, os infortúnios de sua mão. Eu lhe acuso, meu poeta e professor, pelo melado do engodo em você, que podia condenar e corrigir, e varrer a chicote os vendedores ambulantes dos degraus daquela nossa casa, casa velha, arruinada, com inflação, eu lhe acuso — você é o principal responsável por esta massa falida. Se não era líder, por que dançou?

"Pero yo te canto. La madurez insigne de tu conocimiento." E recordo uma brisa triste pelos teus ciprestes.

—PT.

VIVO E É DOCE, DOCE E LEVE[4]

A língua graxa e quase fria que aflora com a lição branca das madrugadas. É noite. Tudo é noite no carro da miséria, a culpa é minha. Capital engomada que já sabe fazer gracinhas aos peregrinos mineral e triângulo. Vê. Está-se fazendo teatro. Jorge Amado disse romance não, que eu não sou besta, no teatro a nota parece que vem mesmo, que o digam os "Comediantes" e a minha "Terra do Sem Fim" vai servir, terra encalistrada de analfabetos e as gambiarras serão o arrebol, mesmo porque a mamata da ideologia pode acabar de uma hora para a outra. Atenção!

Pode-se sair, em cachos transportáveis pelas ruas, encontrar Carlos Pinto Alves e rir à toa. É possível fazer observações penetrantes, ó liberdade, e chegar-se a uma concepção absolutamente falsa. Conversar com o Flávio de Carvalho ou com os rameiros, que tristeza bateu — não sou pacifista — e os vendilhões adensam o meridiano. Beber cachaça ou absinto, fazer filhos, encontrar um gato louco, ter mal-de-engasgo, cortar as mãos.

Vivo e é doce, doce e leve, dir-se-ia que isso paira no ar sozinho. Todo esse mangue ao alcance das mãos. Cortar as mãos, que quatro ventos vêm chegando, um de cada lado, puxando os cabelos da rosa. O sol está frio e alguém está pregado.

4 Ibid., 27 de abril de 1947.

* * *

Burle Marx foi. Ansiado. Não está precisando de modelo, não é, Stanislas Fumet? Essa mulher junto à janela do avião, a espádua conversando com uma nuvem, é um rosicler mudo como esse vaso de flores nascendo numa mesa... Dê lembranças a Braque, Burle Marx.

Um bom relâmpago nos cabelos lisos dos dezenove[5] de São Paulo, na galeria onde está o pior Brecheret do mundo, salvo Caxias. É pena que os mestres e discípulos tenham cabelos brancos. Dentro da cor há milhões de homens enunciando o seu título mais glorioso: "Eu fui aluno de". Vamos pular a cerca como decentes moleques arredios e tocar pra frente? Não ter medo de machucar os joelhos nas farpas, nada de digerir a papa mastigada pelos que já viveram. Não acha mesmo, Lasar Segall?

Rochas e cáries nos ossos reumosos, a cabeça da morta está morta. As visitas vão indo, boa noite. Não há jeito mais de levantar o planalto perdido, senhoras e senhores. O ser estava sentado num banco e posso fazer um discurso, já que a perdição anda pedindo esmolas de cabeça erguida, sem esperança de encontrar um ventre, uma ponte, uma armadilha. Todos os milagres na cabeça procurando um boné para se ocultar e o menino que quer uma tipografia, construir uma muralha, o filho de quem está pedindo esmola, ninguém para lhe indicar o caminho. Considere-me um sonho e pronto. De qualquer forma passa-se por mil mortes nesta cidade, com receio e vergonha.

Ah! Os precursores loiros, a nostalgia de Novalis, o suicídio de Kleist, a loucura de Nietzsche, a fuga de Kierkegaard, o silêncio de Rimbaud. Vêm nos quatro ventos, a voz subterrânea, a febre de Kafka no dia 3 de junho, mata-me ou sereis um assassino. Vamos ouvir conferências na biblioteca. Que o Fernandinho Mendes ganhou um prêmio, minha gente. Assistiremos *Era uma vez um preso*. Mais debates sobre Alaíde, o arrepio do outono, um menino na rua tomando o bonde. E é doce, doce e leve etc.

—PT.

DESPEDIDAS DE JUNHO, MÊS DAS CRIANÇAS, BALÕES, CHUVAS DE OURO E PRATA, NOITES[6]

Grande semana este fim de junho. Nenhum carrapato na paisagem de turismo. Nem endemias ou pantanais. Uma brisa agradável sopra sobre os trigais sobre os quais trigais não há nenhum dos corvos de Van Gogh. Tudo espiga. Ou

5 Patrícia Galvão se refere a uma exposição de dezenove pintores (Grassman, Sacilotto, Charoux e outros) então apresentada na Galeria Prestes Maia.
6 *Diário de São Paulo*, 29 de junho de 1947.

tudo espeto para te furar os olhos curiosos. Mas observe mais longe a tela, não fure ainda os olhos que não é tempo de furar os olhos e segundo o antigo sociólogo há tempo de furar os olhos e tempo de não furar os olhos. Por exemplo, agora na tela passa uma paisagem do Brasil; paisagem personagem background de Ingrid Bergman e não se casa com a estrela. Pra que estrela se casando quando nossos céus estão coalhados de cruzes wassermanianas e há crianças brincando num porão de arcadas baixas onde os fios das telas de aranhas incendiaram-se diante dos meus olhos pálidos ao reflexo vermelho dos fósforos deste notável mês de junho. Mas voltemos à nossa campina verdejante. Íamos de mãos dadas pela várzea antiga, meninos de outrora da rua S. Paulo, então um dia pensei que a lavadeira fosse levar ele embora e sonhei a noite inteira. Barrancas que desbarrancaram para dar lugar aos prédios bonitos, aos bangalôs baratíssimos construídos para a imensa colmeia operária do parque industrial sempre crescente, povoado de play-grounds, de saudáveis recreios para crianças e marmanjos, ninhos verdejantes feitos para o beijo, ilhas de amor, coqueirais floridos, nunca nuvens pesadas, nunca sombras, sempre azul. Azul-anil d'água e céu se confundindo na mesma miragem, curioso. Lembremo-nos agora do Grupo Escolar da Liberdade, da professora dona Anésia que decerto a água apagou com tanto tempo, na rua Galvão Bueno, um dos filhos dela se chamava Kant em homenagem ao grande cérebro de Koenigsberg, e o outro se chamava Clovis, em homenagem ao grande Clovis, o tal que ao receber o batismo na catedral de Reims, era no século quinto de nossa era, teve de adorar o que queimara e de queimar o que adorara, embora, ou por isso, fosse o vencedor dos romanos, dos alemães, dos burguinhões, dos visigodos etc. etc. Qualquer compêndio da França vos dará melhores informações. Não há é notícias de dona Anésia. Água apagou; sobre o negro molhado um raio de sol de junho vindo de Mato Grosso, pálido e amargo, recorda cinzas de 1916. Entretanto, nossos olhos longe, perdidos nas glórias antigas, revestem os panejamentos destas decadências com visões heroicas, lampejos de epopeia, rasgões homéricos. É, há Homero. Como não embalaremos os berços das andorinhas gentis, manhãs de saudade da Serra do Mar, fios negros cortando fatias azuis de céu e tudo calmo e olímpico nas distâncias devassadas sobre as águas distendidas em braços de gestos líquidos entre terra verde e vegetação negra. Bananas para que vos quero senão para distribuir a todos vós depois deste monumental sermão da montanha?

Agora vou lhe dar as despedidas. Levai nas vossas transparentes asas os beijos destas sonoridades finas d'água em fios sobre a pedra, levai minha saudade, a evolução sempre daquela professora, levai o abraço de quantos vos estimam e que ficam penando neste ponto zero dos trilhos, trilhos, trilhos, trilhareis, trilhar, amargo aço, fumo, curvas e o silêncio que fica parado, pesado, depois de tudo, e a terra.

Esta vai por despedida, por despedida esta vai. (Música de caninha verde). Cachaceiro é mato nestas manhãs paulistanas. Vide sujeiras das ruas senador Feijó e Quintino Bocaiúva. Um senador e um jornalista. Não, não era esta a Constituição dos nossos sonhos. Dormíamos quando sonhávamos. Também para que continuar? Cuidado com o infinito.

—PT.

CARTA ABERTA AOS PALHAÇOS[7]

O barulho acabou. A janela já pode ser escancarada para a rua, para os ruídos do vento e rodas das carroças na lama, menina que anda correndo, cachorro bulindo na lata de lixo. Os eleitores falam baixo como receptadores de objetos furtados de permeio a sujeira e bandeirinhas — tristeza.

Como se a festa acabasse, o que há meu filho? E o menino disse nada, diante do que atravanca e enche, um conjunto de fragmentos de tijolo, argamassa etc., como se fora para construir.

"Tudo não passa de uma covardia", disse Sérgio Milliet. É a verdade, menos a "big" parada. Não se tentou ainda a intervenção contra a sonolenta defesa dos interesses locais, que preconizam apenas um recheio mais ou menos para o meu peru. E é preciso cortar as amarras que nos submetem às clãs, quando a vontade é meter o nariz na casa do vizinho, levando um punhado de fogo nas mãos, despertando as coisas mortas. Que é tempo de fazer agir os cadáveres ainda que se voltem contra os fantasmas que somos.

O nosso sepulcro é gostoso, sim, gente. Envelhecemos danados da vida. Sem dúvida. Mas ó calorinho das cobertas e chinelos comodistas, que os revolucionários de hoje usam relógios de pulso, afinal de contas ainda precisam notificar que têm um pulso e os comícios se fazem de automóvel.

Automobilista da esperança que apareceste entre palhaços. Sérios irmãos "qualquer coisa", não sei bem. Porque você, amigo do peito de outros tempos, não botou smoking ou pelo menos um macacão proletário nos seus gatos pingados determinando para a sua gente, nós que te fomos saudar, o trajo de rigor obrigatório, quer dizer, um nariz postiço, vermelho evidentemente, alvaiade nos inexpressivos focinhos e muito azul para os olhos.

Para dizer a verdade, eu por exemplo compareci sufocada por um colarinho de material plástico.

Resolvi não acatar a disciplina, disciplina consciente? Diz você, não estou entendendo muito bem, porque não gosto de coxilhas, e tá tá tá. Entre as coxilhas baixas, só gado na verdade, muito mais excitante é subir à unha qualquer morrinho, porque as cordilheiras e os ventos são feitos de pedra e

7 Ibid., 9 de novembro de 1947.

não os atingem as inundações de barro. Lama eu tenho em meu bairro, na frente da casa, na abinha de minhas narinas, lama e água parada. Não trabalhasse eu numa agência noticiosa. Gosto de cartões-postais que venham de Cusco, por exemplo, sejam ou não enviados por Flávio de Carvalho. Cusco, 27 de dez. Esta é a cidade enigma, ninguém sabe quando foi construída pode ser no ano quinhentos ou no ano quinhentos antes de Cristo. Mas toda numa montanha de pedras. É o nosso Peru no duro, Flávio. Inexpugnável. Nunca foi conquistada porque não consentimos. E nós dois, entre a febre preta e branca desse fundo de cartão e a argamassa desses degraus que conduzem nunca se sabe para onde mas para a frente, olhamos de cima para a cor local da cidade de São Paulo: Por que nos abandonaram?

Fomos sabotados, um abraço etc.

—PT.

antologia da literatura estrangeira/ 1946-50

De 24 de novembro de 1946 a 28 de novembro de 1948, Geraldo Ferraz dirigiu, com a colaboração de Patrícia Galvão, um Suplemento Literário no *Diário de São Paulo*, aos domingos.

Durante esse período, em quase todos os números apareceu a Antologia da Literatura Estrangeira, constituída de um estudo biobibliográfico acompanhado de um texto traduzido. A seção não era assinada, sabendo-se, porém, que as traduções eram de autoria de Patrícia, ficando a introdução a cargo ora de Geraldo Ferraz, ora dela própria, ou, quem sabe, de ambos. Em *A aventura brasileira de Blaise Cendrars* (1978), Alexandre Eulálio inclui um artigo dessa série — "Blaise Cendrars: A aventura" (publicado, originalmente, com a tradução de um trecho do romance *Moravagine*, no Suplemento de 6 de junho de 1947) —, atribuindo-o a Patrícia.

Foram, ao todo, cerca de noventa trabalhos, divulgando autores modernos e seus textos, muitos dos quais com prioridade no Brasil. Entre outros, ali estão Lautréamont, Alfred Jarry, Léon-Paul Fargue, Rilke, Proust, Valéry, Thomas Mann, Joyce, Italo Svevo, Valery Larbaud, Soffici, Apollinaire, Max Jacob, Cocteau, Tzara, Soupault, Breton, Crevel, Henry Miller, Dylan Thomas.

Damos dois textos dessa série. Um deles, de 2 de fevereiro de 1947 — James Joyce, autor de *Ulysses*, com a tradução de um trecho do romance, batizado de "O enterro" pela autora da versão. Era a primeira vez que se divulgava uma página do Ulysses em português, ainda que a tradução tenha sido feita — segundo verificamos — a partir da versão francesa de Auguste Morel e Stuart Gilbert, revista por Valery Larbaud e James Joyce. O outro, Guillaume Apollinaire, foi publicado em 18 de maio de 1947. Era, também, a primeira vez que se estampava, entre nós, em clichê extraído do texto original, um "caligrama", seguido de tradução. A *Antologia* de Apollinaire compreendia, ainda, um trecho em prosa: "O guardanapo dos poetas" (do livro *L'Hérésiarque*), não reproduzido nesta oportunidade.

Acrescentamos a esses dois significativos exemplos da Antologia da Literatura Estrangeira, um texto dedicado a Mallarmé no Suplemento de 5 de setembro de 1948. Embora não pertencendo à Antologia, apresenta as mesmas características de fatura, e é importante por enfocar, também pioneiramente, através da pena magistral de Paul Valéry, o poema "Un Coup de dés", fundamental para a poesia de nosso tempo.

Os demais trabalhos ora republicados — as traduções de dois poemas de Philippe Soupault (Suplemento de 8 de junho de 1947) e o artigo "Antonin Artaud" e a sua legenda de "poeta maldito", este último impresso no *Jornal de Notícias* de 12 de março de 1950 (bem posteriormente à fase do Suplemento) — traziam a rubrica "Pt.", que identificava a autoria de Patrícia. Parecem-nos aqui inteiramente contextualizados, testemunhando os interesses da escritora, na área da poesia. Aliás, as traduções de Soupault têm algo a ver com a dicção de "Natureza morta", o poema de Solange Sohl, que apareceria no Suplemento de 15 de agosto de 1948.

Em outras colaborações, publicadas nas páginas literárias do *Jornal de São Paulo* e de *A Tribuna de Santos*, Patrícia manteria a prática de publicar traduções e biobibliografias, prolongando, sob títulos diversos, a sua "Antologia da Literatura Estrangeira".

JAMES JOYCE, AUTOR DE *ULYSSES*[1]

A biografia de James Augustine Aloysius Joyce começará, para a cronologia, a 2 de fevereiro de 1882, e o grande escritor irlandês completaria na data de hoje 65 anos, se não tivesse falecido a 13 de janeiro de 1941, outro dado indiscutivelmente cronológico para a mesma biografia... O escritor começaria cedo a sua obra — aos sete anos e meio, quando escreve o seu primeiro panfleto informado na revolta e na tragédia que representou, para uma grande parte da Irlanda, a queda de Parnell. Ele estudou no Colégio dos Jesuítas de Clongowes Wood, e no Colégio Belvedere, e foi ali que alimentou vastamente sua cultura das letras clássicas, a "filosofia escolástica, gramática, retórica e dialética", distinguindo o sulco profundo do conhecimento teológico, que iria tão vivamente permanecer como um dos pontos básicos de suas atitudes diante da vida e da sociedade. A Dublin dessa infância possui todos os extremos de uma cidade complexa e tumultuosa. Desde os acontecimentos dramáticos de uma acirrada luta entre a Irlanda e a Inglaterra, que constitui um verdadeiro encadeamento de pesadelos históricos, após a derrota de Parnell, as qualidades peculiares aos celtas, decisivos, profundos, trágicos, a pobreza econômica da família e as disposições draconianas da época, vitoriana, da religião, católica romana exasperada pelas concepções jesuíticas, tudo isso colocava em choque permanente e rude a alma do adolescente. Ele contará mais tarde, em o *Retrato do artista quando jovem* (1914), o que foi essa adolescência. A decisão de sua rebeldia acha-se bem determinada nas seguintes palavras do adolescente Stephen Dedalus, a personagem autobiográfica daquele livro:

> Não servirei àquilo em que não creia, embora sejam o meu lar, minha pátria ou minha religião, tratarei de conduzir-me na vida ou na arte o mais livremente possível, empregando em minha defesa as únicas armas que me permito usar: o silêncio, o exílio e a astúcia.

Já se advertiu o que há de *Ulysses* nisso. Em 1902 Joyce formava-se como bacharel em artes. Nesse mesmo ano, publicara um ensaio sobre o poeta Mangan. É ainda neste ano, nos princípios do inverno, que deixará Dublin... Os que leram a história de Dedalus hão de ter sempre na memória a sua emocionante despedida, nas últimas linhas autobiográficas:

> Mamãe está arrumando minhas novas roupas de segunda mão. E reza, e diz para que eu seja capaz de aprender a viver a minha própria vida e longe

1 *Diário de São Paulo*, 2 de fevereiro de 1947.

de casa e dos meus amigos, o que é o coração, o que pode sentir o coração. Amém. Assim seja. Bem-vinda sejas oh vida! Parto para procurar pela milionésima vez a realidade da experiência e para forjar na frágua do meu espírito a consciência não criada da minha raça. Antepassado meu, artífice antigo, tu, agora e sempre acompanha-me com a tua ajuda.

Pensava em Ulisses. Era este tipo de legenda que inspirava, em seu imenso sonho de libertação, ao jovem Joyce, de vinte anos. Levava ele uma fé ilimitada em si mesmo, a arrogância de seu valor. Entrou em contato durante alguns dias com a intelectualidade de Londres e apenas merece referência sua aproximação do poeta Yeats, que, entretanto, não lhe poderia dar o que ele aspirava. Atravessou o canal e partiu para Paris. Era o ano da morte de Zola. Agitações sociais sacudiram a imensa cidade. E o esperançoso Ulisses começou a sua vida de fome, de miséria, nevralgias de inverno, comida que cozinhava ele mesmo no quarto, as cartas a sua mãe ("... não vendeste o tapete para que eu me alimente. Se o fizeste não vendas nada mais ou te mandarei o dinheiro de volta pelo correio"). Achava-se, conforme sua expressão, pegando o "diabo pela cauda". Ninguém queria aproveitar a capacidade do poliglota. Na miséria debatia consigo mesmo a sua estética. E começa a história do artista adolescente, que só terminaria em Trieste. Em 1903, um telegrama de seu pai, avisando-o de que sua mãe estava à morte faz com que Joyce peça três libras esterlinas emprestadas para voltar a Dublin. Mary Jane Joyce morreu e seu filho ficou em Dublin entregue à sua solidão, ou à boemia noturna dos estudantes que passavam as noites bebendo vinho, uísque irlandês ou pesada cerveja preta. É desse tempo, do profundo conhecimento de Dublin que retira os materiais para escrever os "Dublinenses", série de contos, e a base realista de *Ulysses*. É ao fim desse ano de aventuras noturnas, embriaguez e boemia que Joyce conhece — fixa-se a data de 10 de junho de 1904 — uma jovem ruiva, Nora Joseph Barnacle, que sem nenhuma gala de intelectualidade se enamorou do escritor. Era alegre, honesta e juvenil. Joyce resolveu mudar de vida. Casado com ela partiu depois de novo de Dublin. Dirigia-se para um lugar de professor na Escola Berlitz, em Zurique. Começou assim a sua carreira de professor de línguas, fixando-se em Trieste. Aí é que iniciou também os *Dublinenses*, o *Retrato do artista quando jovem*, os *Exilados* e uma parte de *Ulysses*. Em 1906, procurando melhorar sua situação, partiu com sua mulher e seu filho Jorge para Roma.

No meio de todas estas dificuldades que a luta pela existência oferecia, Joyce jamais abandonou seu objetivo final que era fazer o grande livro do século, não sobrepassado por nenhum dos seus contemporâneos. Terminado o *Retrato do artista quando jovem* em 1914, Joyce já é um dos escritores de vanguarda no mundo. Sua ideia infantil acerca da aventura de Ulisses — desde os doze anos se cristalizara em seu espírito — continuara perseguindo-o. Em 1917, numa confidência a Georges Borach revelará com estas palavras a sua concepção amadurecida e então em pleno andamento:

> O tema de *Ulysses* é dos mais belos e mais completos. É um personagem mais humano do que Hamlet, Dom Quixote, Dante ou o Fausto. Abrange tudo. O rejuvenescimento de Fausto tem o seu quê de desagradável. Em *Ulysses* se encontram os rasgos mais notáveis e as maiores emoções humanas.

Só interrompeu a feitura de *Ulysses* para escrever *Exilados* o tema de completa liberdade espiritual entre duas pessoas que se amam. A guerra faz a família de Joyce transferir-se para a ilha de paz da Europa que foi então a Suíça. Continuou com suas lições e o manuscrito de *Ulysses*. Já então a censura o assaltava com a recusa dos editores em imprimir o *Retrato do artista quando jovem*. Wells, entretanto, em 1917, dá ao escritor o primeiro grande apoio crítico, elogiando sem reservas o *Retrato*, salvo no que se referia ao irlandês... Chega-se a 1918, e a neutralidade de Joyce diante da Primeira Guerra Mundial só pode ser medida pela enorme pergunta que ele fez então numa conversa: "Quem ganhou a guerra?".

A enfermidade da vista, que levava o escritor a usar grossas lentes para poder ver e escrever, perturbava sem dúvida a vida do cosmopolita de cidade em cidade. Em 1920 encontramo-lo de volta a Paris, a cidade que o fascinara aos vinte anos. Seu encontro com a compreensão e o entusiasmo de Ezra Pound, grande poeta e líder da vanguarda literária, é-lhe essencial. Joyce começa a conhecer as perspectivas de triunfo — todos os salões se abrem diante da atividade de Pound que o apresenta ao mundo intelectual e social (antes lhe comprara um traje, diga-se de passagem). Nesses dias começam as versões das obras de Joyce para o francês. *Ulysses* está pronto. E o momento é grave e solene.

Valery Larbaud, o autor de *Fermina Marquez*, oferecera ao escritor a casa em que morava. A doença dos olhos de que sofria, a ponto de atirá-lo em convulsões pelo chão, uma inflamação denominada irite, perseguia o escritor, tornando-lhe cada vez mais difícil o trabalho. Entrementes, a reprodução de algumas páginas de *Ulysses* produziu escândalo nos Estados Unidos. E com isso recusou-se o editor americano Huebsch a fazer qualquer coisa. Na Inglaterra, também não era possível. E foi uma jovem americana, miss Silvia Beach, que tinha uma livraria em Paris, a Shakespeare and Company, que editou *Ulysses*. A impressão foi confiada ao gráfico Darantière de Dijon. Joyce trabalhava então, furiosamente, para a conclusão da revisão de *Ulysses*.

Na data de hoje, há 25 anos precisamente, saía a lume a primeira edição do grande livro. Miss Silvia Beach fizera uma edição de mil exemplares. As cores da capa eram azul e branco, para lembrar a Grécia, pátria do herói.

Arnold Bennet, um dos maiores críticos literários contemporâneos, à publicação de *Ulysses*, exclamava: "James Joyce é um assombroso fenômeno literário". Não faltou entretanto a crítica puritana a fazer escândalo em torno do livro. E essa atmosfera não deixou o volume que percorria o mundo escondido, de contrabando, clandestino. Da segunda edição quinhentos exemplares foram queimados, no porto de Nova York, pela censura norte-americana... terceira edição foi quase totalmente destruída pelas autoridades britânicas em Folkestone. Até 1930, Shakespeare and Company havia editado a undécima edição de *Ulysses*. A obra, acompanhada de todas as vicissitudes, varava o mundo.

Não faltou uma edição clandestina, numa publicação periódica, de um Mr. Roth, em Nova York, edição mutilada, que o autor não autorizara e contra o que protestou. A 2 de fevereiro de 1927, 167 intelectuais dos mais destacados no mundo contemporâneo, protestavam também em manifesto, contra a publicação adulterada de *Ulysses*, nos Estados Unidos. Entre esses autores destacavam-se os nomes de Jacinto Benavente, Sherwood Anderson, Benedetto Croce, Einstein, André Gide, Knut Hamsun, Ernest Hemingway, D. H. Lawrence, Thomas Mann, Somerset Maugham, Liam O'Flaherty, Ortega y Gasset, Romain Rolland, Jules Romains, Paul Valéry, Virginia Woolf e numerosos outros. Uma ação intentada contra Mr. Roth liquidou a questão, impedindo-o de continuar em sua contrafação. Logo depois surgia no mercado negro de Nova York uma edição clandestina do livro.

Em 1929 apareceu a primeira edição francesa. O momento culminante da biografia da obra principal de Joyce foi, porém, quando se fez chegar dos Estados Unidos um exemplar de *Ulysses*, para ser apreendido, e, então, provocar-se legalmente o levantamento da classificação de obscenidade que impedia a circulação do livro. A 6 de dezembro de 1933, numa luminosa sentença, o juiz John M. Woolsey permitiu que "Ulysses" entrasse nos Estados Unidos, sendo a mesma confirmada pela Corte de Apelação. Obteve em pouco tempo um êxito ruidoso, com a iniciativa da editora Random House, lançando no mercado americano numerosas edições do grande livro. Só em 1936 começou a ser editada na Inglaterra a obra principal de Joyce.

Entretanto, o escritor não ficara inativo. Começara *Work in Progress*, cuja primeira parte foi publicada na revista *Transition*, em 1927. Pessoalmente, aconteciam muitas coisas para Joyce: seu filho Jorge, famoso como barítono, casava-se com Helen Fleischmann, em Nova York. Em 1931, seu pai, John Stanislaus Joyce, falecia em Dublin. Em 1932, nascia seu neto Stephen. Sua filha Lucia realizava obras-primas de valor gráfico.

Os últimos anos do grande escritor são cobertos de glória. Sua maneira se transformara numa pura pesquisa linguística, uma química das palavras, como o famoso exemplo de *O despertar de Finnegan*: "bababadalgharaghtakamminarronnkonnbronntonnerronntuonnthunntrovarrhounawnskawntoohoohoordenenthurnuk", sem dúvida uma calamidade, mas em que ele pretendia ter amalgamado em doze línguas diferentes a palavra trovão.

Publicou ainda: *Pomes Penyeach*, poemas, *Ana Livia Plurabelle*, *Tales Told of Shem and Shaun* etc.

Joyce morreu em Trieste, a 13 de janeiro de 1941.

Não é aqui o lugar para estudar criticamente a obra de Joyce. Nossa antologia não podia, contudo, deixar de registrar este aniversário do autor de *Ulysses* sem apresentar aos leitores, em língua portuguesa — é a primeira vez que *Ulysses* passa por uma tentativa de tradução semelhante — uma página do notável escritor. Escolhemos, dado o caráter de divulgação, um trecho simples, curto, legível, do portentoso tomo de oitocentas páginas. É o que reproduz a lembrança do herói de Joyce sobre a morte de seu pai. As interrupções, o simultaneísmo da paisagem psicológica, o monólogo interior, certas síncopes de estilo, jogos de palavras e sua trama, fazem parte da maneira de Joyce, que procuramos transportar com o maior cuidado para esta informação. Eis o trecho de *Ulysses*:

O enterro

Um momento.

Se nos tornássemos subitamente outros?

Ao longe um asno relincha. A chuva. Não tão asno como se pensa.

Diz-se que nunca se deseja a morte. Vergonha da morte. Escondem-se.

O pobre papai também foi embora.

Em torno das cabeças descobertas uma brisa cariciosa murmurava. Murmúrio. Na cabeceira do túmulo o pequeno que carregava a coroa com as duas mãos fixava o buraco escuro com olhos tranquilos. O senhor Bloom foi se postar atrás do bom conservador do cemitério. Jaquetão bem cortado. Talvez ele os passe em revista para ver quem vai primeiro. Ah! É um longo repouso. Não se sente mais. É no momento exato que se sente. Deve ser tremendamente desagradável. Primeiro não se acredita. Está errado, é algum outro. Quem sabe se está ali na casa da frente. Espera, é preciso que eu. Não tenho ainda. Então, afastam as cortinas. A luz é que faltava. Cochichos em volta. Não quer ver um padre? Depois afrouxamento e o cérebro dispara. Delírio, tudo o que escondera em toda a vida. O subsídio da morte. Seu sono não é natural. Aperte a sua pálpebra inferior. Olhe se o seu nariz está afilando, se o maxilar abre, se a planta dos pés vai ficando amarela. Tire o travesseiro e deixai-o acabar no chão porque ele está condenado. O demônio no quadro Morte do Pecador mostra uma mulher. O morrente em camisa quer tomá-la nos braços. Último ato de Lúcia. "Ah! jamais vos contemplarei?" Bum... Expira. Enfim foi embora. Falam um pouco de você. Esquecem.

Não esqueça de rezar por ele. Lembrai-vos dele em suas preces. Parnell mesmo. O dia da Hera morreu.

Desfile: o salto à cova em fila indiana.

Pedimos agora pelo repouso de sua alma. Espero que você esteja bem e que não sinta muito calor. Mudança de ar ideal. Da frigideira da vida para o fogo do purgatório.

Você pensa alguma vez que um buraco o espera? Diz-se que se pensa quando se estremece ao sol. Alguém andou em cima. Em cena grita o "régisseur". Perto de você. O meu, lá embaixo ao lado do de Finglas, o lote que comprei. Mamãe, coitada da mamãe e o Rudizinho.

Os coveiros apanharam as pás e fizeram voar pesados torrões sobre o ataúde. O senhor Bloom volveu a cabeça. E se ele não tivesse morrido? Brrr! Bonito! Isso seria abominável. Não não. Claro que está morto. Ele está morto sim. Morreu segunda-feira. Devia haver uma lei obrigando a perfurar o coração para se estar seguro ou então colocar uma campainha elétrica ou um telefone no caixão com uma espécie de respiradouro para arejar. Sinal de perigo. Três dias. Muito para o verão. Seria melhor fazer evacuar o local desde que se sabe que.

A terra cai mais branda. Começa a ser esquecido. Longe dos olhos, longe do coração.

O guardião do cemitério afastou-se um pouco e pôs o chapéu. Para ele, chegava. Refazendo-se os assistentes um a um cobriram-se sem ostentação. O senhor Bloom pondo o chapéu viu a imponente figura procurar habilmente um caminho no dédalo dos túmulos. Confiante e seguro em sua rota atravessou o seu morno domínio.

Hynes anota qualquer coisa em seu "carnet". Ah! Os nomes. Mas ele os sabe todos. Não. Ele vem vindo.

— Estou procurando recolher os nomes, diz Hynes em voz baixa. Qual é o seu nome de batismo? Não estou bem certo.

— L., responde o senhor Bloom. Leopold. E você pode anotar também o nome de M'Coy? Ele me pediu.

— Charley, fez escrevendo. Eu sei. Ele esteve no "Homem Livre". Esteve, antes de arranjar emprego na morgue, sob as ordens de Louis Byrne. Excelente ideia de fazer autópsias aos médicos. Descobrem o que eles julgam conhecer. Ele morreu numa terça-feira. Deu o fora. As vila-diogo com o dinheiro de alguns anúncios. Charley você é um amor. Por isso me pediu que. Bom, bom, nada de mal. Fiz o necessário, M'Coy. Obrigado, meu velho, muito obrigado. Deixar-lhe a impressão de um serviço prestado. Não custa nada.

— Então? pergunta Hynes, você conhece um camarada com um indivíduo que estava lá com.

Procurava com os olhos.

— Mackinstosh.* Sim eu o vi, respondeu o senhor Bloom. E onde foi ele?

— M'Intosh, disse Hynes, careteando. Não sei quem é. É esse o nome?

Afastou-se, olhando à direita e à esquerda.

— Não é não, começa o senhor Bloom que fizera uma meia-volta no local. Mas, não, Hynes.

Não ouviu. Como? Onde se meteu? Nenhum sinal. Por exemplo: Alguém aqui o viu? Ka e dois elles. Voou. Santo Deus, o que aconteceu com ele?

O sétimo coveiro aproxima-se do senhor Bloom para buscar uma pá abandonada.

Ah! Perdão!

Afasta-se vivamente para um lado.

A terra úmida e morena já aparece na fossa. Sobe. Quase ao nível. Depois os torrões úmidos formam um montículo e os coveiros descansam as pás. Todos se descobriram mais uma vez. A criança coloca sua coroa num ângulo: o cunhado a sua sobre um monte. Os coveiros bateram ligeiramente o ferro na grama — limpo. Um deles abaixou-se para tirar da manga da enxada um grande tufo de capim. Um outro, separando-se de seus companheiros, afastou-se num passo lento, a arma no ombro, o ferro azul-branco. Em silêncio, na cabeceira do túmulo um terceiro enrolava a correia do caixão. Seu cordão umbilical. O cunhado retirando-se pôs qualquer coisa na mão livre do coveiro. Agradecimentos mudos. Sinto muito senhor. Meus pêsames. Balanceio de cabeça. Sei o que é. Olha, para vocês.

Os amigos do morto se dispersaram sem pressa, sem finalidade, ao azar dos caminhos, parando, para ler um nome sobre um túmulo.

Dissimulado pela vegetação das aleias, o senhor Bloom caminhava circundado de anjos entristecidos. Cruzes, colunas partidas, sepulturas de família, esperanças de pedra em prece, com os olhos no céu, corações e mãos da velha Irlanda. Mais sensato seria empregar esse dinheiro com os vivos. Rogai pelo repouso da alma de. Alguém realmente faz isso? Atiram-no ali e pronto. Sacudiram-no como um cisco num buraco de lixo. E para poupar tempo, vai tudo em bloco. Dia dos mortos. No dia 27 estarei junto a seu túmulo. Dez shillings para o jardineiro. Ele tira o mato. Velho também. Curvado em dois com a sua tesoura de estalo. Está na beira do túmulo. Quem passou? Quem deixou essa vida? Como se o houvessem feito voluntariamente. Todos com um pontapé em algum lugar. Quem desparafusou o esqueleto? Mais interessante se explicassem o que foram. Um tal carpinteiro. Fui viajante de linoleum. Na falência eu reembolsei cinco "shillings" por libra. Ou uma mulher com a sua caçarola. Eu fazia um formidável carneiro com vagens. Panegírico num cemitério deveria se chamar

* Jogo de palavras com a designação "impermeável".

esse poema de quem é Wordsworth ou Thomas Campbell. Está descansando, põem os protestantes. O túmulo do velho doutor Murren. A grande curandeira o hospitalizou. Claro que é campo de repouso para eles. Aprazível residência de campo. Caiada e pintada de novo. Lugar sonhado para fumar tranquilo lendo o "Church Times". Não se engrinaldam os anúncios de casamento. Coroas enferrujadas dependuradas em ganchos, guirlandas em similibronze. A preço igual, melhor uso. N'importam as flores têm mais poesia. As outras acabam por irritar pois nunca murcham. Não dizem nada. Imortais.

Meio selvagem um pássaro empoleirou num ramo de álamo. Como se fora embalsamado. Como o presente de núpcias que nos fez o conselheiro municipal Hooper. Oé. Tranquilo como Batista.

Sabe que não lhe vão atirar com a funda. Ainda mais tristes os animais mortos. Milly-Pintarroxa enterrando o passarinho morto na caixa de fósforos da cozinha, um colar de margaridas e pedacinhos do miolo de margaridas e contas sobre o tumulozinho.

Este é o Sagrado Coração: ele o mostra. O coração na mão. Deveria estar de lado e vermelho como um coração de verdade. A Irlanda lhe foi por assim dizer consagrada. Não parece muito satisfeito. Por que me infligirem isso? Viriam os pássaros bicar como o menino com a cesta de frutas mas ele disse que não porque eles teriam tido medo do menino. Era Apolo, esse pintor.

Quantos! E todos eles saracotearam algum tempo em Dublin. Morreram crentes. Tal como estais assim o fomos.

Aliás, como se poderá lembrá-los todos? Os olhos, o jeito, a voz. Bom, a voz sim: o gramofone. Pôr um gramofone em cada túmulo ou guardá-lo em casa. Depois do almoço nos domingos. Ponha o pobre bisavô. Craah raarc! Olaolaola sou tantãofeliz crrra tantãofelizestar olaolaola soutantãofelisatisfelizvelotravez crach. Recordar-lhe-ia a voz como a fotografia o rosto. De outro modo ninguém poderia lembrar de sua cara no fim de, digamos 15 anos. Por exemplo quem? Por exemplo alguém que morreu enquanto eu estava no Lesage Hely.

Tstscrr! O cascalho estala. Atenção. Espera.

Vivamente interessado o seu olhar mergulha na cripta de pedra. Algum animal. Espera. Vem aí. Um rato gordo saltitando na borda da cripta removendo o pedregulho. Um veterano. Um bisavô: conhece todos os cantos.

O bom vivedor cinzento achatou-se sob o plinto do pedestal, rebolando-se para entrar. Bom esconderijo para um tesouro.

Quem vive aí? Aqui repousa Robert Emery. Robert Emmet foi inumado aqui, à luz de archotes, não é verdade? É um jeito.

A cauda desapareceu agora.

Um desses pândegos não demoraria muito pra acabar com um tipo. Limparia praticamente os ossos sem se lembrar dos seus. É a carne comum para eles. Um cadáver é carne que se joga fora. Bom, e que é o queijo? O cadáver do leite. Eu li numa dessas *Viagens à China* que para os chineses um branco cheira cadáver. A cremação é preferível. Os padres dão o contra. Eles trabalham para outra companhia. Queimadores por atacado e fornos holandeses. Em tempo de peste. Fossas de cal viva para devorá-los. Câmara de gás para os animais. Pó em pó. Ou então jogar no mar. Onde está a torre de silêncio dos Parsis? Comidos pelos pássaros. Terra, fogo, água. Dizem que o afogamento é melhor. Revê-se toda a vida num relâmpago. Mas para voltar à vida é outra história. E não há jeito de enterrar nos ares. Deixar cair de um aeroplano. Será que a notícia corre quando há um novo carregado? Comunicações subterrâneas. Aprendemos isso com eles. Não me surpreenderia. Seu honesto repasto de cada dia. As moscas vêm antes de se estar completamente morto. Chegou-lhe o vento de Dignam. Não se importam com o cheiro. Papa de cadáver que se desagrega bransopassal; odor, gosto de nabos brancos crus.

As grades luzem adiante: ainda abertas. Voltamos ao mundo. Chega desse lugar.

GUILLAUME APOLLINAIRE[2]

Foi uma verdadeira vida de poeta a vida de Guilherme Apollinaire — um poeta da idade moderna com todos os prejuízos da norma de "viver perigosamente", aliado ao pó doirado da legenda de um soldado da França que fechou os olhos dois dias antes do armistício de 1918. Verdadeira vida de poeta — um vagabundo nascido em Roma, de origem polonesa (Guillaume Apollinaire de Kostrowitzky, era seu nome por inteiro), e que entra no século XX aos vinte anos, pois nascera em agosto de 1880. Estudou em Mônaco e Nice, fez a pé os caminhos da Bohemia, da Alemanha e da França, como nos bons tempos antigos, e marchou até Paris, onde deveria ser o pioneiro da poesia moderna da França, o teórico do movimento cubista na plástica, o revolucionário de tipografia na sua poética militante, o inventor da palavra "surrealismo". Toda essa epopeia ele a viveu com saúde, carnalmente, fisicamente, amorosamente.

A sua carreira literária começa no limiar do século, com os primeiros versos de *Alcools*, dedicados à Renânia por onde andou em 1900. Desde os dezoito anos fazia literatura, quando chegou a Paris pela primeira vez, e conheceu Alfred Jarry. Com a agonia do menino que escrevera "Ubu Roi", nos seus longos mergulhos em absinto, morria o simbolismo e findava o século dezenove. *Alcools* reunirá seus poemas desse anos de 1898, os primeiros. Mas são as recordações desses dias que inspirarão as páginas de *Le Poète assassiné*, muitos anos depois. A vida de Apollinaire logo se liga ao movimento da arte no século XX. Ele,

2 *Diário de São Paulo*, 18 de maio de 1947.

já em 1905, se incorporava ao grupo de Picasso, de que Max Jacob também a esse tempo se aproximara. É um dos descobridores do ingenuísta Rousseau, "le douanier", esse pintor que não era um artesão, mas apenas um grande artista com todo o seu primarismo inspirado e a sua consciência poética. É Rousseau que faz o retrato de Apollinaire com a sua primeira companheira, a pintora Marie Laurencin, no quadro *Le Poète et sa muse*. Uma ligação que durará seis anos. Seu gênio alegre e comunicativo reúne em torno do grupo que ele lidera escritores até de opostas diretrizes. E assim é que seu primeiro livro entra no recinto fechado dos editados da Mercure de France por intermédio de Paul Léautaud. Uma edição limitada de *L'Enchanteur pourrissant*, com desenhos de André Derain, é o que se segue depois. Esse ano de 1909 era decisivo para o seu prestígio literário. Guillaume Apollinaire não chegara ainda ao grande público, mas uma fama literária do tipo da que vinha formando dispensava os favores do grande público. Ele se comunicará a um número mais extenso de leitores por intermédio de *L'Hérésiarque & Cie.*, de cujas páginas retiramos o conto que ilustra esta antologia, até agora inédito em qualquer tradução em português.

Em 1911 um fato que pertence ao anedotário da vida de Apollinaire coloca o poeta em maus lençóis. Ele andava no mundo da boemia, e não se cuidava da gente que o cercava. Um antigo ladrão de estatuetas do Louvre fora visto em sua companhia, e como em agosto daquele ano desaparecera do famoso Museu a Gioconda, Guillaume Apollinaire se viu indicado pela inteligência da polícia francesa como o mais provável autor do furto ou chefe de quadrilha, pois era ele um homem da renovação, dos meios artísticos de Montparnasse etc., e assim resolveram prendê-lo. O mundo inteiro soube que um poeta chamado Guillaume Apollinaire furtara do Louvre a célebre Gioconda. Durou poucos dias o equívoco, mas o poeta conheceu de perto os segredos da Santé. Para desagravá-lo do episódio, seus amigos se reuniram a fim de editar uma revista literária chefiada pelo poeta. Foi *Les Soirées de Paris* essa publicação, que se arrastou até 1914, de mãos em mãos, mas que merece ser lembrada pois nela Apollinaire escreveu os primeiros capítulos de suas *Méditations esthétiques*, que só na sua reedição, em 1921, viriam a receber o título definitivo de *Les Peintres cubistes*, o primeiro livro do cubismo, o codificador, que segundo a exagerada comparação de um crítico americano, revelaria o cubismo aos pintores cubistas...

Em 1913, Guillaume publica a primeira edição de *Alcools* com retrato de Picasso e ainda logo após *Le Béstiaire ou cortège d'Orphée*, quarteto com gravuras em madeira de Raoul Dufy. Naquele ano de 1913 deixara Marie Laurencin, que logo depois se casaria com um nobre alemão. Seguem-se na história sentimental do poeta os nomes de outras mulheres, Ana, Lou, Madeleine, Jacqueline.

A guerra de 1914 o arrasta em sua embriaguez. Não ouviu o apelo de Romain Rolland, nem aceitou o convite de Picabia para refugiar-se na Espanha. Queria "exaltar a vida da maneira como fosse possível" e a guerra era um momento para isso. Naturalizado, entrou no exército francês como artilheiro e serviu no 38º Regimento de Artilharia de Campanha.

Guillermo de Torre fixa em poucas linhas a justificação do poeta participando da guerra: "A guerra leva a um ponto de realização imediata certos sonhos que só haviam parecido utopia. Transformava a imagem do mundo libertando os instintos, deixando em disponibilidade os poderes de transmutação que a paz resguardava". E assim Apollinaire se divertia nas noites de guerra com o céu "estrelado pelos obuses dos boches, como uma floresta maravilhosa", que cantará nas páginas de "Calligrammes", publicado no ano mesmo de sua morte, dias depois.

Ferido na guerra, tratado por trepanação, o poeta volta já sem o seu profundo sentimento vital... Casa-se com Jacqueline em maio de 1918. Retomara sua vida literária. Fizera ir à cena, no ano anterior, *Les Mamelles de Tirésias*, que é a peça a que denominou "surrealista". A gripe espanhola o leva para o túmulo a 9 de novembro de 1918.

Em Apollinaire encontramos uma obra toda válida em meio ao ambiente de destruição que caracterizava aqueles dias. Seu equilíbrio se baseava num profundo conhecimento da coisa literária. Apollinaire era um erudito — devastava pela leitura bibliotecas inteiras. Recolheu para a biblioteca dos Curiosos a obra dispersa dos poetas libertinos antigos, prefaciou as edições de Sade, Casanova e outros.

Sua importância no movimento cubista é incontrastável. É um dos grandes poetas do século já consagrado em todas as histórias da literatura contemporânea. A título de curiosidade daremos no texto um "cliché" de seu poema "La Colombe poignardée et le jet d'eau", de *Calligrammes*, tal como o poeta o publicou, em sua disposição tipográfica original. Vários dos poemas desse livro obedecem a essa inovação que não deixa de ser também uma pesquisa simultaneísta, utilizada contemporaneamente pelo italiano Ardengo Soffici, amigo de Apollinaire, na tentativa de renovação da gráfica que foi empreendida nos tempos delirantes das inovações futuristas, construtivistas, expressionistas, cubistas e dadaístas.

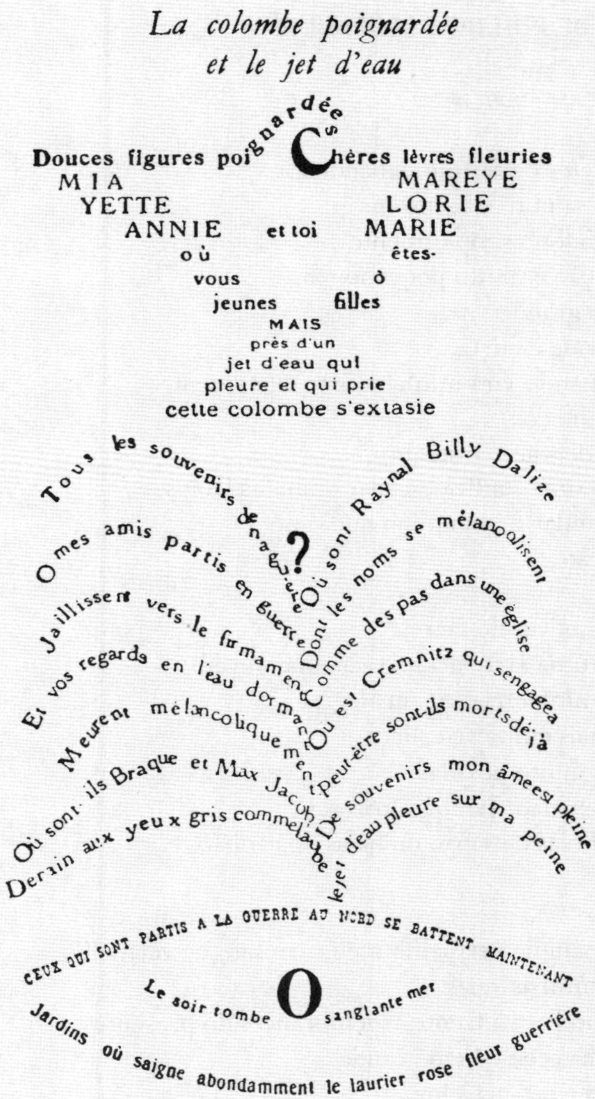

La colombe poignardée
et le jet d'eau

Douces figures poignardées Chères lèvres fleuries
MIA MAREYE
YETTE LORIE
ANNIE et toi MARIE
où êtes-
vous ô
jeunes filles
MAIS
près d'un
jet d'eau qui
pleure et qui prie
cette colombe s'extasie

Tous les souvenirs de naguère
O mes amis partis en guerre
Jaillissent vers le firmament
Et vos regards en l'eau dormant
Meurent mélancoliquement
Où sont-ils Braque et Max Jacob
Derain aux yeux gris comme l'aube
Où sont Raynal Billy Dalize
Dont les noms se mélancolisent
Comme des pas dans une église
Où est Cremnitz qui s'engagea
Peut-être sont-ils morts déjà
De souvenirs mon âme est pleine
Le jet d'eau pleure sur ma peine

CEUX QUI SONT PARTIS A LA GUERRE AU NORD SE BATTENT MAINTENANT
Le soir tombe O sanglante mer
Jardins où saigne abondamment le laurier rose fleur guerrière

É a seguinte a tradução deste poema:
"Doces figuras apunhaladas/ Caros lábios em flor/ Mia Mareye/ Yette Lorie/ Annie e você Marie/ onde estão/ vocês ó/ meninas/ Mas/ junto a um/ jato de água que/ chora e que suplica/ esta pomba se extasia/ Todas as recordações de outrora?/ Onde estão Raynal Billy Dalize/ Os meus amigos foram para a guerra/ Os seus nomes se melancolizam/ Esguicham para o firmamento/ Como os passos numa igreja/ E os seus olhares na água parada/ Onde está Crémnitz que se alistou/ Morrem melancolicamente/ Pode ser que já estejam mortos/ Onde estão Braque e Max Jacob/ Minha alma está cheia de lembranças/ Derain de olhos cinzentos como a aurora/ O jato de água chora sobre a minha pena/ OS QUE PARTIRAM PARA A GUERRA AO NORTE SE BATEM AGORA — A NOITE CAI O SANGRENTO MAR — JARDINS ONDE SANGRA ABUNDANTEMENTE O LOURO ROSA FLOR GUERREIRA" (página de *Calligrammes* de Apollinaire, "La colombe poignardée et le jet d'eau" [A pomba apunhalada e o jato d'água]).

DOIS POEMAS DE PHILIPPE SOUPAULT/[3] TRADUÇÃO DE PT.

DIGA ISSO CANTANDO

Os braceletes de ouro e as bandeiras
E o vento salubre e as nuvens
Eu os abandono simplesmente
Meu coração é muito pequeno
Ou muito grande
E minha vida é curta
Não sei quando virá minha morte exatamente
Mas, envelheço
Desço os degraus cotidianos
Deixando uma súplica escapar de meus lábios
Em cada andar é um amigo que espera
É um ladrão
Sou eu
Não mais sei ver no céu
A não ser uma estrela a não ser uma nuvem
Segundo minha tristeza ou alegria
Não sei mais curvar a cabeça
Que ela é muito pesada
Em minhas mãos também não sei
Se tenho bolas de sabão ou balas de canhão
Ando
Envelheço
Mas meu sangue vermelho meu caro sangue vermelho
Percorre minhas veias
Expulsando para a frente as lembranças do presente
Mas, minha sede é bem grande
Paro ainda e espero a luz
Paraíso paraíso paraíso.

3 Ibid., 8 de junho de 1947.

PASSEIO

Duas vozes se chocavam ressaltando
Dir-se-ia o mar
E aqui estão as árvores
Os passos as palavras e os troncos fendidos
Lá em cima o sol escolheu folhas mortas
Duas vozes se chocavam ressaltando
Paris não é longe
O trem se inclinando vira minúsculo
A calma é estrepitosa
A estrada vai melancolicamente
Doze dedos peludos espantam algumas nuvens
Um pinhão cai no teu chapéu

Duas vozes se chocavam ressaltando
Que nem uma lembrança que range os dentes
A mole espuma lá e a liberdade
Um ramo curvado

Olha lá embaixo As vozes passaram
Três rochedos ventrudos aceitaram meus braços

(*AQUARIUM*, 1917)

HÁ CINQUENTA ANOS, A 9 DE SETEMBRO, DESAPARECIA MALLARMÉ[4]

DOIS ESTUDOS DE PAUL VALÉRY SOBRE O SUPREMO POETA

Stéphane Mallarmé, poeta nascido em Paris em 1842, morreu a 9 de setembro de 1898, precisamente há cinquenta anos. Sua importância na história literária moderna é inegável. Ele trabalhou numa pesquisa poética cujas linhas últimas deviam estender-se ao próprio domínio do absoluto... Alguns críticos traçam a linha de sua influência desde Paul Valéry, seu maior discípulo e seu grande continuador, como Mallarmé continuara Baudelaire, até o dadaísmo e a um dos maiores nomes da poesia da língua britânica, Eliot... Sem dúvida, sua obra mais importante, o poema "Un coup de dés jamais n'abolira le hasard" [Um lance de dados jamais abolirá o acaso], permanece como um modelo de

4 Ibid., 5 de setembro de 1948.

supremo esforço na rejeição decidida de quanto pudesse ser fácil e ser fútil, para apanhar em suas malhas o imponderável luminoso e fluido. Na sua solidão, em perquirição atenta diante das palavras, obscuramente recolhido, pois só passara a receber a elite de amigos que o procurava às terças-feiras, amigos que foram Maupassant, Henri de Régnier, Pierre Louis, Moréas, André Gide, Léon-Paul Fargue, Paul Claudel, Paul Valéry, ele se tornou, pela sua simples presença, a grande figura do simbolismo, mas não se deteve nisto, e "Um lance de dados" bem o marcará: chegou até o simultaneísmo, à revolução tipográfica de Apollinaire. E foi assim que esse simples professor de inglês em Tournon, em Besançon, em Avignon, e finalmente em Paris, no Liceu Condorcet, tornou-se o Príncipe dos Poetas, depois da morte de Verlaine.

Sua bibliografia é a seguinte: *L'Après-Midi d'un Faune* (vinhetas de Manet, Derenne, 1876, reeditado em 1886 [*Les Poésies de Stéphane Mallarmé*][5] fotografadas sobre o manuscrito, ex-libris de Rops, edição da Revue Indépendante, 1887). *Poèmes d'Edgar Poe* (com florão e retrato por Monet), 1888. *Vers et Prose*, retrato de Whistler, Perrin, 1893. *Poésies complètes*, frontispício de Rops, Deman, Bruxelles, 1899. *Poésies*, edição completa contendo vários poemas inéditos e um retrato, N.R.F. 1913: *Un coup de dés jamais n'abolira le hasard*, Cosmopolis, maio de 1897, e outra edição em 1914, na Nouvelle Revue Française *Vers de circonstance*, 1920 e *Madrigaux*, com desenhos de Raoul Dufy, La Sirène.

Reproduzimos aqui dois estudos de Paul Valéry, o amado discípulo do Poeta, sobre a morte de Mallarmé e sobre "Un coup de dés", em homenagem ao cinquentenário da semana:

STÉPHANE MALLARMÉ

Um telegrama de sua filha comunicou-me, no dia 9 de setembro de 1898, a morte de Mallarmé.

Foi um desses golpes que atingem, primeiro, o mais profundo do ser e que tiram até a vontade de falar. Deixam a nossa aparência intata, e vivemos visivelmente; mas o interior é um abismo.

Não ousei mais entrar em mim mesmo onde sentia esperar-me algumas palavras insuportáveis. Depois desse dia, nunca mais considerei verdadeiramente certos assuntos de reflexão. Pensava discuti-los com Mallarmé; o seu traspasse brusco parece tê-los tornado sagrados e proibidos para sempre à minha atenção.

Nesse tempo, pensava muitas vezes nele; nunca como mortal. Ele se me representava, sob os traços de um homem, o mais digno de ser amado por

5 No texto original impresso, há aqui um empastelamento. O título entre colchetes corresponde ao da edição citada.

seu caráter e graça, a extrema pureza da fé em matéria de poesia. Todos os outros escritores me pareciam, perto dele, não ter reconhecido o deus único, entregando-se à idolatria.

O primeiro movimento de sua pesquisa foi necessariamente para definir e para produzir a mais estranha e a mais perfeita beleza. Eis que, primeiramente, determina e separa os elementos mais preciosos. Procura reuni-los sem mistura, e com isso começa a se distanciar dos outros poetas, os quais, mesmo os mais ilustres, são contaminados de impurezas, emaranhados de ausências, enfraquecidos de prolixidade. Ele se afasta ao mesmo tempo do maior número, ou seja da glória imediata e das vantagens, e se volta para o que ama e para o que quer. Despreza e é desprezado. Encontra já sua recompensa no sentimento de haver subtraído o que compõe com tanto cuidado às variações da voga e aos acidentes da permanência. São corpos gloriosos apenas os de seu pensamento: são sutis e incorruptíveis.

Não há, nas raras obras de Mallarmé, dessas negligências que suavizam e atraem tanto os leitores e os persuadem secretamente de ter familiaridades com o poeta; nada dessas aparências de humanidade que tocam tão facilmente as pessoas para as quais o que é humano se distingue mal do que é comum. Mas, ao contrário, vemo-lo realizar a tentativa mais audaciosa e persistente que jamais foi feita para sobrepassar o que chamarei de "intuição ingênua" (l'intuition naïve) em literatura. Era romper com a maioria dos mortais.

Aqui, talvez, seria necessário pôr em dúvida se um poeta pode legitimamente pedir a um leitor o trabalho sensível e elevado de seu espírito. A arte de escrever se reduziria ao "divertissement" de nossos semelhantes e à manobra de suas almas, sem participação de sua resistência? A resposta é fácil, não há nenhuma dificuldade: cada espírito é senhor de si. É-lhe bem fácil rejeitar o que o repugna. Não receeis nos tornar a fechar. Deixai-nos cair de vossas mãos.

Mas há quem não se contente, que se irrite, que se queixe e que faça um pouco mais do que se queixar. Embora eu nada veja de bom que não tenha atravessado as suas cóleras e não se tenha fortificado em seus desdéns, não sei, todavia, censurá-los, e me explico o seu coração. E uma impaciência bastante respeitável que leva as pessoas a depreciar, a interditar, a apontar às zombarias o que não se compreende. Elas defendem como podem a sua honra intelectual, salvam a face de sua inteligência. Considero notável, e quase belo, que os homens não possam sofrer, atribuindo-se a si mesmos uma espécie de derrota de seu espírito, nem suportá-la sozinhos: fazem um apelo aos seus semelhantes, como se o número de espelhos...

* * *

Um homem que renuncia ao mundo se situa na condição de compreendê-lo. Este de quem eu falo, e que tendia para suas delícias absolutas através do exercício de uma espécie de ascetismo, pois que repelira todas as facilidades de sua arte e suas felizes consequências, mereceu bem perceber a profundidade. Mas esta profundidade não depende senão da nossa: e a nossa, de nosso orgulho.

O amor, o ódio, a inveja, são luzes do espírito: mas o orgulho é a mais pura. Ele iluminou para os homens tudo o que eles tinham a fazer de mais difícil e de mais belo. Ele consome as pequenezas, e simplifica a própria pessoa. Ele a afasta das vaidades, porque o orgulho é para a vaidade o que a fé é para as superstições. Mais o orgulho é puro, mais é forte e só na alma, e mais as obras são meditadas, são recusadas e repostas incessantemente no fogo de um desejo que nunca morre. O objeto da arte, atacado pela grande alma, se purifica. O artista pouco a pouco se despoja das ilusões grosseiras e gerais, ele obtém de suas virtudes imensos trabalhos invisíveis. A escolha impiedosa lhe devora os anos e a palavra "acabar" não tem mais sentido, porque o espírito nada acaba por si mesmo.

Mais destacado das atrações que o tornam utilizável à maioria dos homens, o ato misterioso da ideia perde seus motivos ordinários e suas causas reconhecidas.

Mallarmé se justificou perante seus pensamentos ousando lançar todo o seu ser sobre a mais alta e mais audaciosa delas todas. A passagem do sonho à palavra ocupa essa vida "infinitamente simples" de todas as combinações de uma inteligência estranhamente despreendida. Viveu para efetuar em si transformações admiráveis. Não via no universo outro destino concebível que o de ser finalmente "expresso". Poder-se-ia dizer que ele colocava o Verbo, não no começo mas no fim do fim de todas as coisas.

Ninguém havia confessado, com essa precisão, essa constância e essa segurança heroica, a eminente dignidade da Poesia, fora da qual ele só percebia o acaso...

"UN COUP DE DÉS"

Penso que fui o primeiro homem que viu essa obra extraordinária. Logo que a concluiu, Mallarmé pediu-me para ir à sua casa; introduziu-me em seu quarto da rua Rome, onde atrás de um tapete repousaram até a sua morte, sinal por ele dado de sua destruição, os seus montes de notas, o segredo material de sua grande obra inacabada. Em sua mesa de madeira sombria, quadrada, de pernas curvas, ele depôs o manuscrito de seu poema; e começou a ler em voz baixa, igual, sem a menor procura de "efeito", quase consigo mesmo...

Gosto dessa ausência de artifícios. A voz humana me parece tão bela interiormente e mais perto de sua fonte, que os "diseurs" profissionais quase sempre me são insuportáveis, pretendendo *fazer valer*, *interpretar*, quando sobrecarregam, desvirtuam as intenções, alteram as harmonias de um texto; e substituem o seu lirismo ao canto próprio das palavras combinadas. Seu "métier" e sua ciência paradoxal não é apresentar momentaneamente, como sublimes, os versos mais negligentes e de tornar ridículas, ou aniquilar a maioria das obras que existem por si mesmas? Ai de mim, que já ouvi uma vez o *Herodiade* declamado, e o divino *Cisne*!

Mallarmé, tendo-se lido o mais unidamente do mundo seu "Coup de dés", como simples preparação a uma surpresa maior, fez-me enfim considerar o dispositivo. Pareceu-me ver a figura de um pensamento, pela primeira vez colocado em nosso espaço... Aqui, verdadeiramente, a extensão falava, sonhava, inventava formas temporais. A expectativa, a dúvida, a concentração eram *coisas visíveis*. Minha vista tinha o que fazer com os silêncios que se teriam corporificado. Eu contemplava à vontade inapreciáveis instantes: a fração de um segundo, durante o qual se surpreende, brilha, se aniquila uma ideia: o átomo do tempo, germe de séculos psicológicos e de consequências infinitas — apareciam enfim como seres, todos circundados de seu nada tornado sensível. Eram murmúrio, insinuações, trovão para os olhos, toda uma tempestade espiritual desenvolvida de página em página até o extremo do pensamento, até o ponto de inefável ruptura: aqui o prestígio se produzia; ali, no próprio papel, que cintilação de últimos astros tremia infinitamente pura no mesmo vácuo interconsciente onde, como uma matéria de nova espécie, distribuída em acervos, em rastilhos, em sistemas, coexistia a Palavra!

Esta fixação sem exemplo me petrificava. O conjunto me fascinava como se um asterismo novo no céu se tivesse proposto; como se uma constelação aparecesse enfim, significando qualquer coisa.

— Não estava eu assistindo a um acontecimento de ordem universal e não era, de qualquer maneira, o espetáculo ideal da Criação da Linguagem, que estava sendo representado naquela mesa, naquele instante, por aquele ser, este audacioso, este homem tão simples, tão doce, tão naturalmente nobre e encantador?... Eu me sentia entregue à diversidade de minhas impressões, surpreendido pela novidade de aspecto, todo dividido em dúvidas, todo encapelado de desenvolvimentos próximos. Procurei uma resposta em meio de mil perguntas que eu me impedia de fazer. Eu era um complexo de admiração, de resistência, de interesse apaixonado, de analogias em estado nascente, diante dessa invenção intelectual.

E quanto a ele — penso que considerava o meu espanto, sem espanto.

No dia 30 de março de 1897, dando-me as provas revistas do texto que devia publicar *Cosmopolis*, disse-me com um admirável sorriso, ornamento do mais puro orgulho inspirado a um homem pelo seu sentimento do universo: "Você não acha que é um ato de demência?".

Um pouco mais tarde, em Valvins, junto a uma janela aberta para a calma paisagem, apresentando as magníficas folhas de provas da grande edição composta por Lahure (nunca apareceu), ele me fez uma nova honra de pedir minha opinião sobre certos detalhes dessa disposição tipográfica, que era o essencial de sua tentativa. Procurei; propus algumas objeções, mas com a única intenção de ouvir a sua resposta...

Na noite do mesmo dia, quando ele me acompanhava à estação, o inumerável céu de julho encerrando todas as coisas num grupo ofuscante de outros mundos, e que nós andamos, fumantes obscuros, em meio da Serpente, do Cisne, da Águia, da Lira — ele me parecia agora estar preso ao texto do próprio universo silencioso: texto todo de claridades e de enigmas; tão trágico, tão indiferente como se queira; que fala e que não fala; tecido de sentidos múltiplos, que reúne a ordem e a desordem; que proclama um Deus tão poderosamente que o nega; que contém, em seu conjunto inimaginável, todas as épocas, cada uma associada ao distanciamento de um corpo celeste; que evoca o mais decisivo, o mais evidente e incontestável sucesso dos homens, a realização de suas previsões — até à sétima decimal; e que esmaga este animal testemunha, esse contemplador sagaz sob a inutilidade desse triunfo... Andamos. No côncavo de uma tal noite, entre os propósitos que trocávamos, sonhei com a tentativa maravilhosa: que modelo, que ensinamento, lá no alto! Onde Kant, bastante ingenuamente, talvez, acreditara ver a Lei Moral, Mallarmé percebia sem dúvida o Imperativo de uma poesia: uma Poética.

Essa dispersão radiosa; essas sarças pálidas e ardentes; essas sementes quase espirituais, distintas e simultâneas; a imensa interrogação que se propõe por esse silêncio impregnado de tanta vida e de tanta morte; tudo isso, glória para si próprio, total estranho de realidade e de ideais contraditórios, não deveria sugerir a alguém a suprema tentação de *reproduzir o efeito*!

Ele tentou, pensei, *elevar enfim uma página à potência do céu estrelado*!

Toda a sua invenção, deduzida de análises da linguagem, do livro, da música, perseguidas durante anos, se baseia na consideração da *página*, unidade visual. Havia estudado muito cuidadosamente (mesmo nos cartazes, nos jornais) a eficiência das distribuições de claros e de negro, a intensidade comparada dos tipos. Ele teve a ideia de desenvolver esses meios consagrados até então a excitar grosseiramente a atenção ou a agradar como ornamentos naturais da escrita. Mas uma página, em seu sistema, deve, dirigindo-se ao golpe de vista que precede e envolve a leitura, "intimar" o movimento da composição; fazer pressentir, por uma espécie de intuição material, por uma harmonia preestabelecida entre nossos diversos modos de percepção, ou entre as *diferenças de marcha* de nossos sentidos — o que vai se produzir à inteligência. Ele introduz uma leitura *superficial*, que encadeia a leitura linear, trata-se de enriquecer o domínio literário com uma segunda *dimensão*.

A liberdade que o autor concede (no prefácio à edição muito imperfeita de *Cosmopolis*) de ler em alta voz o "Coup de Dés", não deve ser mal compreendida: só vale para um leitor já familiarizado com o texto, e que, os olhos sobre o belo álbum de "imagerie" abstrata, pode enfim, com a sua própria voz, animar esse espetáculo ideográfico, de uma crise ou de uma aventura intelectual.

Numa carta que escreveu a André Gide, e que Gide citou durante uma conferência que pronunciou no Vieux-Colombier, em 1913, Mallarmé externou nitidamente o seu desígnio:

> O poema, escreve ele, se imprime, nesse momento, tal como o concebi quanto à paginação, onde está todo o efeito. Tal palavra, em grandes caracteres, por si só, exige toda uma página em branco e creio estar certo do efeito. Eu vos mandarei a Florença... a primeira prova aproveitável. A constelação fará, de acordo com as leis exatas, e quanto é permitido a um texto impresso, fatalmente com que tenha um jeito de constelação. O navio vai de lado, do alto de uma página ao pé da outra etc.; porque, nisso está todo o ponto de vista (que fui obrigado a omitir num jornal), o ritmo de uma frase ao tema de um ato, ou mesmo de um objeto, só tem sentido quando os imita, e figurado no papel, retomado pela leitura à estampa original, não pode produzir, malgrado tudo, qualquer coisa.

Não creio que seja preciso considerar a composição de "Um lance de dados" como efetuada em duas operações sucessivas: uma consistindo em escrever um poema à maneira ordinária, ou seja independentemente de qualquer figura e grandezas especiais; outra, que daria a esse texto, definitivamente elaborado, a disposição adequada. A tentativa de Mallarmé deve necessariamente ser mais profunda. Ela se situa no momento da concepção, ela é um modo de concepção. Não se reduz a situar uma melodia visual numa melodia intelectual preexistente; mas pede uma extrema, precisa e sutil posse de si mesma, conquistada por um treino particular, que permite conduzir, de uma determinada origem a um determinado fim, a unidade complexa e momentânea de diferentes "partes da alma".

ANTONIN ARTAUD E A SUA LEGENDA DE "POETA MALDITO"[6]

Impossível deixar sem referências a morte de Antonin Artaud. A morte: "Sair deste mundo", como insistia o poeta. E saiu, a 4 de março de 1948, ontem... Façamos, pois, as referências necrológicas em indicação jornalística de cunho informativo: Antonin Artaud é um dos primeiros nomes do movimento surrealista francês. Apareceu em 1924 com *L'ombilic des limbes* (na *Nouvelle Revue Française*) e assumiu em 1925, três meses depois de fundado, a direção do Bureau des Recherches Surréalistes, quando este organismo passou a funcionar em caráter restrito. Era em Paris, no número 15 da Rue de Grenelle. Saiu daí a revista *La Révolution surrealiste*. A declaração histórica do movimento, que é a datada de 27 de janeiro de 1925, assinada por todo o grupo, traz em segundo lugar o nome de Artaud: "O surrealismo não é um meio de expressão novo ou mais fácil, nem mesmo uma metafísica da poesia; ele é um meio de libertação total do espírito e de tudo que se lhe assemelhe...". Toda a vida de Artaud está contida nesse princípio: a luta pela libertação total do espírito e de quanto se pareça com o espírito. Uma luta pela expressão e mais ainda uma luta para ser o que ele queria formular em vida, poesia e morte.

Houve, sem dúvida, na vida de Artaud todas as ilusões. Ele começa como poeta, participa do grupo surrealista até que chega o momento em que o movimento foi empolgado pela política. Na ocasião em que denuncia o "bluff surrealista", Antonin Artaud acusa numa pequena brochura, *A grande noite* (1927), a adesão dos cinco chefes do movimento ao Partido Comunista Francês. Enquanto ele sai do surrealismo, seguramente não deixa o surrealismo aos que ficaram donos do movimento:

> Eu nego que o desenvolvimento lógico do surrealismo o tenha conduzido até essa forma definida de revolução que se entende sob o nome de Marxismo. Sempre pensei que um movimento tão independente como o surrealismo não se conciliaria judiciosamente aos processos da lógica ordinária. É uma contradição que, contudo, não estorvará muito os surrealistas dispostos a nada perder de tudo quanto possa lhes proporcionar qualquer vantagem, de tudo quanto lhes possa momentaneamente servir. Falai-lhes de sua Lógica, eles responderão Ilógica, mas falai-lhes de Ilógica, de Desordem, de Incoerência, de Liberdade, eles vos responderão com a Necessidade, a Lei, a Obrigação, o Rigor. Esta má-fé essencial está na base de seus expedientes (*A grande noite*, 1927).

6 *Jornal de Notícias*, 12 de março de 1950.

Foi a primeira ilusão. A segunda, que Artaud até o fim de sua vida perseguiu, foi o teatro. Discípulo de Charles Lullin, esse criador do moderno teatro francês, ele começa como ator, no *Atelier*, encarnando Créon, na *Antigone* de Jean Cocteau. Mas ainda aí não se estabilizaria — passa a diretor de cena e obtém um sucesso inolvidável com a montagem e a execução dos "Cenci". Publicara vários livros. *L'Opium pendu* (1925), *Le pèse-nerfs* (1927), *Correspondance avec Jacques Rivière* (1927), *L'Héliogabale ou Tanarchiste couronné* (1934) e resumindo as suas experiências de estudioso e criador de teatro ("théoricien de la dramaturgie", dirão os jornalistas franceses quando de sua morte), ele reuniu no volume *Le Théâtre et son double* (1938) todos os seus trabalhos...

Então, já morrera para os seus inimigos, para os que não podiam suportar o "poeta maldito". Morrera por que fora segregado do mundo. Ficara asilado em Rodez, desde 1936, devido a um "espantoso complô", como ele dizia. E aí começa a segunda vida de Artaud que não pode ser normalmente, como pede a boa informação em termos jornalísticos. Inclua-se ainda nessa primeira fase a facada que recebeu em Marselha, pelas costas, e quase o matando, e o segundo atentado que sofreu em sua vida, no navio *Washington*, a caminho da Irlanda.

Henri Parisot escreve a Antonin Artaud, em 1944, para a republicação de seu livro *Voyage au Pays des Tarahumaras*. Artaud responde de seu túmulo. É dessa correspondência que nasce a confissão raivosa das *Cartas de Rodez*, quando ele sacode a inteligência francesa com o seu grito de protesto. Rivière já morrera, mas seus dois grandes amigos, Jean Paulhan e André Gide, vivem e gozam de prestígio: são estes dois escritores franceses que diante das *Cartas de Rodez* solicitam a liberdade para Antonin Artaud. O poeta sai, então, do asilo para alienados de Rodez, e volta à vida. Aí surge uma fulguração — o último dos poetas malditos, o descendente direto de Baudelaire, de Lautréamont, de Rimbaud, risco negro nessa tradição entre o ópio e a loucura, vive o seu derradeiro período de revoltado. Devemos dar a palavra a uma testemunha da homenagem que lhe prestam no Vieux Colombier: "[...] Os que ali estiveram presentes nessa noite jamais poderão esquecer a voz de cristal partido de Artaud, quando ele disse, lancinantemente, os seus últimos poemas". Arrasado física e fisiologicamente, esse ansioso-constitucional, trazendo um câncer, levanta de novo a sua voz dolorida em protesto. Como sempre, procura no cloral um recurso de aniquilamento. Escreve então nos últimos meses que lhe restam o ensaio "Van Gogh le suicidé de la societé", que recebe em janeiro de 1948 o prêmio Saint-Beuve de crítica. A revista *Fontaine*, nº 57, acolhe suas páginas intituladas "Histoire entre la Groume et Dieu", e um escândalo de proporções inusitadas rebenta. Assinantes devolvem a publicação e protestam. Mas não estava só nisso: a cadeia radiofônica francesa acolhera anteriormente uma sugestão para incluir um poema de Artaud no programa *A voz dos poetas*. E a emissão não se faz... Wladimir Porché, diretor da Radiodifusão Nacional, censura as palavras de Artaud apresentadas sob o título "Pour en finir avec le jugement de Dieu", por imoralidade. Artaud e Maria Casarés, Roger Blin e Paule Thévenin se ocupariam da interpretação. Esta não foi feita antes de uma demonstração a sessenta intelectuais e jornalistas, que aplaudiram o texto e a interpretação, embora, reconhecessem que talvez não conviesse ao rádio o papel de divulgar aquilo... Havia a família francesa, o burguês e o pequeno-burguês, e era arriscado. Porché interditou então a peça de Artaud, primeiro caso de censura radiofônica na França. Um dominicano, o reverendo R. P. Laval, defendeu a emissão:

"Enfim, eis a linguagem verdadeira de um homem que sofre" — declarou o padre após a sessão especial a que assistira. Esta atitude considerada de "esquerdismo intelectual" também foi criticada pelos que viram na palavra do padre uma tentativa da Igreja para escapar à pecha de reacionária...

Logo depois da publicação de *Pour en finir avec le jugement de Dieu*, Antonin Artaud volta aos seus sofrimentos. Recolhe-se à clínica do doutor Delmas, "o único psiquiatra compreensivo que encontrei", declarou Artaud numa entrevista publicada no dia seguinte ao de sua morte... Por infelicidade, naqueles dias mesmo em que o poeta entrava na Clínica do doutor Delmas, este morria também. E uma dose de cloral a mais levou-o para a única saída que ele desejava.

Sua liberdade nesses últimos tempos de vida simboliza assim como que um destino de ressurreição: Artaud, que para muitos morrera ao ingressar no Asilo de Rodez, tornou à tona da vida, recuperou a sua posição de poeta e de intelectual, realizou duas ou três obras de profunda significação, e imediatamente repôs-se no silêncio do túmulo definitivo. Há como que uma predestinação em tudo isto. Reconhece-se o seu imenso lugar nas letras francesas deste século, e a revista *84*, que fundara com alguns dos mais exasperados poetas, lhe dedica um número especial em que se reúnem os depoimentos, os testemunhos de seus amigos, desde André Gide, com os seus oitenta anos, até a pequenina Domnine Thévenin, de seis anos, filha de Paule Thévenin, e que balbucia nessas páginas de saudade uma frase comovente: "*Je panser boucou à antenin artaus et pi y disai tan de chause qui mamusés boucous et il et trét tré jantigne*"... Jean Paulhan observa em suas linhas discretas que o "menos que se poderia dizer de Artaud é que ele jamais se confessou vencido". E André Gide dá o diagnóstico dessa morte espantosa: "o poeta teria morrido de vergonha de tomar o seu lugar num mundo em que o conforto é formado por tantos compromissos".

Passou ontem o segundo aniversário da morte de Antonin Artaud, e o artigo que a sua poesia pede, que a interpretação de suas inspirações exige, não caberia, certamente, numa coluna volante de jornal.

—PT.

solange
sohl/ 1948

Não conheci Patrícia Galvão. Ao escrever "O sol por natural", tomando como tema o poema "Natureza morta" e como personagem a sua autora, Solange Sohl, supunha que se tratasse, efetivamente, de obra "de uma estreante", taí como fazia crer a nota que o acompanhava, no Suplemento Literário do *Diário de São Paulo*, de 15 de agosto de 1948. Só depois da publicação dos artigos "Quem foi Solange Sohl" e "Desta casa destruída", por Geraldo Ferraz, em 1963, é que vi solvido o mistério. Tudo indica que Patrícia nunca soube da existência de "O sol por natural", divulgado em *Noigandres 1* (1952) e na *Antologia Noigandres 5* (1962), em edições de circulação restrita.

Recentemente, Lygia de Azeredo Campos, pesquisando os artigos de Patrícia em *Fanfulla*, fez duas descobertas que, de algum modo, se ligam a este capítulo.

Numa crônica da série "De Arte e de Literatura", a propósito do livro *Odes* de Edgard Braga (*Um poeta grego na Pauliceia, em paralelo com outras Odes*, publicado em 18 de setembro de 1951), aludindo aos poetas bissextos, Patrícia ressuscitava a misteriosa "autora" de "Natureza morta": "Há também uma Solange Sohl que anda esquiva não sei por onde".

Em outra crônica, pouco depois, em 28 de dezembro de 1951 ("Um poeta editado por Maldoror", *um manifesto italiano e alguma pintura*), registrou, com simpatia, o aparecimento de *O rei menos o reino*, o primeiro livro do autor de "O sol por natural", sem, evidentemente, conhecer este poema, terminado em março de 1951.

Uma história de afinidades eletivas e de formosos equívocos.

NATUREZA MORTA/[1] SOLANGE SOHL

(Solange Sohl é uma estreante. A publicação do presente poema é feita a título de animação, pois há que considerar, na sua realização lírica embebida de um dramatismo intenso, um compromisso para o futuro.)

Os livros são dorsos de estantes distantes quebradas.
Estou dependurada na parede feita um quadro.
Ninguém me segurou pelos cabelos.
Puseram um prego em meu coração para que eu não me mova
Espetaram, hein? a ave na parede
Mas conservaram os meus olhos
É verdade que eles estão parados.
Como os meus dedos, na mesma frase.
As letras que eu poderia escrever
Espicharam-se em coágulos azuis.
Que monótono o mar!

Os meus pés não dão mais um passo.
O meu sangue chorando
As crianças gritando,
Os homens morrendo
O tempo andando
As luzes fulgindo,
As casas subindo,
O dinheiro circulando,
O dinheiro caindo.
Os namorados passando, passeando,
Os ventres estourando
O lixo aumentando,
Que monótono o mar!

Procurei acender de novo o cigarro.
Por que o poeta não morre?
Por que o coração engorda?
Por que as crianças crescem?
Por que este mar idiota não cobre o telhado das casas?
Por que existem telhados e avenidas?
Por que se escrevem cartas e existe o jornal?
Que monótono o mar!

1 *Diário de São Paulo*, 15 de agosto de 1948. A nota que antecede o poema é de autoria dos editores do jornal.

Estou espichada na tela como um monte de frutas apodrecendo.
Si eu ainda tivesse unhas
Enterraria os meus dedos nesse espaço branco
Vertem os meus olhos uma fumaça salgada
Este mar, este mar não escorre por minhas faces.
Estou com tanto frio, e não tenho ninguém...
Nem a presença dos corvos.

SUARÃO, PRAIA GRANDE

O SOL POR NATURAL/ AUGUSTO DE CAMPOS

para Solange Sohl
ses vezer

Quem tirou nunca o sol por natural?
Sá de Miranda

Ofertório

Sol, espelho do sol, outro sol, dona sol.
Oponente do sol, distribuidora de belezas.
Lúcida mão sobre os meus olhos, lago.
Aplaca-me, eu o rude, aura luz alba
Nascida, alimenta-me de ouro
Gêmea da luz
E SOL.

1

Ao meu forçoso amigo — o ar — às vezes peço
A voz de Solange Sohl, serena de ouro.
E o ar, douto rei sem amor,
Se escuta o meu pedido
Morre como um rei sem sentido.

Olhando para além do ar e vendo
O céu azul, a ele também me estendo
Doloroso e unido.
Porém o céu — assim aprendo —
É ar e ar reunido.

Esta amiga segura — a sombra — enfim
Ela me disse, a esfinge:
— A voz de Solange Sohl, senhora
De ouro, a voz
De Solange Sohl, pomba sonora,
O ar — rei amável — a devora.

2

Como pousado não
Sobre a árvore do ouvir,
Solange Sohl ave
De ouro andorinha
Fechou as alas e é.

O Poeta ergue a mão
Sinistra e a mão direita
E com ambas do chão
A sua alma estreita.
Depois deixa pender
A certa e cobre os olhos
Com a menos segura.
Depois se vê cansado
E com uma flor escura
Dom Quixote chorando
Contra os moinhos grandes
De vento do Poema.

Mas a Solange Sohl
Sem fim ele saúda,
Com voz e lábio, com

Um tão verde vocábulo
Como um ramo de dores
Em um pulso parado.
Com versos como vermes
Roedores da cor do
Seu coração coroado:
— Ó insula Solange
Do meu sonho ancorado.
Solange Sohl suprema
Ave de ouro não vê,
Sobre a árvore da pena.
Sob e na pedra dura
A face então serena
O da Triste Figura.

3

Porém o corvo — o qual vereis adiante
Como entrou em meu corpo — o corvo
Disse através do bico que me fere,
De dentro do meu corpo ele disse e imitava
A minha voz partida: — Que sei eu
Da natureza morta de Solange?
Que sei de sua lenda de vidrilhos?
Que sei de sua fome e suas plantas?
Das fábulas e pesos do seu corpo, da medida
Do seu lábio inferior à sua fronte?
Por esse modo posto
Em guerra com a minha voz, assim
Eu respondi por meio dos meus olhos:
— Solitário sem solo ou sol, eu sei.
Sei — através dos lábios do poema —
Sua forma de cinzas entre a morta
E a viva natureza do seu canto.
Sei a sua amargura contra a idade.
Aquele enterro de unhas pelo mar,
Aquele mar, aquele mar, aquele mar,
Aquele mar parado, só eu sei.

Porém o corvo disse
(Com a minha voz):

4

— Solange Sohl existe? É uma só?
Ou é um grupo de vidros combinados? Uma lenda
Medieval que vestes de neurose? Por certo
Esta armadura não te queda mal,
Ó meu Beltenebroso sem corcel.
Forçoso é acrescentares uma rosa à mão,
E mais, desenterrares o antigo arrabil,
Assim mui gentil e homem poderás planher
Teu sobrafã de sobramar
Solange Sohl em forma de ar.
Muitos — como vereis — e incongruentes são
Os dons que à referida atribuiu a rude
Tua mente cansada.
Solange Sohl, leoa sobre-humana
Encarcerada em uma jaula de ouro.
Solange Sohl, doutora e silenciosa
Sob o peso dos cílios.
Solange Sohl, fontana submersa.
Solange Sohl, senhora silandeira
Com o sonho tecido em seu regaço.
Solange Sohl, Solange Sohl, Solange Sohl,
Solange Sohl, como prata soando.
Solange Sohl? A tua mesma sombra. Que roda
A velha ronda solar em torno do teu corpo.
Agora aí te deixo como um cão de diamante
Tornado e mudo.
Como um imenso ouvido que se abre
No alto de uma árvore.
Como uma estátua que se desmorona.

5

Com metade do rosto em apodrecimento
E ambos os olhos
Salvos e recolhidos à minha mão direita,
Assisto de frente e fronte descoberta
A uma grave estação de encantamento:
Solange Sohl, nascida de ouro, perde a cor dos seus olhos.
Os delicados membros se reduzem compondo
Frutas podres enterradas em um quadro.
No ato de arremessar mão e olhos ao mar
Permanecendo assim enxuto e breve,
Consigo que Solange volte ao estado de ave.

Com um prego em seu coração, todavia.
Contemplo a forma adunca enferrujar-se e roer de ferrugem
O puro coração partido.
Percebo ainda o grande ódio crescer um punho no meu pulso.
O qual arranca o amargo prego do músculo sagrado
E o enterra em meu peito onde ele vem cumprindo a dura
Sua lei de ferrugem.
A derradeira forma de Solange é o ar.
Desliza o sangue de Solange pelos rubros
Cabelos seus agora e já sem cor.
Sobre o nome sagrado de Solange
O ar sempre maior, pai da forma volúvel,
O ar estende o seu nome imensurável.
O sangue de Solange cobre o Sol.

6

Solange Sohl existe. É a morta luminosa.
A mim cortou o coração com um dobrar de olhos.
Ela recebe em sua palma o meu coração quente.
Ela morde o meu coração como um fruto jovem.
Luminosa! Quem a diria capaz de tanta e estreita morte,
A devoradora desse triste músculo esforçado?
Solange Sohl existe armada no ar
Com toda a sua imensa estrutura de vidro.
Borda com suas finas mãos no ar
A ave criada para residir em meu corpo
No lugar em que foi o meu coração cortado
E nesse lugar ele se encurva,
O corvo.
Solange Sohl dispõe os lábios no lugar da ferida
De modo que esta se feche e o corvo dentro.
Logo esse pássaro triste abandona o meu peito.
Aí onde é a minha garganta, aí ele se agarra,
Aí, onde começa a voz.
Por que a minha voz é negra,
A qual espalha cinzas em lugar de palavras,
Cinzas que vão ao mar e o mar espalha sobre
O mar, detrás do qual existe Solange Sohl.

| 1950-51 |

QUEM FOI SOLANGE SOHL/[2]

GERALDO FERRAZ

No ano de 1948, agosto, publicava um jornal paulistano, em seu Suplemento Literário de 13 desse mês, um poema assinado por Solange Sohl. O nome derivava de Sol-ange, pois a poetisa preferira esconder com um "h" a verdadeira procedência — seria Solange Sol — ficou Solange Sohl (sola, em alemão). Secretariando o jornal e o suplemento encabeçamos o poema com uma advertência: "Solange Sohl é uma estreante. A publicação do presente poema é feita a título de animação, pois há que considerar, na sua realização lírica embebida de um dramatismo intenso, um compromisso para o futuro". O poema chamava-se "Natureza morta".

Quem era Solange Sohl?

A pergunta nos foi dirigida, a mim e a Patrícia Galvão, que cuidava da parte literária do suplemento. Tratava-se de jovens poetas que queriam conhecer a "colega", afinal uma autêntica "poetisa maldita", na acepção inteira do termo. Patrícia Galvão remeteu os curiosos à Faculdade de Filosofia, dizendo tratar-se de uma jovem aluna daquela escola. Houve quem fosse verificar lá e voltasse de mãos abanando: na lista das alunas não constava nenhuma Solange Sohl... Ora, explicou Patrícia Galvão, trata-se de um pseudônimo duma moça que não quer que o nome dela apareça; por que o anonimato aí escondido deve ser rompido? Os jovens admiradores de Solange não desistiram. Cada vez que aparecia o nome da poetisa — apareceu mais umas três ou quatro vezes — o inquérito era reaberto.

No quinto número da *Antologia Noigandres*, comemorativo dos dez anos de vida do Grupo Noigandres, cujas atividades começaram em 1950, cinco poetas recolheram poemas publicados desde então, selecionando-os, e entre esses Augusto de Campos insere o poema "O sol por natural", que é dedicado a Solange Sohl.

Só vim a ter conhecimento deste poema agora, no quinto número da *Antologia Noigandres*. Agora que esta provocação — o poema de Augusto de Campos — se dirige à poetisa de "Natureza Morta" e a evoca, à poetisa e ao poema, no seu "O sol por natural", a provocação não mais colhe. Patrícia Galvão (Solange Sohl) não pode responder, não pode ler. Está morta. O poema foi escrito antes da morte de Patrícia Galvão (Solange Sohl), mas o poeta fala:

Solange Sohl existe. É a morta luminosa.

Luminosa! Quem diria capaz de tanta e estreita morte?

2 Suplemento Literário, *O Estado de São Paulo*, 16 de março de 1963.

O poema que revelou Solange Sohl, um dos quatro ou cinco pseudônimos de Patrícia, e que é trabalhado e remanejado no poema de Augusto de Campos, é este, conservada a pontuação original:

(segue-se a transcrição do poema "Natureza morta")

Augusto de Campos talvez tenha sido um dos que procuraram conhecer Solange Sohl. Com o tempo, após alguns poemas, a poetisa foi esquecida. O seu primeiro poema acabou, entretanto, servindo de temática, bem como a sua misteriosa existência, ao poeta de "O sol por natural", unindo Sá de Miranda do soneto 127 da edição *Clássicos Sá da Costa* à existência de Sol-ange, através dos seus versos. Só a comparação direta do poema de Augusto de Campos com o de Patrícia Galvão (Solange Sohl) pode demonstrar como ele aproveitou o tema dado e como consagrou num poema as imagens de "Natureza morta". Traga-se pois para aqui o poema "O sol por natural", que serve hoje de apologia e exaltação à "morta luminosa", a qual deixou entre seus últimos papéis vários poemas soltos, displicentemente, na necessidade que lhe vinha de exprimir-se em verso. Eis o poema inspirado em Solange Sohl (Patrícia Galvão) e em seu poema "Natureza morta":

(segue-se a transcrição do poema "O sol por natural")

Que dizer de tudo isso? Entrego aqui a palavra aos que amam a poesia e aos críticos que não tenham ainda desgastado sua capacidade de captação dos mistérios do que Bachelard chamava "Ia poétique de Ia rêverie", e que se acha presente nesta espécie de "transfert intérieur" pelo qual um poeta deu pelo poema sua intimidade a outro poeta possibilitando a transubstanciação que sobe da "natureza morta" à "natureza viva", transfiguradora, de um mote seiscentista.

A provocação do poema de Augusto de Campos torna-se agora a homenagem póstuma à "morta luminosa". Dono de uma informação deste teor não me caberia calar — o poema de Augusto de Campos chega-me como tantos outros saudares pela passagem da morte na casa destruída, pela ausência esperada, contudo súbita, chocantemente estranha.

DESTA CASA DESTRUÍDA/[3]

GERALDO FERRAZ

Os versos do poeta justificam a insistência com que volto ao assunto, em evocações, recordações da casa da morta:

3 *A Tribuna*, Santos, 7 de abril de 1963.

Qui solitaire était, longtemps le restera
lisant e prolongeantises lettres et ses veilles

Já não se faz possível construir a casa para quem a não tem, não é assim velho nobre Rainer Maria? Na vigília, recebo uma carta de Augusto de Campos, o poeta de "O sol por natural", dedicado à poetisa Solange Sohl, sobre um poema de Solange Sohl, não uma paráfrase apenas, melhor uma transubstanciação mesmo do poema e da imagem plasmada da poetisa na recriação do poeta.

Quem foi Solange Sohl? Tenho de repeti-lo aqui, agora que Augusto de Campos está mais perto de mim e me estende a mão amiga — respondo hoje a carta que ele me mandou, recambio livro, mando-lhe uma fotografia de Solange Sohl. Para quem não leu o artigo do *O Estado de S. Paulo*, de 16 de março, cabe reproduzir alguns trechos da resposta à pergunta inicial:

> No ano de 1948, agosto, publicava um jornal paulistano, em seu Suplemento Literário de 13 desse mês, um poema assinado por Solange Sohl. O nome derivava de Sol-ange, pois a poetisa preferira esconder com um "h" a verdadeira procedência. Secretariando o jornal e o suplemento encabeçava eu o poema com uma advertência: "Solange Sohl é uma estreante. A publicação do presente poema é feita a título de animação, pois há que considerar, na sua realização lírica embebida de um dramatismo intenso, um compromisso para o futuro". O poema chamava-se "Natureza morta".
> Quem era Solange Sohl?
> A pergunta nos foi dirigida, a mim e a Patrícia Galvão, que cuidava da parte literária do suplemento. Tratava-se de jovens poetas que queriam conhecer a "colega", afinal uma autêntica "poetisa maldita", na acepção inteira do termo. Patrícia Galvão remeteu os curiosos à Faculdade de Filosofia, dizendo tratar-se de uma jovem aluna daquela escola. Houve quem fosse verificar lá e voltasse de mãos abanando: na lista das alunas não constava nenhuma Solange Sohl... Ora, explicou Patrícia Galvão, trata-se de um pseudônimo duma moça que não quer que o nome dela apareça; por que o anonimato aí escondido deve ser rompido?

O mistério ficou. Este ano, vim a ter conhecimento daquele poema que, em 1951, um dos jovens que procuraram saber quem era Solange Sohl, dedicou à poetisa. Em *Noigandres 5* — publicação periódica de um grupo de poetas que passou pelo concretismo — apareceu aquele poema. Ele foi inspirado na "Natureza morta" que hoje se sabe que foi escrito por Patrícia Galvão, há quinze anos. Ela, a estreante que não quis revelar quem era Solange Sohl. Dela este pseudônimo cujo prestígio está inteiro na reverberação poética que lhe deu Augusto de Campos. Eis o poema de Patrícia Galvão, de 1948:

(segue-se a transcrição do poema "Natureza morta")

Sobre tais versos, Augusto de Campos criou o seu poema cuja leitura sacode agora as estantes furadas dos livros que se foram, o lugar vazio, os cabides sem roupa, as vigas à mostra, as paredes em decomposição, nesta casa destruída, porque falam que "Solange Sohl existe. É a morta luminosa", e acrescentam: "Luminosa! Quem a diria capaz de tanta e estreita morte?". Um mês antes de minha leitura desses versos, Patrícia Galvão dormia o seu sono, na cidade que tanto amava e para onde veio golpeada de morte, atravessando o Atlântico a fim de repousar nestas areias — "quem vem pra beira do mar..."

Publicarei então novamente aqui os versos de Augusto de Campos:

(segue-se a transcrição do poema "O sol por natural")

Da carta de Augusto de Campos, depois de revelada a identidade da poetisa, creio poder me dar a liberdade de transcrever a parte final, suficiente para explicar o "transfert" realizado:

> A revelação da identidade de Solange Sohl não destrói o mito, a criatura criada e criadora. Permitindo a reconstituição do diálogo de poema a poema, a ambos ilumina. E faz com que se torne efetivo o tributo implícito no poema e explícito na dedicatória. Homenagem que assumo com tanta maior convicção quando vejo confirmado tratar-se a autora de "Natureza morta" de uma criatura invulgar como sempre supus haveria de ser quem tivesse podido escrever tal poema. Convence-me, também, mais do que nunca, de que, ao fim de tudo, a poesia é que tem — sempre teve — razão. O acaso escreveu certo por linhas tortas. Que tudo assim possa ter sido sentido e compreendido em seu artigo é para mim, por si só, uma comprovação da "verdade" do poema e da poesia.

O real absoluto de Novalis, "quanto mais real a coisa mais poética ela é", levanta as suas asas poderosas destas palavras de Augusto de Campos. Queria lhe escrever isto desta casa destruída, onde não há mais a avenca, a estrela, o rumo — no desamor nenhum motivo para a fé. Alguém precisa começar a cantar.

para Augusto de Campos

esta era Solange Sohl

— Patricia Galvão —

retrato de 1949

Geraldo Ferraz

março, 1963

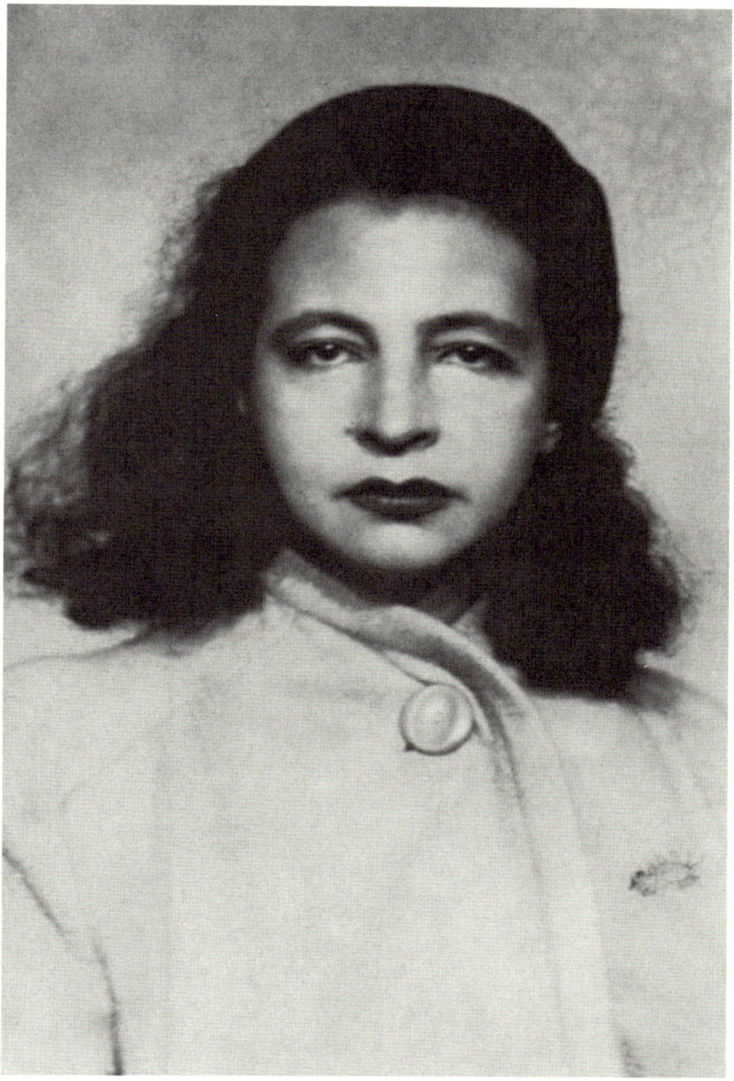

contribuição ao julgamento do congresso de poesia/ 1948[1]

1 *Diário de São Paulo*, 9 de maio de 1948.

Caracterizou, principalmente, o Congresso de Poesia, o debate surgido na base de uma tese, que registrou o aparecimento da "nova poesia", datada de 1945. A data de 1945 é singularmente aproveitada, pois se trata de um ano histórico, de transformação política, primeiramente, na vida interna do país, o que dá uma nova perspectiva econômica, também, tudo sofrendo as influências de uma transformação mundial, que é a que acarretou nesse ano o fim da Segunda Guerra, com o aniquilamento do eixo nazista. O grupo de que saiu essa tese, apresentada pelo sr. Domingos Carvalho da Silva, é o mesmo grupo que lançou a *Revista Brasileira de Poesia*, responsável também pela concretização do Congresso. Caracteriza-se o autor da tese como porta-voz, pelo comportamento de todos os componentes do grupo, que não apresentaram nenhuma tese contrária ou paralela a esse ponto de vista, e durante o Congresso apoiaram, cada um por sua vez, sem quebra de unidade, a "nova poesia", datada de 1945. A tese da "nova poesia" voltou-se, em sua crítica ao passado, até a Semana de Arte Moderna de 1922, desse movimento destacando a poesia, para dizer que a "nova" é uma "conquista" de 1945, desligada inteiramente das pesquisas de então. O movimento de 1922 é assim considerado "coisa morta" pelo grupo do sr. Domingos Carvalho da Silva. Entre os debates suscitados, formulamos a seguinte crítica e indicação, apressadamente redigida, entre as sessões da tarde e da noite de sábado, 1º de maio:

> A tese do sr. Domingos Carvalho da Silva tem importância, não porque seja um marco dentro do Congresso de Poesia, como estava na intenção desmedida do autor. Ela tem importância porque, dentro de suas linhas, repousa o consentimento de um agrupamento de moços. Não é o autor que fala, é uma corrente, embora esta corrente, como não podia deixar de ser, traga uma deformação congênita. É a corrente que cresceu dentro de um estado de espírito estreito, passivo, oprimido. Essa geração não tem culpa. Dentro dos muros da opressão ela não pôde desenvolver as suas asas.
>
> Por que o sr. Domingos Carvalho da Silva toma-se de uma espécie de fobia, como se mencionou na discussão, opondo a existência de uma poesia de 1945 à poesia de 1922?
>
> Muito simplesmente porque 1922 é um marco revolucionário — e 1945 é apenas a saída de uma prisão sem que os prisioneiros libertados saibam o que fazer de sua liberdade. Não são portadores de uma nova palavra de ordem. Olham para trás e só veem 1922, e podemos pensar que, com essa "fixação", a tese do sr. Domingos Carvalho da Silva nada mais é que uma tentativa sonolenta de um manifesto para formular um grito de independência. É justo que assim o desejem ele e os que o apoiam, verificando que não há mais grades para a sensibilidade e para o sonho. Mas, não é atacando o passado, e um passado que é um marco, como 1922, que o hão de conseguir.

Não estamos aqui com procuração para defender 1922. Temos o que criticar nessa etapa. Vinte e dois são os dez dias que abalaram o mundo na literatura brasileira. Não porque fosse caracterizado por um pensamento de exportação de poesia e de libertação de formas, podres e mortas. Mas porque 1922 foi o nosso reflexo provinciano do maior movimento de revisão nas artes que se produziu no mundo e na história. Em um período de vinte anos, que se pode fixar na quadra de 1905 a 1925, na poesia, conhecemos desde o simultaneísmo* até o surrealismo. É a quadra de Proust, de Rilke, de Joyce, do futurismo, de Apollinaire, da *Nouvelle Revue Française*, de Fernando Pessoa, de Max Jacob, de García Lorca, da revolução na tipografia, da presença de Freud.

O nosso 1922 tem, portanto, ligação umbilical com a revolução artística que a Primeira Guerra trouxe no seu bojo.

Entretanto, os homens de 1922 não completaram o seu movimento. Houve uma grossa traição. Diante da antropofagia, ramificação de 1928, Mário de Andrade confessava que só se mantinha na primeira fase da "Revista", para manter o "aplomb". Deu-se então o estouro da boiada. A revolução de 1922 acabou, embora até hoje o sr. Oswald de Andrade permaneça de facho em riste, bancando o Trotsky, em solilóquio com a revolução permanente.

Não cabe estudar aqui o que aconteceu no meio, o grupo que surgiu de 1928 a 1935, nem o abandono das velhas barricadas. Podemos hoje comparar 1922 com a tradição da Comuna, que só deixou o germe.

Concluindo, pensamos que o sr. D. C. da S. tem de fazer no mínimo uma revolução, se quiser se qualificar pelo menos como soldado raso da nova investida. A "conquista" que afirma ter feito, conforme está na tese, da poesia de 1945, não passa de uma *sublimação* que armou este congresso para ter onde se expor. Pedimos ao Congresso que repila o papel de submissão, diante desse malabarismo, recusando sua adesão a um ponto de vista de um grupo que quer tomar o poder, sem ter credenciais para isso.

INDICAÇÃO: Pelo seu caráter de ensaio, pela tentativa de empolgar uma situação que só pode ser obtida na manipulação do "fogo sagrado", o Congresso de Poesia rejeita a tese do sr. D. C. da S., pela sua inocuidade.

Este ponto de vista oposto ao dos "donos" do Congresso procura mais esclarecer como deve ser considerado o movimento de 1922, sem levar em consideração as opiniões particulares dos componentes da Semana de Arte Moderna.

O movimento de 1922 interrompeu-se em 1928, conforme asseveramos. Rompeu-se com o desdobramento da Semana, no movimento da antropo-

* O poema universal, de Henri Barzun, é de 1907, mas suas pesquisas no simultaneísmo vinham de muito antes. (N. A.)

fagia, qualquer que seja a consideração que se deva a esta ramificação, se se quiser fazer um estudo atento à evolução das formas e doutrinas literárias. Cindiu-se na base da antropofagia o grupo de 1922, cindiram-se os aderentes, outros surgiram. Mas a cisão foi fatal ao movimento. Trouxe primeiramente um desperdício enorme de forças. Na nossa vida semicolonial, continuavam a ser ouvidas as vozes do mundo: o movimento literário, intelectual, brasileiro, dividiu-se em três correntes nítidas. Mário de Andrade mantém-se, com o seu grupo, muito próximo e dentro mesmo, do Partido Democrático, que se distende até o movimento constitucionalista; Oswald de Andrade e o seu grupo, na pesquisa do socialismo, distribui-se pelas ideias da extrema esquerda até o comunismo militante, cuja experiência fizeram nos primeiros anos após 1930; e o grupo que saíra de uma mitologia sob medida talhada no totem da *Anta*, tingida pelo verde-amarelismo, encarnaria o mussolinismo caboclo, é Plínio e os seus integralistas. Essa distribuição de forças de um grupo tão pobre como era em sua totalidade o grupo dos intelectuais modernistas, desviou completamente a literatura de suas possibilidades. Individualmente, os que se mantinham mais à margem, um Antônio de Alcântara Machado, um Murilo Mendes, um Carlos Drummond, puderam fazer algo. Politicamente mais atrasado do que todos, como militante, Mário de Andrade realizou a sua evasão na poesia, dedicando-se também a objetivos pedagógicos, que era o seu meio de se tornar um "chefe", um "duce" da juventude. Sua intensa atividade de missivista equivale a um apostolado. Por ser a figura com maiores possibilidades de uma unificação do movimento modernista, ele simboliza o recuo sofrido com a fragmentação verificada desde 1928. Suas responsabilidades são enormes, e ele o confessa ao único agrupamento com possibilidades que surgiu desde a antropofagia; o grupo que produziu a revista *Clima*. Leia-se a sua "Elegia de abril", que é um balanço, e precariamente feito, da "inteligência nova" do Brasil. Veja-se como ele culpa a inteligência de ter sido a "mais fácil de se perverter a si mesma", transformando-se numa justificação dos atos, derivados do "enfraquecimento da sensibilidade", reduzida a "costume". Por isso ele recomenda que se obedeça mais à sensibilidade, mas tempera este conselho com um "talvez", pois vive incerto. Sempre viveu incerto: nele é que se deu, mais do que ninguém, a tragédia de haver se esquecido de si, do amor, dos sentimentos. Há sete anos, exatamente, em maio de 1941, Mário de Andrade denunciava o tema da desistência, mas não via que ele fora o primeiro que desistira: desistira do verdadeiro papel que poderia ter tido, lembrando-se, muito tarde, de reeditar o conselho de Goethe aos moços de seu país, pedindo que se *superassem* porque "não convém à inteligência brasileira se satisfazer tão cedo de suas conquistas". A essa desistência é que nós chamamos "traição".

O Congresso de Poesia, que reeditou tão limitadamente a Semana de Arte Moderna de 1922, ofereceu o espetáculo triste de um grupo de jovens satisfeitos consigo mesmos, pensando-se, até por excesso de expressão, desligados do passado imediato e remoto. Foi útil por permitir entretanto que a discussão e a crítica os atingisse em cheio, e que até um clarão de madrugada tingisse os horizontes, nas promessas da geração novíssima que também os defrontou.

Os germes de 1922 estão frutificando. A própria sublimação da tese do sr. Domingos Carvalho da Silva é um reflexo, nítido, em sulco profundo, da existência daquele marco. Está ainda tão vivo, como "possibilidade", que ninguém pode viver sem ele em S. Paulo, necessitando-se "matá-lo" para que a arte, no caso a poesia, deixe aquele amante e o seu amor. Dostoiévski sabia disso, e o cidadão Kane também.

SÓ UMA OUTRA REVOLUÇÃO ARTÍSTICA PODE SUBSTITUIR NA HISTÓRIA E NA EVOLUÇÃO DA NOSSA SENSIBILIDADE E DA NOSSA INTELIGÊNCIA A REVOLUÇÃO DE 1922.*

* A crítica e indicação ao Congresso teve a assinatura também de Geraldo Ferraz. O plural desta contribuição também nos representa. (N. A.)

verdade e liberdade/ 1950

PATRICIA GALVÃO

verda-de & liber-dade

S. PAULO (BRASIL) 1950

PATRÍCIA GALVÃO, DESENHO DE PORTINARI, 1950.

O panfleto político *Verdade e Liberdade* (edição do Comitê pró-candidatura Patrícia Galvão) foi publicado em 1950, em São Paulo. Ilustravam a edição uma foto de Patrícia, e um retrato que dela fizera o pintor Portinari, nos tempos de Pagu. Patrícia Galvão candidatava-se, pelo Partido Socialista Brasileiro, à Assembleia Legislativa do Estado.
O que apresentamos é a parte inicial do primeiro capítulo ("Por que aceitei voltar") do livro.

POR QUE ACEITEI VOLTAR

(Dez anos se passaram da noite de julho de 1940, em que o portão da Casa de Detenção se abriu para Patrícia Galvão, e ela foi devolvida à rua. Durante dois anos, de 1935 a 1937, cadeia. Fugiu, mas acabou voltando. Voltou para as prisões do Rio. Para o cano de borracha, para os hospitais. Prisões e hospitais. Dentro das prisões, rondando pelos hospitais, os presos políticos que tinham também sido condenados pelo mesmo crime. Os que deveriam fazer-lhe nascer, no fim de tudo, o nojo pelo seu semelhante. Presos, eram verdugos. Afinal, esse tormento teve um fim: sua transferência para São Paulo foi obtida, quando todos tinham certeza de que aquele feixe de ossos iria em breve para a cova. Na última etapa, ao chegar em São Paulo, foi colocada entre os criminosos comuns, na Casa de Detenção. Mulheres que haviam matado, que haviam tentado matar, que haviam roubado — ladras, prostitutas, assassinas, mas, em geral, todas, desgraçadas vítimas do mesmo regime social...)

... podia-se conviver com essa gente, era uma gente que não tinha remorsos nem dramas de consciência; não assaltava ninguém para torturar, como os meus companheiros de presídio político no Rio, esses que possuíam pregos para fincar na minha cabeça, e na ponta de cada prego a palavra SIM. Ao que eu respondia NÃO.

Aqueles afirmavam que o Partido estava certo, que eu precisava ceder, que eu devia me curvar à palavra de ordem: SIM. "Sim, porque Você não tem razão".

E eu respondia invariavelmente: NÃO.

Estava treinada: em 1935, em Paris, pela primeira vez, o processo de intimidação fora lançado através de grandes cartazes com a cara de Stálin e uma legenda apenas:

STÁLIN TEM RAZÃO.

Agildo Barata, o chefe dos verdugos, pregava então os pregos na minha cabeça: "Sim, você não tem razão. Obedeça".

NÃO, NÃO, NÃO e NÃO.

Passavam-se as horas e os dias e as semanas e o sangue escorrendo e os verdugos se revezando para me vencerem ou me enlouquecerem.

Descansava no hospital e voltava para a tortura. Pior que a polícia? Não: métodos diferentes, mas tão extenuadores, ou mais, do que os da polícia.

Agora, na Detenção de São Paulo, estava livre desses percevejos. Uma assassina chorava me olhando, monte de ossos que fora ali jogado.

A singularidade da minha presença era incompreensível para aquelas mulheres: como? Não tinha matado? Não tinha roubado? Que fizera então?

E não compreendiam que houvesse CRIME POLÍTICO. Sem mentira e sem hipocrisia sabiam por que estavam condenadas e não queriam torturar ninguém: não despertavam, pois, o asco que os dirigentes stalinistas inspiravam no contato das conversas para enlouquecer ou para convencer, com os pregos que diziam: SIM.

E eu respondia: NÃO.

Agora, numa noite de julho de 1940, soltavam-me. Fiquei mais alguns meses além do que me condenara O TRIBUNAL DE SEGURANÇA. Eu não prestara homenagem ao Interventor Federal em visita à Casa de Detenção. Um Adhemar de Barros.

Antes daquela noite, há mais de dez anos, portanto, eu me desligara para sempre daquela gente. Expulsara finalmente de minha vida o Partido Comunista. Finalmente se acabara MINHA VIDA POLÍTICA.

Ao regressar àquela noite ao albergue paterno não podia me recusar a olhar para trás. Outros dez anos se haviam passado desde a primeira prisão... Dos vinte aos trinta anos, eu tinha obedecido às ordens do Partido. Assinara as declarações que me haviam entregue, para assinar sem ler. Isto aconteceu pela primeira vez quando recolhi no chão o corpo agonizante do estivador negro HERCULANO DE SOUZA, quando enfrentei a cavalaria na praça da República, em Santos, quando fui presa como agitadora — levada para o cárcere 3, a pior cadeia do continente.

Então, quando recuperei a liberdade, o Partido me condenou: fizeram-me assinar um documento no qual se eximia o Partido de toda a responsabilidade. Aquilo tudo, o conflito e o sangue derramado, fora obra de uma "provocadora", de uma "agitadora individual, sensacionalista e inexperiente". Assinei. ASSINEI DE OLHOS FECHADOS, SURDA AO DESABAMENTO QUE SE PROCESSAVA DENTRO DE MIM.

Por que não?

O Partido "tinha razão".

De degrau em degrau desci a escada das degradações, porque o Partido precisava de quem não tivesse um escrúpulo, de quem não tivesse personalidade, de quem não discutisse. De quem apenas ACEITASSE. Reduziram-me ao trapo que partiu um dia para longe, para o Pacífico, para o Japão e para a China, pois o Partido se cansara de fazer de mim gato e sapato. Não podia mais me empregar em nada: estava "pintada" demais.

Mas, não haviam conseguido destruir a personalidade que transitoriamente submeteram. E o ideal ruiu, na Rússia, diante da infância miserável das sarjetas, os pés descalços e os olhos agudos de fome. Em Moscou, um grande hotel de luxo para os altos burocratas, os turistas do comunismo, para os estrangeiros ricos. Na rua, as crianças mortas de fome: *era o regime comunista.*

De tal modo, quando um cartaz enorme clamou nas ruas de Paris que STÁLIN TEM RAZÃO, eu sabia que NÃO.

Ainda militei. Ainda esperei que a Polícia me liquidasse. Ainda enfrentei as tropas de choque nas ruas de Paris — três meses de hospital. Ainda lutei: nenhuma bala me alcançava. O embaixador Souza Dantas excluiu-me de um

Conselho de Guerra: estrangeira militando na França. Salvou-me, depois, de ser jogada na Alemanha ou na Itália — da mesma sorte de OLGA BENÁRIO, e tudo por iniciativa própria. Conseguiu, ainda, comutar-me qualquer condenação por um repatriamento.

Em 1935, procurei uma revolução que o Partido preparava e não achei revolução nenhuma. Nos pontos, nas esquinas, nenhuma voz, nenhum gesto. Apenas o fiasco. Mais uma vez, o fiasco. No Rio, a quartelada da praia Vermelha dando razão ao ditador travestido de presidente constitucional. E todos nós para a cadeia.

HARRY BERGER sofreu muito; sofreu talvez mais do que todos. MAS, FELIZMENTE, ENLOUQUECEU. Acabou o tormento. Anestesiou-se.

Outros se mataram. Outros foram mortos. Também passei por essa prova. Também tentaram me esganar em muito boas condições.

Agora, saio de um túnel.

Tenho várias cicatrizes, mas ESTOU VIVA.

de arte e de literatura/ 1950-53

No jornal *Fanfulla*, editado em São Pauto, Patrícia Galvão publicou duas séries de crônicas, a partir de 1950. A primeira delas, dedicada à política nacional e internacional, saiu entre 16 de julho e 17 de setembro de 1950, em geral sob a denominação "Duas faces do mesmo dia", mas também com títulos individuais. A seguir, Patrícia passou a assinar, na seção De Arte e de Literatura (também denominada De Arte e Literatura, de Literatura e de Arte, de Literatura e Arte, das Letras e das Artes), crônicas com títulos próprios, a começar de "Contornos e desvãos de um panorama sumário", em 15 de outubro de 1950. O último artigo sairá em 21 de junho de 1953: Anotações para um debate sobre a literatura dos ex-militantes.

Esta segunda série — composta de setenta crônicas — é, sem dúvida, a mais significativa, tanto pela maior continuidade quanto pela versatilidade dos assuntos — artes visuais, literatura, poesia, teatro, cinema, música, dança —, sempre tratados de maneira desabusada e personalíssima e pontilhados, aqui e ali, de breves incursões autobiográficas.

Em "Pagu: Amadora de artes", um dos estudos introdutórios deste livro, detivemo-nos sobre a primeira safra das crônicas da série De Arte e de Literatura, do período de 1950 ao primeiro semestre de 1951. Caberia, aqui, complementarmente — agora que nos foi possível conhecer o restante dessas crônicas — enfatizar alguns dos tópicos mais expressivos das que se seguiram àquele período.

Persiste, na maioria de tais artigos, o tom polêmico e apaixonado, uma das características das intervenções críticas da escritora.

A primeira Bienal de São Paulo enseja-lhe várias dessas intervenções.

Em "Uma comissão para a Bienal do MAM e as piscinas do Palmeiras (14 de julho de 1951), entrevista o pintor e futuro líder dos concretistas de São Paulo, Waldemar Cordeiro, outro temível polemista, que propunha a participação de cinco elementos, eleitos pelos artistas inscritos, na comissão organizadora do certame, contra a opinião de Cicilo Matarazzo e do MAM. Mais adiante, em "Considerações sobre a Bienal e os limões do primeiro prêmio" (31 de outubro de 1951), investe contra Cicilo e a atribuição da láurea máxima ao quadro *Limões* de Di Prete, falando no "amesquinhamento da pintura brasileira" por tal premiação.

Numa outra crônica, "A Bienal e os artistas do Rio, Lívio Abramo e a mulher na Academia de Letras" (29 de julho de 1951), o seu alvo se desloca para a Academia Brasileira de Letras. Comentando a recusa do ingresso das mulheres na agremiação, afirma:

> Aliás, não reconheço à Academia nenhum interesse. [...] Palavra que foi melhor recusarem as mulheres. A Academia é um covil sem esperança de melhora — as mulheres não iriam senão apodrecer lá dentro como acontece à grande maioria da ilustre e imortal companhia.

O pedido de um auxílio de cem mil cruzeiros à Câmara Municipal, para a realização de um congresso pela ABDE, suscita-lhe dois ácidos comentários sobre esse "congressinho de comunistas travestidos de escritores e que querem ser subvencionados pelo tesouro municipal", nas crônicas "Goeldi, um artista da noite e do silêncio e o II Congresso Paulista de Escritores" (2 de setembro de 1951) e "Jorge Amado põe Castro Alves cantando a URSS e a primeira Bienal se transforma numa 'impostura'" (14 de setembro de 1951), esta, múltipla cajadada, acertando, ao mesmo tempo, a "literatura interessada", Jorge Amado, Portinari e Niemeyer.

Em "Apelo para a criação" (11 de novembro de 1951), lamenta o "desaparecimento da literatura brasileira", que lhe parece sintomatizado nos "artiguinhos muito pobres de ideias e ainda mais de belas letras, de José Lins do Rego, nos jornais diários" e nos "artigos e crônicas já mal alinhavados de Raquel de Queiroz", assim como deplora a ausência da poesia, ressalvando apenas, e com reservas ("é muito pouco para tamanhas angústias do homem de hoje"), a "canção branca e abstrata" de João Cabral de Melo Neto. Condenando o excesso de crítica, ensaio e sociologia, conclui:

Os que um Oswald de Andrade chamava de "chato-boys", no princípio da influência da nossa Universidade, com os seus "sociologistas", desviaram, depois da geração que fez a Semana de Arte Moderna, o curso das águas. Passaram a tratar a prosa e o verso em cientistas. Deu tudo no que deu. O rádio, o jornal, o rádio-teatro, fizeram o resto da nossa desgraça. Agora há que torcer as vocações: chega de poesia e prosa em ciência do conhecimento — que se acordem as vocações para a criação de um novo romance e de uma nova poesia. Que os jovens deixem de pensar em fazer crítica. Deixem isto para os velhos, mas mesmo que seja sobre eles não se importem muito com a crítica. Mandem a crítica bugiar. Cuidem da literatura, da ficção, da prosa, da poesia, em criação.

O intervencionismo soviético na música, tema que já fora abordado em três crônicas anteriores, a partir da carta de Camargo Guarnieri "contra o dodecafonismo, contra Schoenberg, contra as tendências 'cosmopolitas' da música moderna", volta à baila em "Rebaixou-se o maestro Koellreuter aos princípios musicais de Moscou" (22 de outubro de 1952). Aqui, Patrícia reprova, com palavras candentes, o artigo "Neo-realismo brasileiro", de Koellreuter (*Diário de São Paulo*, de 17 de outubro de 1952), em que vê uma capitulação do introdutor do dodecafonismo no Brasil às "orientações nacionalizadoras-populares da música". Citando René Leibowitz em favor de Schoenberg (o que mostra como estava atualizada), denuncia o que entende ser uma adesão aos princípios da "música chata", da "música medíocre", e termina por cobrar do maestro uma explicação sobre "esse recuo em suas atitudes".

Em contraste com essas arremetidas de briga, surge a nota lírica com que saúda Cícero Dias, "o pernambucano que volta a expor em São Paulo", num comentário de 14 de outubro de 1952, onde reponta um dramático toque autobiográfico:

Conheci Cícero Dias quando ainda "éramos" antropófagos, antes da minha passagem pelos dez anos que abalaram meus nervos e minhas inquietações, transformando-me nesta rocha vincada de golpes e de amarguras, destroçada e machucada, mas irredutível.

Sirvam estes exemplos para sismografar os registros mais agudos dessas crônicas, que têm um dos seus pontos mais altos no artigo sobre João Ribeiro (27 de maio de 1953), notável pela defesa que ela faz do grande crítico — "o mais ilustre e amável do seu tempo no país" —, antecipando-se à moderna reavaliação de sua obra.

Este e outros artigos anteriores, a seguir reproduzidos, darão ideia desta que foi uma das fases de mais intensa atividade de Patrícia no que se pode chamar — quisesse-o ela ou não — de crítica de arte e literatura.

CONTORNOS E DESVÃOS DE UM PANORAMA SUMÁRIO[1]

Reclamava ainda há pouco o mestre (jovem mestre) Antonio Cândido, no pequeno semanário dos socialistas, a falta hoje de uma "literatura moderna" no Brasil. Antonio Cândido é da geração dos que cresceram num tempo em que havia "literatos" modernos, o motivo suficiente de se acreditar então em uma literatura moderna. A própria designação hoje é tida por suspeita. Pois não é. Moderna mesmo deve ser dita, para se entenderem as coisas na porção polêmica e pesquisadora que significam, quando se trata de uma literatura como a desejada.

Moderno é um crítico como Roberto Alvim Correia. Leiam dele *Anteu e a crítica,* ensaios literários editados por José Olympio em 1948, resultado da atividade que desenvolveu em jornais do Rio, depois que a maré nazista o jogou para este lado do Atlântico. A literatura desejada, Roberto Alvim Correia não a encontrou no Brasil. Leiam-se os seus ensaios literários. Entrando como lambujem de editor moderno em Paris — onde venceu: plantou as "Éditions Correia, 166, Boulevard de Montparnasse, 14e" — leiam-se os seus ensaios literários e se verá o "despaisamento" dele, a sua quase indiferença ao analisar os nossos "modernos", um Murilo Mendes, uma Cecília Meireles, um Manuel Bandeira, na poesia, e uns prosadores tão pobres que me dá pena citar. Pois a literatura desejada está para Roberto Alvim Correia noutro ponto do mundo. Nas páginas do "Anteu e a crítica", Alvim Correia nos fala do mundo que perdeu, na parte dos estudos franceses e estudando Mallarmé, Proust, Mauriac, Bernanos, Charles Du Bos, Gide e Romain Rolland se vê como consegue ser bem o crítico moderno...

Naturalmente, não podemos ser uma literatura francesa...

Mas, por imprescindível aproximação, pela sua complexa variedade na realização total do que se deve entender por uma "literatura", na sua riqueza clássica e na sua transformação, quanto nas suas vibrações modernas — não resta desconfiança nenhuma que aprenderemos muito se começarmos vendo o que houve, como começaram, o que fizeram os franceses. Não há mal nenhum, nem o de uma ambientação "afrancesadora" de nossa literatura. Afinal, há tanto perigo nisto como nos automóveis, no bonde da Light, nas meias de nylon ou no cinema com miados e ganidos em inglês, mastigado por Hollywood, "hello baby!".

O mal, é o da falta de informação, o que deu a queixa de Antonio Cândido, enquanto o sr. José Lins do Rego continua fazendo seu romancinho naturalista e outros, mais avançados, como o mineiro Ciro dos Anjos, copiam o nhanduti de Machado de Assis.

1 *Fanfulla*, 15 de outubro de 1950.

O mal é da falta de informação, e ainda é Roberto Alvim Correia que vai me dar ajuda. Pois acaba de ser convidado este insigne e prestante cidadão pelo diretor do Serviço Nacional de Teatro para fazer uma conferência sobre Jean Cocteau no Rio. Uma conferência que explique Cocteau; e que por isso terá como tema "Presença de Jean Cocteau". Mas a conferência apenas não basta. Então, assim que Roberto Alvim Correia acabar a sua explanação sobre Cocteau, haverá uma representação de uma peça em um ato do mesmo poeta, "Le Bel Indifférent". E no hall, antes e depois, poderão os interessados ver maquetes de montagem de peças de Cocteau, elaboradas pelos alunos de Decoração Teatral do Serviço Nacional de Teatro, tudo dentro de um mesmo espírito, de polêmica e pesquisa para a informação necessária. Então, refletindo em tudo isto, ou se deixando levar por tudo isso, deixando-se "embeber" pelas coisas que estão na vida e na poesia de Cocteau, no seu teatro de poesia, na interpretação que dará o crítico admirável, das linhas musicais e sugestivas de Cocteau — e por falar em música chegaremos até Satie, que Cocteau apresentou e defendeu em Paris de 1912 (nesses tempos heroicos), com a cantora brasileira Vera Janocopulos, que não deixou de ser brasileira por isso — então, trabalhada toda a sensibilidade por um só dos poetas mais valiosos de França, sentiremos a necessidade de fazer alguma coisa também, de, pelo menos, sentir e vibrar com as suas descobertas e investigações, pelo terreno da aventura...

Mas os nossos poetas e escritores, os pintores e os ilustradores, os cenógrafos, não querem nada senão a ordem.

É por causa dessa mania de ordem que não se faz coisa com coisa. E a literatura desejada não aparece, senão na circunstância de termos em Clarice Lispector uma grande escritora que ninguém lê porque é difícil... Muito bem. Não se lia também nem se editava nada que cheirasse a moderno de outros países: um Faulkner só nos entrou em casa, e numa desgraçada tradução, por via da aventura editorial do IPÊ — mas a livraria do Globo continua a nos dar além de Faulkner, e melhor traduzido, Joyce e Proust, Virginia Woolf e outros. Já leram e gostaram e nem perceberam. Pois é.

Contra a ordem, portanto, nesse panorama tão igualzinho e vulgar, para que haja uma outra linha mais nova na paisagem, um rasgo no horizonte, mesmo rasguinho, quando não possa ser um rasgão.

O Portinari que me desenhava a fisionomia dezenas e dezenas de vezes para fazer um quadro já não é o mesmo. Portinari de hoje, certo de sua glória — embora eu pense que ele deveria, em vez de glória e de dinheiro, buscar a arte... Pois Portinari, daquele tempo que dava tanta esperança e que era um artista pobrinho, num apartamento de Laranjeiras, dessas casas coletivas quase improvisadas, Portinari que arriscava, perdeu ao ser colocado em mural no Ministério da Educação. Ali tanto o engrandeceram, o enquadraram dentro da ordem que ele acabou fazendo tudo certinho, e no final essa coisa carnavalesca que é o painel de Tiradentes. Daí, diante da análise de Mário Pedrosa, Portinari não aguentou e fugiu para Paris, onde não se teve mais notícia dele. E quem sabe se poderá refletir longe das bananeiras e das palmeiras e acabará mesmo se ilustrando e voltando aos tempos da aventura. Por que riscar seu nome com um traço negro de desesperança?

Agora, por falar em Laranjeiras, ali tem uma outra literatura para a referência deste panorama que quer ser geral, de artes e literaturas, e vos falarei sumariamente das casas de Lúcio Costa, espírito e imaginação, melhores do que de Oscar Niemeyer, atrás do qual foi se escondendo, devido à ligeireza e à audácia deste. Uma arquitetura moderna brasileira surge agora em Laranjeiras, pela mão de Lúcio Costa, há vinte anos buscando formar uma escola brasileira, para o que primeiro pediu aqui a intervenção do arquiteto Warchavchik, cuja história está em impressão graças à iniciativa editorial do Museu de Arte Moderna.

Literatura, poesia, teatro, música, pintura, arquitetura — na obrigação "moderna" (em sentido dialético como o emprega Pierre Naville), eis alguns dos contornos e desvãos de um panorama sumário, que pouco a pouco iremos detalhando, se nos permitir um bocado de persistência na tarefa, esta coluna aberta sobre o domingo dos leitores eventuais.

LÍVIO ABRAMO, UM PRÊMIO MERECIDO — CAMARGO GUARNIERI, UM MANIFESTO ANTIDODECAFÔNICO[2]

Dois acontecimentos: um para a nossa alegria, outro para um comentário menos favorável. O primeiro, de artes plásticas, o segundo de música. Vejamos o que nos dá alegria primeiro, o que é justo. Afinal, as coisas que aborrecem, embora devam ser cuidadas, não justificarão, de maneira alguma, uma primazia hierárquica.

O caso da alegria é o prêmio de viagem à Europa, este ano, concedido pelo júri da Seção Moderna do Salão Nacional de Belas-Artes, ao gravador Lívio Abramo, paulista de Araraquara, finalmente consagrado para a maior recompensa do que se entende por estímulo às artes plásticas no país. Finalmente, escrevo, porque este artista há muito deveria ter sido reconhecido como um dos autênticos valores de nossa precária formação artística.

Dedicado à gráfica, ao desenho, à gravura, teve Lívio Abramo uma experiência autodidática única entre nós.

Isto não seria suficiente, é claro, para dar ao artista um lugar eminente se não fossem bem conduzidos os seus esforços até a consecução do que ele visava, isto é, até realizar-se na aquisição de meios eficientes, que o conduziram à sua

2 Ibid., 19 de novembro de 1950.

atual concepção da gravura. Os desenhos, aquarelas, xilogravuras, águas-fortes, de Lívio Abramo, estiveram até há pouco expostos em São Paulo, e não vamos repisar o que foi essa exposição, infelizmente mal-arrumada e desagradavelmente instalada, mas totalizando bem a admirável série retrospectiva de Lívio.

O acontecimento que ora assinalamos constitui, seguramente, uma exceção nessas atribuições do prêmio ambicionado. No ano passado já devia Lívio Abramo ter recebido o Prêmio de Viagem à Europa. Claramente, entre outros artistas, não havia o que escolher. O nível do Salão continuou descendo muito, o que não é novidade há muito tempo, pela falta de renovação com os novos contingentes de artistas.

Aos que conhecem o artista não é preciso, também, acentuar a importância da atribuição do Prêmio de Viagem à Europa. Entretanto, há quem não o conheça, quem desconheça seu nome e sua obra. E isto é doloroso, mas carece de ser reconhecido. Pessoas que gastam milhares de cruzeiros com a aquisição de bibelôs industriais, não têm coragem nem a compreensão suficiente, nem sabem mesmo do que se trata, quando poderiam, por preço razoavelmente baixo, adquirir uma gravura e colocá-la numa parede, com toda a importância que envolve a sua arte. Tenho diante de mim, neste momento, a fixação em branco e negro de uma xilogravura de Franz Masereel, cópia nº 21/30, do admirável *Marinheiro e sereia* de 1931... E o confronto que esse retângulo de papel suporta diante de qualquer desenho dá bem a medida da xilogravura artística, na sua significação e no seu valor. A gráfica é um dos meios mais interessantes para a divulgação da obra de arte — só encontra, paradoxalmente, rival no afresco mural... Porque um e outro servem à multidão, aos olhos de um povo inteiro a educar. E nesse particular o ensino de gráfica — desenho, linóleo e água-forte, no Museu de Arte, em seu Clube Infantil, é uma conquista dos poucos que se encarniçaram nessa técnica, dela retirando as gamas líricas e voluptuosas, a graça e o efeito verdadeiro, a fragrância e a originalíssima consequência vibrante e forte, ou suave e frágil, mas sempre dentro de um espírito de seriedade de pesquisa, de funcionalismo expressivo.

Ganhará o artista em conhecer o que se faz presentemente na Europa. Ganhará em viajar, em percorrer os museus, em tratar com os mestres, em travar conhecimento mais íntimo com todo esse patrimônio de arte que o velho mundo guarda e de onde saem até hoje as fecundas inspirações renovadoras. Esse prêmio confirma-nos em nossas esperanças e por isso é um motivo de alegria a registrar.

Passemos agora ao motivo que não é de alegria.

Datada de 7 de novembro, *O Estado de S. Paulo* publicou sexta-feira uma "Carta aberta aos músicos e críticos do Brasil", de autoria de Camargo Guarnieri, o festejado maestro e compositor.

Não sou nem músico, nem crítico. Sou apenas uma antiga aluna do Conservatório, dos tempos em que ali se estudava música, verdadeiramente. No entanto, não quero e nem devo silenciar diante da carta de Guarnieri, primeiramente porque não se trata de uma questão específica, mas de uma questão de ordem geral. Guarnieri ataca a música dodecafônica — e está no seu direito de ter um ponto de vista contrário à música de doze sons, mas não está no direito de condenar os que compõem buscando servir-se da disciplina estabelecida por Schoenberg. Portanto, o que ele pretende alegar com a sua carta contra o dodecafonismo é uma simples apropriação indébita da verdade, que lhe convém, para orientar todos os jovens compositores, a que a música dos doze sons impressionou.

Essa apropriação indébita da verdade, que convém a Camargo Guarnieri, e que abrangendo a música toda envolve o progresso possível, não é feita contudo por uma questão limitada ao princípio artístico. Isto é necessário que seja denunciado com todas as letras, em defesa da cultura, contra as orelhas compridas de um reacionarismo bem nosso conhecido, visível a cada linha do arrazoado faccioso de Camargo Guarnieri.

Camargo Guarnieri se mostra "profundamente preocupado com a orientação atual da música dos jovens compositores" porque eles admitem o dodecafonismo, e este se acha condenado pelo totalitarismo soviético. Pura e simplesmente, para quem saiba ler o aranzel do compositor, "enormes perigos que, neste momento, ameaçam profundamente toda a cultura musical brasileira".

A música de doze sons é que carrearia esses perigos. O momento é oportuno, pois, para um ajuste de contas no plano da orientação musical e artística defendida pelos mentores soviéticos. Não se torna necessário defender a música dodecafônica, nem chamar Guarnieri de "comunista", o que não é, nem ele nem o regime em vigor na URSS — regime que se situou nessa forma totalitária, ditatorial e imperialista a que Stálin preside.

Qualquer imbecil a serviço da propaganda staliniana conhece bem o emprego dessa terminologia com que Camargo Guarnieri se põe a defender a música brasileira — folclórica principalmente — terminologia que se estadeia em coisas como "cosmopolitismo", "cerebralista", "antipopular" e "antinacional" e também "arte degenerada", de empréstimo da linguagem hitleriana, diante de toda a arte moderna. E Guarnieri também generaliza, pois chega a comparar: "É preciso que se diga a esses jovens compositores que o Dodecafonismo em Música corresponde ao Abstracionismo em Pintura; ao Hermetismo em Literatura; ao Existencialismo em Filosofia; ao Charlatanismo em Ciência...".

Aí está o nosso compositor transformado em escriba comunistoide, em defesa da mais reacionária onda anticultural de nosso tempo. E assim a sua carta-manifesto não pode ser levada a sério, como argumentação contra a música Dodecafônica. O que aí se situa é apenas uma expressão facciosa.

Esse o valor do documento que *O Estado de S. Paulo* fez bem em publicar, para desmascarar as intenções de seu autor.

AINDA O DODECAFONISMO E GUARNIERI — FAYGA, CARYBÉ E FERNANDO PESSOA[3]

Um dos nossos matutinos não deixou no chão a carta de Camargo Guarnieri, a qual, agora já lhes posso dar mais notícias, foi publicada em volante e enviada a todos quantos ele considera músicos e críticos.

Das entrevistas feitas por esse matutino a que me referi, duas figuras agora mais tranquilas da arte musical, intérpretes e brilhantes que foram Antonieta Rudge e João de Souza Lima, amigos pessoais de Guarnieri, só fizeram restrição a dois pontos da carta-manifesto. Primeiramente, a expressão "arte degenerada" que ele transpõe para "música degenerada" e cujo timbre hitleriano é reconhecível à distância. Em segundo lugar, restringiram também a sua aprovação ao sentido de que o dodecafonismo não deve ser considerado um "elemento de pesquisa". Falaram depois desses dois pianistas (devo mencionar aqui que Souza Lima vai voltar aos concertos de piano individuais, de outrora) Jorge Wilheim e Lavínia Viotti. Ambos se referiram ao aspecto nacionalista que está assumindo a posição de Camargo Guarnieri e lhe criticaram o errôneo critério de julgar que "a técnica dos doze sons" pode desfigurar o nacionalismo do folclore brasileiro...

Enfim, Camargo Guarnieri, fazendo-se porta-voz do reacionarismo totalitário que chamou a música de Shostakovski de antinacional, antipopular e cosmopolita, o que levou o compositor a pronunciar o seu "mea culpa" diante do Comitê do Partido, está pelo menos vestindo "a pele do urso". Um músico brasileiro como ele diz ser, vestindo a referida pele, desbrasileira-se, é claro. Estamos na hora de perguntar a Camargo Guarnieri se ele assinou ou não assinou o "apelo de Estocolmo", se ele participaria de uma guerra "contra a União Soviética". Não se trata de policialismo: trata-se de não ser apanhado pela quinta-coluna, porque uma boa-fé cretina acolhe nas colunas dos jornais burgueses a infiltração do "fascismo vermelho...".

Agora me informam que Camargo Guarnieri foi convidado para debater os seus pontos de vista no Museu de Arte, numa "Mesa-redonda". Camargo Guarnieri não aceitou. Por que não aceitou? Não aceitou, é claro, porque não pode aceitar. Nada de debates. A mentalidade nacionalista e totalitária não aceita debates. Aceitará Stálin um debate sobre a paz mundial em igualdade de condições com outros "bigs"?

Mas, aceita...

3 Ibid., 26 de novembro de 1950.

Uma grande exposição de Fayga Ostrover. Como não pretendo e não me compete fazer crítica de arte, vamos logo dar o sentido daquele grande colocado no princípio destas considerações. Achei grande a exposição pelo número de trabalhos que se estende no Museu de Arte Moderna, pelas paredes do corredor e do salão agora já menos amplo do que era pelo tapume colocado no fundo, não sei para quê, e seria então melhor dizer que é uma numerosa mostra de arte. A gravadora, principalmente, vai bem. Incisões de quem sabe, de quem treina e trabalha. Resultados muito diferenciados. Tão diferenciados que há coisas que nem são mais de ninguém, senão uma cópia, uma imitação, aqui e acolá.

Trabalhando tanto e expondo tanto, Ostrover está se despersonalizando, o que não seria um grande mal, em fase de aprendizagem, ainda mais para quem, que nem ela, se acha tão à vontade no desenho e na gravura, que até passa da conta. Então, Ostrover, que me parece de vocação acentuada para fazer alguma coisa na gráfica, deveria mesmo se despersonalizar. Na biografia de mestres já considerados, como Cézane, por exemplo, encontramos o artista copiando os clássicos. Por que não? Mas Fayga Ostrover se despersonaliza no que ela parece considerar mais do que simples adoção de linhas e expressões de outros, e nessas condições será difícil reencontrar a sua personalidade. O jeito da gráfica ela tem. Mas os seus trabalhos não ultimam o estremecimento imprescindível de quando se sente e não se pode fugir ao domínio da arte, além da técnica — esta, sim há. Mas não é suficiente.

Agora um andejo sul-americano, Carybé, que expõe no Museu de Arte. Carybé é artista, muito. Carybé sabe desenhar. Carybé se equilibra na tensão da linha para nos dar uma sugestão do que viu, do que visualiza, do que sente... E acontece que estas coisas que o Museu de Arte está mostrando na sua pequena sala de exposições vivas são registros de suas andanças pela Bahia, a Bahia famosa, a boa terra da Bahia, das igrejas barrocas. Vede, portanto, nestes documentos de um artista em excursão pela Bahia, o reflexo de suas impressões daquilo tudo. Do seu povo, de seus tipos, de seus santos, dos altares, daqueles trechos amoráveis.

Na rubrica dos sete instrumentos, depois da música, depois da gravura e de Carybé, concentremo-nos um pouco. Dentro de quatro dias será o aniversário 15º da morte de Fernando Pessoa. No seu notável "Poema de cinza", à memória de Fernando Pessoa, Antonio Botto convida-nos a transformar a "nossa natural angústia de pensar" num cântico de sonho, e a ficarmos junto do Poeta "uns momentos, a cantar". Naturalmente, neste resto de crônica, não cabe um canto — nem sequer um meio canto. Mas a informação é imprescindível, porque você que me lê não leu, naturalmente, nunca, alguma coisa a respeito de Fernando Pessoa. E ficará mal lhe deixar ir sem nada, depois de assinalar nestas linhas a presença de alguém que me prende a admiração ao ponto de recorrer a esta espécie de homenagem, na passagem — quase — dos quinze anos de sua morte. Nasceu Fernando Pessoa em Lisboa, a 13 de junho de 1888 — morreu a 30 de novembro de 1935. Foi Poeta. Editou quatro folhetos em verso em língua inglesa. E em 1934 publicou o livro de poemas "Mensagem", que é o mais fraco dos seus livros, onde cuida de Portugal. Porém, deixou uma obra volumosa. Quatro volumes além daquele "Mensagem" já foram editados pelos admiradores. Pois este Fernando Pessoa está crescendo, depois de morto. Cresce tanto que já é maior do que Antero de Quental, maior do que Camões. É o poeta máximo da língua portuguesa, embora tão desconhecido ainda. Aconteceu com ele o que é natural num meio tão pobre como o da literatura portuguesa. Como era veramente poeta, deixaram-no passar, inadvertido. Mas Fernando Pessoa crescerá e crescerá no coração e na sensibilidade, na inteligência dos que o lerem. Crescerá.

Uma primeira biografia alentada, de João Gaspar Simões, assinala neste ano o 15º aniversário da morte do poeta. Ele começa a abrir o seu lugar na história.

Sobre a sua memória, recordemos a ode maravilhosa:

Coroai-me de rosas,
Coroai-me em verdade
De rosas —
Rosas que se apagam
Em fronte a apagar-se
Tão cedo!
Coroai-me de rosas
E de folhas breves
E basta.

Bem lhes disse que era apenas uma informação. Talvez mais longamente volte a falar de Fernando Pessoa e de sua poesia.

UM DEBATE QUE PROMETE, UM SALÃO DE PROPAGANDA, MINUTOS DA MINHA HORA DE SAUDADE E A BIENALE[4]

O professor Koellreuter vai enfrentar a carta-aberta de Camargo Guarnieri em debate aberto, quinta-feira próxima, no Museu de Arte.

O grande mérito do ataque ao Dodecafonismo foi este. Reabrem-se na atrasada província os debates sobre a arte moderna. Por um desses acasos de que a nossa formação está repleta, os problemas começaram pelo mais próximo, terminam no mais remoto.

4 Ibid., 3 de dezembro de 1950.

Explicar esse fim de frase é necessário. Vamos lá.

O debate entre modernismo e academismo começou em S. Paulo com o cubismo... Foi um desenho, um carvão cubista de Anita Malfatti que fez Monteiro Lobato se descobrir como grande crítico de pintura. Ele jamais passou de Almeida Junior, em pintura, e Anita Malfatti foi-lhe um golpe no queixo. Antes de Anita, passara pela província, mais quieta, sem dúvida, do que hoje — porque então, minha infância se lembra do remanso — antes de Anita, chegara por aqui Lasar Segall.

Foi Segall o primeiro expressionista que vimos. Que viram, retifico, porque eu não vi. Outros viram sim.

Segall expôs em Campinas. Com acuidade demais para a cegueira em que vivia a então Princesa d'Oeste, um crítico local chamou o pintor de "pintor de almas". Não acham acuidade? Porque, o que era o expressionismo senão a busca do que está dentro da carne, dos ossos, atrás dos olhos espavoridos de seus modelos? E Segall ficou "pintor de almas". Ninguém suspeitou que era o expressionismo que botava a raiz no chão de São Paulo. O escândalo despencou por cima de Anita Malfatti. Sei que Anita, muito sensível, angélica, sofreu com o ataque brutal. Não esperava, estava longe de perceber que o cubismo fosse tão chocante... Quem mandava ela andar pelos Estados Unidos, pela Europa, recolhendo informação das vanguardas?

Seguiu-se a Semana de Arte Moderna. Seguiu-se o escândalo dessa brilhante semana, o rompimento de Graça Aranha com a Academia Brasileira de Letras, surgiu o *Pathé-Baby* de Antônio de Alcântara Machado e *Macunaíma* de Mário de Andrade, herói sem nenhum caráter, entrou no cordão, e chegamos nós, um dia, com a antropofagia. Tudo isto dava discussão. Escrevi, então, "pour épater", também o meu romance social, o primeiro desta cidade e se chamou *Parque Industrial*. Tudo isto é história. Entrementes, conhecemos, depois da pintura de Anita e da escultura de Brecheret, da pintura de Tarsila e da música de Villa-Lobos, da literatura de "pau brasil", de antropófagos, de extremismos, a nossa arquitetura moderna, com uma exposição que houve numa casa racional do Pacaembu... História a ser contada um dia; de repente a cidade amansou, quietou-se, não quis saber de mais nada.

Quando vimos, os Museus surgiram. Na minha opinião bastava um; um que tratasse mesmo de Arte. Mas quiseram fazer dois. O segundo é dispersão pura de um esforço que somado dava produção de três Museus, donde na minha opinião se confirmar, concretamente, aquele velho pensamento de que um mais um igual a três.

Pois depois de tudo isto, surge o maestro Guarnieri com a carta dele.

Chamado a debate não quis, não quer saber, disse Deus me livre e abriu o arco para o Rio.

Anteontem, embarcou o maestro Camargo Guarnieri. Podia voltar e eu gostaria que nos explicasse de viva voz o que quer dizer mesmo arte degenerada.

E o Museu de Arte inaugura amanhã um Salão de Propaganda, que entra no lugar daquela mostra de Le Corbusier, sobre a qual os nossos críticos fizeram boca de siri, porque falar de uns quadros é fácil. Arquitetura já a pessoa tem de ter outras informações e é muita força entender de tudo assim. Pois é ali que vamos ver o Primeiro Salão de Propaganda, o que em meu entender é acontecimento registrável. A propaganda é um dos elementos de nossa vida, a todo o momento se esbarra nela. E se incorpora em nossa visão das coisas. Lembro-me dos versos de Blaise Cendrars em "Affiche", num catálogo de exposição de pintura de Tarsila, e que era também propaganda de arte, do espírito da época, da visão do poeta...

Estimemos que o certame atinja alguma coisa. Ontem um comentarista do Salão ainda falava de um certo rótulo e de uma certa água — pois sem receio de errar dir-lhes-ei, simplesmente, que se trata da água tônica e do seu rótulo. Tenho tantas vezes condenado esse rótulo que até cansei. Pois a água tônica tem um rótulo simplesmente horrendo! A água vai de avião a Miami e gelada com gin a turma estala a língua — "made in Brazil", porém, tinha de ter esse rótulo desgraçado. Agora, o Salão de Propaganda vai dizer que não é assim que se faz rótulo não. Civilizemo-nos.

No outro Museu, de Arte Moderna, teremos a Bienale a noticiar. Não sei se os planejadores estão certos. A verdade é que a Bienale é imaginada para dar cartaz ao Museu. Mas o Museu não está tendo mais espaço para fazer uma exposição. Não tem, não tem. Onde se viu Museu transformando tudo o que é espaço em bar e acomodação e depois tomar ainda mais iniciativas? Infelizmente, assim é, para o meu amigo Cicilo não pensar que não se vê como está minguando o espaço disponível do Museu de Arte Moderna. Quer o contrapeso? Pois a pinacoteca do Museu de Arte vai ganhar mais espaço — sim senhor. Mais espaço, e mais um andar. É — o primeiro Salão de Propaganda ainda se instala naquele espaço que conhecemos. No terceiro andar. Mas o meu colega Chateaubriand — repórter e redator, não o diretor e dono — já providenciou e vai dar o quarto andar para as exposições grandes do Museu, ficando o terceiro só para a Pinacoteca. Agora, com a Bienal, acho que o meu camarada Matarazzo precisa alugar mais um andar. O recinto do Museu está um ovo. Quase não há espaço para a gente se mexer.

Vamos, pois, para a Bienale. É uma ideia. Os prêmios são necessários, porque há necessidade de estímulos em notas. Os artistas, do que vão viver?

Agora, há um pouco de silêncio em tudo, pois estamos no mês de Natal, e depois virá a posse do senador eleito presidente da República. Mas depois do

Natal, depois da posse, acalmado o ambiente da organização do novo governo — se tudo correr bem até na Coreia — então vamos ver o ambiente artístico se movimentar. Porque a ideia da Bienale é forte. Seja imitação, o que for, e resiste a toda crítica. Constitui um passo para se conhecer o que haverá num outro mundo, o mundo só, quando as artes, sem fronteiras, passearem continentes afora, numa vitória da criação e da sensibilidade, sobre as amarguras das explorações destes dias, cheios de tabelas e de salários, de preços e diferenças.

TARSILA DO AMARAL VAI NOS DEVOLVER ALGUMA COISA DOS DIAS IDOS E VIVIDOS, EM SUA MOSTRA RETROSPECTIVA[5]

Dentro de oito dias, abre Tarsila do Amaral, no Museu de Arte Moderna, a sua exposição retrospectiva.

Desde Berthe Morisot, ou seja, desde o impressionismo, as mulheres têm participado da renovação da pintura, nesse centro dominador da arte moderna, que tem sido Paris. Aqui repetimos; o primeiro pintor moderno que tivemos foi uma mulher: Anita Malfatti. A seguir apareceu Tarsila.

Não se pode dizer que uma seja mais importante que a outra, na evolução de nossa pintura moderna. Malfatti teve mais elementos, passou alguns anos antes pelo cubismo e pelo expressionismo. Tarsila só se abeberou na escola francesa, no cubismo, mais diretamente, para o interior paulista, filha de fazendeiro. Daqueles tempos de há um quarto de século atrás, um poeta falava de Tarsila:

"Caipirinha vestida por Poiret".

E era. Não o Poiret, exclusivamente, mas o Poiret — Léger, pois, na sua vestimenta de moça paulista e na sua pintura da nossa vida rural, Tarsila vinha de Paris.

Deu-se, então, um caso único na pintura moderna brasileira, que foi um primitivismo saboroso misturado com uma transposição colorista de um efeito inteiramente novo a incorporar-se em nossa arte. Di Cavalcanti começara naquele mesmo tempo — Lasar Segall iniciara então a sua "fase brasileira". Tarsila não buscou: revelou apenas o que seus olhos viam ou tinham visto. A cor brasileira, a que Tarsila se cingiu, é uma cor própria de Brasil-interior. É uma cor encontradiça nas casas azuis e rosa, como o seu verde é o verde festivo. Antes de Portinari, mestra de Portinari, Tarsila foi buscar nos baús azuis e rosa, nas suas flores e folhas, a identificação. Todo esse decorativo colorido, repousante, triunfante, luminoso, risonho, é de uma fase triunfal da vida paulista, com os fazendeiros em ascensão, o café subindo, a eleição do "paulista de Macaé" para a presidência da República, tantas coisas assim.

5 Ibid., 10 de dezembro de 1950.

Conheci Tarsila do Amaral nessa fase. Queria falar-vos dela, de sua pessoa mais profunda do que a moça de sociedade a brilhar em autenticidade nos salões de outrora... Tarsila é antes de tudo uma personalidade.

Uma personalidade de escol, quase de fora, não fora a sua inclusão na rotina da produção rural, como beneficiária das fazendas paternas, como proprietária depois — essa mulher superou um padrão alto demais para o meio. Ela me parece ser o nosso primeiro caso de "emancipação mental" entre as mulheres paulistas, e não por uma questão de riqueza, de formação intelectual, ou de viagem. Sacudida nas alturas de uma pretensiosa "high life" ou deixada no quadro modesto de um atelier de pintura, o sonho nas mãos, Tarsila do Amaral manteve o seu sorriso bom e acolhedor, a sua compreensão superior, a sua inteligência sempre aberta à Pesquisa, e com tudo isto uma dose de infinita modéstia, de esquivança nobre, nunca deixando de ser a primeira, mas fazendo tudo por que não o percebessem... Esta delicadeza iria mais longe ainda no desejo de não ferir susceptibilidades.

Interessante que há em Tarsila também, ao lado da tessitura cubista em que repousam certas das suas melhores soluções, um realismo ingênuo à Rousseau, "le douanier". O senso decorativo dela se irmana bem com certas folhagens de Rousseau, certas flores, certos bichos desse pintor desprevenido. Aos que não estejam informados, a cronista deve aproximar a ideia que guiava Rousseau e que o aproxima de Tarsila. Rousseau tinha em conta certas paisagens mexicanas. A nossa paulista redescobre em adulta a paisagem dos seus olhos de menina, depois de pintora formada. Sua melhor pintura, a mais caracterizada, sairá desse redescobrimento em si mesma. Uma otimista filosofia de vida tramada numa consciência nítida de um ambiente, com os cafusos, os santinhos, os olhos grandes da gente mestiça, produtos de oratório e de festas de junho, aguais, relvas, cactos, eis Tarsila.

Ela adquiriu um misticismo original na fase da antropofagia, ainda dentro de seu colorido regional. A descoberta do social, entretanto, devia lhe ser de uma fatalidade esgotante. A pintora voltou a sua atenção para a cidade, e não foi tão feliz, embora sua sinceridade não tenha que ser aqui discutida.

Não sei por que vicissitudes Tarsila não continuou a ser a grande pintora que vinha sendo entre 1925 e 1930. Não lhe adiantou nada à sensibilidade a sua viagem à Rússia. Aliás, que é que podia mesmo adiantar? Ela como artista colocara-se marginalmente à camada social a que pertencia. Isto sem jamais deixar de ser individualizada, na sua criação e no seu esforço. A descoberta do social tendo produzido alguns quadros destroçadores de sua visão de vida, Tarsila retornou ao nível anterior da pintura gratuita. Não encontrei, entretanto, nela, nenhuma das descobertas mais de outrora...

Personalidade, porém, continuou a mesma. A deformação de sua passagem pelo social não lhe quebrou o senso profundo de equilíbrio, a sábia penetração psicológica, a serenidade de julgamento e compreensão. A mesma "emancipação mental" permanece a dirigir-lhe os passos com a mesma segurança de sempre.

Hoje, que Tarsila organiza a sua exposição retrospectiva, uma história a se incorporar a todo o plano de nossa pintura moderna, o que foram os seus esforços por uma série de afirmações virão à tona num meio completamente diverso daquele em que se produziram, sem os estímulos do sonho e da luta, numa bulhenta e aturdida cidade, perdida para o ideal e para a pesquisa... Não sei como vamos ter aqui a retrospectiva de Tarsila. Não sei que peças virão, não posso imaginar se será uma grande exposição ou apenas uma histórica demonstração da pintura de Tarsila.

Cabe saudá-la, entretanto, na medida em que nos devolver a glória luminosa de seus dias idos e vividos, a flexibilidade harmoniosa com que a moça paulista retratou, em simplicidade e coragem, um panorama, um ambiente, uma gente, de um instante transitório.

STRAVINSKI NO RIO, *O ANJO DE SAL*, UM CONGRESSO E APELO AO MECENAS DA PINTURA[6]

Quando circular esta edição, com este artigo, já terá passado o sábado 31 de março, já estaremos em 1º de abril, com todas as mentiras, e o acontecimento de ontem, que me levou a umas tantas lembranças, acontecimento que é no Rio, mas pela primeira vez em todo o Brasil, já terá sido também enrolado com as lembranças dos que o assistiram. Trata-se da primeira audição da mais famosa obra do modernismo em música, *A Sagração da Primavera* de Igor Stravinski.

Cabem umas linhas de história, porque *A Sagração*, com ter sido uma das grandes obras do modernismo musical, seguindo-se a revolução encabeçada pelo grupo dos seis, em Paris, não ficou uma peça hermética, desde logo, embora Jean Cocteau tenha lastimado na época a sua apresentação a um público que não a merecia e que não estava preparado para a sua grandeza. Entretanto, outra peça revolucionária, de mais marcante repercussão talvez, que é *O Pierrot Lunar*, de Schoenberg, até hoje permanece combatida, ainda mais se contarmos a investida dos comunistas contra a inovação que representa...

A Sagração da Primavera de Stravinski chegou, portanto, ontem, ao Brasil, depois de quase quarenta anos de sua apresentação ao público. A "suite" de Stravinski, para os bailados russos de Diaghilev, tendo à frente de seus bailarinos a legenda de Nijinsky, agitou naquela noite histórica de 1913 o público, a crítica e o meio artístico de Paris. No ano seguinte, a sua consagração foi feita em forma

6 Ibid., 1º de abril de 1951.

de concerto. Não obstante esse sucesso, *A Sagração da Primavera* leva tempo para chegar aos Estados Unidos, onde se dá a sua apresentação em 1922 — dois anos depois a peça famosa foi apresentada em Boston, onde teve uma acolhida que até hoje se tornou sucesso garantido, e é dali que o maestro Eleazar de Carvalho a trouxe para os cariocas. Assisti *A Sagração da Primavera* em 1935, em Paris...

Não vamos relembrar as coisas mais do que merecem, aqui mesmo, neste campo raso de batalha da Pauliceia outrora desvairada, como dizia o poeta músico Mário de Andrade. De fato, nunca deixáramos o Rio ir na frente assim. A Sociedade de Concertos Sinfônicos de meu tempo de primaveras, a Sociedade de Cultura Artística, a Sociedade Paulista dos Artistas Modernos, o Clube dos Artistas Modernos, coisas do passado vivo, quantas vezes lançaram as primeiras audições em São Paulo! A própria Cultura Artística, com horror de seus associados, soltou aqui há uns vinte anos o "Pacific 231" de Arthur Honegger (outro do Grupo dos Seis). Falei no horror dos associados da Cultura, porque enquanto Villa-Lobos dirigia a orquestra, o engenheiro Arthur Mota, historiador e literato, levantou-se com toda a sua exma. família e abandonou a plateia do Municipal... o que se recorda aqui apenas para exemplificar. Mas, insistamos nesta tomada de posição. Agora, a Cultura Artística tem um Teatro, uma sala de espetáculos que não funciona como "cultura" — que não faz, por exemplo, o que o Museu de Arte põe na plástica e em outros terrenos, até na música mesmo, quando lhe caberia tanto fazer (à Cultura Artística), hoje que tem casa própria, pela cultura mesmo, artístico-musical, concerto e teatro... Registro, portanto, *A Sagração da Primavera*, nesta melancolia paulistana, que está reclamando um patrocinador da bela e boa, revolucionária e grandiosa, épica e dolorosa música de todos os dias.

Leio no jornal uma crônica confissão de Guilherme de Almeida. O poeta entregou ao prelo mais um livro de versos, dos seus últimos versos, nascidos entre as leituras das provas das poesias todas que a Martins Editora está pondo em edição, afinal... Guilherme de Almeida entregou, como me informa o confidente, *O anjo de sal*, que é o título desse livro, ao editor e se aborreceu com isso. Acha que é um vício feio fazer publicar livros; pelo menos se depreende isto das suas palavras. Está aborrecido porque vai para a letra de forma, para a vitrina da livraria, para o público. Ora, poeta, deixe a canção flutuando no ar, não amole com esse egoísmo, com essa propriedade privada da poesia. Importa que a canção se renove, que ela vá e volte em suas variações, que ela seja ouvida ou não seja. Mas que fique no ar, despretensiosa, despossuída, perdida, para quem a queira achar ou a ache, como o poeta um dia também confessou ter perdido a flauta...

O anjo de sal está no prelo ou a caminho dele, e possivelmente nos virá como um prefácio atual da poesia completa de Guilherme de Almeida, também no prelo, em seis volumes, com livros inéditos no recheio, como já informei aqui.

* * *

O ministro Renato Almeida, meu antigo colega de *A manhã*, autor da *História da música*, a maior feita no país, velho exegeta de Goethe do *Fausto* quando morava em Berlim, esteve em São Paulo ou ainda está em missão de recrutar gente para o Primeiro Congresso Nacional do Folclore. Chegamos a um ponto de cristalização das coisas. Vamos apanhar o folclore afinal, dos trabalhos esparsos, dos velhos estudiosos, e este ano conta muito porque aí está o centenário de quatro folcloristas como Sílvio Romero, Pedro Costa, Manuel Querino e Vale Cabral. Não sei, mas, para mim, o inaugurador do folclore no Brasil não é nenhum deles: é João Ribeiro, pela inteligência sensível e pelo trabalho delicado, pela sistematização, pelo espírito científico da velha escola germânica.

Mas não é o centenário de João Ribeiro.

É o centenário de outros pintores dos usos e costumes das gentes do Brasil, usos e costumes, superstições, crendices, modas, cerâmicas, músicas e versos, de lugares irremediavelmente pobres, meu luar, meu violão, sem raízes a não ser as maninhas trazidas de além-mar, fundidas em negro e bronze, trabalhadas pelo amor, pela fome e pela incerteza, sempre, do dia de amanhã, que veio em navio negreiro, que afundou no sertão sem saber o que ia acontecer, que matou e saqueou e roubou, e acabou pobre mesmo, dolorosamente emocional e sem nada de grande a não ser o bandoleiro, Canudos ou Lampião, ou a Coluna Invicta travestida agora em 5ª coluna.

Vamos ver o programa do Congresso, felicidades ministro Renato Almeida.

(*) É raro precisar um asterisco, mas desta feita vai. Porque o Assis Chateaubriand, para a música em São Paulo, podia ser o mesmo cidadão prestante do Museu de Arte. Sei que ele pode não gostar de música. Mas por que então vai fazer um teatrão no Rio para sete mil pessoas, visando mesmo o teatro para o povo, para o grande concerto sinfônico? Tem paciência, Assis Chateaubriand; trabalhe nisso também para São Paulo, que a nossa gratidão... quero dizer, a da cidade, lhe dará mesmo uma palma.

ANTOLOGIA DE SÍLVIO ROMERO NO SÁBADO, CONTOS DE UM MESTRE E A ARQUITETURA[7]

Semana que termina num painel de Cândido Portinari, o Tiradentes da Inconfidente tragédia do país colonial, um marco.

Feriado este que coincide com o centenário da morte de Sílvio Romero,

7 Ibid., 22 de abril de 1951.

Sílvio Romero? Num ônibus, vejo o anúncio duma conferência. O título é a pergunta: Quem era Sílvio Romero?

Era apenas um crítico literário. Ninguém vai dar importância a um crítico literário. Quando me lembro de Sílvio Romero lembro-me de Theophile Gautier, como ele, também historiador de literatura. Na verdade, na verdade vos digo não conheci Sílvio Romero. Conheço apenas o retrato dele realisticamente traçado por estas palavras realistas ou naturalistas, do repórter Coelho Neto, autor intragável, mas preciso nestas ocasiões, descrevendo o velho que morreu em 1914:

> Era um bom homem canhestro e simplório, lerdo, bamboleando o corpo flácido, sempre com livros e papéis debaixo do braço, os olhos lânguidos de fadiga, parecendo, na sua própria aparência pacata de burguês mal engonçado e mole, descer a vida na correnteza do destino como uma folha morta ao léu das águas.

Folha morta.

É pois Sílvio Romero que nos evoca com essa imagem o escritor do *Rei negro*, mas não foi jamais uma folha morta. Folha morta é outra coisa que não digo.

Sílvio Romero foi um barulhento demolidor. Sabem? Pois se não sabem vão saber. Foi Sílvio Romero que fez uma série "contra" (o homem lerdo, o folha morta, sempre foi "do contra") o "Romantismo no Brasil", que é ainda gostoso saborear em cada trechinho. Considera logo a poesia de Gonçalves Dias apenas um equívoco, quando ele dizia ter criado "uma poesia nacional do Brasil" — e Sílvio Romero a repicar: "A chamada poesia indiana é uma poesia bifronte, que não é brasileira nem indígena". De Álvares de Azevedo disse logo:

> Teve um luxo de ceticismo um pouco forçado num tempo em que a poesia já se antolhava uma posição mais estável. Álvares de Azevedo desnorteou-se. Era um cismador mórbido, uma construção nervosa, sem grande fundo mental, que teve a imensa vantagem e a imensa desdita de ter vivido num meio pouco adiantado.

De José de Alencar disse o Sílvio Romero que o seu *O Guarani* é um livro franzino, "onde o caboclo é mole qual um casquilho". A *Iracema* ele a considera "um livrinho em que figura uma índia, indecisa e fácil" pois "nada tem de verdade, nem histórica, nem artística, porque está longe de ser um vivo drama que mova o selvagem com as suas arrogâncias e porque não traça um só busto exato do homem de todos os tempos". De Macedo, dizia Sílvio Romero: "Tem escrito uma série de romances ligeiros, cujo fundo e cuja forma são sempre os mesmos — o mesmo estilo pálido, opilado, e cobrindo o mesmo enredo sem animação, falho de toda a vida" — acrescentando que *A moreninha*, *O moço loiro* e outros eram "romances de balaio", que "só podem fazer as delícias de costureiras pouco lidas".

Num desses artigos sobre o "nacionalismo literário" há uma boa definição: "O patriotismo é um sentimento anacrônico" (1872)!

Dando um balanço ao romantismo há esta conclusão notabilíssima num escritor brasileiro de há oitenta anos atrás:

> Seus crimes (os do romantismo) podem-se resumir nisto: falta de crítica; paixão da palavrosidade com prejuízo das ideias; e um otimismo extravagante sobre os nossos homens e as nossas coisas, desde a natureza física, declarada a mais prodigiosa do mundo, até nossos pobres moços insuflados como os mais inteligentes da humanidade. Suas vantagens — dar-nos a ideia de uma literatura nossa, que os clássicos em sua mofineza nunca poderiam sugerir; jogar-nos para fora dos livros portugueses que, continuando a alimentar-nos, levar-nos-iam à mais completa paralisia da inteligência.

Este foi Sílvio Romero, toda a vida assim. E dizer-se desse homem "folha morta". Não; foi uma folha viva.

Com aquela suposta modéstia do mineiro que sabe que ele nasceu em terra sob a qual dormem o ouro e o ferro, Carlos Drummond de Andrade vem com o seu livro de estreia na ficção intitulado de "Contos de aprendiz"... Pois é, aprendiz — aprendiz sabido, e muito.

Um registro é preciso, sim, para os contos do poeta. Porque o poeta é um homem do "trágico quotidiano" (viva o meu Papini), e nem todo o trágico quotidiano cabe em poesia — quero dizer, em versos. Pois a velha poesia deste poeta (novo time depois da Semana de Arte Moderna) já outrora se fazia prosa. Há uma poesia dele, "Outubro 1930", que mistura verso e prosa. E há uma, "O operário no mar", que são duas páginas de límpida e serena e vibrante prosa — e os comunistas deviam ler essa página para ver como esse intelectual respeitava e respeita o operário (salvo no tempo em que andava em má companhia, a "daquela gente").

Mas chega de livros e prosa passados.

A prosa presente de Carlos Drummond de Andrade me traz uma capa sem desenho de Santa Rosa (felizmente, sem desenho), embora mantenha o Santa Rosa como tipógrafo. Boa capa. Dentro os poemas em conto de Carlos o "gauche". Riam com o conto "A salvação da alma". Assustem-se com o caso da moça que colheu uma flor um dia numa sepultura e foi perseguida pelo trote da voz no telefone: "Moça, devolva a minha flor". E corram, como eu corri, como corremos daquela sala da Câmara de uma cidadezinha mineira em 1920, quando preso fugindo achou melhor bater um papo com os vereadores e o prefeito, até que um deles quis que o preso resignasse à fuga... Como corremos!

Mas que revolta em "Beira-rio", como é duro lutar contra essa corrente que leva todas as coisas do Vosso Criado, ele que tinha vindo com licença do governo e a polícia põe fogo na tenda e destrói o comércio — "Agora, negro, finca o pé na estrada e vai olhando sempre para a frente. Senão...".

Estes contos me lembram Antônio de Alcântara Machado. Lembram-me uns tempos gloriosos de literatura que não tem mais. Lembram que é possível um dia um alguém tomar conta do mar, que nem fez Miguel, que queria o mar só para ele.

Tem mais, tem sempre mais num livro assim e é preciso citar tudo, tudo. Estreia de mestre, contos de mestre, não contos de aprendiz: a terra que você pisa mineiro, por baixo é ouro e ferro. Vem assim não.

Uma notícia de última hora: me dizem que o Museu de Arte Moderna de São Paulo fará Bienal também de Arquitetura este ano etc.

Não precisava ser Bienal. Mas com o gosto que seja, vá. O essencial é uma exposição de Arquitetura e o Museu de Arte Moderna inventou, informam-me, topar a parada.

É muito importante que haja essa exposição de Arquitetura. São Paulo está construindo. Enquanto no Rio começaram o Ministério da Educação, aqui os grupos escolares é que são os grandes edifícios modernos. Tenho para mim que é preciso uma parede inteira para os grupos escolares desse arquiteto brilhante que é Hélio Duarte.

No mais, São Paulo que foi a primeira cidade do Brasil a ver uma casa moderna, a ter uma, ainda se atrasa. Vamos para a Bienal.

CRÔNICA DE SÓ POESIA EM TORNO DOS CINQUENTA ANOS DE MURILO MENDES[8]

Dia treze faz anos Murilo Mendes: cinquenta anos. Quem quiser, tome nota, mande cartão, mande uma rosa ao poeta, naquele dia.

Minha rosa vai ficar aqui, às vésperas de um voo e de um Congresso. Abro a *História do Brasil*, de Murilo Mendes, livro de 1933... Quase vinte anos. Tempo longo passou Murilo sobre os olhos bem-humorados de então, ainda estava vivo o pintor Ismael Neri, e uma grande tristeza percorria nos olhos de Murilo as páginas não heroicas da *História do Brasil* — nada heroicas. Os grandes acontecimentos de todos os tempos do país grande, não heroicos, absolutamente nada heroicos. Apenas a fatalidade das coisas por acontecer, assim que nem na "Bandeira":

8 Ibid., 6 de maio de 1951.

Durante meses e anos
Nós furamos o sertão,
Atravessamos florestas,
Desviamos o curso dos rios;
Nossas famílias também
Vão resolutas com a gente,
Galinhas, carneiros, porcos,
Tudo aprende geografia,
Num só tempo procuramos
Às esmeraldas enormes
E traçamos, fatigados,
O mapa deste país.

Esmeralda não achamos
Ou achamos, mas sloper.
Não achamos esmeraldas.
Mas o tempo não perdemos:
No fim deste piquenique
Desenrolamos no céu
A bandeira do país.

Simples assim, sem heroísmos, toda a história do Brasil, até a crítica do "Homo brasiliensis", que são só dois versos:

O homem
É o único animal que joga no bicho.

Na poesia maior, sobre "1930", em que Olegário Maciel é o "Clemanceau das montanhas", há esta de arrepiar Itararé:

A maior batalha da América do Sul
Não houve

Soldado desconhecido
Não falta em Itararé.

E não é possível citar mais. Sei que todos, até o poeta, estão esquecidos de que houve este livro na vida dele, cinquentão Murilo. 1933... Ano em que eu tinha um menino doente, poeta, e fomos levá-lo ao pediatra — não, você esqueceu.

Foi Ariel Editora, que fez esse livro, e cada livro do poeta Murilo tem um editor. Cada livro tem um pintor na capa. A *História* é um desenho do Di Cavalcanti; *A poesia em pânico* é uma fotomontagem de Jorge de Lima; o desenho da capa de *Mundo enigma* é da portuguesa Maria Helena Vieira da Silva, tornada agora importante para os abstratos de Paris; *O visionário* traz um desenho de Santa Rosa... Os editores são, respectivamente, a Cooperativa Cultural Guanabara; a Livraria do Globo, o José Olympio. Tem também livros sem desenho na capa, que são *As metamorfoses* (tem desenhos dentro de Portinari) e o editor é uma Ocidente limitada; por fim *Poesia liberdade*, da editora Agir. Veem quantos editores. Pois da última vez, há pouco, que Murilo esteve aqui, ele me confessou:

— Não tenho quem me edite.

E não tem mesmo. O maior poeta de Minas Gerais, o maior poeta místico do Brasil de todos os tempos, o poeta mais fundamente doloroso, me confessa que não tem editores. Os editores não querem os seus versos. Nenhuma segunda edição, a não ser do livro de rezas que é *O discípulo de Emaús* — não há aqui ideias e aforismos, há é reza. O poeta reza; mas também protesta. No dia em que Hitler visita a casa onde viveu Mozart ele manda à sede da Chancelaria do terceiro Reich um telegrama "contra" Hitler. E assina: Murilo Mendes.

Há um outro livro de Murilo também de rezas: é *Tempo e eternidade*, publicado em companhia de Jorge de Lima. Não tenho este livro. Retrospectivamente, recorto da memória de nossas memórias, nesta véspera de voo, neste aniversário de cinquentão, domingo próximo, algumas linhas de muito tempo atrás, quando da saída do "visionário", linhas amarelecidas pelo inédito em que ficaram, falando sempre deste *O visionário*:

... os versos finais de *O visionário* nos colocam no centro do quadrante. Todas as horas rolam amarguradamente malignas significando as injunções suportadas, o resumo acabrunhante da *História*. Murilo, esportivamente, contempla o poeta nocaute. Os versos defluem em música finíssima como uma sinfonia de sinos distantes:

Rompe a magnólia do seio:
Acabou, pronto, acabou,
O mundo rola nas minhas pestanas
Teu sorriso é um intervalo na eternidade.

As imagens são compostas pois numa variação trabalhadíssima de ritmo e metros, gritos e reticências, intervalando as interrogações. As palavras se amoldam em combinações matizadas:

Colunas de suspiros
Janelas de vazio.

O grande inconformado desfere as largas asas enfrentando a tempestade. É majestoso no seu voo solitário, afirmativo no rugido sem paralelo:

Sou da terra que me diz NÃO *eternamente.*

A gloriosa missão dos poetas à Walt Whitman não o seduz:

Não me transformarei em cidades
Em cânticos
Em multidões.

Nocaute é apenas uma derrota num jogo de boxe. Com a eternidade? Não parece haver apenas a eternidade no conflito presente do poeta. Até morrer é considerado uma ideia muito rigorosa. Explica entre parêntesis:

(*Morrer simplesmente*
Porque morrer com cálculos e aviso prévio
Deixando esperanças à posteridade
É incrível).

Já está bem assentado tudo porque:

Solução solução solução qual o quê
Não tem saúde nenhuma
Não tem saída nenhuma.

Tão diferente se faz das incertezas e apelações da *Poesia em pânico*, no poema "Morte":

Talvez eu queira o nada absoluto
(*Até mesmo o pensamento da morte ainda é vida!*)

Tal era a análise. Agora não há mais nada. O "talvez eu queira" se vê substituído por:

Talvez eu não exista

Mas se vê como obstáculo atropelando as coisas, como um resumo:

Represento os desânimos espalhados de uma geração.

A destrambelhada dialética do poema se distribui na camada elástica da possível superliquidação:

Talvez liquidaremos a eternidade.

O poeta morre entre "gritos Colt excelentes", mas o sentido do poeta decai a um negativismo suicida por antecipação. Vai vivendo porque está vivo, porque "Até mesmo o pensamento da morte ainda é vida!". Entretanto, condena a "piada da criação" e deflagra o tiro final:

nunca mais deverá nascer ninguém.

Isto foi escrito há muito tempo, perante a última poesia de *O visionário* e não foi publicado.

Abro agora ainda uma página de *Poesia liberdade*, a página da tentação, e leio a poesia "Tentação":

Diante do crucifixo
Eu paro pálido tremendo
Já que é o verdadeiro filho de Deus
Desprega a humanidade desta cruz.

Tentação do poeta em *Poesia liberdade*, estado a que ele atinge nos seus cinquenta anos, de rosto de marfim, olhos de mar, sorriso leve, há tantos anos, tanta chuva, ruas e ruas, mulheres do Mangue e chuva e mais chuva, ah uma ilha!

Uma ilha para Murilo Mendes — este cartão espetado no tempo, e esta rosa para a lapela, para a asa e para a solidão.

CÍCERO DIAS, O PERNAMBUCANO QUE VOLTA A EXPOR EM SÃO PAULO[9]

Desde há quinze anos atrás Cícero Dias é um "pernambucano-parisiense". Quando houve a guerra, o pintor foi para Portugal; acabou a guerra e Cícero voltou ao Brasil.

9 Ibid., 14 de outubro de 1952.

Conheci Cícero Dias diante de um quadro que diariamente desdobra aos meus olhos a paisagem do nordeste, o Pernambuco da cana, a terra, a água: e um homem de bote que leva flores à sua amada e esta que chega à beira do rio para receber o visitante... Tudo me diz que isso se passa num domingo.

Conheci Cícero Dias quando ainda "éramos" antropófagos, antes da minha passagem pelos dez anos que abalaram meus nervos e minhas inquietações, transformando-me nesta rocha vincada de golpes e de amarguras, destroçada e machucada, mas irredutível.

Conheci... não, reconheci Cícero Dias em casa de sua irmã em Recife, no ano passado, quando Lula Cardoso e Geraldo Ferraz me levaram até a uma rua calada de um bairro distante, onde tantos tesouros da pintura de Cícero Dias se reúnem, desde a sua "primeira viagem ao Rio de Janeiro", um enorme guache feito numa tira inteira de bobina de papel, e que se prende nas minhas recordações como uma das melhores lembranças do Cícero surrealista, chagalliano, dos primeiros tempos, quando a sua paixão era Greta Garbo... e a minha também.

Agora, Cícero Dias, mais uma vez vem até nós. A sua exposição vai se abrir no Museu de Arte Moderna — se este artigo sair depois do dia 13 já estará aberta a exposição. Poderás vê-la, então, ó eventual agressor destas linhas de cronista que defluem dos meus dedos quando recordo o mais pintor dos pernambucanos e nele fixo a lembrança de todo o dia desta cana tão verde, desta água tão água, desta terra e desta gente.

Os caminhos de Cícero Dias subiram pelas ásperas escarpas de uma depuração abstracionista: a fidelidade permaneceu no "pattern ancestral" de uma coloração toda a vida pernambucana, toda a vida em verde e vermelho, em azul e terras, embebida do sangue e do açúcar, da aguardente e da esperança sobre arrecifes de sempre, ao fundo dos quais o mar — velho oceano, na cantata imortal de Lautréamont — bate-se nas pedras e marulhando leva o sonho do menino de engenho transfigurado em exilado de sempre.

Se não gostares — ainda é contigo, agressor eventual — das linhas enxutas da pintura de Cícero, de suas curvas, de suas indicações, cuja expressividade nasce de sua própria razão de ser um "objeto" sem se definir em representação de nada — se não gostares, percorre esse colorido, entrega-te a esse feitiço de tons e vê se aí dentro há ou não há a cachaça, a terra amarga, a água grossa do Capibaribe, o céu sobre arrecifes e um mar — ó velho oceano!

Naturalmente, sei que preferiríamos o idílio das figuras postadas num domingo, ele no barco com a mão cheia de rosas, ela na beira do rio com o seu vestido vermelho pisando de sola descalça no chão terroso da margem, enquadrada no fundo canavial...

Mas, isto foi noutro tempo, quando a pintura de Cícero Dias nos trazia anjos, focalizava a pobreza de uma paisagem humana, transfigurava surrealisticamente tudo, fazia de Chagall com a emoção de Pernambuco. Isto foi noutro tempo em que até a pobreza era boa, em que não havia lágrima, suor e sangue, em que se morria e se ia direitinho para o céu, e de bonde.

A pintura de Cícero Dias é a pintura de hoje, como quer Jean Cassou, do silêncio e, principalmente, do "pudor"... Trata-se de uma arte que não se entrega senão que se recusa a participar para que veio. Silenciosa e muda, modesta e destituída de toda a sensualidade, vibra apenas nas cores, nas modulações de seu decorativismo, na graça com que se nega a nos traduzir episódios e anedotas.

A pintura de Cícero Dias, que tanto impressionou os portugueses durante a guerra, a ponto de em alguns meses surgirem "pintores influenciados" por essa arte dominadora, tem a sua magia própria que era a atmosfera de outros tempos, e que se transfundiu em "cosa mentale", como queria o mestre Leonardo da Vinci, quando nos falava da pintura, a grande arte com que fez aquele sorriso eterno da moça do Louvre.

Essa pintura poderosa recolheu-se a outra pauta...

Hoje que o Museu de Arte Moderna vai receber em suas paredes essa expressão do velho Pernambuco — ainda há tanta pintura nas suas velhíssimas igrejas — saudamos no menino Cícero de outros tempos da imagerie quase folclórica que era a pintura dele, saudamos a sua volta, em dias frios de paulistanos enrolados em lãs, e que vão achar, creio que acharão, neste outubro diante de suas telas, não obstante os seus silêncios de homem que amadureceu nos caminhos da arte e do tempo, o sol do nordeste, as navalhas das palmeiras, o trecho de areia, as águas do rio e as águas do velho oceano. Está inaugurada a exposição de Cícero Dias.

SOBRE AS OBRAS DE JOÃO RIBEIRO EDITADAS NAS PUBLICAÇÕES DA ACADEMIA DE LETRAS[10]

Irradia a Academia Brasileira de Letras, novamente, com a edição das Obras de João Ribeiro, a única significação verdadeiramente válida para as letras miseráveis deste país de misérias com que se justifica a existência do aglomerado dos imortais, após a morte de Machado de Assis. Ao organizar e prefaciar anotando-os, a estes volumes, de tamanha importância para a nossa história literária, Múcio Leão, que acompanhou como se fora a sua sombra as últimas décadas da vida do crítico mais ilustre e amável de seu tempo no país, presta com o seu carinho de assistência esclarecida e cuidadosa um serviço relevante, que é o de exumar para as estantes dos livros de consulta o pensamento do mestre, nas sínteses em que se modelava, na incisiva anotação quase diária das coisas da literatura.

10 Ibid., 27 de maio de 1953.

Falta ainda o livro sobre João Ribeiro, que talvez nunca se faça em termos de estudo desapaixonado das relações familiares e das possibilidades de identificação. Os tempos trouxeram outras gerações, gerações nacionalistas... Estou aqui me lembrando da suficiência de Gilberto Freyre ao considerar, na sua *Interpretação do Brasil*, o exílio mental da geração atuante nas três primeiras décadas do século:

> Alguns fizeram da Europa o seu refúgio — mesmo o velho historiador e sábio crítico João Ribeiro — vivendo intelectualmente na Europa. Isto é, estando no Brasil, quase pertenciam à França, como coloniais, como exilados, como subeuropeus, subfranceses, subingleses, subalemães.

Infelizmente, Lúcia Miguel Pereira aderiu sem maior exame a esse ponto de vista.

No entanto, a releitura agora permitida das obras de João Ribeiro — e principalmente o seu nono volume *Os modernistas*, que é a fase mais interessante de sua crítica — revela-nos aspectos muito particularmente vivos da percuciência do crítico, isto é, em relação e fricção diretas e imediatas com o meio, com a vida, com os acontecimentos de todo o dia, de todos os instantes. E o crítico tinha de se abeberar, mentalmente, nas fontes estrangeiras de análise e de conhecimento. Aliás, a citação de João Ribeiro, entre os estrangeirados, é um despropósito. Não tenho em mãos o seu livro sobre *A língua nacional*. No entanto, se para os intérpretes de novas gerações, como um Gilberto Freyre, há dessas generalizações apressadas, a figura de João Ribeiro aumenta e aumentará agora ao se reverificarem, nas páginas desta edição de inéditos em livro, as suas opiniões, os seus conceitos, as suas indicações.

Quero ainda notar, contra a pecha de "exilado", que ele foi um dos primeiros a estabelecer em livro o estudo do "folk" entre nós — e esse interesse pela interpretação das "Frases feitas" (primeira e segunda séries, dois volumes — edições Francisco Alves, 1908 e 1909), não apenas o conjectural sobre a língua brasileira, coisa que naquele tempo nem mesmo se alvitrava. A evolução de seu brasileirismo se baseava, nem podia deixar de ser, no estudo da literatura popular com base etnográfica da mais moderna ficção.

Aliás, valeria ser "exilado" e até "subaustríaco", coisa que Gilberto Freyre não verificou, porque João Ribeiro, salvo melhor informação, é o primeiro dos nossos homens de letras a se referir a Freud... Não é nenhuma glória, mas me parece, repito, é uma grande vantagem haver no Brasil um João Ribeiro, a citar Freud antes que o seu autorizado introdutor no Brasil, Franco da Rocha, anos depois o fizesse. Os estudos de "Folk-Lore" são de 1913; a edição é de 1919. À página 142 se encontra a primeira referência à obra de Freud no Brasil, e embora se reporte João Ribeiro à exposição da "explicação dos sonhos" por Havelock Ellis, ele já aderia ao princípio de Freud de que "só se sonha o que vale a pena sonhar", da teoria dos sonhos. E na página seguinte João Ribeiro tenta aproximar o freudismo de suas interpretações. Se considerarmos que até o ano em que o volume foi publicado Freud não era ainda tomado em consideração por muita gente, nem na Europa, a nota de João Ribeiro, a que ele chamava de simples "indicação bibliográfica", é uma nota pioneira... Voltemos, entretanto, ao volume presente.

Os modernos começam com Graça Aranha — o acadêmico que rompeu com a Academia porque esta não admitia a revolução modernista — e vem desaguar na antropofagia e na pós-antropofagia, onde entra a minha geração, onde entro eu mesma e na organização dada ao volume situo-me entre duas pestes — o Jorge Amado do *País do Carnaval* e o Tristão de Ataíde dos *Estudos* e da *Doutrinação católica*. Só os profundamente iniciados chegarão a saber do que se trata. Ou os que lerem *Os modernos* e buscarem compreender a citação.

Lendo-se as notas diárias sobre a literatura moderna nascendo e se espadanando, digo os nomes que mais de São Paulo ou com ligação aqui nos ficaram próximos, como os dos dois Andrades — "os Andradas" da moderna poesia no trocadilho inocente de João Ribeiro —, Cassiano Ricardo, Sérgio Milliet, Raul Bopp, Paulo Mendes de Almeida, Luis Martins, Antônio de Alcântara Machado, Paulo Torres — e mais Murilo Mendes, Ascenso Ferreira, Carlos Drummond de Andrade, Vinicius de Morais, Raquel de Queiroz e tantos outros, fica-se com uma impressão meio amarga: São Paulo e o Brasil parece que não se reproduziram em outros elementos tão poderosamente arruaceiros... Porque com eles a literatura era uma arruaça viva, um monte de manifestos, posições e atitudes, romantismos frementes, combates, barricadas, e muita coisa que ficará para um tempo em que não estejamos sofrendo esta doença paulista e brasileira de um crescimento que vai porque vai e que nos leva para milhões e milhões de pessoas num país ainda recuado no espaço e no tempo onde, à margem do moderníssimo Ibirapuera em que dia e noite Cicillo manda fazer arquitetura nova, o sertão de Santo Amaro tem onças... Não tão gordas como a do "Cangaceiro", mas onças, realmente muito mais reais.

E a literatura está num dormitar danado. Fica-se com vontade de atirar uma pedra nela.

teatro mundial contemporâneo/

1955

Sob o título geral de Teatro Mundial Contemporâneo Patrícia publicou, em *A Tribuna* de Santos, de 3 de julho de 1955 a 2 de outubro de 1955, um conjunto de artigos numerados, enfocando a obra de alguns dos maiores dramaturgos modernos.

No estudo inaugural, dedicado a Bertold Brecht, precisou os seus objetivos:

> Iniciando esta série que de plano vai ser semanal se as condições permitirem, darei notícias de figuras e nomes do teatro mundial contemporâneo que não constam ainda dos repertórios mais conhecidos. Trata-se de despertar um interesse no sentido das figuras marcantes do teatro moderno, que ainda não chegaram até nós, ou que mal acabam de chegar. Os amadores, aos quais sempre me dirijo, porque penso que eles devem lançar-se à experiência e ao vanguardeirismo, capazes de influir no teatro profissional de rotina e comércio, terão muito o que aproveitar destas notas de leitura, das informações que aqui serão coligidas, e a não serem publicadas ficarão inúteis... É preciso sempre, como dizia um dos mestres da renovação mental, neste século, Sigmund Freud, "despertar o sono do mundo". Não me lembro onde Freud disse isto, nem se é dele mesmo ou se ele citou alguém. Não importa. Quando há uma boa citação, o pensamento que ela carrega recebe a nossa adesão, incorpora-se ao que pensamos, faz-se nosso, somente, alguém já pensou antes.

Outros autores estudados foram Ugo Betti, Salacrou, Ionesco, Lorca, Tenessee Williams, Strindberg.

Independentemente dessa série, publicava Patrícia, à época, comentários críticos sobre os espetáculos levados à cena em São Paulo e em Santos, como o que escreveu, em 13 de setembro de 1955, sobre a apresentação, no Teatro Brasileiro de Comédia, de *Esperando Godot*, de Samuel Becket, que saudou com entusiasmo:

> Estamos diante de um acontecimento no teatro brasileiro, um acontecimento de alta importância: a Escola de Arte Dramática realiza um dos mais belos espetáculos que já esteve no palco do país, e como teatro moderno a peça mais importante.

O artigo escolhido para esta antologia, "Ionesco" — quinto número da série Teatro Mundial Contemporâneo —, publicado em 31 de julho de 1955, é um dos mais representativos, testemunhando vivamente o interesse de Patrícia pelo teatro de vanguarda.

IONESCO[1]

Sob uma capa totalmente vermelha a editora Arcanes lançava em 1953 o *Théâtre* de Eugène Ionesco, primeiro volume, com um prefácio do grande crítico francês, o primeiro nome da crítica teatral da França, Jacques Lenormand. Valia o vermelho da capa pela flama revolucionária desse novo nome do teatro moderno, pela sua atuante criação de vanguarda — felizmente, o Théâtre des Noctambules, com o diretor Nicolas Bataille, arrojara-se à apresentação dessa admirável *La cantatrice chauve* [A cantora careca]. Lenormand começa o seu brilhante prefácio sobre o teatro de Ionesco, lembrando, precisamente, o prazer dessa noite em que "murmúrios de descontentamento, indignações espontâneas, zombarias", acolhiam, em maio de 1950, a primeira peça do dramaturgo... Estudante de teatro, o encontro com Eugène Ionesco me levou à imediata tradução desse texto da *Cantora careca* e à sua análise num gráfico, para medida de sua intensidade, de seus componentes vivos. A tradução foi uma prova também que teve a presença de Cacilda Becker e Rocha Miranda, de Décio de Almeida Prado — leitor do texto como crítico e analista — e ainda meus colegas de curso da Escola de Arte Dramática... Felizmente, ainda, tive a comprovação de que o teatro de Ionesco não é essa vanguarda que não possa ser atingida e sentida, interpretada e causar o prazer de uma criação que nos leva imediatamente acima do teatro comum.

Se, como escreveu Lenormand, "o teatro de Eugène Ionesco é seguramente o mais estranho e o mais espontâneo que foi revelado depois da segunda Guerra Mundial", não se trata de um teatro hermético. Não se restringe também a um teatro de fantasia, de invenção, de cerebralismos: é um teatro concreto, em que o desconcertante cotidiano põe, a todo momento, a sua nota grave, irônica, trágica, louca e absurda em tudo isso... Poético e burlesco, escapa a códigos e regras. Violando o possível e o normal, ele lida apenas com os dados imediatos e mediatos do possível e do normal. Cacilda Becker pediu-me o original da tradução; e Luís de Lima estudou comigo esse texto, para verificar quais os pontos em que coincidiam nossas interpretações. É aliás Luís de Lima o detentor dos direitos de autor de Ionesco em português.[2]

1 *A Tribuna*, Santos, 31 de julho 1955.

2 Patrícia volve ao assunto em mais de uma oportunidade. Em "Ionesco, pela Escola" (*A Tribuna*, 2 de dezembro de 1956), recorda que a leitura de sua tradução foi feita em 1954 e que Luís de Lima veio a sua casa para conferir a sua versão com a dele e gostou da maior parte das soluções da escritora. No artigo "Ionesco para Santos" (*A Tribuna*, 28 de dezembro de 1958), Geraldo Ferraz esclarece ainda: "Um dos professores da EAD, Luís de Lima, que também traduzira Ionesco, procurava, dias depois, a tradutora de *A cantora careca*, em sua casa, para confrontar os textos. Agora, ao apresentar *A cantora careca*, em São Paulo, Luís de Lima nos conta que aproveitou da tradução de Patrícia alguns modismos, algumas modalidades peculiares de dizer, que encontrou naquele trabalho". Na seção Palcos e Atores, com a crônica "Ionesco, incrivelmente entre nós" (Suplemento de *A Tribuna*, nº 30, de 20 de outubro de 1957), Patrícia

A descoberta de Ionesco, de que falo em público pela primeira vez, completa a certos aspectos a obra de divulgação que ora se procede, pois trata-se dum autor contemporâneo, o mais recente, e que possui uma concepção enquadrada no mundo do absurdo a que o leva a realidade de todo o dia. Devo reproduzir suas próprias palavras publicadas sob o título "L'Invraisemblable, l'insolite, mon univers", em agosto de 1953, quando, no teatro de La Huchette sete pequenas peças suas eram levadas:

> Jamais consegui me habituar à existência, de fato, nem à do mundo, à dos outros, nem ainda sobretudo à minha. Ocorre-me sentir que as formas se esvaziam, de imediato, de seu conteúdo, a realidade é irreal, as palavras não são mais que ruídos desprovidos de sentido, essas casas, esse céu não são mais do que fachadas do nada, as pessoas me parece se moverem automaticamente, sem razão, num espaço sem espaço, tudo parece se volatilizar, tudo está ameaçado — eu inclusive — dum mergulho iminente, silencioso, em não sei que abismo, além do dia e da noite. Por que feitiçaria tudo isto ainda pode permanecer? E que quer dizer tudo isto, toda esta aparência de movimento, esta aparência de luz, esta espécie de coisas, esta espécie de mundo? Entretanto, estou aí, cercado dum halo de criação, não podendo extinguir essas fumaças, nem compreender nada, despaisado, arrancado a não sei quê que faz que tudo me falte. Contemplo-me e vejo-me assaltado por um sofrimento incompreensível, dores sem nome, remorsos sem objeto, por uma espécie de amor, por uma sorte de ódio, por um hálito de alegria, por uma estranha piedade (de quê? de quem?); vejo-me rasgado por forças cegas, que sobem do mais profundo de mim, opondo-se, em um conflito desesperante, sem saída; parece-me identificar-me a uma ou outra dessas forças e sei muito bem contudo que não pertenço inteiramente a uma ou a outra (querem-no elas?) porque não posso evidentemente saber o que eu sou, nem por que sou.

Ionesco, para quem toda atividade de teatro deve ser uma confissão, busca então projetar sobre a cena seu drama interior. Não há um enredo nem uma arquitetura nessas peças; os personagens são, precisamente, reversíveis, e o

---

enalteceu a apresentação de *A cantora careca* e de *A lição*, no Rio, por Luís de Lima, defendendo-o, além disso, das críticas da revista *Leitura*, no artigo "Lição para críticas" (Suplemento nº 32, 3 de novembro 1957). Nesse último texto volta a aludir à tradução de sua autoria, lida por ela, em 1954, na EAD. Ao trabalho de Luís de Lima ela dedicou ainda as crônicas "Mímica: A arte do gesto" (Suplemento nº 6, de 5 de maio de 1957), e "Festival e Ionesco, encontro com Ionesco e Luís de Lima, ouvindo Luís de Lima" (Suplementos nºs 91, 93 e 94, de 21 de dezembro de 1958, 4 de janeiro de 1959 e 11 de janeiro de 1959). Em "Encontro com Ionesco e Luís de Lima" relata, novamente, o episódio, realçando sempre a admiração e a amizade que, a partir daí, a ligaram a esse ator e diretor — "o jovem mestre português", "o introdutor de Ionesco, no Brasil", como costumava referir-se a ele.

encadeamento que os liga muita vez não tem causa, nem as têm as aventuras complexas em que se metem. Donde o sentido de desconcertante tragédia, que invade sempre o cômico, ao esbarro das contradições. Considerando que as histórias dos personagens não são interessantes, ele se lança a um teatro em estado puro, todo de situações, em que sua sinceridade não pode ceder, reduzir-se a tomar a existência a sério. Um "lirismo clownesco", eis a definição que emerge de um estudo de Daniel Secret, abordando em *Théâtre Populaire*, nº 6 — de abril de 1954, a totalidade desse espantoso teatro lançado sobre os precipícios da irrealidade do cotidiano.

Só os pequenos teatros, os teatros de vanguarda de Paris, e um pouco por todos os centros civilizados europeus, apresentam as peças de Ionesco. A Rive Gauche do Sena, com os seus inquietantes esforços de pesquisa, permanece sozinha na consagração do escritor.

Entretanto, o editor Gallimard já se mexeu. Se a primeira edição do *Théâtre* de Ionesco foi impressa por Arcanes, que anunciava um segundo volume, a segunda edição já era impressa pela *Nouvelle Revue Française*, e aumentada. O texto inclui *La Cantatrice chauve*, *La Leçon*, *Jacques ou la soumission*, *Les Chaises*, *Victimes du devoir*, *Amédée ou comment s'en débarrasser* (setembro 1954). Falam nessa lista apenas a pequena peça *Le Salon de l'automobile*, publicada na primeira edição de Arcanes, outra pequena peça, *Le nouveau locataire* (*Théâtre Populaire*, nº 8, agosto de 1954), e um ato, "Les jeunes filles à marier" (*Les Lettres nouvelles*, nº 4, junho de 1953).

Avesso ao aplauso, Ionesco se acha na grande situação de ser, possivelmente, o autor de um teatro de hoje, absolutamente inesperado, muito além do que já é.

palcos e atores/ 1957-61

A partir de 31 de março de 1957, começou a aparecer no jornal *A Tribuna*, de Santos, um suplemento dominical em formato tabloide. E desde o segundo número, publicado em 7 de janeiro de 1957, Patrícia Galvão iniciou duas seções que tiveram longa duração, estendendo-se até 1961. Uma delas — assinada Patrícia Galvão (às vezes, apenas P.G.) — era dedicada ao teatro.

Nessa coluna, ela fazia a crítica dos espetáculos, além de tecer considerações sobre as atividades da dramaturgia de todos os tempos, da Grécia antiga ao teatro amador e estudantil de Santos, de que foi grande animadora.

Só o acervo dessas crônicas — mais de duzentas —, sem contar os muitos outros trabalhos que escreveu sobre o assunto e que divulgava em páginas do próprio jornal, forneceria material de muito interesse para a história da nossa arte dramática, à qual ela pertence, também, como tradutora e codiretora das peças *Fando e Lis*, de Arrabal, e *A filha de Rappaccini*, de Octavio Paz.

A longa série de artigos patenteia, com muita clareza, a linha de pensamento de Patrícia nessa área, a que ela iria dar o melhor dos seus esforços, nos últimos anos. Ela defende o teatro experimental ou de vanguarda, representado por Jarry, Becket, Ionesco e os seus descendentes, assim como o teatro poético de Lorca, Tardieu e Paz, e postula o seu exercício pelos jovens amadores, libertos dos interesses comerciais. Por outro lado, combate os expoentes do teatro de inspiração política entre nós — Augusto Boal, Oduvaldo Viana Filho, Gianfrancesco Guarnieri —, responsáveis, a seu ver, pela "coceira nacionalista" de que se achava atacada a produção teatral brasileira, nos fins da década de 1950. Deles distingue Ariano Suassuna ("Uma grande peça teatral — *O auto da compadecida*" e "A compadecida", Suplementos n°s 28 e 41, de 6 de outubro de 1957 e 5 de janeiro de 1958) e Dias Gomes (cuja peça *O pagador de promessas* mereceu dela dois artigos, na seção Artes e Artistas de *A Tribuna*, em 28 de agosto de 1960 e 11 de setembro de 1960, além de uma crônica em Palcos e Atores

(Suplemento nº 229, de 13 de agosto de 1961); estes, para ela, "desbordaram o aproveitamento dos elementos folclóricos e regionais", criando as duas maiores peças nacionais da época ("Aspectos de um Balanço", Suplemento nº 202, de 5 de fevereiro de 1961).

Já a segunda crônica, no Suplemento nº 3, de 14 de abril de 1957 — "Teatro universitário e pesquisa" —, a propósito de uma notícia de que os estudantes da Faculdade de Direito do Largo de São Francisco teriam declarado uma "guerra de morte contra as peças de vanguarda", dá o tom da luta e das postulações, sempre polêmicas, de Patrícia:

> [...] não concordamos em absoluto com a anunciada radical mudança de posição dos estudantes de Direito, que, segundo o nosso colega, desistiram de encenar peças de vanguarda para que os seus espetáculos possam atrair maior número de espectadores, transformando-os em saraus de divertimento e de nível escolástico. [...] A grande tarefa do Teatro Amador, do grande Teatro Amador, é justamente o pioneirismo. Independente da bilheteria, pode mostrar o caminho do futuro, as grandes possibilidades ainda não alcançadas, a revelação de novos métodos, novas formas. Caminha para o ainda não atingido, derrubando todas as paredes, todos os obstáculos até então com jeito de intransponíveis. [...] Coragem de representar para uma plateia quase inexistente, audácia de enfrentar um público hostil e preparar o ambiente do amanhã.

O teatro de vanguarda constituiria o fulcro de numerosos artigos. "Vanguarda", aliás, é palavra que comparece constantemente nos seus títulos: "Espetáculos de vanguarda" (Suplemento nº 40, de 29 de dezembro de 1957), "Vanguarda e Ionesco" — I e II (nºs 82 e 83, de 19 de outubro de 1958 e 26 de outubro de 1958), "Na vanguarda da dramaturgia, o Teatro de Arrabal" (nº 96, de 25 de janeiro de 1959), "Ainda a vanguarda" (nº 104, de 22 de março de 1959), "Que é afinal vanguarda?"

(nº 136, de 1º de novembro de 1959), "'Mise en Scène' de Vanguarda" (nº 142, de 13 de dezembro de 1949). Ionesco, invocado com frequência, é também um de seus assuntos preferidos: "Ionesco, incrivelmente entre nós" (nº 30, de 20 de outubro de 1957), "Lições para críticos" (nº 32, de 3 de novembro de 1957), "Festival e Ionesco" (nº 91, de 21 de dezembro de 1958), "Encontro com Ionesco e Luís de Lima" (nº 93, de 4 de janeiro de 1959), "Ouvindo Luís de Lima" (nº 94, de 11 de janeiro de 1959), "O Rinoceronte de Ionesco" (nº 152, de 21 de fevereiro de 1960), "Um 'bravo' aos 'independentes'" (nº 158, de 3 de abril de 1960), "Ionesco, Sartre e o Teatro Dirigido" (nº 184, de 2 de outubro de 1960), "Ainda Ionesco" (nº 185, de 9 de outubro de 1960). Tais artigos, suscitados a princípio pelas apresentações das peças *A cantora careca* e *A lição* por Luís de Lima, dividiam-se entre a divulgação e a discussão da obra do dramaturgo, tomada como paradigma do teatro de vanguarda. Na mesma ordem de ideias, contam-se os artigos sobre Alfred Jarry e o seu *Ubu Roi* (Suplementos nºs 71, de 3 de agosto de 1958, 84 e 85, de 2 de novembro de 1958 e 9 de novembro de 1958), provocados pela encenação da peça em Santos.

De "O teatro de Bauhaus na IV Bienal" (nº 29, de 13 de outubro de 1957) a "In Memoriam Lorca" (nº 223, de 2 de julho de 1961) são muitos os temas abordados dessa perspectiva. Além de Lorca — objeto de frequentes homenagens de Patrícia nas páginas de *A Tribuna* —, outro poeta, muito menos conhecido, tem sua obra teatral estudada num artigo ("Poemas a encenar", nº 171, de 3 de julho de 1960): Jean Tardieu, de quem ela informa ter traduzido uma pequena peça do Théâtre de Chambre, em 1956. A reformulação da música cênica é considerada em "Música no teatro" (nº 193, de 4 de dezembro de 1960), onde Patrícia já destaca a atuação de Willy Correia de Oliveira e Gilberto Mendes. E até o discutível "drama eletrônico" de Jocy de Oliveira e Luciano Berio é apreciado em "Apague meu spot-light" ou o "Direito à pesquisa" (nº 235, de 24 de setembro de 1961), um de seus últimos artigos. O derradeiro deles, "Visita à VI Bienal" (nº 239, de 23 de outubro de 1961), enfatiza a obra do cenógrafo tcheco-eslovaco Joseph Svoboda.

Têm particular interesse os artigos em que fala de sua própria experiência teatral ao lado dos grupos amadores, nas peças *Fando e Lis*, de Arrabal, e *A filha de Rappaccini*, de Paz: "Na vanguarda da dramaturgia, o teatro de Arrabal" (nº 96, de 25 de janeiro de 1959), "Fando e Lis" (nº 127, de 30 de agosto de 1959), "Amanhã, em São Paulo, *Fando e Lis* e o GET" (nº 149, de 31 de janeiro de 1960), "Meditações e debates: *A filha de Rappaccini*" (nº 153, de 28 de fevereiro de 1960), "Assis, uma plateia altamente sensível" (nº 161, de 24 de abril de 1960), "Rappaccini Daughter" (nº 194, de 11 de dezembro de 1960), "Amanhã, A filha de Rappaccini" (nº 195, de 18 de dezembro de 1960).

Fora do teatro de vanguarda, Patrícia ressalva a obra de Bertold Brecht, porque "a intenção clara de proselitismo político, a qual, em outras circunstâncias amesquinharia o resultado artístico, aqui não atua negativamente e até se deixa apagar pela beleza literária" ("Brecht invade o Brasil", Suplemento nº 75, de 31 de agosto de 1958). Já em "Vanguarda e Ionesco" — I (nº 82, de 19 de outubro de 1958), situa Brecht em relação a Ionesco, colocando-os em correntes opostas: "A de Brecht tentando uma volta ao realismo, embora metido numa estética, a do chamado 'teatro épico', e a de Ionesco procurando dar à imaginação todos os seus direitos com a intrusão do 'insólito no cotidiano'". Mas o teatro político decididamente não a entusiasma. Em "Ionesco, Sartre e o teatro dirigido" (nº 184, de 2 de outubro de 1960), não tem dúvida em afirmar:

> Encontrei com diferença de poucos dias Jean-Paul Sartre e Eugène Ionesco. Ambos autores teatrais, as suas concepções não fazem que meu coração balance na escolha. Dois grandes dramaturgos, escolhendo caminhos diferentes, é a Ionesco que nos ligamos, imediatamente, pelas condicionantes da vanguarda e da pesquisa.

Alvo principal dos reproches de Patrícia é — como foi acentuado — o "teatro nacionalista". Ao tema são dedicados especialmente "Em torno de uma diretriz" (nº 106, de 5 de abril de 1959), a respeito de um debate realizado no Teatro de Arena sobre a peça *Chapetuba F. C.*, de Viana Filho, "Bate-papo no mar" (nº 113, de 24 de maio de 1959); "Boal, o 'teórico'" (nº 120, de 12 de julho de 1959); "Ainda o nacionalismo" (nº 121, de 19 de julho de 1959), "'Gimba' made in Brazil" (nº 129, de 13 de setembro de 1959); "Com o autor de Chapetuba" (nº 150, de 7 de fevereiro de 1960) e "Revolução" (nº 189, de 6 de novembro de 1960), este, sobre a peça *Revolução na América do Sul*, de Augusto Boal.

> Divergimos, continuamos em divergência, continuaremos divergindo dos pontos de vista de Augusto Boal, quando ele julga que o caminho "único necessário à evolução de nosso teatro" é o de "escrever brasileiro sobre temas nossos, interpretar brasileiro peças nossas". [...] Escrita na União Soviética essa frase, substituída a palavra "brasileiro" por "soviético", teríamos então uma exata determinação de arte teatral dirigida, no sentido do nacionalismo político moscovita.

O artigo em que critica a tese do teatro "nacionalizante" de Oduvaldo Viana Filho ("Com o autor de *Chapetuba*") é imediatamente precedido pelo em que anuncia a apresentação de *Fando e Lis* pelo Grupo Experimental de Teatro, de Santos, no Teatro Bela Vista ("Amanhã, em São Paulo, *Fando e Lis* e o GET", nº 149, de 31 de janeiro de 1960), onde se lê: "O teatro amador que pretendemos é o que possa superar os programas das companhias profissionais, quanto à escolha de textos". É essa a bandeira que contrapõe ao "movimento nacionalista" da jovem dramaturgia brasileira, cujas diretrizes lhe parecem reeditar "o dirigismo do socialismo romântico". Bandeira que voltará a agitar, várias vezes, estimulando o teatro amador e atuando a seu lado nas encenações das peças de Arrabal e Paz.

Ainda em plena efervescência da polêmica com os "nacionalistas", vêmo-la aplaudir o grupo Os Independentes, que ensaia a peça *O improviso da alma* de Ionesco ("Um 'bravo' aos 'Independentes'", nº 158, de 3 de abril de 1960):

> Desde que comecei a escrever sobre teatro amador neste jornal e nesta cidade, minha orientação foi, invariavelmente, a mesma. Os amadores devem fazer mais e melhor do que o teatro profissional, porque eles nada têm a perder. [...] Se os que buscam prêmios querem peças acessíveis e êxito certo, a vanguarda não faz questão senão de se constituir como tal, isto é, ir à frente do movimento, para assinalar como pioneira o caminho descoberto, a primeira estrada no território desconhecido, a rota no mar não devassado. [...] Para a frente e olhando o mais longe, como queria Lima Barreto, é que se caminha, empurrando os acontecimentos.

Os artigos escolhidos para a antologia representam as duas linhas mestras do pensamento de Patrícia — a vindicação da vanguarda e o combate ao nacionalismo —, assim como o seu apoio aos amadores e a sua participação pioneira nas heroicas realizações da nossa dramaturgia experimental. Na impossibilidade de incluir número maior, servem de amostragem de sua luta infatigável em prol do teatro novo e da combatividade com que defendia as suas ideias. A eles acrescemos a crônica "Às vésperas da viagem predomina a perspectiva" (nº 238, de 15 de outubro de 1961), a penúltima da série, preciosa pelo testemunho, que encerra, sobre a "viagem redonda" de 1933 e pela profissão de fé de Patrícia, na perspectiva da viagem próxima, e da outra, definitiva, que talvez já pressentisse.

BATE-PAPO NO MAR[1]

Domingo, um barco e uma excursão na Ilha das Palmas. Presente, gente interessada em Teatro, já que o objetivo da jornada seria encontrar os locais adequados para o desenvolvimento da programação do II Festival Nacional de Teatro de Estudantes. Uma ida e volta ao Clube de Pesca para nós é principalmente paisagem. Mas obrigações havia, já que entre nós estava a palavra do ministro Paschoal Carlos Magno, a *A Tribuna*, na pessoa do diretor do Departamento Cultural, sr. Luis F. Carranca, representantes dos grêmios estudantis e sobre Teatro se falava. Na verdade, entre condicionantes menores, fala-se hoje em Teatro na cidade de Santos. Em meio das pedras, com um espetáculo de mar, de luz e de poesia, discutiu-se, seriamente, um dos assuntos mais assediantes que vem empolgando a juventude santista.

O importante não é apenas transformar em palco a cidade de Santos para as manifestações da mocidade brasileira. É entender o que significam palco e a contribuição cultural dessa juventude que nos vai visitar. E sobre isso conversamos. Discutiu-se Teatro, havendo até uma celeuma a propósito do movimento nacionalista entre a algazarra de barqueiros. Houve, evidentemente, controvérsias no que diz respeito à linguagem teatral brasileira, com pontos de vista contraditórios. Enquanto alguns consideravam que se devia levar ao Teatro, para maior comunicabilidade, a linguagem das ruas, outros se colocavam em posição absolutamente refratária, acentuando o poder da criação artística contra reportagens realísticas, figurando um pedaço de vida como ela é, à maneira de Nelson Rodrigues.

Interpelado, o ministro Paschoal Carlos Magno, infelizmente não conseguiu estabelecer uma unidade na discordância, porquanto defendeu, ao mesmo tempo, a linguagem brasileira no teatro e a criação artística que está à margem de quaisquer nacionalismos.

No nosso conceito, Teatro Brasileiro, até agora, não passou do que se sabe: *A compadecida*, que é uma "faixa regional" compreendida por todo o Brasil e não um amálgama nacionalizador prévio. Não é preciso ser regional também e só, para se ter teatro brasileiro. Ninguém vai negar Martins Pena do quadro urbano, pelo levantamento de caracteres que ele operava, quando enfrentava um problema, um conflito e queria lhe dar solução. O intencional "nacionalista" é que está errado e a sua condicionante "realidade nacional" também, pelo conteúdo idealístico que o move e o arma, no espaço e no tempo, embora alguns autores se julguem bem armados de qualidades ideológicas e não idealísticas, e como tais, ideólogos, se metam a basear a tal "realidade brasileira" em materialismo dialético. Daí partindo a coisa dá em água de barrela, que está nos chapetubas e nos gimbas.

1 Suplemento de *A Tribuna*, nº 113, 24 de maio de 1959.

Teatro é arte e independe de situação, de lugar, de espaço, de tempo. A não ser assim, o inglês Shakespeare seria um horrível "cosmopolita" (no pejorativo conhecido), ao fazer um drama dinamarquês, outro italiano e outro mouro, no material de *Hamlet*, de *Romeu e Julieta*, de *Otelo*... Ghelderode na Bélgica, profundamente impregnado de uma interpretação do anedotário hebraico, pôs em cena uma das grandes peças de seu repertório, como "Barrabás". E que tem a ver tudo isto com nação? Não tem nada, mas tem muito a ver com o território da arte, que é o que queremos palmilhado pelos nossos dramaturgos. Afinal, em Chapetubas e Gimbas, o que prende o interesse dum público é o lado de dentro da reportagem, mostrada até a brutalidade repugnante da cena em que o policial se atraca com uma pequena do morro, sem haver necessidade daquilo, a não ser para a sádica expectativa do auditório em assistir a um crime.

A criação artística e só ela salvará o teatro brasileiro do melodrama e da grosseria, de Gimba e Chapetuba, dando azo a que surja, nos dilemas de nossa cultura, essa flor de civilização que é o texto a representar, a colocar diante do público.

Talvez estejamos ainda muito verdes — e voltamos às admiráveis indicações de *A compadecida*, onde o circo, o mambembe, voltam com toda a sua força e a sua graça, numa revivescência antiga dessa parelha João Grilo e Chicó, autênticos como nunca se viu iguais, desde que nossas ambições de fazer teatro começaram a fazer autores e espetáculos.

AINDA O NACIONALISMO[2]

Reportar-me-ei aqui aos ensinamentos contidos na primeira aula dos cursos que o II Festival de Teatro está levando por diante, para assinalar a coincidência de pontos de vista que esta coluna tem defendido, com a orientação de Alfredo Mesquita, ao definir os caracteres essenciais de nossa evolução teatral.

Assim, no ponto em que apreciou o divisor das águas, foi Alfredo Mesquita feliz ao frisar que há um teatro "anterior" e outro "posterior" à ação consciente de Ziembinski, que atuou revolucionariamente, utilizando, entretanto, como estrangeiro que é, uma peça brasileira como foi *Vestido de noiva*, de Nelson Rodrigues. Se a peça do escritor brasileiro requeria uma compreensão das técnicas modernas de tornar expressivo o teatro que ele tentava no contexto e na manifestação espetacular, foi dado a Ziembinski, que pela sua formação era um expressionista, traduzir-lhe as implicações, e desflorá-las para o grande público que assistia, sem saber por quê, a uma "inovação" no teatro brasileiro.

Recordou Alfredo Mesquita, no que está certo, também, que muitos pensam que a peça de Joracy Camargo *Deus lhe pague*, de tamanha fortuna no

2 Ibid., nº 121, 19 de julho de 1959.

Brasil e fora dele, ensejara uma modernização no nosso teatro. Para o diretor da Escola de Arte Dramática, *Deus lhe pague* é o fim de uma época, a cristalização inevitável de todos os sinais de decadência do que o teatro brasileiro trazia consigo, com todos os seus cacoetes inevitáveis, desde o texto à maneira de representar. Joracy Camargo, em quem se perderam tantas altíssimas qualidades de renovação da cena brasileira e uma parte notável da modernização de nosso teatro pela burrice empresária e histriônica do velho Procópio Ferreira que o monopolizava (e a opinião aqui é exclusivamente minha), Joracy só fez acentuar a degradação do teatro brasileiro na sua mais celebrada e representada peça. Aliás, outras peças dele do mesmo período não subsistiram, pela fraqueza de que se revestiam; mas *Deus lhe pague*, acentuando todas as qualidades degenerativas de um produto, ia marcar o período de final dissolução. Depois de "Deus lhe pague", o que, meu deus, no naufrágio?

Então, foi que surgiram *Vestido de noiva* e Ziembinski. Há, pois, um período de renovação que se situa com a direção de um homem de teatro estrangeiro... Isto vem em comprovação de que o teatro moderno prescinde da coceira nacionalista de que se acha atacada a vida teatral brasileira. E Alfredo Mesquita se situa onde nos situamos: os temas brasileiros, a nossa sociedade e seus costumes, a nossa língua, são elementos preciosos para os dramaturgos brasileiros, para a comédia brasileira, mas não com o intuito nacionalista, e ainda menos, como aqui o citávamos a propósito da apresentação de "Gente como a gente", por Augusto Boal, "politicamente nacionalista", porque, então será cair no nacionalismo de fancaria a que se reduzem os "slogans" dos políticos da extrema esquerda e da extrema direita, e que o conservadorismo (?) dos partidos majoritários tenta aproveitar (?).

Alfredo Mesquita discorda, então, da orientação de Paschoal Carlos Magno, também equivocado quanto ao teatro "nacionalista" de "Gimba, chapetuba, gente como a gente e companhia bela".

Este registro fixa, então, um apoio ponderável no caminho: não estamos mais em tempo de nos fecharmos em nacionalismos como ideologia, o "anacronismo provinciano" que temos diante de nós, de que falava ainda domingo último em sua sensacional entrevista no *Diário de Notícias* o crítico Mário Pedrosa, para quem "o nacionalismo é um estado de espírito confinado a certos grupos sociais e determinado por condições transitórias na vida dos povos, de formação retardada e ainda incompletos como nação".

O teatro — facies cultural, social, artística de um povo, de um tempo — não pode ficar adstrito a tais limitações. Caminhamos decididamente, sem desprezar nosso contingente humano de brasileiros, para a integração internacional e universal que é a arte reconhecida em qualquer quadrante da terra.

UM "BRAVO" AOS "INDEPENDENTES"[3]

Uma primeira notícia da peça que os Independentes estão ensaiando dá imediata ideia de que não perdem tempo e poderão acertar — porque estão no caminho certo, e é preciso dizê-lo, sempre, aos que buscam acertar, com todos os riscos que o caminho da aventura comporta.

Desde que comecei a escrever sobre teatro amador neste jornal e nesta cidade, minha orientação foi, invariavelmente, a mesma. Os amadores devem fazer mais e melhor do que o teatro profissional, porque eles nada têm a perder. No caso em que percam, terão ganho a experiência, o que é um enriquecimento para insistir noutra, e jamais desistir de fazê-lo.

L'Impromptu de l'alma ou le caméléon du berger [O improviso da alma e o camaleão do pastor], título que é o mais complicado dos títulos de peças complicadas de Ionesco, texto escrito em 1955, representado em fevereiro de 1956 em Paris, e que se apresenta aqui em Santos como *O improviso da alma*, põe em jogo o próprio Ionesco como personagem, o seu próprio teatro em discussão, como didática... em debate com os doutores da opinião pública e da crítica.

A coragem da exibição de um texto dessa ordem certamente é um produto de sede, de ambição e de orgulho do teatro amador. Não poderíamos compreender doutra forma, e qualquer sucesso que lhe venha ou mesmo insucesso do risco que corre, é tão grande, que desperta admiração naqueles que, como eu, sabem o desprendimento que se precisa ter, num caso como este.

Efetivamente, uma peça que mais do que uma peça se torna o manifesto artístico de Ionesco, aquela em que ele discute e defende a liberdade total da imaginação artística em sua aventura criadora, combatendo os dogmas da direita, da esquerda ou do centro, que os doutores da crítica lhe buscam impor, é um problema a ser visto, primeiramente, no palco.

De fato, não se pode esperar que Ionesco acerte a mão encontrando um público apto a aplaudi-lo apenas na exposição, dialogada, de sua teoria estética, que mais do que a de outro qualquer dramaturgo contemporâneo, se foi fazendo à medida de uma vitoriosa experiência. E a que ponto o espectador poderá se sentir atraído por essa demonstração?

Pretendo, contudo, que esta prova a que os Independentes se lançam, é a mais corajosa que se poderia realizar em Santos. Não se trata apenas do teatro de vanguarda, mas da defesa de uma das teses do teatro de vanguarda pela boca do próprio autor, com as suas armas de sempre, o absurdo das situações, em que chega mesmo a colocar-se mal...

E isto é importante!

Os Independentes correm, com Ionesco, o mesmo risco de encontrar o

3 Ibid., nº 158, 3 de abril de 1960.

desinteresse da parte do público. Caberá um grande esforço para que o "camaleão do pastor" surja com todas as suas cores e haja um espetáculo.

Neste grande esforço proposto é que está toda a importância da tentativa dos Independentes como grupo. Surdos a qualquer advertência, eles escolheram o seu texto, um estreito atalho pela beirada de um abismo. Só olhar para baixo já marca a possibilidade de asas nesses jovens independentes, que são anjos, mas anjos do mal, tentando o deus do sucesso, e possibilitando a expulsão de um ambiente de cordialidade, de boa-fé, de aceitação. Se não forem admitidos no êxito, paciência.

Mas os Independentes, porque o são, sabem e compreendem que a vanguarda não visa a prêmios, nem busca aceitação. A vanguarda é a pesquisa, e esta não constitui senão uma etapa à frente do rebanho. Se os que buscam prêmios querem peças acessíveis e êxito certo, a vanguarda não faz questão senão de se constituir como tal, isto é, ir à frente do movimento, para assinalar como pioneira o caminho descoberto, a primeira estrada no território desconhecido, a rota no mar não devassado.

Portanto, um "bravo!", antecipado, aos intérpretes, aos dirigentes, aos sustentadores do grupo que está ensaiando essa peça de Ionesco. Uma antecipada saudação pelo que puderem fazer até apresentar *O improviso da alma*, que pode ser um fracasso. Mas há muito tempo para vencer. E não há por que não nos comover com o espetáculo de uma juventude que não teme a causa perdida e não teme perder, "numa única parada, tudo quanto ganhou em toda a sua vida", como no verso de Kipling. Para a frente e olhando o mais longe, como queria Lima Barreto, é que se caminha, empurrando os acontecimentos.

ÀS VÉSPERAS DE VIAGEM PREDOMINA A PERSPECTIVA[4]

Às vésperas de viagem é a sua perspectiva que predomina e não cabe quase tratar do que fica por aqui, mas do que virá ao nosso encontro nos acasos e nas intenções da viagem.

Não uma viagem de recreio, nem indiscriminada, mas a viagem buscando os conhecimentos mais amplos a verificar... Perdoem-me a citação de tamanha importância, uma velha frase de há quatro séculos, no pensamento válido de Leonardo da Vinci: "Maior conhecimento possibilita sempre aumentar o amor...". É isto: se se ama o teatro, maior conhecimento do teatro pode fazer com que o amor ao teatro seja aumentado. E a viagem agora vem com esta possibilidade de ampliação do conhecimento e, pois, de amor. Porque é impossível haver um trabalho sem o amor, e a frase de Da Vinci é

4 Ibid., nº 238, 15 de outubro de 1961.

bem a frase de um artista que amava a sua arte, e pelo conhecimento dela conseguia amá-la mais.

Domina a perspectiva a felicidade de um encontro já marcado, com Jean-Louis Barrault, o grande condutor do Théâtre de France, o encontro visado para o recomeço do diálogo com Ionesco, a possibilidade de encontrar Jean Vilar em seu Théâtre National Populaire, e depois, do outro lado da Mancha, pela mão de Madeleine Nicols, na área ilustre onde Shakespeare, para sempre, séculos afora, deixou assinalada a sua passagem, o seu gênio, a sua teatrologia... Perdoai-me, tenho de estar assim pensando nessas altitudes vertiginosas, e se não vos falasse destas perspectivas, amigos, estaria escondendo o impulso da partida — o único impulso que me faz ainda pensar em possibilidades de conhecer e amar o teatro...

Em vésperas de viagem tantos teatros a ver pelas cidades da Alemanha, tantos outros a visitar na Itália. Como não estar emocionada e pensando e sonhando? Direis que nada tendes a objetar, que está tudo muito bem no plano da viagem — mas que deverei ficar comigo cuidando de mim, e que "afinal ninguém tem nada com isso", pois tanta gente viaja.

Esta viagem, porém, é feita para e a serviço do Théâtre. Não me emocionei tanto na "viagem redonda" doutros tempos, em que "valia tudo" para a repórter em marcha batida, sempre em frente, Rio-Pará, Pará-Califórnia, travessia do Panamá, travessia do Pacífico, Japão... Raul Bopp, cônsul em Osaka, fez a maior parte dos itinerários pelas quatro mil ilhas, depois foi a vez da Manchúria (o encontro com Freud, em viagem na China), a coroação de Pu-Yi, onde esta jornalista brasileira dançou no grande salão com um repórter norte-americano, quebrando a etiqueta; depois a China; depois a Sibéria; depois a Rússia nos tempos de fé que aí desmoronaram... Depois a Polônia, a Alemanha nazista onde para chegar a uma cervejaria, na longa parada do trem, a Gestapo dispensou dois homens para me vigiar, depois a França... E um ano depois a dura e longa viagem de volta.

Isso que fica aí em referências é apenas para dizer-vos que uma "viagem redonda" sem objetivo, não é o mesmo que procurar conhecimento e mais amor, portanto, para o teatro, em alguns centros do mundo onde há mesmo teatro.

Desejaria que me compreendessem nesse desejo e nessa partida: terei mais motivo para trabalhar mais no estreito limite que talvez me reste, e a todos procurarei prodigalizar ainda a experiência vivida, a ser vivida, em marcha!

Estamos aqui todos reunidos, amigos do teatro, e nesta semana se destaca de vossa companhia a viajante estudante, na humildade de uma esperança e de um sonho, e quer declarar que não está desertando a tarefas, que pretende sim ir ao encontro das grandezas do palco e das pesquisas em torno do teatro, para mais saber e mais amar o teatro, e devolver a todos os que estas jornadas de estudo puderem favorecer. Perdoai a alegria destas possibilidades entrevistas. O objetivo da viagem não é de recreio nem de turismo, mas de estudo.

Hoje não é mais ao oceano que saudamos, mas às rotas aéreas confiamos a carga de nosso corpo, nessa transferência que a máquina criou, e o velho oceano fica lá embaixo em sua incessante luta de todo o dia. Em todo o caso, será sempre sobre tuas águas, "velho pai, velho artífice", como de ti falava Joyce, que a aventura começa pelos caminhos dos céus.

a “literatura” de mara lobo/ 1957-61

A outra seção que Patrícia manteve no Suplemento de *A Tribuna* se chamava Literatura e era assinada por Mara Lobo, o antigo pseudônimo com que ela publicara o seu "romance proletário", *Parque Industrial*, tantos anos antes.

São quase duas centenas de artigos, iniciados no nº 2, de 7 de abril de 1957, com a crônica "Imprescindível a leitura" e interrompidos no nº 209, de 26 de março de 1961, com "Apertar o cinto", um protesto contra a "reforma cambial" que iria tornar os livros "mais caros do que champanha francesa": "Esta cronista julga que falar em literatura, nestas circunstâncias, é divagar no vácuo".

A "literatura" de Mara Lobo surgiu com intenções didáticas. Os primeiros artigos propunham-se fomentar o gosto da leitura e orientar o leitor. Partindo da abordagem da obra de alguns escritores brasileiros do século XIX e da fase de transição para o modernismo (Casimiro de Abreu, Alencar, Manuel Antônio de Almeida, Aluísio Azevedo, Raul Pompeia, Machado de Assis, Cruz e Souza, Graça Aranha, Lima Barreto, Vicente de Carvalho, Monteiro Lobato), pretendia ela chegar às origens da literatura moderna brasileira e prosseguir analisando o trabalho dos escritores do nosso tempo — os "modernos" e não os meramente "contemporâneos", como ela mesma os distinguia.

No entanto, após a sequência inicial, essa proposta foi-se alterando ao sabor dos acontecimentos, e se tornando mais ou menos errática. Atenta ao que se passava, provocada por fatos novos e novas leituras, ela suspende, aqui e ali, a série didática e não chega a sistematizar o projeto, que se dispersa, à medida que os temas se vão propondo a partir dos livros e publicações por ela recebidos.

No nº 18, de 28 de julho de 1957 ("Após um balanço"), dando por terminado o exame da literatura brasileira até 1922, Patrícia prometia caminhar para a literatura internacional, "a fim de demonstrar que esta se modificara", e depois voltar à nossa literatura, para verificar como algumas das modificações ocorridas vieram a influir em nossos escritores.

Depois, passaria a estudar "os escritores brasileiros que 'renovaram' a literatura escrita no Brasil, primeiro em São Paulo, no Rio, em Minas".

> Essa demonstração — dizia ela — será feita nome por nome e à exemplificação estilística que julgarmos necessária. A seção se desenvolverá, portanto, mais didaticamente do que foi feito até agora. Reuniremos bibliografia e acrescentaremos dados biográficos e antológicos, demonstrativos. [...] Haverá uma ordem para esse estudo, que será dada por uma numeração.

Apenas a parte preambular de tal proposição foi cumprida por ela, nos artigos subsequentes: "Origens da literatura moderna brasileira", "Origem da literatura moderna nas ideias do século XX" e "Modernos e contemporâneos", os dois últimos precedidos pelo título: "Sobre a didática elementar" (Suplementos n°s 19, 20 e 22, de 4, 11 e 25 de agosto de 1957).

Nenhum exame ordenado chegou Patrícia a fazer dos autores do modernismo. No Suplemento nº 23, 1º de setembro de 1957, interrompe a tarefa "exaustiva, para muitos, de estudar objetivamente a literatura brasileira", para comemorar os sessenta anos do poeta Joaquim Cardoso. A seguir, no nº 26, de 22 de setembro de 1957 (os n°s 24 e 25 não trouxeram colaboração de Mara Lobo), escreve sobre José Lins do Rego, que então falecera. Um registro pouco entusiástico, embora amenizado pela circunstância. Daí para a frente, os artigos se sucedem segundo as mais diversas motivações, sem uma linha definida. Apenas no nº 162, de 1º de maio de 1960, com Questões de Orientação, volta Patrícia a preocupar-se em traçar um panorama mais geral e sistemático "do que se deveria ler", prometendo uma lista de autores "recomendados" para os seus leitores. É o que tenta fazer nos artigos "Aprendiz de leitura" (nº 165, de 22 de maio de 1960), "Ainda o leitor" (nº 167, de 5 de junho de 1960) e "Há um século e hoje" (nº 168, de 12 de junho de 1960).

Depois, retorna à crônica, suscitada, em geral, pelos livros que lhe vão chegando às mãos. "Esta seção não é de crítica de livros, não deve ser confundida com crítica literária: ela trata apenas marginalmente das coisas da literatura", afirma ela no artigo "Trem para o futuro" (nº 164, de 15 de maio de 1960). Mas, apesar dos modestos propósitos de sua seção e do geral desalinho da linguagem, ela exerce o seu "métier" com muita personalidade, indo da crônica afetiva à censura desaforada, com tiradas polêmicas que recendem aos velhos moquéns "antropofágicos".

Como no caso da cronista de Palcos e Atores, sente-se, aqui, subjacente, o intuito de privilegiar a literatura de vanguarda. "Origem da Literatura Moderna nas Ideias do Século XX" (nº 20) e "Modernos e contemporâneos" (nº 22), já delineiam o conceito que Patrícia tem da literatura moderna, caracterizada pela invenção de linguagem, e do escritor de vanguarda, o escritor da aventura, ao qual o que importa é "abrir novos caminhos à arte, é enriquecer a literatura com germens que, à semelhança dos 'germens' descritos por Novalis, venham talvez a fecundar a literatura dos próximos anos".

Mas, disperso ao acaso dos livros, esse intuito nem sempre parece encontrar a objetivação e o desenvolvimento que fazem supor as suas premissas. A impressão que se tem é que Patrícia pisa terreno mais sólido quando fala de teatro, talvez até pelo seu contato direto com o fazer da dramaturgia, ao passo que o isolamento literário em que vivia lhe ofuscava a perspectiva do futuro, obscurecendo a avaliação do próprio caminho percorrido.

Assim, causa estranheza que não tenha dedicado nenhuma de suas crônicas à poesia ou aos romances de Oswald, a *Cobra Norato* ou a *Macunaíma* — enfim, às obras mais significativas da vanguarda modernista e precisamente aquelas com que tivera mais íntimo convívio na aventura da antropofagia.

Em contrapartida, Ronald de Carvalho, Guilherme de Almeida e Sérgio Milliet ganham muitos louvores, estendidos, de passagem, ao santista Ribeiro Couto... E se ela guarda, da segunda dentição antropofágica, a aversão a Tristão de Athayde — "antes de 1928, era até um escritor moderno" — ou a Augusto Frederico Schmidt ("Nossos clássicos", nº 61, de 25 de maio de 1958; "Notícia das 'cartas' de Mário de Andrade", nº 82, de 19 de outubro de 1958; "Dois grandes prêmios", nº 130, de 20 de setembro de 1959), por outro lado, o suspeito bandeirismo da Marcha para Oeste de Cassiano Ricardo não lhe ressuscita nenhuma sanha antiverde-amarela e ela esquece o tacape em "Marcha para Oeste — livro de um poeta" (nº 122, de 26 de julho de 1959).

Onde ela continua inflexível é no repúdio ao romance nordestino:

> Não consideramos hoje o naturalismo como escola a voltar... Nem mesmo a volta ao naturalismo que se verificou quando "os do Norte" chegaram ao Rio, pelas alturas de 1930, contrariando o caráter experimental do modernismo do sul, de mineiros e paulistas. Essa descida dos romancistas neonaturalistas, cuja única desculpa é a de se apresentarem sob o disfarce da crítica social, revelou o "atraso" de uma generalidade,

tanto de escritores como de leitores, em discordância com os precursores emergentes da quadra de vinte, na estética, na poesia, no romance, na rapsódia brasileira, esta última no cosmorama de *Macunaíma* e *Cobra Norato* ou nas críticas sociais e político-sociológicas do tipo de *Serafim Ponte Grande*, ou do *Retrato do Brasil*. ("Imprescindível no naturalismo brasileiro", nº 10, de 2 de junho de 1957).

Ou, ainda:

A desimportância da literatura da década de trinta, com principal colorido dos nordestinos, em que pese a temática mais adstrita a local e a fatos econômicos fixadores, literatura da cana-de-açúcar e da caninha, literatura do cacau e da jaca, literatura, enfim, das grandes e das pequenas cidades do nordeste, está em que o fenômeno vital da linguagem foi abandonado. Explicaríamos melhor nossas observações, se esquematizássemos os objetivos que tiveram em vista os modernistas de 1922 — pesquisando o moderno manejo da língua (Mário de Andrade, Alcântara Machado, Raul Bopp, Oswald de Andrade) até o caso da literatura de feição nordestina que largou a linguagem pela ambiência (Graciliano, José Lins do Rego, Jorge Amado), uns por escreverem em português escorreito, como o autor de *Angústia*, outros por o escreverem sofrivelmente mal, como o cassange em que acabou Jorge Amado em *Terras do sem fim*. ("Problemas de estilo", nº 106, de 5 de abril de 1959).

Apenas com Jorge Amado chega a se conciliar, quando este publica *Gabriela, cravo e canela*:

No texto, sem nenhuma inovação, Jorge Amado enfim merece louvor: eis um texto cuidado. Tão cuidado que se pode dizer que o romancista inova, sem inovar nada. A renovação está em que Jorge Amado, afinal, nos dá um livro literariamente trabalhado ("*Gabriela* de Ilhéus e Jorge Amado", nº 74, de 24 de agosto de 1958).

Murilo Mendes e Drummond são muito bem tratados — o primeiro em "Trinta anos de poesia" (nº 136, de 1º de novembro de 1959), o segundo em "Drummond contista e Drummond a limpo" (nºs 84 e 149, de 2 de novembro de 1958 e 31 de janeiro de 1960). E Clarice Lispector — "a escritora mais singular dos Brasis" — é promovida em dois artigos: "Clarice Lispector em foco" e "Laços de família" (nºs 161, de 24 de abril de 1960, e 176, de 7 de agosto de 1960). Mas a contribuição poética de João Cabral, a que Patrícia já se referira sem entusiasmo na época de *Fanfulla*, não é considerada.

Curiosa é a reação de Patrícia à poesia concreta, de que teve alguma informação pelo Suplemento Dominical do *Jornal do Brasil*, ao qual se reporta elogiosamente, em mais de uma ocasião, embora ressalvando nele "certa unilateralidade" ("Estrada larga", nº 69, de 20 de julho de 1958). A primeira menção à poesia concreta aparece no artigo "Origens da literatura moderna brasileira" (nº 19, de 4 de agosto de 1957). Reconhecendo que os modernistas utilizaram o simultaneísmo "tecnicamente, sem uma consciência estética de todas as suas grandes possibilidades", conclui: "Donde ver-se agora surgir a poesia chamada 'concretista', utilizando os versos de Barzum (1907), como se fosse grande novidade...". Aqui, Patrícia repete uma observação de Geraldo Ferraz ("Os concretos no museu", em *O Estado de S. Paulo*, de 15 de dezembro de 1956), rebatida por mim, no ardor das polêmicas da época, com o artigo "Concretos e anônimos", publicado no Suplemento Dominical do *Jornal do Brasil*, de 30 de dezembro de 1956.

Volta aos "concretistas" em "Manifesto da província" (nº 70, de 27 de julho de 1958). Trata-se de uma crônica a propósito de *O Jornal* (julho de 1958), órgão do Centro de Ciências, Letras e Artes de Campinas, que reunia jovens entusiastas da poesia concreta. No segundo número dessa publicação (outubro de 1958) — que Patrícia não deve ter visto — Décio Pignatari publicaria o seu contundente "Oswald de Andrade: Riso (clandestino) na cara da burrice". Neste primeiro número, além do manifesto dos campineiros e do artigo-entrevista Volpi, de Décio, publicavam-se quatro poemas do grupo Noigandres, então integrado por ele, Augusto e Haroldo de Campos e Ronaldo Azeredo. Comenta Patrícia:

> É sinal de saúde que haja essa inquietação, esse movimento, essa necessidade de agitação de ideias. Não sei não, não gosto de concretismo, mas os moços de Campinas! estão certos. Procurar, errar — ganhar experiência errando é a grande aventura humana — para no fim uma vez, um dia, ou nunca, acertar, eis o que é mocidade.

E mais adiante: "Vai daí esta carta de amor aos campineiros que soltaram o grito do 'Jornal' e apresentam o grupo Noigandres, que é uma cambada que tem por papa Ezra Pound, o poeta dos cantos pisanos". A Ezra Pound, aliás, ela já se referira — e com simpatia — ao noticiar a sua possível vinda ao Brasil, em "Três escritores rumam para o Brasil este ano" (nº 60, de 18 de maio de 1958), informação que colhera do *Jornal de Letras*, nº 106, de maio de 1958, onde Haroldo, Décio, e eu fizéramos publicar uma carta de Pound, a nós dirigida, do St. Elizabeth's Hospital, o manicômio judiciário de Washington onde se achava ainda confinado, postulando um convite para vir lecionar literatura no Brasil. Mas os "neoconcretistas", com a arrogância e a imprecisão de seus postulados e a fragilidade de suas produções — uma caricatura empobrecida dos manifestos e dos poemas do grupo concreto — conseguiram despertar a animosidade de Patrícia. Em "Neoconcretismo" (12 de abril de 1959), comentando a "experiência neoconcreta", divulgada nas páginas do Suplemento do *Jornal do Brasil*, de 22 de março de 1959, ridiculariza os textos de Spanudis, Gullar e Cláudio Mello e Souza, para concluir: "O neoconcretismo não melhorou, antes piorou o que já era um niilismo ruim de vanguarda frustrada". No mesmo artigo, escreve. "Ignoremos o concretismo e o neoconcretismo." Mas volveria ainda a tratar incidentalmente de um e de outro, e de maneira distinta. Em "Poemas de Mauro Mota" (nº 119, de 5 de julho de 1959), tornaria a satirizar o poema "erva" de Gullar. E em "Antonio Olinto — Poesia-cinema" (nº 147, de 17 de janeiro de 1960), aludiria, afirmativamente, ao "concretismo": "Pela primeira vez, depois do concretismo, o crítico nos fornece uma exemplificação de como se pode dar ao diálogo, à narrativa, à palavra funcional, aproveitada num espaço dado, uma nova expressividade à poesia".

É de lamentar, apenas, que ela não tivesse chegado a conhecer nenhum dos livros de poemas concretos do grupo paulista e especialmente a *Antologia Noigandres* (1962), onde a visão da evolução do verso à poesia concreta, com a passagem pelo diálogo do poeta de "O rei menos o reino" com a Solange Sohl de "Natureza morta", haveria por certo de surpreendê-la — como surpreendeu mais tarde a Geraldo Ferraz —, e talvez a predispusesse a uma conversa menos superficial e mais fecunda com a vanguarda poética daquelas décadas. Mas como poderia ela suspeitar que, justamente da "cambada" do grupo Noigandres iria partir, anos depois, o impulso para o resgate de sua vida-obra? A antologia seria publicada em fins de 1962, na mesma época em que Patrícia, já muito doente, se preparava para morrer.

São muitos os temas que percorre a crônica de Mara Lobo e não caberia aqui, nos limites desta introdução, ventilá-los todos ou discutir, por miúdo, os seus acertos ou desacertos, mas tão só destacar os aspectos que nos parecem mais instigantes, hoje.

Dentre as suas incursões pela nossa literatura, impressiona a lúcida valorização de Manuel Antônio de Almeida ("Um romance brasileiro básico: *Memórias de um Sargento de Milícias*", nº 8, de 19 de maio de 1957), do romancista e do ilustrador Raul Pompeia ("Raul Pompeia e o romance *O ateneu*", nº 11, de 9 de junho de 1957) e de Machado de Assis — este, considerado por ela "a mais relevante figura de nossas letras" —, objeto de vários artigos: "Por que ler Machado de Assis" (nº 9, de 26 maio de 1957), "Cinquentenário de Machado de Assis" (nº 77, de 14 de setembro de 1958), "Cinquentenário de Machado" (nº 79, de 28 de setembro de 1958), "Onde o mérito, 'seu' Martins" (nº 81, de 5 de outubro de 1958), "Homenagem a Machado na *Revista do Livro*" (nº 83, de 26 de outubro de 1958). Dos nomes internacionais, o mais homenageado é Fernando Pessoa: "Encontro com Casais Monteiro" (nº 80, de 5 de outubro de 1958), "Fernando Pessoa em 'Poètes d'aujourd'hui'" (nº 184, de 2 de outubro de 1960), "Fernando Pessoa a uma distância de 25 anos" (nº 190, de 13 de novembro de 1960) e "De novo Fernando Pessoa" (nº 208, de 19 de março de 1961), onde ela se mostra siderada pela revelação do manifesto "O ultimatum" — "um panfleto que escola nenhuma, desde o expressionismo alemão aos desabusados surrealistas, tiveram coragem de formular... 1917!". Mas também merecem tributo especial o amado García Lorca ("Um quarto de século sobre um assassínio", nº 207, de 12 de março de 1961), Artaud, o poeta "suicidado" ("Antonin Artaud", nº 138, de 15 novembro de 1959), St. John Perse ("Um poeta de França", nº 173, de 17 de julho de 1960), Joyce ("Perspectiva do século XX em alta escala", nº 199, de 15 de janeiro de 1961) e, com ele, Kafka, o "ausente" do artigo "Joyce e traduções e ainda um ausente" (nº 197, de 1º de janeiro de 1961), assim como o menos conhecido Ítalo Svevo ("O grande Svevo", nº 55, de 13 de abril de 1858). A cronista não deixa de atentar, aqui e ali, para a renovação literária internacional, escrevendo sobre Nathalie Sarraute ("Uma escritora cresce", nº 133, de

11 de outubro de 1959) e Octavio Paz ("Octavio Paz e sua poesia", nº 192, de 27 de novembro de 1960). O "caso" Pasternak lhe inspira dois artigos--protesto contra a censura política — "Um escritor proibido" e "Somos filhos dos anos terríveis da Rússia" (nºs 73, de 17 de agosto de 1958, e 94, de 11 de janeiro de 1959); da censura moralista defende a obra de Henry Miller e Nabokov — àquele dedica "O primeiro beatnik" (nº 188, de 30 de outubro de 1960) e a este, "Notícia de Lolita" e "Amor, a Tese Emergente" (nºs 111, de 10 de maio de 1959, e 121, de 19 de julho de 1959): "O amor, o tema emergente, é o que faz ainda proibir 'Lolita'. Mas vencerá, porque, como dizia Dante, 'ele move o sol e as estrelas'".

No leque um tanto disparatado de seus interesses, surpreende a paixão por Antônio Nobre, lembrado por ela especialmente em "À Glória de o 'Só'" (nº 156, de 20 de março de 1960) e num belo artigo sobre Poe (nº 97, de 1º de fevereiro de 1957): "Poe entre poetas". Digno de nota o seu entusiasmo pela publicação de Literatura Europeia e Idade Média, de E. R. Curtius, pelo Instituto Nacional do Livro — devota dois artigos ao assunto (nºs 5 e 15, de 28 de abril de 1957 e 7 de julho de 1957). Na pauta do humor e da irreverência "antropofágica" incluem-se as crônicas "Príncipe dos poetas" (nº 113, de 24 de maio de 1959), em que ela escarnece da eleição literária e dos poetas "papáveis", e "Dois grandes prêmios" (nº 130, de 20 de setembro de 1959), que tem como alvo principal Tristão de Athayde, então galardoado pelo Moinho Santista.

A seleção a seguir apresentada — particularmente difícil à vista da diversidade dos assuntos da série — tenta oferecer uma gama dos vários "moods" de Patrícia na "Literatura" de Mara Lobo, com ênfase nos artigos de cunho genérico, que sintetizam sua visão do fato literário.

ORIGENS DA LITERATURA MODERNA BRASILEIRA[1]

É tecnicamente um erro designar a expressão literária pejorativamente como "retórica". Toda a literatura é retórica, mas no melhor sentido, que cumpre ter em conta sempre que se trata de literatura.

De um ponto de vista histórico, é da França que nos vem a literatura moderna, com escalas pela Itália. A primeira designação modernista que nos ficou foi o "futurismo". Passara por São Paulo e Rio o animador desse movimento na Itália, Filippo Tommaso Marinetti, e suas conferências foram a confirmação de que "futurismo" era mesmo maluqueira, como toda a literatura e arte moderna... O termo "futurismo" nasceu e frutificou com uma incrível rapidez. Foi admitido e adquiriu cidadania bem antes de se conhecer Marinetti, e ainda mesmo antes de se saber do que se tratava. Até hoje, qualquer simplificação, ou qualquer extravagância, as coisas roçam pelos extremos, toda a vez que se quer chamar a atenção para o esquisito que se apresenta em arte ou literatura, costuma-se pespegar a palavra "futurismo". No entanto, o futurismo foi um movimento literário, que transbordou para as artes plásticas, somente na Itália, com pequeníssima repercussão noutros países. Surgira contemporaneamente ao cubismo e depois do expressionismo — deram-lhe corpo alguns pintores italianos, no que deve ser hoje melhor designado como "dinamismo plástico", pois a qualidade marcante da pintura e da escultura futuristas é o movimento inerente à forma. Essa dinâmica assegura a certos exemplos uma qualidade que se aproxima ou se afigura barroca. Mas vamos por partes. A literatura de teor futurista foi a primeira aqui considerada; seguiram-se os franceses, modelos que melhor se enquadraram na consideração da conquista estilística a realizar. Nacionalisticamente, que é como afinal ganhou consciência o processo, tratava-se de uma independência linguística, contra a gramática rígida do português, contra os seus processos inermes, mas também contra os escritores brasileiros do tipo de Coelho Neto, que estilizavam a literatura brasileira em português. Na poesia, o modernismo nasceu de uma reação ao parnasianismo, mas principalmente ao parnasianismo declamatório de Olavo Bilac, que não é bem o parnasianismo. Os versos livres iam tocar ao fundo da questão, a oposição à rima caracterizaria o poema de 1920, que se prezasse de ser moderno.

O modernismo não surgiu como na Europa visando a uma corrente de ideias ou de valores estéticos. Não se buscou o simultaneísmo, o unanimismo, o ultraísmo, o expressionismo ou o dadaísmo, nem mesmo o futurismo ou, afinal, o surrealismo. A tendência foi em geral "modernista" — tratava-se de renovar e qualquer coisa servia, principalmente o simultaneísmo, que foi utilizado tecnicamente sem uma consciência estética de todas as suas possibi-

1 Suplemento de *A Tribuna*, nº 19, 4 de agosto de 1957.

lidades. Donde ver-se agora surgir a poesia chamada "concretista", utilizando os versos de Barzum (1907), como se fosse grande novidade... O modernismo brasileiro foi uma conquista nacionalista da língua acrescida duma dependência literária. Quando Osvaldo de Andrade descobriu Mário de Andrade e o lançou, não achou melhor fórmula do que o título dum artigo: "O meu poeta futurista" (*Jornal do Comércio*, de São Paulo, 1922).

Os modelos de Mário e de Osvaldo foram os franceses com Apollinaire à frente. Na França, Apollinaire foi de fato um inovador. Mas só deveria influir no Brasil depois de sua morte, que foi em 1918. Na prosa, os prosadores que vieram a marcar uma influência sobre o moderno brasileiro foram Blaise Cendrars, que visitou o Brasil naqueles tempos heroicos, e ainda recentemente num de seus livros recordava essa viagem.

Guilherme de Almeida e outros haviam poetado antes de 1920 procurando realizar a poesia moderna, mas não haviam saído duma certa simplicidade de linguagem, ou duma outra modalidade de exaltação dionisíaca, como aconteceu com o *Luz gloriosa* de Ronald de Carvalho, publicado em 1913...

O modernismo brasileiro nasceu, principalmente, do meio paulista, mais cosmopolitamente trabalhado, onde circulavam revistas francesas, italianas, alemãs, jornais que as colônias exigiam. Entretanto, durante toda a década de 1920 o contacto com os modernos ingleses e norte-americanos é diminuto. Apenas Osvaldo de Andrade, em suas andanças pela Europa encontrara por acaso John dos Passos. O nome de James Joyce, que em 1921 causara escândalo na França, com a publicação de *Ulysses*, só depois de 1935 foi conhecido mesmo de Osvaldo de Andrade. É claro que a outra ala, a ala católica do movimento modernista, era mais culta — Mário de Andrade possuía bem maior bagagem do que Osvaldo. Veremos alguns aspectos do início do modernismo brasileiro mais de perto, no próximo artigo.

SOBRE A DIDÁTICA ELEMENTAR: ORIGEM DA LITERATURA MODERNA NAS IDEIAS DO SÉCULO XX[2]

Que é que caracteriza a literatura chamada "moderna"?

Primeiramente, uma invenção de linguagem. A norma descritiva do escritor considerado de vanguarda é uma pesquisa no sentido de dar intensidade, de estabelecer surpresa, de qualificar em profundidade os episódios e as figuras, as relações e as coisas. A originalidade, portanto, mas uma originalidade que não seja feita de originalidade apenas — uma originalidade orgânica, funcionando, muitas vezes, em consonância rítmica e fonética mesmo, com as coisas narradas.

2 Ibid., nº 20, 11 de agosto de 1957.

Só é escritor de vanguarda quem tenha ideias de vanguarda. No vasto mundo das ideias sobre o conhecimento do homem que o século XX trouxe, uma das primeiras noções incorporadas pela literatura de vanguarda foi a noção da velocidade.

Velocidade é uma ideia nova dada à maneira de locomoção sempre em desenvolvimento desde que surgiu o automóvel e desde que ele "apresentou" as paisagens urbanas e rurais em uma trepidação instantânea de filme. É a velocidade que permite o "movimento" na figura do cinema, e é a velocidade que nos dá na rua "somas" inesperadas de expressão. Fotografia e cinema se unem nessa possibilidade narrativa das imagens, colocadas em seriação, e modificando a visão das coisas de uma forma tal que pouco antes do século XX não seria imaginável. No mundo físico, a grande contribuição a todas as artes do século XX, inclusive à literatura, foi a ideia da velocidade, que implica a simultaneidade das coisas. Em 1905, Einstein, um dos transformadores de nossas ideias sobre o tempo e o espaço, lançava uma teoria que iria dar base à relatividade. O simultaneísmo se incorporava às ideias dos "tempos modernos".

Mas se no campo físico as ideias do século XX "modificavam" a visão da vida e da concepção da linguagem como instrumento de comunicação, no campo da psicologia outros elementos surgiriam: primeiro foi a memória. Bergson deu particular relevo à memória — a vida do homem é a sua reminiscência. Cada minuto "vivido" é memória e a memória faz a vida passada e determina inúmeras coisas no presente. O primeiro escritor que aproveita a ideia de memória-viva é Marcel Proust.

Mais do que a memória, é importante ver aparecer no decurso dela o "monólogo interior", conversa íntima do indivíduo consigo mesmo e que compõe um dos meios de expressão da linguagem do literato "moderno". O memorialista serve-se do "monólogo interior". Aquilo que a linguagem popular chamava e muitos escritores do século passado denominavam de "falar com os seus botões", na atualidade literária de vanguarda se sistematiza no monólogo interior. Edouard Dujardin estabeleceu a teoria do "monólogo interior" ao verificar que James Joyce se apropriara desse meio de expressão e o utilizava.

A memória, porém, ainda não era "tudo". Impunha-se à literatura o conhecimento mais profundo do homem, e as ideias do século XX trouxeram à tona as pesquisas desse médico de Viena, que procurando descobrir as origens da neurose ia desvendar um dos segredos do comportamento humano — o inconsciente. Verificar-se-ia, portanto, que o homem não era um ser apenas "consciente". Havia também o "inconsciente" e a literatura não seria literatura como arte e técnica ligada ao conhecimento do homem, se desprezasse os ensinamentos da psicanálise, chamada, em seus elementos generalizadores, "a psicologia profunda". Profunda porque descia às camadas inferiores da consciência humana. O surrealismo poético e artístico emergiria dos conhecimentos das ideias de Freud sem que Freud mesmo soubesse a respeito qualquer coisa. A importância do sexo na vida humana foi posta em relevo.

Entretanto, ainda não era tudo, e depois do freudismo e das dissidências de Adler e Jung, um austríaco e um suíço que foram discípulos de Freud, novos caminhos se abririam à psicologia fora das próprias dissidências psicanalíticas. Surgiram a "psicologia da forma" e a psicologia da conduta. A primeira formulou a hipótese da estrutura anterior à expressão na mente e na psicologia do homem e a segunda perfilou o comportamento em relação aos fatos físicos e fisiológicos — indo mais longe, Pavlov demonstrava que uma parte das ações era devida a hábitos e suas correspondências na conduta... "Reflexo condicionado" é a síntese da teoria de Pavlov quando certos "sinais" despertam no indivíduo ou no animal volições e ações consequentes. Um automatismo regula certo número de desejos, manifestações, atuações do corpo humano.

Todas estas escolas, ideias, teorias etc., incidiram sobre a literatura e lhe deram elementos novos de poesia e expressão de conhecimento das ações e das reações, libertando o homem de muitos preconceitos, causas falsas, noções errôneas, acerca dos atos. O livre-arbítrio sofreu numerosas restrições.

Tudo isto foi base material para a literatura moderna. Sem uma compreensão inicial de tais fatores será impossível "penetrar" nas possibilidades da literatura moderna.

Mas o trabalho de retórica transformada é ainda muito maior do que toda essa base de conhecimento do homem. A palavra entra numa retorta e a etimologia e a semântica passam a ser devolvidas em benefício da libertação do homem, que é o primeiro objetivo de toda a literatura que se considere de vanguarda.

SOBRE A DIDÁTICA ELEMENTAR: MODERNOS E CONTEMPORÂNEOS[3]

Insistiremos nessa afirmação de nosso último artigo, que nos parece muito importante: só é escritor de vanguarda quem tenha ideias de vanguarda.

Por isso descrevemos algumas ideias de vanguarda: a velocidade e uma de suas condicionantes humanas, o sábio Einstein; a memória e o tempo e a sua condicionante humana, o filósofo Bergson; a técnica ligada ao "monólogo interior" teorizada por Edouard Dujardin; a psicologia profunda e o seu criador, Freud; o "reflexo condicionado" e o sábio Pavlov; a psicologia da forma (gestalt, gestalt-theorie, estrutura) do grupo a que pertenciam os mestres Spranger, Kofka, Wertheimer, Wolfgang Koehler e a psicologia da conduta, de Watson

3 Ibid., nº 22, 25 de agosto de 1957.

e seus discípulos — isto sem citar os mestres Adler e Jung, este, autor de tantos estudos literários... Aliás, os estudos de psicanálise são muito importantes para a literatura — Marie Bonaparte, mestra de psicanálise na França, fez uma obra fundamental de análise literária muito pouco conhecida — *Edgard Poe* sob a psicologia profunda.

Mas não é preciso apenas estar dentro dessas correntes "científicas" modernas, nem somente aplicá-las à interpretação literária embebendo a obra de arte que a literatura envolve, de aplicações cientificistas. É preciso ainda estar a par da existência da sociologia do homem, do conhecimento humano, desde a ontogenia (ciência da formação e do desdobramento individual em todas as fases de sua evolução) à ontologia (estudo da ordem Metafísica que trata do ser e dos seres, tanto do ser em si mesmo como da maneira pela qual se manifesta). É preciso tudo isto e mais ainda, como está numa página imortal de Rainer Maria Rilke, página que Rilke aplicava à gênese do poema, mas que podemos e devemos aplicar a todo escritor realmente de vanguarda, para a gênese de suas obras literárias. É preciso, na verdade, como dizia Rilke, sofrer como homem e como mulher e ter as alegrias mais profundas da vida, para se ter o poema. Há exemplificação disso num poema de José Régio em "Fado", quando o poeta em seu desespero e solidão sentiu a bênção da vida numa acácia cuja semente fora trazida pelo vento soão e, jogada na terra, brotou e cresceu...

Além das ideias do século XX é preciso, portanto, viver e viver intensamente, cada segundo da vida.

O escritor moderno é uma aventura humana, e é precisamente como aventura que ele se lança ao processo do conhecimento que é a obra literária. Nesta "aventura" está de fato a separação do escritor moderno de seus colegas "contemporâneos". O moderno, esclareçamos, é moderno e é contemporâneo — mas o "contemporâneo" pode não ser escritor moderno. Contemporaneidade envolve apenas a questão de estar no presente cronológico, mas essa presença física não abrange, necessariamente, as condicionantes de "atualização" das ideias e do trabalho do escritor, sua maneira de expressão.

Chegaremos, então, a essa classificação final: aventura e ordem.

O escritor da aventura não teme a aprovação ou a reprovação dos leitores. É-lhe indiferente que haja ou não da parte dos críticos uma compreensão suficiente. O que lhe importa é abrir novos caminhos à arte, é enriquecer a literatura com germens que, à semelhança dos "germens" descritos por Novalis, venham TALVEZ a fecundar a literatura dos próximos cem anos.

Essa aventura é a de Lautréamont e de Rimbaud na poesia francesa — como é a dos escritores modernos da Semana de Arte Moderna no Brasil, e insiste hoje nas pesquisas de uma Clarice Lispector, na prosa de ficção, ou na poesia de Carlos Drummond de Andrade, Cassiano Ricardo e Murilo Mendes (o processo do livro de Geraldo Ferraz, *Doramundo*, é um aproveitamento, uma soma de experiência moderna, muito mais do que uma pesquisa descobridora — seu mérito é a atualização formal dos processos empregados pelos escritores de vanguarda).

Entre a aventura e a ordem não há ligações — *Marcoré*, de José Olavo Pereira, pertence à linha da "ordem", e sua fácil aceitação por isso se torna uma questão ligada ao escritor de contemporaneidade satisfeita — é um "contemporâneo", não é um moderno.

Mas, estamos avançando demais. É melhor caminhar mais devagar.

Devemos ainda descrever o que foi o princípio do século na literatura moderna na Europa para, depois, passarmos ao campo nacional.

MANIFESTO DA PROVÍNCIA[4]

Recebeu Geraldo Ferraz, do Centro de Ciências, Letras e Artes de Campinas, um jornalzinho literário que traz literatura, como não podia deixar de ser.

O título é *Jornal*.

Este *Jornal* parece-me merecer um registro especial. Nele encontro a característica que sempre vale, para todos nós, que também tivemos mocidade literária, da revolta, do protesto, da inquietação, do desejo de construir-se alguma coisa de novo — em suma, mocidade literária.

E mocidade que vem com irreverência, com apoio ao NOVO, com barulho de latas, certa de que vai à conquista do mundo, e, como dizia o velho Fernando Pessoa, se calhar vai mesmo e conquista mesmo o mundo.

Eis a amostrinha da apresentação, que, com a tipografia que se preza neste século em que os futuristas anarquizaram com a caixa de tipos e com a boa ordenação gráfica, a tipografia de *Jornal* solta tudo sem maiúsculas:

> [...] este jornal tentará refletir o esforço dos jovens — não nos referimos à idade cronológica — que pressentem próxima a chegada do dia em que acabará na província o mito dos artistas-só-nome (ver manifesto grupo vanguarda) e o vício retórico será substituído por uma crítica sem tragédias, sem usura, consentânea com as diretrizes arejadas de arte que hoje se pratica.

Só esta apresentação já serviria de manifesto, mas o manifesto dos moços de Campinas vem adiante, como a chamada entre parênteses anuncia. E é bonito, é bonito, como diz do mar o cantor da Bahia.

De fato, é bonito que na província um grupo de literatos de Campinas reclame o MOVIMENTO. Reclame:

4 Ibid., nº 70, de 27 de julho de 1958.

antimodorra
predicado essencial: fazer
fazer conscientemente: ir ao âmago da coisa
por uma arte atual
pela renovação/revivificação constante e progressiva

E por aí afora vão os rapazes na sua "atitude de luta", terminando por se colocarem pela:

arte hoje

fora com os burgomestres falantes & vazios
fora com os fritadores de bolinhos.

Assinam o manifesto Alberto A. Heinzl, Alfredo Procaccio, Edoardo Belgrado, Franco Sacchi, Geraldo Jürgensen, Geraldo de Souza, Maria Helena Motta Paes, Mario Bueno, Raul Porto, Thomas Perina.

Agora que está explicado o fim do *Jornal* — oito páginas, poemas concretistas, entrevista com o pintor Alfredo Volpi, que depois de velho virou moço e está concretista também, o que é um direito que não se lhe contesta — agora que está dado o nome aos boys — vamos pra diante.

É sinal de saúde que haja essa inquietação, esse movimento, essa necessidade de agitação de ideias. Não sei não, não gosto de concretismo, mas os moços de Campinas! estão certos. Procurar, errar — ganhar experiência errando é a grande aventura humana — para no fim uma vez, um dia, ou nunca, acertar, eis o que é mocidade.

Pelo menos há um interesse, e não ficamos babando em torno de rimas ricas. E quando isto surge na província vale muitos pontos neste país deserto de letras e de homens de letras e de interesse pelas letras — as belas!

Vai daí esta carta de amor aos campineiros que soltaram o grito do *Jornal* e apresentam o grupo Noigandres, que é uma cambada que tem por papa Ezra Pound, o poeta dos cantos pisanos.

Vai daí que concito os jovens de Santos a se interessarem também um pouco por letras e artes, embora falte-lhes o Centro que em Campinas funciona há mais de cinquenta anos, fazendo o que pode. Sim, a província existe e não pode ficar modorrando — pode? Não, não pode. Os manifestantes de Campinas deem duro que é duro passar pela prova. Mas vale a pena!

POE ENTRE POETAS[5]

Passou em janeiro que acabou de passar o 150º aniversário do nascimento de Edgard Allan Poe, o que quer dizer que o poeta não passou. Nesse mesmo janeiro em que o literato que se tornou uma espécie de brasa na memória dos seus conterrâneos de Boston, gente há 150 anos puritana, o veterano biógrafo de outros poetas, como Wordsworth, Coleridge, Byron, Shelley e Keats, Frances Winwar, acaba de lançar uma biografia do poeta de "O Corvo", hoje mais que nunca na admiração do mundo inteiro (*The Haunted Palace, a Life of Edgard Allan Poe*).

Então, o poeta notabilíssimo que escreveu tão modernamente em tão remoto tempo, vivendo a sua poesia na sua conturbada vida, o que lhe dá uma legenda de "derrotado mas sempre lembrado" (*Time*, 26 de janeiro de 1959), nestes 150 que decorreram, viu-se incorporar a toda a literatura mundial. Na Europa, foi um poeta como Baudelaire, o seu principal introdutor, nas primorosas traduções das *Histórias extraordinárias*, que teve há quase um século o valor de uma revelação. Nem se deve deixar de mencionar, para louvor da poesia portuguesa, que Antônio Nobre, o poeta do "Só", realizou uma peregrinação à América do Norte para ir se ajoelhar diante do túmulo de Poe, em Baltimore, 1897...

Cidade triste entre as tristes,
Oh Baltimore!
Mal eu diria que na terra existes
Cidade dos Poetas e dos Tristes,
Com teus sinos clamando "Never-more".

Os comboios relâmpagos voando,
Pela cidade de Baltimore,
Levam uns sinos que de quando em quando
Ferem os ares, o coração magoando,
E os sinos clamam "Never-more, never-more".

Copio os versos de Antônio Nobre porque são tão desconhecidos — a edição das "Despedidas" de que os reproduzo é a segunda, saída há quase trinta anos, e não sei se foi depois reimpressa. Poesia incompleta como a deixou Nobre, ela marca, entretanto, o culto de Poe e adquire dessa maneira um testemunho essencial e imponente do poeta português em terras da América. Esse testemunho é assinalado ainda pelas notas de viagem, quando Antônio Nobre registra sua passagem por Nova York, Brooklyn, Filadélfia e Washington, com

5 Ibid., nº 97, de 1º de fevereiro de 1959.

a ida a Baltimore — eis o registro da visita ao túmulo: "Bati à porta. Edgard não respondia. Estava em casa. Edgard dormia. Edgard Allan Poe, *never more*". E mais adiante, ainda sobre Baltimore: "Convento de pretas. O Pullmann: a criança de cabelos em canudos, vestida a século XVIII. E podia, que horror, ser minha filha".

No volume das "Despedidas", o retrato de Antônio Nobre sentado, impecável em sua indumentária de diplomata "fin-du-siècle", tem ao fundo a estátua da Liberdade. Talvez o pensamento dos versos incompletos que ficaram acima, sob o título "Sensações de Baltimore", comportassem no seu desejo de doente um canto sobre os Estados Unidos, que Federico García Lorca escreveria mais de trinta anos depois, nas páginas de *Poeta em Nova York*... Mas é tão pouco o que ficou das sensações de Baltimore, embora seja tão profundamente sentido!

Anos depois outro grande poeta de Portugal, Fernando Pessoa, insatisfeito com as traduções de Poe, pegou de "O Corvo", de "Annabel Lee" e de "Ulalume", para transpô-los em versos notáveis, "ritmicamente conforme o original", observação que ele deixou redigida para que se saiba, "urbi et orbe", que Poe foi trasladado em perfeita forma para o português.

E agora estamos recordando Poe, na homenagem que desejaríamos despertar de quantos lhe devem o enlevo de qualquer trecho de verso ou prosa, que todos conhecem e sabem, nesse que foi mais do que popular na invenção da literatura detetivesca e que foi o imenso poeta de Annabel Lee, esse idílio que termina "No sepulcro ao pé do mar, ao pé do murmúrio do mar".

PRÍNCIPE DOS POETAS[6]

Informa-se que há lugar para o novo príncipe dos poetas brasileiros. Olegário Mariano, com cabeleira, pretensão e tudo, esticou os cambitos neste seu inverno que já ia bem adiantado, e qual uma das suas cigarras — ele era o poeta cigarreiro por excelência — silenciou. Não se lhe vai fazer aqui o necrológio, como diria o José de Semanascópio, sujeito que não perde vez de soltar a sua ambivalência verbal, coisa que em linguagem corrente é trocadilho.

Pois começo por embirrar com o título príncipe dos poetas brasileiros, e com os que o foram, em segundo lugar. Com o título porque mesmo admitindo possibilidade de se apontar um nome, penso, seria Príncipe da Poesia Brasileira e não dos poetas. Com os que foram porque a sucessão, desde que me conheço por gente, passou de Olavo Bilac a Alberto de Oliveira e de Alberto ao já mencionado Olegário, o cigarreiro.

Ora, não me convencerão que príncipe da poesia será menos alto que príncipe dos poetas, nem que os príncipes citados merecem alguma coisa que

6 Ibid., nº 113, 24 de maio de 1959.

lembre qualquer principado. Como o mundo está mesmo errado, o melhor é fazer o histórico dessa coisa, deixar tudo como está, e mastigar o pão duro de nossa miséria.

O concurso para fazer o príncipe dos poetas nasceu da *Fon Fon*, que era a *Manchete* de nossa infância querida. Algum tempo antes de se registrar o nascimento daquela linda criança que foi esta cronista, em 1907, nascia a *Fon Fon*. A última geração simbolista, ou que veio a ter essa designação, andava pelas colunas literárias da *Fon Fon*. Era um de seus diretores o poeta (foi poeta, sonhou e amou na vida, mas nunca príncipe) Mário Pederneiras; Álvaro Moreyra e Lima Campos ilustraram suas páginas, e o próprio Olegário (o cigarreiro último príncipe), foi seu frequentador, com versos e cigarras.

Ora, estamos agora nesta semana que passou, e nesta que entra assistindo à elaboração de novo concurso. A revista *Fon Fon* fechou em agosto de 1958, completamente obsoleta e destituída de interesse — *Manchete* e cia. a mataram. O concurso foi generosamente transferido para o *Correio da Manhã*, melhor, para a seção Escritores e Livros, do grande matutino carioca, pelo sr. Ary Sérgio da Silva que era diretor da falecida. Escritores e Livros é uma seção brilhante, dirigida por José Condé, que diariamente fala dos livros e dos seus autores. Está, portanto, o concurso em boas mãos.

Agora, nesta semana que entra, já se vai reunir a comissão encarregada de escolher os duzentos escritores brasileiros que deverão eleger, como votos assinados, o novo príncipe dos poetas brasileiros. Essa comissão se compõe dos graúdos das letras nacionais, a exemplo — o presidente da Academia Brasileira de Letras, o presidente da União Brasileira de Escritores, o presidente do Pen Clube, o presidente do Clube de Poesia, o redator da seção Escritores e Livros do *Correio da Manhã*, um representante da antiga *Fon Fon*, que será o acadêmico Gustavo Barroso (horroroso) antigo redator-chefe da tradicional revista carioca.

A partir de junho próximo os resultados começarão a ser publicados, e quando houver o resultado total — dificilmente haverá empate entre os duzentos votantes forçosamente heterogêneos — o laureado será homenageado em praça pública, proclamado, e ao mesmo tempo se inaugurará o busto do último príncipe, o que é uma esperança para o próximo, que também morto, ao ser laureado outro, terá o seu busto.

Enfim, fora as nossas irreverências, é possível que os duzentos votantes acertem no príncipe. Se não acertarem, será azar da poesia brasileira, coitada, tão maltratada pelos maus cultores do verso que pululam como saúva por esse país afora, se dizendo autores de poesia e até poetas.

Mas que ficava melhor príncipe da poesia brasileira ficava. Ficava mesmo. É o meu voto que ninguém pediu, e que se dirige a uma nova designação, pois a outra me parece tão obsoleta quanto o espírito que a definiu e a tradicionalizou nestes quarenta e tantos anos. Príncipe da poesia. É verdade que seria mui alto, tão alto que talvez os nossos "papáveis" não chegassem aos pés do príncipe. Porque príncipe, ha, ha. E agora chega.

UMA ESCRITORA CRESCE[7]

Há três anos Nathalie Sarraute publicava na série Les Essais da Gallimard, vol. 80, *L'Ère du soupçon*, ensaios sobre o romance, publicado primeiro nas páginas de *Les temps modernes* e da *Nouvelle Revue Française*. Já era uma romancista, tendo publicado *Martereau*, *Tropismes* e *Portrait d'un inconnu* prefaciado por Sartre, o que fizera alguns críticos a considerarem "*un des romanciers les plux originaux et les plus doués de notre époque*".

Desse grupo de escritores que surgiu depois da Segunda Grande Guerra e que o existencialismo e o absurdo revelaram, Sarraute teorizou no seu ensaio "o tempo da suspeita" as motivações do romancista e de seu consumidor, o leitor, depois de ter estabelecido, em ensaio anterior, que as grandes linhas do romance moderno se situam em Kafka, o continuador de Dostoiévski. Já em Kafka se encontra, diz ela — cito de memória — a existência absurda do homem da cidade, no seu reduto esmagado pelo número. E dentro de outras condicionantes, a sexual, a psicológica, a social, Joyce, Proust e Freud entregaram todas as possibilidades do romance ao leitor moderno. Ao autor cabe então reconhecer que lhe resta um espaço muito batido e muito reduzido, para começar a refazer o romance. A suspeita está nesse conhecimento mútuo que autor e leitor possuem do personagem... O refúgio do romancista, quando não recorre aos recursos de um Faulkner (Sarraute se serve do exemplo de *O som e a fúria*), vai para a autenticidade do "mundo desconhecido" que o romance "em memorialista" lhe fornece. Colocado no ângulo do depoimento pessoal, o enredo se esquiva à formulação dos tipos e das situações. A conclusão de Sarraute lembra Toynbee reeditando o ensinamento de Flaubert: a obrigação mais profunda do romancista é de descobrir a novidade (originalidade) e não se submeter ao grave crime de repetir as descobertas de seus antecessores...

Se bem o recomendou, melhor o fez Sarraute, ao editar agora o romance *Le Planétarium*, na *Nouvelle Revue Française* — 1959 —, em que o monólogo interior volta a adquirir toda a plenitude de sua força, reproduzindo os delírios de todas as figuras em cena, restabelecendo, através de uma linguagem permanentemente trabalhada e tramada, as relações entre os seres e as relações entre cada um e o universo que ele próprio habita — a individuação mais transparente é obtida por esse método de desvelação das linhas do raciocínio,

7 Ibid., nº 133, 11 de outubro de 1959.

sentimento e conduta, de cada tipo, já que ninguém habita o mesmo mundo que nos é comum e ninguém é o mesmo para ninguém (Dominique Aury).

É o próprio Aury que usa a comparação de "um labirinto de imagens" para descrever o estilo e a maneira de Sarraute, neste *Le Planétarium*, de tantas perspectivas abertas sobre o mundo objetivo visado, embora esse mundo seja uma criação bem clara de Nathalie Sarraute, com tudo o que freme dentro dele.

A escritora, embora um crítico da envergadura de Dominique Aury a declare "fora do círculo estreito das escolas e capaz de estabelecer em toda a evidência seu verdadeiro lugar, entre os primeiros romancistas de seu tempo", não é uma escritora que venha a ser de leitura "popular". A função da vanguarda entretanto é essa mesma, de sacrificar-se para que haja o progresso da descoberta e da renovação. *Le Planétarium* constitui um acontecimento neste ano, em Paris, num mês em que um livro político, *Autocritique* de Edgard Morin, subitamente em algumas semanas vende cem mil exemplares — mas não terá um sucesso de best-seller porque não é fácil de ser lido, nem de ser descrito. Então, vale pela comprovação de uma tese, pela contribuição oferecida, tão dignamente, aos seus colegas escritores. A eles, muito mais interessa esse gesto de pesquisa viva, que não cessa de prodigalizar, em cada página de *Le Planétarium*, a sua lição generosa e variada, de que há uma linguagem literária em nosso tempo, que pertence, especificamente, ao romance, para que ele possa se tornar uma grande arte, e não se apresentar superado pela técnica viva do cinema.

APRENDIZ DE LEITURA[8]

Continuaremos, hoje, afinal, as considerações que tentamos, há três domingos iniciar, com sugestões que seriam "respostas" à pergunta "o que se deveria ler?", para o que uma introdução já foi feita. Dois assuntos intervenientes, a morte de Chessman, a publicação do livro *Um trem para o futuro*, impediram a continuação das considerações.

Quem indaga, como é claro, está perplexo diante da massa enorme de livros que se amontoam nas estantes das bibliotecas, das livrarias... E se não houve leitura desde cedo, e quer saber mesmo o que ler, buscará orientar-se. Muitos verificam, a certa altura, que "perderam tempo precioso" com livros que não parecem, afinal, ter a importância que deviam.

Imagino quem leia não para divertimento simples, mas para ir se aprofundando em literatura, o que é bem diferente. Ora, nesse caso, é preciso ler "orientadamente". E ler, então, vejamos o quê.

Literatura a conhecer com "prioridade" é aquela que nos fala do uso de nossa própria língua. Do mau ensino da língua nas escolas, primária, secun-

8 Ibid., nº 165, 22 de maio de 1960.

dária e superior, vem o desprezo pela grande possibilidade que se encerra na poesia de Luís de Camões, que compreende o épico e o lírico. A obra de Camões é imprescindível. Se de Camões podemos passar três séculos em jejum, é porque no intervalo apenas Bocage (alguns sonetos), os livros sobre o Brasil, de que *Música do Parnaso* do baiano Manoel Botelho de Oliveira, cronologicamente o primeiro poeta brasileiro (1636-1711), é livro que não pode ser ignorado e em que se insere a marca do Novo Mundo na *A ilha da maré*, certa sátira de Gregório de Matos, outro baiano (1623-96), pouquíssimos versos dos poetas da Inconfidência (Cláudio Manoel da Costa e Gonzaga), e finalmente de José Bonifácio. O século passado no Brasil e em Portugal conta com escritores de que há de ler livros. A literatura brasileira firma-se pelo teatro de Martins Pena, autor que é necessário conhecer; eleva-se na prosa de Machado de Assis em três romances principais (*Memórias póstumas de Brás Cubas*, *Quincas Borba* e *Dom Casmurro*, e mais os pequenos contos); moderniza-se no estilo de Raul Pompeia, no livro imprescindível *O ateneu*; para começar o século com o livro de Euclides da Cunha *Os sertões*, outro marco inigualável. Na poesia brasileira há pouco a conhecer de importância, da fase romântica, com Casemiro de Abreu, Álvares de Azevedo, Fagundes Varela, Gonçalves Dias (cuja fase indianista é um período à parte), Castro Alves — nenhuma obra "essencial", no sentido crítico mais rigoroso, pois são poetas de menor envergadura. Em Portugal há na poesia um grande nome que é Antero de Quental, cujos *Sonetos* merecem sempre leitura e análise; um poeta menor como Cesário Verde, *O livro de Cesário Verde*, vale mais do que muitos condes e acadêmicos. Na prosa, apenas alguns romances de Camilo Castelo Branco podem oferecer algum interesse para conhecimento da vida portuguesa, antes de Eça de Queiroz, cuja obra de romancista é a mais significativa, entre brasileiros e portugueses, e cabe ser conhecida em toda sua extensão. Para uma recomendação de leitura imprescindível, colocaríamos *A cidade e as serras*, *Os Maias*, o pequeno conto *O mandarim* e *A ilustre casa de Ramires*.

O aprendiz de leitura já está em nosso século. Continuando, teremos de selecionar para o seu pequeno cabedal do princípio do século apenas o livro de poesias de Vicente de Carvalho, cuja primeira edição já tem mais de um quarto de século: 1908! Da fase simbolista retardada um poeta menor deixou um rastro luminoso: Mário Pederneiras. Podemos prescindir perfeitamente dos parnasianos em geral e substituir toda a poesia em língua portuguesa pelas obras completas de Fernando Pessoa. Os poetas modernos brasileiros que valham a pena começam com alguns poemas de Manuel Bandeira, de Ronald de Carvalho, mas só se firma a nossa poesia mesmo com os dois mineiros Murilo Mendes e Carlos Drummond de Andrade, que surgem em 1930 e produzem bem nos vinte anos que se seguem.

Em prosa, cinco livros de Lima Barreto, *Isaías Caminha, Policarpo Quaresma*, *Numa e a ninfa*, *Clara dos Anjos* e *Histórias e sonhos*, são imprescindíveis. De Monteiro Lobato, apenas *Urupês*.

Dos prosadores modernos, Mário de Andrade, *Macunaíma*, os contos de Belazarte; de Osvaldo de Andrade, *A trilogia do exílio*, *Serafim Ponte Grande* — um livro raríssimo, *Memórias sentimentais de João Miramar* seria básico para a literatura de Osvaldo. Do romance nordestino, bastaria Graciliano Ramos com *Vidas secas*. Do ensaio sociológico, *Retrato do Brasil*, de Paulo Prado e *Casa-grande e senzala*, de Gilberto Freyre.

E o aprendiz de leitura tem agora de seguir a lista estrangeira que é muito maior e mais complexa. Mas fica pra outro dia.

poemas/ 1960-62

Segundo Geraldo Ferraz ("Quem foi Solange Sohl", 16 de março de 1963), Patrícia Galvão "deixou entre seus últimos papéis vários poemas soltos, displicentemente, na necessidade que lhe vinha de exprimir-se em verso".

A esses papéis pertencem alguns dos textos — os poemas ou fragmentos de poemas, sem título e sem data — que aqui divulgamos, os quais nos foram cedidos pelo próprio Geraldo para eventual publicação.

Embora se ressintam de acabamento, guardam eles a marca da personalidade da autora e registram, de modo pungente, a atmosfera de dramaticidade que envolveu os seus momentos derradeiros.

Do mesmo clima participam os poemas "Canal" e "Nothing", publicados, respectivamente, em 27 de novembro de 1960 e 23 de setembro de 1962, na página dominical de *A Tribuna* (Literatura Artes Cultura), com os quais iniciamos e fechamos este capítulo, encerrando também a antologia de Patrícia Galvão. No primeiro, já encontramos "mortas todas as esperanças". O segundo é dominado pela palavra NADA, tema obsessivo dessas incursões poéticas, com mais de uma alusão ao famoso monólogo de Macbeth ("signifying nothing") — logo acima do poema, *A Tribuna* estampava um estudo sobre a peça, que estrearia no dia seguinte, em Santos, numa apresentação da Escola de Artes Dramáticas. De partida para a Europa, onde chegará a tentar o suicídio, Patrícia diz adeus aos amigos — poetas, escritores, gente de teatro —, no aeroporto, jogando com o duplo sentido da palavra "biruta", na concisão desse poema de despedida, ao mesmo tempo terno, irônico, feroz e veraz. Tudo indica que "Nothing" seja o último texto de Patrícia Galvão publicado em vida.

CANAL[1]

Nada mais sou que um canal
Seria verde se fosse o caso
Mas estão mortas todas as esperanças
Sou um canal
Sabem vocês o que é ser um canal?
Apenas um canal?

Evidentemente um canal tem as suas nervuras
As suas nebulosidades
As suas algas
Nereidazinhas verdes, às vezes amarelas
Mas por favor
Não pensem que estou pretendendo falar
Em bandeiras
Isso não

Gosto de bandeiras alastradas ao vento
Bandeiras de navio
As ruas são as mesmas.
O asfalto com os mesmos buracos,
Os inferninhos acesos,
O que está acontecendo?
É verdade que está ventando noroeste,
Há garotos nos bares
Há, não sei mais o que há.
Digamos que seja a lua nova
Que seja esta plantinha voacejando na minha frente.
Lembranças dos meus amigos que morreram
Lembranças de todas as coisas ocorridas
Há coisas no ar...
Digamos que seja a lua nova
Iluminando o canal
Seria verde se fosse o caso
Mas estão mortas todas as esperanças
Sou um canal.

1 *A Tribuna*, Santos, 27 de novembro de 1960.

NOTHING[2]

Nada nada nada
Nada mais do que nada
Porque vocês querem que exista apenas o nada
Pois existe o só nada
Um para-brisa partido uma perna quebrada
O nada
Fisionomias massacradas
Tipoias em meus amigos
Portas arrombadas
Abertas para o nada
Um choro de criança
Uma lágrima de mulher à toa
Que quer dizer nada
Um quarto meio escuro
Com um abajur quebrado
Meninas que dançavam
Que conversavam
Nada
Um copo de conhaque
Um teatro
Um precipício
Talvez o precipício queira dizer nada
Uma carteirinha de travel's check
Uma partida for two nada
Trouxeram-me camélias brancas e vermelhas
Uma linda criança sorriu-me quando eu a abraçava
Um cão rosnava na minha estrada
Um papagaio falava coisas tão engraçadas
Pastorinhas entraram em meu caminho
Num samba morenamente cadenciado
Abri o meu abraço aos amigos de sempre
Poetas compareceram
Alguns escritores
Gente de teatro
Birutas no aeroporto
E nada.

2 Ibid., 23 de setembro de 1962.

[INÉDITOS]

O que você está falando, menina?
Estou falando que.
Que o quê?
Que.
Vamos dizer que a menina, minha amiga
Pretenderia o quê?
Que.

Fósforos de segurança
Indústrias tais
Fatais.
Isso veio hoje numa pequena caixa
Que achei demasiado cretina
Porque além de toda essa história
De São Paulo — Brasil
Dava indicações do nome da fábrica.
Que eu não vou dizer
Porque afinal o meu mister não é dizer
Nome de indústria
Que não gosto nem um pouquinho
De publicidade
A não ser que
Isso tudo venha com um nome de família
Instituição abalizada
Que atrapalha a vida de quem nada quer saber
Com ela.
Ela, ela, ela.

Hoje me falaram em virtude
Tudo muito rito, muito rígido
Com coisinhas assim mais ou menos
Sentimentais.

Tranças faziam balanças
Nas grandes trepadeiras
Estávamos todos por conta de.

Nascinaturos espalhavam moedinhas
Evidentemente estavam brincando
Pois evidentemente, nos tempos atuais
Quem espalha moedas
Ou é louco, ou é porque
está brincando mesmo.
O que irritou foi o porquê.

Um peixe.

Um pedaço de trapo que fosse
Atirado numa estrada
Em que todos pisam
Um pouco de brisa
Uma gota de chuva
Uma lágrima
Um pedaço de livro
Uma letra ou um número
Um nada, pelo menos
Desesperadamente nada.

testemunhos

CIA GALVÃO, MILITANTE DO I

fileiras
patentes.
.962, que
que as-
reu nes-
, às 16
os dese-
zada por
dida nu-
sòzinha
e todos.
sua vida
istro de
ião con-
m San-
los seus,
vam, na-
s minu-
impedia
ia ainda
i as do-
fermida-

xtraordi-
i, nunca
anônima
de bon-
ribuindo

quentava
com sua
normа-
idade de
ue todos
elo largo
ira solta
nte pin-
alçava a
ória da
ando do
issidente
ido Cos-
e Almei-
nti-cató-
ara Ma-

os qua-
de vin-
e encon-
de mar-
nas lider
o chefe
erava...
Galvão
rge Luís
Victoria
reocupa-
Prestes
r". Vol-
Comu-

sa e, em
ário pu-
feito de
a huma-
é publi-
com um
ue a es-
os anos,
ra. "Par-
como um
servia de
denunciar
a maior
de João
1933, re-
sileira de
ca — OS

as conse-
que in-
Santos,
epública,
, ensan-
ulano de
esse mo-
o Brasil,
sarão da
r cárcere
l Miguel
em São
gôsto de
o e Van-

ordem do
rensa do
lvão tra-
doente.
e os jor-

Patrícia Galvão (1910-1962), foto Kauffmann de 1941

"argot" que aprendera a duras penas), sua ligação com Aragon, por um lado, por outro, com os surrealistas de André Breton, Paul Eluard, Benjamin Péret (na residência da mulher de Péret, a cantora brasileira Elsie Houston, Patrícia Galvão viveu alguns meses, numa casa da rue Lepic, que ainda existe), com René Crevel, cujo suicidio lhe deixaria a mais funda impressão, frequentando a Université Populaire em que seguiria cursos dos professores Marcel Prénant, Politzer, Paul Nizan, o grupo de "A la Lumiére du Marxisme", que editava os livros da "Éditions Sociales Internationales". Na Jeunesse Communiste, ela e um grupo de "não convencidos", protestam contra a proibição do Partido de se cantar a "Internationale", nas comemorações de 14 de julho (a ordem provinha da Russia, de Stalin, que queria integrar o Partido no "Front Populaire", e o queria "nacionalista" adotando "A Marselhesa"). Ela trabalhava então para os estudios de Billancourt, como tradutora.

Dá-se então a prisão da militante comunista estrangeira em Paris... O gabinete da Frente

Leite, Geraldo Ferraz, Edmundo Moniz, a redação da "Vanguarda Socialista", em seu periodo combativo mais brilhante.

Nesse mesmo ano de 1945, Patrícia Galvão volta à literatura com a publicação de um romance no Rio, "A famosa revista" (Americ-Edit.), feito em colaboração com Geraldo Ferraz, e só aceito por um editor: Max Fischer, um francês que durante a segunda guerra mundial preservara a literatura de seu país ocupado, editando livros em francês no Rio. Antigo diretor das

edições Flam
algumas ediçõe
Andrade, Carl
cos outros. "A
1959, precedida
pela editora Jo
gunda edição
Ferraz.

A partir d
meiro quadro
Press", em qu
Rio e em S.
que a veremos
rias secções, m
participação à
do, em 1952, a
Paulo, embora
setor, ela se t
quita, na noite
amiga da Esc
Santos, desde
em 1955... F
que, num dos
apresentou a
ca" de Ionesco
aula de Décio
ra vez que, tr
consideração d
sente a essa a

A cidade
pela construçã
mação de grup
teatro de vang
realização de
trícia traduziu
foi quando, a
Vista em S.
por mim sôbre
na" me declaro
teatro..." En
que Patrícia te
gotada, voltar
Escola de Ar
membro da C
Santos, ela es
para todos os
sociação dos
levanta a idéia
um pequeno

Pede dem
Cultura, estava
nuar... A C
demissão, faz
balhos, restabe
Paris em sete
novembro, con
tervenção cirú
bosc, na Sala
lograra — rest

Na vida tu
uma idéia, ide
nou-se nessa f
cou a publicida
até escandalos
rava seus rev
do destino, as
o escândalo em
ção, "grã-cruze
frontar-se com

E' desse ra
Ideal que esta
traordinária q
.dação. Não a
pequenez. Não
des e em suas
mos como um
nossas vidas,
encorajar, a in
e a esperança.
cado no dia e
que acompanh
tério do Saboó
ce de lábios fe
dessa vida que
O REDATOR

PATRÍCIA GALVÃO, MILITANTE DO IDEAL/[1]

GERALDO FERRAZ

Deu-se esta semana uma baixa nas fileiras de um agrupamento de raros combatentes. Ausência desde 12 de dezembro de 1962, que pede o registro do companheiro humilde, que assina estas linhas. Patrícia Galvão morreu nesse dia de primavera, nessa quarta-feira, às dezesseis horas. A rara companheira que perdemos desejava para si a "morte anônima", preconizada por Bachelard. Fez tudo para obtê-la, perdida numa grande cidade, em país estrangeiro, sozinha num quarto de hotel, longe de tudo e de todos. Refugiara-se na solidão para terminar sua vida longe da curiosidade, do velório, do registro de um sepultamento. Mas, como sempre, não conseguiria o que almejava. Morreu aqui em Santos, a cidade que mais amava, na casa dos seus, entre a irmã e a mãe que a acompanhavam, naquele momento, e, felizmente, em poucos minutos, apenas sufocada pelo colapso que a impedia de respirar, pela última palavra que pedia ainda liberdade, "desabotoa-me esta gola", sem as dores atrozes que afligem as vítimas da enfermidade que a derrubou.

Há, portanto, que recordar a vida extraordinária dessa mulher do povo que ela foi, nunca na crista da crônica da sociedade, mas anônima na massa das gentes que andam a pé e de bonde, conversando com todos, a todos distribuindo a sua atenção e o seu modo de vida.

A menina da Vila Mariana que frequentava a Escola Normal da praça da República, com sua saia azul e sua blusa branca, era dessas normalistas que se haviam tornado, para a mocidade de sua geração, um "tipo" de estudante que todos amavam ver passar pela rua Direita, pelo largo de São Francisco, em São Paulo, a cabeleira solta sobre os ombros, os lábios exageradamente pintados, com um batom escuro que lhe realçava a palidez... Em 1929, ela entra na história da vanguarda literária de São Paulo, participando do movimento da antropofagia, na ala dissidente (Oswald de Andrade, Raul Bopp, Oswaldo Costa, Geraldo Ferraz, Fernando Mendes de Almeida), que era a ala esquerdista, a ala anticatólica, oposta a Mário de Andrade, Alcântara Machado, Yan de Almeida Prado.

Sua evolução vai rapidamente para os quadros da política militante — a jornalista de vinte anos dirige-se para Buenos Aires onde encontrará Luís Carlos Prestes, ainda jejuno de marxismo, alheio ao Partido Comunista, mas líder da Coluna, o Cavaleiro da Esperança, o chefe revolucionário de quem tanto se esperava... Nessa estada em Buenos Aires, Patrícia Galvão conhece os escritores de vanguarda, Jorge Luís Borges, Eduardo Mallea, Norah Borges, Victoria Ocampo, a diretora de *Sur*. Mas a preocupação política a empol-

1 *A Tribuna*, Santos, 16 de dezembro de 1962.

gara: não adere a Prestes com seu programa de "revolução popular". Volta ao Brasil para ingressar no Partido Comunista.

Militava ao mesmo tempo na imprensa e, em 1932, termina o primeiro romance proletário publicado no Brasil, *Parque Industrial*, feito de flagrantes de São Paulo, de sua escumalha humana em todas as escalas. Esse romance é publicado em 1933, e por causa do Partido, com um pseudônimo: Mara Lobo, pseudônimo a que a escritora retornara neste jornal, há poucos anos, para assinar seus comentários de literatura. *Parque Industrial* é recebido pela crítica como um doloroso documento humano, que se servia de toda a brutalidade da linguagem para denunciar as desgraças da classe submetida. Sua maior glória é a atenção que lhe deu a crônica de João Ribeiro (*Jornal do Brasil*, Rio, 26 de janeiro de 1933), reproduzida na edição da Academia Brasileira de Letras, *Obras de João Ribeiro — Crítica —* Os modernos, p. 337).

Patrícia Galvão sofrera, desde 1931, as consequências da refrega social e política em que ingressara: em agosto de 1931, aqui em Santos, num comício do Partido, na praça da República, é ela, à frente, quem levanta do chão, ensanguentada, a cabeça do estivador Herculano de Souza, que expira em seu colo. É, nesse momento, a primeira mulher a ser presa no Brasil, na luta revolucionária ideológica. O casarão da praça dos Andradas, o cárcere 3, "o pior cárcere do continente", diria um dia o general Miguel Costa, como secretário da Segurança em São Paulo, acolhe os presos do comício de agosto de 1931, comemorativo da execução de Sacco e Vanzetti.

"Proletarizar-se", era a palavra de ordem do Partido e, embora ainda milite na imprensa do Rio (*Diário de Notícias*), Patrícia Galvão trabalha nos mais rudes serviços até ficar doente. Segue-se a viagem à volta do mundo, e os jornais *Correio da Manhã*, *Diário de Notícias*, *Diário da Noite*, de São Paulo, recebem suas correspondências dos Estados Unidos, do Japão, da Manchúria (única jornalista latino-americana a presenciar a coroação do imperador Pu-Yi, fato que estabelecia a dominação do Japão sobre aquela área territorial da China). É na viagem à China que Patrícia Galvão entrevistou Sigmund Freud, em viagem de recreio.

A jornalista viaja pelo Transiberiano, na longa viagem que ia de Dairen a Moscou, em oito dias e oito noites de ferrovia. De Moscou ela parte para a França, e na passagem do trem por Berlim (sua família materna é de ascendência alemã), ela pede aos esbirros da Gestapo que a vigiavam como "suspeita", porque vinha de Moscou, que a deixassem descer do trem durante a espera para pelo menos tomar um chope alemão. E, acompanhada pela Gestapo, ela experimenta o chope numa cervejaria próxima — "não teria degenerado?", perguntava: "Não parecia ter nada de diferente, ou de melhor", comentava depois.

A estada em Paris, seu ingresso nas fileiras do Partido Comunista com identificação falsa ("Leonnie", uma francesa disfarçada atrás do "argot" que aprendera a duras penas), sua ligação com Aragon, por um lado, por outro, com os surrealistas André Breton, Paul Eluard, Benjamin Péret (na residência da mulher de Péret, a cantora brasileira Elsie Houston, Patrícia Galvão viveu alguns meses, numa casa da rue Lépic, que ainda existe), com René Crevel, cujo suicídio lhe deixaria a mais funda impressão, frequentando a Université Populaire em que seguiria cursos dos professores Marcel Prénant, Politzer, Paul Nizan, o grupo de *À la lumière du Marxisme*, que editava os livros da Éditions Sociales Internationales. Na Jeunesse Communiste, ela e um grupo de "não convencidos" protestam contra a proibição do Partido de se cantar a "Internacionale", nas comemorações de 14 de julho (a ordem provinha da Rússia, de Stálin, que queria integrar o partido no "Front Populaire", e o queria "nacionalista", adotando *A marselhesa*). Ela trabalhava então para os estúdios da Billancourt, como tradutora.

Dá-se então a prisão da militante comunista estrangeira em Paris... O Gabinete da Frente Popular de Leon Blum caíra, Laval assumira o governo. E ela é identificada e o embaixador Souza Dantas lança todo o seu prestígio para tirá-la da "Sureté", de onde as alternativas eram um Conselho de Guerra, ou a deportação por decreto para a fronteira da Itália ou da Alemanha. Souza Dantas, decano da diplomacia em Paris, consegue que ela seja embarcada para o Brasil. E Patrícia Galvão regressa.

Uma página biográfica que ela escreveu e que reproduzimos, conta o que foi essa volta. Presa em consequência do movimento de 1935, de então até 1940 sua vida é o cárcere; a Justiça Federal em São Paulo a absolvera; o Tribunal Militar no Rio a condenara — aos dois anos de prisão, seguem-se mais dois anos e meio que, já na vigência do Estado Novo, o Tribunal Nacional de Segurança lhe cominará.

Em 1940, após sua libertação, desligada do Partido Comunista, Patrícia Galvão fixa-se, primeiro em Santos, depois em São Paulo, e em 1942 no Rio. Sua pecha de antiga comunista a impede de tornar à imprensa imediatamente. Ela colaborou, então no *O Jornal* do Rio. Com as vitórias aliadas na Segunda Guerra Mundial, em 1945, ela integra, com Mário Pedrosa, Hilcar Leite, Geraldo Ferraz, Edmundo Moniz, a redação da *Vanguarda Socialista*, em seu período combativo mais brilhante.

Nesse mesmo ano de 1945, Patrícia Galvão volta à literatura com a publicação de um romance no Rio, *A Famosa Revista*, feito em colaboração com Geraldo Ferraz, e só aceito por um editor: Max Fischer, um francês que durante a Segunda Guerra Mundial preservara a literatura de seu país ocupado, editando livros em francês no Rio. Antigo diretor das edições Flammarion, Max Fischer fez também algumas edições brasileiras, de livros de Mário de Andrade, Carlos Drummond de Andrade e poucos outros. *A Famosa Revista* foi reeditada em 1959, precedida de um estudo de Sérgio Milliet, pela editora José Olympio, juntamente com a segunda edição de *Doramundo* de Geraldo Ferraz. A partir daquele ano ela participa do primeiro quadro de redatores da Agence France Presse, em que trabalhará por onze anos, no Rio e em São Paulo. Só depois desse período é que a veremos na *A Tribuna*, onde criou várias seções, mas, principalmente, deu sua maior participação às coisas do Teatro. Frequentando, em 1952, a Escola de Arte Dramática de São Paulo, embora não se especializasse em nenhum setor, ela se torna, na palavra de Alfredo Mesquita, na noite de quinta-feira última, "a maior amiga da Escola", e traz os seus espetáculos a Santos, desde *A descoberta do Novo Mundo*, em 1955... Foi na Escola de Arte Dramática, que, num dos exercícios do Curso de Autores, ela apresentou a sua tradução de *A cantora careca* de Ionesco, com estudo diagramático, numa aula de Décio de Almeida Prado. Era a primeira vez que, traduzido, Ionesco foi apresentado à consideração dos alunos da EAD — estava presente a essa aula a atriz Cacilda Becker.

A cidade a acompanhou em sua trajetória pela construção de um teatro em Santos, pela formação de grupos amadores, pela apresentação do teatro de vanguarda nesta cidade, até a notável realização de *Fando e Lis* de Arrabal, que Patrícia traduziu e dirigiu. "Minha maior alegria foi quando, ao assistir à peça no teatro Bela Vista em São Paulo, Alfredo Mesquita, provocado por mim sobre o que achava do trabalho da 'aluna' me declarou que eu já não era mais aluna de teatro." Entretanto, é como aluna de teatro que Patrícia tenta, ainda, apesar de doente e esgotada, voltar a frequentar este ano os cursos da Escola de Arte Dramática. Ao ser nomeada membro da Comissão Municipal de Cultura de Santos, ela estabelece com a Escola um acordo para todos os meses a EAD vir a Santos. Na Associação dos Jornalistas Profissionais, Patrícia levanta a ideia da construção, na nova sede, de um pequeno teatro.

Pede demissão da Comissão Municipal de Cultura, estava muito doente, não podia continuar... A Comissão rejeita, unanimemente, a demissão, faz votos que ela volte aos seus trabalhos, restabelecida. Segue-se a sua viagem a Paris em setembro último, donde regressou em novembro, condenada — a tentativa de uma intervenção cirúrgica efetuada pelo professor Dubosc, na sala Poirier, no hospital Laennec, malograra — restava-lhe esperar a morte.

Na vida tumultuosa que levou, a obsessão por uma ideia, ideologia ou função cultural, encarnou-se nessa figura de mulher que jamais buscou a publicidade, mas que a teve até pejorativa, até escandalosa, até deprimente — ela considerava seus reveses e suas derrotas, as bofetadas do destino, as chibatadas da polícia, a prisão e o escândalo em torno de seu nome e de sua atuação, "grã-cruzes" de uma luta que iria até defrontar-se com a morte.

É desse ralo agrupamento de Militantes do Ideal que esta semana deu baixa a mulher extraordinária que era nossa companheira de redação. Não a amamos devidamente em nossa pequenez. Não a acompanhamos em suas altitudes e em suas desvairadas alturas, mas a sentíamos como um esteio humaníssimo em torno de nossas vidas, com a palavra sempre pronta a encorajar, a imprimir em tudo e em todos a fé e a esperança. Este registro deveria ser publicado no dia em que ela morreu, mas o silêncio que acompanhou o seu enterramento no cemitério do Saboó nos inspirava a recordar em prece de lábios fechados, "o resto é silêncio", trechos dessa vida que se findou. E que aqui ficam.

O Redator de Plantão

IMAGENS DE PERDA/[2]

CARLOS DRUMMOND DE ANDRADE

Patrícia Galvão, musa trágica da Revolução, entre literatos... O qualificativo parece romântico. Mas se levarmos em conta que essa mulher de grande valor e sensibilidade entrou para o cárcere aos 25 anos de idade e dele saiu aos trinta, pagando alto preço pelo crime exclusivo de ter ideias de justiça social quando fascismo e nazismo pareciam na iminência de conquistar o mundo para sempre; se soubermos que viajou à Europa e à Ásia para confrontar a coisa imaginada com a coisa real, e esse confronto não a deixou feliz; que experimentou a condição proletária, e conheceu a impostura dos chefes e a miséria de estrutura do partido da revolução, sentiremos a gravidade do destino de Patrícia, a que não faltou o definitivo desencanto, prêmio rude de quem vive uma ideia-sentimento: sem se reconciliar com a ordem combatida recolheu-se ao "templo da decepção", onde a arte e a literatura oferecem consolo ao ser ofendido. Na história do modernismo, seu nome põe um colorido dramático de insatisfação levada à luta política.

A MORTE DE PATRÍCIA GALVÃO/[3]

OTÁVIO DE FARIA

Passou mais ou menos despercebida nos nossos meios literários e artísticos a morte de Patrícia Galvão, a famosa Pagu dos tempos frenéticos do movimento antropofágico paulista. Recordando sua figura, tão melancólica e tragicamente desaparecida, algumas vozes se fizeram ouvir, e entre elas convém destacar, pela altura e pela autenticidade de seus testemunhos, as de Geraldo Ferraz e de Carlos Drummond de Andrade. Alguns outros pequenos

2 De "Imagens de Perda: Patrícia, João Dornas Filho", *Correio da Manhã*, Rio de Janeiro, 16 de janeiro de 1963.

3 *Correio da Manhã*, 25 de janeiro de 1963.

registros e, que me conste, nada mais — nada que lembrasse o constante cartaz em que o nome de Patrícia Galvão se manteve no tempo da "antropofagia" ou na época em que era moda, nos meios literários, ter ideias de esquerda, especialmente ideias comunistas. (Julgo inútil esclarecer que, apesar das semelhanças, não falo de modas do tempo presente, mas de coisas sucedidas há mais de trinta anos!...)

Pois bem: moda ou não moda, Patrícia Galvão deu-nos, a todos nós que "aprendíamos" a vida nos anos 1930 e trinta e tantos, um grande exemplo de honestidade ideológica e de dignidade pessoal. E não sou suspeito para depor a seu favor: jamais compartilhei, nem mesmo com simpatia distante, de sua aventura literária e, do ponto de vista ideológico, situávamo-nos em campos absolutamente opostos. Não cheguei a conhecê-la, nunca a vida aproximou nossos caminhos. Quando muito, e de bem longe, acompanhei os últimos movimentos de sua ingrata luta física contra a morte iminente.

Nada disso, no entanto, me impediu de seguir o seu drama e de, hoje, poder render homenagem ao belo exemplo que nos legou e que não pode ser esquecido nesses nossos tempos de oportunismo e miséria moral, de "aparências" e "conveniências" políticas. Seu idealismo, dos mais fortes e sinceros que conheço, lançou-a em todos os extremos da prática revolucionária e ela recolheu todos os prêmios habituais a esse gênero de sinceridade: a perseguição policial, a prisão, o abandono dos amigos, a traição, o ódio, a suspeição dos correligionários, a proscrição. Nada disso fez morrer, ou diminuir, a sua sede de verdade, de honestidade a toda prova. Quis verificar por si mesma, "de visu", o bem-fundado dos ideais pelos quais lutara, a probidade dos partidos pelos quais se sacrificara, a sinceridade dos homens por quem jurara ou perjurara.

Sua decepção foi tremenda, sua volta à vida real, um desencanto. Gide, "de volta da União Soviética", não veio mais ferido. Silone, Koestler, Istrati, não tiveram maiores desilusões com a prática comunista. Patrícia Galvão, no entanto, não renegou seus ideais sociais. Abandonando a luta política, que tão fundamente a iludira e magoara (não sei quantos anos de prisão e de perseguição, não sei quantos lanhos na alma...), voltou-se para o seu mundo íntimo, para a criação literária que fora o seu ponto de partida. Ou, como tão bem disse Carlos Drummond de Andrade: "Sem se reconciliar com a ordem combatida, recolheu-se ao 'templo da decepção', onde a arte e a literatura oferecem consolo ao ser ofendido" (ver *Correio da Manhã*, 16 de janeiro de 1963).

Data desse período de desencanto e volta a si mesmo, a publicação do romance *A Famosa Revista*, escrito em colaboração com Geraldo Ferraz e reunido em volume único junto com *Doramundo* do mesmo Geraldo Ferraz. Um romance vivo, inteligente, que nos dá bem ideia do mundo literário-ideológico que foi o seu. Um belo testemunho, prestado por uma criatura que viveu a sua experiência dolorosa com uma sinceridade e uma honestidade que não podem ser silenciadas, que merecem o respeito de todos, mesmo daqueles que, muitas vezes, estiveram no polo oposto de suas realidades literárias e sociais. Um livro que nos faz aguardar com ansiedade as suas anunciadas Memórias.

PATRÍCIA GALVÃO/[4]

ALFREDO MESQUITA

Há muito, muito tempo conhecia Patrícia Galvão. De fama. Quando ainda — ou já — não se chamava Patrícia, mas Pagu. E eu tinha, então, uma certa admiração assustada pela Pagu tão comentada. Conheci-a, depois, de perto, quando já voltara a ser Patrícia Galvão, apenas. A admiração continuou, muito maior até. Quanto ao susto antigo, passou, transformando-se em amizade. Uma grande e terna amizade vinda do nosso comum amor ao teatro, ultrapassando-o.

Pagu fora aluna célebre da Escola Normal da praça. Levada da breca, como se dizia então. Corriam São Paulo, cidade provinciana, histórias malucas, a seu respeito: fugas, pulando janelas e muros da Escola, cabelos cortados e erriçados, blusas transparentes de decotes arrojados, cigarros fumados em plena rua. Escândalos, para a época... Depois, foi o casamento com Oswald de Andrade, outro agitador da crônica paulistana, precursor e profeta do que acontece hoje em dia não só em S. Paulo mas pelo mundo. Seguiu-se (ou foram coincidentes?) o período do comunismo militante. E a coisa vermelha, para não dizer preta, para valer: fomentavam-se greves operárias, enfrentava-se, como Pagu enfrentou, praticamente sozinha, cargas de cavalaria em plena praça da República, em Santos, ou na praça da Sé, em São Paulo.

Depois Pagu separou-se de Oswald. Com muito ruído, como era do gosto do virulento escritor. E soube-se, vagamente, que partira para uma volta ao mundo — Oriente-Ocidente — sendo presa em Paris, onde se integrara nos movimentos de esquerda e de onde voltara, contava-se, em mísero estado. Que não teria passado por lá? Nunca tocava no assunto. Calava. Como calava aquilo pelo que passara aqui mesmo, no Brasil, presa por quatro anos no Rio, e também em S. Paulo, renegada e marginalizada pelos correligionários do Partido, já em período de brandura — aparente — e de aburguesamento. Quanto não sofreu? Tinha, porém, o pudor do seu sofrimento. Não tocava nele.

E, por algum tempo, não se ouviu mais falar em Pagu.

Até que vim a conhecê-la — com que emoção! — tímida, tremendamente sofrida, firme, como sempre, profundamente íntegra e sincera, aparentando uma animação que mal disfarçava a tristeza, a desilusão tremenda

4 Suplemento Literário, *O Estado de S. Paulo*, 28 de fevereiro de 1971.

que lhe roía a alma. Ria, bebia com os amigos, batendo papo, como qualquer de nós, como se não tivesse vivido, passado pelos horrores por que passou, cheia de entusiasmo ainda, não mais pela política, pela militância, mas pela mocidade, por quem tanto se interessava, que tanto amava, pelo teatro, sobretudo, pelo teatro.

Foi na nossa Livraria Jaraguá que a conheci pessoalmente, que principiei a conhecê-la realmente. Aparecia por lá às vezes, vinda de Santos, onde era jornalista, fundadora da Associação dos Jornalistas Profissionais, preparando uma coletânea de peças de Ibsen, comemorativa do centenário do grande escritor dinamarquês. Na Jaraguá vendíamos seu livro, escrito de parceria com Geraldo Ferraz, seu segundo marido: *A Famosa Revista* em que, sob transparente disfarce, contavam as nem sempre edificantes atividades do Partido... Conversávamos longamente, amigavelmente, enquanto havia pouca gente à volta. Mal aumentava a roda e Patrícia — como queria que a chamássemos — calava-se arredia, assustadiça, para logo se esgueirar e sumir. Assim era a famosa, a terrível, a assustadora Pagu.

Essa mesma Pagu — ou Patrícia — foi, logo em seguida, aluna da EAD. Ter Pagu por aluna, quando havia de pensar! Aluna ainda, mas não mais subversiva, agressiva, escandalosa como nos tempos da praça. Entusiasta, aplicada, séria, divertida, interessadíssima no Seminário de Dramaturgia que, a pedido, acabáramos de organizar ao lado de nosso curso para a formação de atores.

Com a paixão que sempre a caracterizou com o seu interesse pela cultura e, agora, especialmente pelo teatro, Patrícia adorava a Escola.

— Devo meu amor ao teatro à EAD, repetiu-me tantas e tantas vezes.

Ensinávamos ali Décio de Almeida Prado, eu e, mais tarde, Ziembinsky. Eram nossas alunas — só tínhamos alunas, com uma ou duas exceções apenas — Lígia Fagundes Telles, Clô Pereira Prado, Adelina Cerqueira Leite, Ondina Ferreira, Lígia Junqueira e outras, todas inteligentes, animadíssimas, falantes, muitas com vários livros publicados, terrivelmente anarquizadas, porém... Como base de estudo dávamos exercícios constando de cenas ou pecinhas em um ato a serem escritas pelas alunas e, posteriormente, corrigidas e comentadas em aula. Nunca, jamais, em tempo algum — com uma ou outra exceção, é claro — faziam elas o que nós, professores, lhes pedíamos. Patrícia, por exemplo: começava seus trabalhos normalmente, pacatamente. Duas ou três réplicas não eram escritas e desandava no mais louco, alucinado surrealismo. E lá se ia o exercício "em si" por água abaixo... Era a sua tendência, um pendor inato e irresistível. Seu amor e interesse dirigiam-se quase exclusivamente ao teatro de vanguarda, em que a imaginação é tão livre quanto a "escrita". Disso é que ela gostava. Nada de exercícios, de técnica teatral, nada de resolver problemas de língua, de linguagem ou de construção.

Foi assim que, na EAD, como exercício sugerido por Décio de Almeida Prado, Patrícia veio a traduzir uma peça de Ionesco, *A cantora careca*, cuja representação pelos alunos do curso de interpretação foi a primeira desse autor no Brasil. Essa mesma versão — a de Patrícia — veio a ser, mais tarde, aproveitada — sem que se nomeasse a autora — por Luís de Lima, nos espetáculos profissionais dessa peça.[5]

Dada, talvez, a excessiva independência, digamos assim, das alunas, o primeiro curso de dramaturgia da EAD foi de curta duração... Porém o amor de Patrícia pelo Teatro não mais arrefeceu. A seção de Teatro e TV por ela mantida na *Tribuna* de Santos prova isso. Nem jamais deixou ela de ser amiga — do peito! — da nossa escola. Continuou a frequentá-la e com maior assiduidade, talvez...

Em Santos veio a fazer parte da Comissão de Cultura da prefeitura na seção de teatro e, ainda na *Tribuna*, manteve eficientíssima campanha pró-construção do Teatro Municipal santista; ali colaborou não só na organização do II Festival do Teatro do Estudante, fazendo parte do júri de premiação desse grande movimento criado e mantido pelo incansável Paschoal Carlos Magno, mas, sobretudo, ajudando e incentivando os grupos de jovens amadores — sendo eleita presidente da União dos Teatros Amadores de Santos (UTAS) — dirigindo pessoalmente espetáculos apresentados naquela cidade e em São Paulo, como *A filha de Rappaccini*, de Octavio Paz, ou *Fando e Lis*, do, hoje, celebérrimo Arrabal, autor de sua predileção, que lançou e fez representar pela primeira vez no Brasil.

Como se entusiasmava — ao falar em Patrícia essa palavra, assim como "interessava", tem de ser repetida continuamente: eram suas características — como se entusiasmava, dizia, pelo trabalho dos seus amigos e discípulos do teatro amador santista! Que ternura — ternurinha, como dizia — lhes tinha! Mas não lhes tinha ciúmes, como seria justo ter: se eram obra sua! Mas não, encorajava-os, amparava-os, fazia por eles tudo que podia mas não os prendia em Santos, ao seu grupo. Pelo contrário, empurrava-os, animava-os para que subissem a São Paulo e frequentassem a EAD, escola de seus amores. Preparava-os até para os exames de admissão, acompanhava-os mesmo na hora das inscrições, procurando as cenas com que deviam se apresentar, mantendo-se ainda a seu lado no momento entre todos aflitivo, das provas práticas, torcendo furiosamente pela sua aprovação, exultando se conseguiam boa colocação entre os aprovados.

— São os meus filhos! — repetia.

5 Consultar, a respeito, o texto "Ionesco", de Patrícia Galvão, e a nota respectiva, na seção Teatro Mundial Contemporâneo.

E, uma vez na Escola, não os abandonava. Seguia seus trabalhos, ajudava-os ainda se preciso fosse. E, vindo a São Paulo, nunca deixava de aparecer na EAD, onde circulava pelos corredores, tomava, no refeitório, um cafezinho em companhia dos alunos, todos seus conhecidos, seus amigos. Voltava mesmo a assistir às aulas do novo — e definitivo, agora — curso de dramaturgia, como discreta e humilde "ouvinte".

— Você deixa que eu assista a sua aula? Eu fico quietinha, prometo.

E assistia. Apesar de ser coisa proibida pelo regulamento: era Patrícia Galvão, a nossa grande amiga.

— Quando eu morrer, dizia-me na biblioteca, examinando nossos livros, quando eu morrer quero que fique com todos os meus livros de teatro, quero que venham todos para cá. Foram. Mais cedo que eu pensava.

Lembro-me ainda do dia em que, sabendo-se gravemente doente, disse-me pretender entregar imediatamente a sua biblioteca à Escola. Assustado, não querendo por nada acreditar no que dizia respeito da saúde, recusei a oferta. Não estava, não podia estar tão doente assim! Estava nervosa, impressionada, apenas, guardasse seus livros, de que tanto gostava e necessitava. E seria, de certo, muito tempo ainda. Num dia longínquo poderia fazer a doação. Não consegui animá-la, não tinha ilusões... Em todo caso não insistiu. Mas também não se esqueceu, sempre repetia:

— Quero que meus livros venham para cá.

Até que certa noite, ensaiávamos não me lembro o quê no Taib, estando eu na plateia, Patrícia de pé numa das portas, tímida e discreta como sempre, à minha espera, evidentemente. Larguei o ensaio, fui ter com ela. Pareceu-me agitada, nervosa, comovida. Mal me aproximei beijou-me e contou que estava muito mal, perdida mesmo, sabia. Preferiria não se tratar, morrer logo de uma vez, sem sofrer. Não deixavam. Ia, pois, a pedido dos seus, tentar um último tratamento na Europa. Não acreditava no resultado... Melhor: sempre quisera morrer longe, sozinha... como um bicho... Tentei mais uma vez, desajeitadamente, animá-la. Era tal a sua emoção que não continuei, calei-me. Ela também. Respirava fundo, como para se acalmar, retomar coragem.

— Chegou a hora, Alfredo, quero que vá a Santos buscar meus livros.

Neguei-me, neguei-me terminantemente. Por que tanto pessimismo? Ia à Europa tratar-se, ficaria boa e, de volta, encontraria seus livros em Santos, à sua espera. Calou-se. Repetiu apenas mais uma vez que, morrendo, seus livros de teatro eram todos para a escola, prometesse mandar buscá-los. Prometi, prometi desesperado, arrasado.

E Patrícia, sem se despedir — senão com um último beijo — subiu a escada do teatro e desapareceu lá em cima.

Foi à Europa. E voltou. Morreu aqui meses depois. Vi-a ainda duas vezes, em casa de parentes, sentada na cama, o tronco ereto, fumando, fumando sempre, os olhos muito pretos, ainda vivos, fixos em mim com aquela expressão de angústia e interrogação dos que vão morrer. Já não podia levantar-se e mal conseguia falar. Das duas vezes, repetiu baixinho:

— Não se esqueça dos livros, são seus...

São, hoje, da EAD, seu grande amor. Lá estavam eles nas estantes, sob a guarda do seu retrato, na biblioteca, que tinha seu nome: Biblioteca Patrícia Galvão.

FEIJÃO-SOJA/[6]

RAUL BOPP

A introdução das primeiras sementes de feijão-soja, no nosso país, pode também figurar nessas enumerações. O caso ocorreu da maneira seguinte: A escritora Patrícia Galvão, conhecida por Pagu, na época da agitação modernista, em São Paulo, numa viagem ao Oriente, fez relações de amizade com Mme. Takahashi, de nacionalidade francesa, casada com o diretor da South Manchurian Railway (verdadeira potência dentro do novo Império Manchu, criado sob a égide do Japão). Com a influência de sua amiga, Pagu tinha fácil acesso ao Palácio de Hsingking. Conversava informalmente com o jovem imperador Puhy. Ambos pedalavam as bicicletas, dentro do parque amuralhado da residência imperial. Quando, numa das suas viagens a Cobe, Pagu me narrou o ambiente de familiaridade que existia em Hsingking, pedi que ela procurasse arranjar com Puhy algumas sementes selecionadas de feijão-soja. Dito e feito. Depois de algumas semanas, me foram entregues, no Consulado, precedentes da Manchúria, dezenove saquinhos de sementes dessa leguminosa, que enviei na primeira oportunidade, ao meu amigo embaixador Alencastro Guimarães, oficial do gabinete do ministro das Relações Exteriores, dr. Afrânio de Mello Franco. Esse diplomata, sem perda de tempo, enviou-as ao ministro da Agricultura, Fernando Costa, que tomou providências adequadas sobre as mesmas, em viveiros de aclimatação, em São Paulo. Não fosse a ação eficiente do citado colega, o destino das sementes dessa preciosa planta oriental (Soja-Pagu) teria, sem dúvida, sido o mesmo de outras remessas que eu fiz, nessa época, pelos meios burocráticos, isto é, de tipos de batata-doce, do norte da China (qualidade especial); mudas de quina (*Chinchena suciruba*) e de várias sementes de trigo, entre elas umas da região de Báguio (Filipinas), plantadas pelos discípulos de São Francisco Xavier, de trigo para "*el pan de la hostia*", e dos quais nunca tive a menor notícia.

6 Raul Bopp, *Bopp passado a limpo*, 1972.

DEPOIMENTOS DE PEDRO DE OLIVEIRA RIBEIRO NETTO E FRANCISCO LUÍS DE ALMEIDA SALLES/[7]

COM A PARTICIPAÇÃO DE RUDÁ DE ANDRADE E AUGUSTO DE CAMPOS

OLIVEIRA RIBEIRO NETTO Eu conheci Patrícia Galvão em 1929. Ela era estudante da Escola Normal, da praça da República. Creio que morava ali pela Liberdade, no princípio da rua da Liberdade, de maneira que passava todos os dias pela Faculdade de Direito e mais ou menos às 11h30, que eu acho que era a hora de entrada na escola. Agora eu estou vendo que ela em 1929 teria dezenove anos, pelo que disse o Augusto, mas eu pensei que ela tivesse uns catorze ou quinze, que era o que ela aparentava. Era uma menina forte e bonita, que andava sempre muito extravagantemente maquiada, com uma maquiagem, assim, que não era da idade dela nem pra pele dela, que ela tinha a pele muito boa, mas ela andava com uma maquiagem escura, amarelo-escura, meio cor de queijo palmira, e pintava os lábios de quase roxo, tinha um cabelo comprido, assim pelos ombros, e andava com o cabelo sempre desgrenhado e com grandes argolas nas orelhas. E passava sempre lá pela Faculdade, de uniforme de normalista. E os estudantes buliam muito com ela, buliam muito e diziam muita gracinha pra ela e ela nem respondia, mas de repente ela resolveu responder e então quando ela passava por lá e respondia, aí é que eles aumentaram os gracejos e combinavam com todo mundo pra ficar esperando a Pagu, pra brincar, pra caçoar dela, e faziam muita piada com ela e ela respondia à altura, porque ela não tinha papas na língua pra responder. Esse foi o meu conhecimento primeiro da Patrícia Galvão.

Em 1929, ainda, houve uma grande festa no Teatro Municipal, em benefício não me lembro de que instituição, mas, enfim, era uma festa em que compareceram vários artistas conhecidos e consagrados, Souza Lima tocou, o Raul Laranjeiras, e tinha cantores, tinha uma porção de coisas. E nessa época eu tinha encontrado pela primeira vez e falado pela primeira vez em Pagu em casa de Tarsila. Eu fui muito amigo de Tarsila Amaral, que era minha vizinha, morava a meia quadra da minha casa, e eu era grande amigo da filha dela, da Dulce, que aliás era uma moça linda, e do irmão dela, o Oswaldo Amaral, que era muito mais velho do que eu, talvez com a idade de ser meu pai, mas que foi meu colega de turma na Faculdade, ele perdeu uns anos e tal e voltou a estudar no meu tempo, formou-se junto comigo. E por esse motivo eu comecei a ir muito à casa de Tarsila e fiquei muito amigo de Tarsila também e do Oswald de Andrade, naquele tempo casado com ela. Morava ali na Barão de Piracicaba. E lá conheci a Pagu.

7 Gravados no Museu da Imagem e do Som, de São Paulo, em 10 de maio de 1978. A transcrição dos depoimentos não é integral. Restringe-se aos trechos que se referem mais diretamente a Patrícia, transliterados com a maior continuidade possível e com a maior fidelidade ao discurso oral, para manter, íntegro, o momento vivo desses testemunhos.

Mas nessa festa do Teatro Municipal, a Pagu era o último número que ia ser apresentado. Ela ia declamar três poemas. E eu vi lá na casa de Tarsila, então, a combinação que fizeram lá, como é que a Pagu devia ir vestida. Ela foi com um dos vestidos da Tarsila, um daqueles vestidos que a Tarsila tinha trazido de Paris, branco, e, assim, parecido com um vestido espanhol de Goya, qualquer coisa assim, porque era justo em cima e a saia se abria muito embaixo, de godê. E ela estava com esse vestido, com uma capa preta, forrada de vermelho, com listas largas de um palmo, de vermelho e preto, e um balangandã de prata na cintura. Então combinaram que ela tinha que usar isso tudo pra aparecer no dia do recital. E ficou tudo certo.

Mas quando chegou na véspera do recital, eu fui chamado à polícia, porque eu era presidente do Centro Acadêmico XI de Agosto. E esse centro era o mais importante de São Paulo, inclusive porque as outras faculdades, os outros centros ainda estavam em formação e eles dependiam sempre do nosso centro. Tudo era conosco. E a polícia entrava sempre em indagação a respeito dos estudantes comigo. Eu era sempre o porta-voz da polícia pra eles ou dos estudantes para a polícia. O entendimento era sempre feito através de mim. E eles me chamaram pra dizer que esse festival estava sendo organizado, mas que os estudantes tinham comprado a galeria toda do Teatro Municipal. Portanto, eles esperavam alguma manifestação dos estudantes no Teatro. Eu comprei também uma galeria e fui junto com eles todos, no dia do espetáculo. E durante o espetáculo eles estavam lá em cima, naquela balbúrdia de estudantes, de falação, piadas e gritinhos, comum de mocidade, mas chamando muito a Pagu. Nesse tempo eles já sabiam o nome dela, porque antes a gente sabia que era Patrícia Galvão, não sabia que era Pagu. Mas nessa ocasião já no programa estava o nome dela como Pagu. E chamavam muito nos intervalos, de um número para o outro, eles gritavam muito, "Sai, Pagu", "sai, palhaço", provocando a Pagu de todo o jeito pra ver se ela dizia aquelas coisas que ela costumava dizer lá na porta, quando passava. E provocavam de toda forma. Mas ela era o último número e apareceu com aquela panca toda, com aquele vestido extraordinário do jeito como ela estava, e, muito bonita, no fundo do palco, ficou parada no fundo do palco. Os estudantes, acho que não a reconheceram, porque ela estava completamente diferente do que eles costumavam ver, de maneira que quando chegou a hora em que ia começar a declamação dela, ela foi até a frente do palco, e ela começou com um poema do Raul Bopp, que se chamava "O Coco de Pagu", e tem um estribilho até, "Eê Pagu, Eê Pagu". Então, quando chegava na hora do estribilho, ela corria até o fundo do palco e abria a capa, assim, de vermelho e preto, abria a capa e dizia "Eê Pagu". E os estudantes ficaram muito assustados, no princípio, e ouviram muito bem e bateram muita palma no fim.

O que eu sei é que no fim do espetáculo, quando acabou tudo, o carro em que a Pagu saiu foi levado a braço, foi empurrado, nem tinha motorista, porque o pessoal aplaudia de tal forma que eles levaram o carro da Pagu empurrado.

Foi um sucesso completo.

AUGUSTO DE CAMPOS Quais eram os outros poemas que ela disse no recital?
ORN Ela disse três poemas. Esse poemeto da gata, que tem um rabo e pensa que é serpente, esse ela disse também.

AC Que poema é esse?
ORN Esse que eu vi agora mesmo aí (indicando a revista *Através* nº 2).

AC Ah, sim, do *Álbum de Pagu*...
ORN (*lendo*) "... *A minha gata é safada e corriqueira*..." Está aí, ilustrado por ela. Esse eu me lembro perfeitamente de ela ter dito. Aliás, eu não me lembrava que isso era dela. Pensei que fosse de outra pessoa. Agora é que eu estou vendo que era ilustrado por ela e tal e coisa, mas nunca mais me esqueci dessa gata que tem um rabo e pensa que é serpente. E ela recitou, também, além do Coco, de Raul Bopp, um pedaço da *Cobra Norato*.

De maneira que essa foi a primeira vez em que eu entrei em contacto, assim, de ver a Pagu mais de perto.

Depois eu estive com ela várias vezes. E quando o Oswald se separou da Tarsila e depois casou-se com ela, aí eu a encontrei várias vezes, assim, em coisas aqui de São Paulo. Havia muitos espetáculos, muitos concertos, muitos recitais, muita reunião de jornalistas, de modo que a gente se encontrava muito. E tinha lá o Clube dos Artistas Modernos — o CAM —, tinha a SPAM de d. Olívia Guedes Penteado, que era muito frequentada pelos artistas em geral, e a Pagu e o Oswald também iam, apareciam e tomavam parte.

Depois eu perdi o contacto com ela. Eu via às vezes artigos da Pagu e me lembro quando ela estava morando já em Santos.

Eu soube nesse período, quando ela era casada com Oswald, da deportação dela, que ela estava fugida e foi pra China, passar um tempo na China, e corria muito boato a respeito do que ela estava fazendo ou não estava fazendo lá na Europa, mas quanto a isso eu não posso atestar coisa alguma.

O meu conhecimento com Pagu foi apenas esse do início de sua vida pública, em que ela começou a aparecer, e foi o que eu guardei bem da Pagu. Depois eu a encontrei, muitos anos depois, morando em Santos, ela escrevia pra jornais de lá e tudo. Não sei. Não tenho mais muita coisa pra contar, não.

AC Impressionou-me na sua descrição, ao ver fotografias de Pagu, e mais outras que recentemente o Rudá me conseguiu, o aspecto exterior da Pagu, a modernidade do aspecto dela.
ORN Ela era moderníssima.

AC Mas eu digo mesmo em relação a agora, porque me parece que os penteados eram curtos e ela usava um cabelo grande, ela parece mais, estilisticamente — vamos dizer assim — com as moças de agora, do que com as moças da época.
ORN Muito mais.

AC Imagino que isso fosse muito extravagante.
ORN Era muito chocante. Muito extravagante. E ela tinha cabelo crespo, eu creio, que ela penteava ou passava escova, não sei, e ficava sempre meio eriçado, nunca era assentado nem nada, era muito eriçado, meio "black power". Era completamente diferente.

AC Isso me chamou a atenção. Tanto que, em relação a essas fotografias, esse material se destinava inicialmente à revista *Código*, da Bahia, e nós pensávamos fazer uma montagem de uma das fotos que estão aí com uma foto da Gal. Há alguma coisa que lembra...
ORN Ah, é, muito! O que ela tinha principalmente era de maquiagem, a maquiagem que ela usava e que não era usada, ela usava pestanas postiças, ou usava muito rímel, naquele tempo o que se usava mesmo era rímel, e ela usava muito rímel nas pestanas. E aparecia sempre, assim, com pestanas enormes, e de olho pintado, e as moças em geral dessa época não pintavam os olhos, e ela usava uma maquiagem, um "pancake" qualquer, amarelo-escuro, e com os lábios pintados de grená, quase roxo, e isso era muito chocante, assim, como cor. E era uma coisa muito de palco, era mais de palco, que ela deve ter aprendido com algum artista de palco essa maquiagem, ou talvez a própria Tarsila tenha insinuado a ela essas pinturas, que a Tarsila tinha e que não usava, que a Tarsila andava em geral de cara limpa, não tinha nada, ela só pintava os lábios, mas fora isso acredito que a Tarsila tenha ensinado a ela ou tenha dado a ela os primeiros potes de creme dessa cor para que a Pagu usasse. E outra coisa, também. Pagu usava saia muito curta, que não era muito usual nessa época, ela usava saia muito mais curta do que as outras usavam, era meio minissaia, assim, por isso chamava muita atenção. Ela era bonita, com aqueles trajes, com aquela pintura, aquilo tudo, todo mundo olhava pra saber o que era, o que estava acontecendo. E depois, então, que descobriram que, quando diziam piada, ela respondia à altura, aí é que aproveitavam pra fazer piada.

RUDÁ DE ANDRADE E esse "respondia à altura", não é possível esclarecer? O que é que ela dizia?
ORN Diziam qualquer piada forte pra ela e ela não se dava por achada e respondia, chamava de filho disso, filho daquilo. Ela dizia mesmo. Não tinha problema.

Agora, depois que eu a encontrei, já muito mais velha, morando lá em Santos, ela era muito comedida, quase não falava. Estava sempre com um cigarro na mão, fumando, assim, encostada em qualquer canto, olhando pras pessoas, mas ela nem se aproximava muito dos outros, ela era muito mais afastada, muito mais arredia. Eu via coisas dela lá nos jornais de Santos, às vezes artigos dela publicados. Inclusive tinha acabado aquela maquiagem amarela. Era o contrário. Ela era muito clara e usava uma maquiagem sobre o branco. Parecia sempre muito pálida. E não tinha mais a maquiagem exótica.

RA Eu gostaria que o Almeida Salles fizesse também o seu relato sobre Pagu.
ALMEIDA SALLES Eu me lembro de vários momentos com a Pagu. Um deles confere com o seu (*dirigindo-se a Oliveira Ribeiro Netto*). Mas eu não a via passando pelo largo São Francisco, eu a via chegando à praça da República, vindo do largo São Francisco. Exatamente o tipo que você caracterizou. Mas você se esqueceu de um detalhe. Ela usava uma bolsa que era um cachorrinho, um cachorro de pelúcia, que abria, uma bolsa chocante, um animalzinho que ela carregava. E a vi várias vezes na praça da República, porque eu morava, nesse tempo, em Higienópolis, rua Pará, e eu vinha pro Ginásio do Estado, naquele bonde "Higienópolis", descia a ladeira, e passava ali pela praça, entrava na rua Barão. Eu saltava na praça da Sé e descia ali. E assim vi várias vezes a Pagu. E a vi com Oswald, passando na Barão de Itapetininga.

Outro episódio pitoresco que eu testemunhei foi que o Oswald inventou de lançar um jornalzinho chamado *O Homem do Povo*. Era um tabloide, e a sede do jornal era na praça da Sé, naquele prédio ao lado da Caixa Econômica Federal; não existia a Caixa, mas o prédio ainda existe, naquela ruazinha que vai pra Roberto Simonsen; aquele prédio tinha, então, ainda tem, lá, uma cúpula envidraçada, em cima do teto, e lá era a sede do *Homem do Povo*, subia-se quatro escadinhas pra ir lá; foi em 1931; eu tenho um exemplar do *Homem do Povo*, e um dos seus exemplares tinha a seguinte manchete: "Dois cancros de São Paulo: a Faculdade de Direito e o café". Imaginem, só. Então os estudantes foram empastelar e, nesse dia, eu estava saindo do colégio, e assisti ao empastelamento do *Homem do Povo*. Pagu e Oswald lá em cima, os estudantes subindo para empastelar, eles parece que saíram por uma escada, deram um jeito de escapar. Quebraram tudo, tanto que o jornal deixou de circular.

Uma coisa bem patética de minhas relações com a Pagu foi que em 1939 eu fui preso, no Rio de Janeiro, suspeito de atividade política comunista, e eu inclusive vinha do integralismo, não tinha nada com comunismo. Mas me prenderam num trem. Naquele tempo os trens não saíam da estação Pedro II, eles saíam de Alfredo Maia. Eu entrei no trem e, de repente, sou procurado por dois sujeitos que me levam à minha cabine — eu estava no restaurante —, investigam a minha mala, essa coisa toda, e me dizem: "O sr. tem que voltar para o Rio". Eu não tinha nada, absolutamente nada. A minha mala estava cheia de livros, fotografias com o Schmidt,[8] romances de Robert Francis, que o Santiago Dantas me recomendou no Rio. E então o trem parou, numa das estações próximas. Não pararia. Parou pra eu descer com os dois sujeitos. Me coiocaram num táxi e me levaram para o presídio político onde estava Luís Carlos Prestes. Naquele tempo ainda estava Prestes e aquele alemão que eles torturaram. E estava, surpreendentemente, Pagu, sozinha, numa cela. E eu fiquei no mesmo local. Era um pavilhão com celas. Fiquei no mesmo que ela. Ela estava em cima, isolada, numa cela. E eu fiquei embaixo, num pátio. De manhã, eles serviam o café em regador, punham o pão, assim, pela grade da cela, e abriam aquilo e nós subíamos por uma escada em caracol, pra tomar sol, em cima. Tinha vários comunistas importantes presos lá. E num desses dias eu vi a Pagu saindo da cela pra tomar sol. Só que ela não se comunicava conosco e eu não pude falar com ela. Mas tive esse contacto, essa visão.

Queria contar um último episódio. Mais patético ainda. Eu estava em Paris, em 1962, morando lá, e a Pagu chega. Nós não sabíamos que ela tinha chegado a Paris. Eu estava lá desde março. Ela deve ter morrido no fim do ano. O Arnaldo Pedro d'Horta estava em Paris, e o Piza, o Toledo Piza,[9] morava lá. Eu era adido cultural na embaixada. E, de repente, o Arnaldo me telefona e diz: "Salles, a Pagu tentou suicidar-se. Num hotel, pertinho da rue du Bac, em Saint-Germain-des-Prés, naquela avenida que vai a Montparnasse. Você não quer ir comigo lá no hotel?". Imaginem o drama. E fomos pro hotel, com o Piza, no carro do Piza. E realmente ela tinha tentado o suicídio. Aí chamamos uma ambulância e a transportamos para um hospital. Felizmente o tiro não foi grave, ela não morreu. Aí chegou o Geraldo Ferraz, do Brasil, no dia seguinte. Ela ficou fora de perigo. E a versão que deram é que ela tinha certeza que estava com câncer e queria morrer em Paris. Mas voltou e morreu no Brasil, parece que de câncer. Isso eu testemunhei, e Arnaldo Pedroso d'Horta, que já morreu, e o Piza. E o Geraldo, que esteve lá. Esse, pois, é outro episódio em que a sua vida se cruzou com a minha.

8 O poeta Augusto Frederico Schmidt.
9 O gravador Arthur Luiz Toledo Piza.

ENTREVISTA COM SIDÉRIA REHDER GALVÃO E LÚCIO FRAGOSO

(13 DE DEZEMBRO DE 1981 E 20 DE DEZEMBRO DE 1981)

SIDÉRIA Pra mim, a grande característica da Pat é que ela era boa, você sabe, ela era boa, boa mesmo. Ela era capaz de dar tudo, toda a vida dela, braço, perna... por exemplo, atualmente eu tenho dificuldades na minha vida, eu digo, puxa, se a Pat fosse viva, quem me dera que a Pat fosse viva, porque a gente resolvia as coisas juntas, éramos nós duas falando, discutindo, descobrindo, como é que é, como é que não é, ah, não, a Pat era extremamente boa, mais do que coragem pessoal, que ela tinha uma coragem pessoal extraordinária, a bondade da Pat era a coisa maior. Mas por falar em coragem, você não sabe nada da história do Zé Pagu, sabe? Essa é uma história engraçada. Nós estávamos presas no presídio do Paraíso e não sei por que cargas d'água, eu não me lembro mais, a gente resolveu fazer uma greve de fome, fazer uma coisa qualquer contra aquela gente lá, aqueles carcereiros. Bem, daí entraram três daqueles mastodontes, e eu e a Pat ficávamos separadas dos outros presos, mas eles entraram lá... bom, eram uns brutamontes, mesmo; naquele tempo eu acho que pesava uns quarenta quilos, era uma coisinha, o primeiro soco eu desabei, tchimbum. A Pat deu tanto no carcereiro, mas deu tanto, que ele passou a ser chamado de Zé Pagu, e daí por diante, pra todos os presos, o Paulo Emílio sabia disso, o infeliz passou a ser chamado de Zé Pagu, de tanto que apanhou dela, porque ela escorava mesmo uma parada. Isso eu acho que ninguém conhece, o Zé Pagu, não é?

AC Vocês vieram desde logo, de São João da Boa Vista, para morar em São Paulo?
SIDÉRIA Não, porque eu sou de São Paulo. Eu nasci aqui. Ela veio pequena, porque a gente tem menos de três anos de diferença, mas eu já nasci aqui, na rua da Liberdade.

AC Depois vocês moraram na rua Machado de Assis, não é?
SIDÉRIA Ah, depois. Quando ela conheceu Oswald, a gente morava na rua Machado de Assis.

AC Mas qual seria a primeira residência?
SIDÉRIA Bem, deixe eu ver. Eu sei que nasci na rua da Liberdade, depois mudamos pra rua São Paulo, que é ainda na Liberdade, depois fomos morar no Brás, rua Bresser, e depois é que mudamos pra rua Machado de Assis, eu tinha então treze anos, quer dizer que a Pat teria dezesseis, mas sempre estudando na Escola Normal do Brás, desde o primário.

AC E as duas frequentavam o Conservatório Dramático e Musical?
SIDÉRIA As duas.

AC O Paulo Mendes de Almeida me disse que naquela época o Fernando, irmão dele, era professor no Conservatório, e eu encontrei uma crônica de Patrícia em que ela menciona outro professor, Mário de Andrade, só que ela não sabia, àquela altura, que ele era o poeta.
SIDÉRIA É. Nós não sabíamos. Ele era professor de história da arte e nós tínhamos muito pouca ligação, porque a gente estava lá de alegre, a gente fazia curso de literatura e curso de arte dramática.

AC Vocês então não eram matriculadas?
SIDÉRIA Éramos matriculadas, mas não nos cursos de música. O Curso de Literatura tinha um tal de Murilo, que era professor, era o tempo do Gomes Cardim como diretor e o Mário de Andrade a gente conhecia muito ligeiramente, a gente admirava, mas admirava bem de longe, não tínhamos muito contacto, não, nem aula.

AC Segundo o Paulo Mendes de Almeida, teria sido Fernando Mendes quem apresentou Patrícia a Raul Bopp e ao cineasta e ator Olympio Guilherme, com quem ela teve um romance.
SIDÉRIA Teve. Mas não foi ele quem apresentou. O Olympio tinha uma coluna na *Gazeta*, e a Pat começou a escrever pra essa coluna, sabe, não foi ele que apresentou, não. E daí o Olympio Guilherme se interessou pelas coisas que ela escrevia e acabaram se conhecendo através dessa correspondência constante. O Fernando frequentava muito nossa casa, eles moravam ali perto, mas não foi ele que apresentou.

AC E isso foi antes do contato com Oswald.
SIDÉRIA Foi antes do Oswald. Agora, o Oswald começou por intermédio do Reis Júnior. Ele veio à Escola Normal do Brás, para visitar o Guilherme de Almeida, que era secretário da Escola, e o Reis Jr. era um rapaz belíssimo, depois foi casado com a Beatrix Reynal, poetisa, e ele subiu a escada, estávamos eu e a Pat ali no "hall'', quando o Reis Jr. subiu, ele era tão lindo, a Pat fez "fiu fiu" pra ele e ele olhou e a gente ficou esperando o Reis Jr. voltar e ainda a Pat perguntou "onde você vai?". Daí a gente ficou esperando, ele voltou e logo se interessou pela Pat, que era muito chamativa, muito bonita, e começou o namoro dela com o Reis Jr., e por intermédio dele e de Guilherme de Almeida é que ela teve contacto com Oswald.

AC Bem, o Bopp me disse que ele é que a apresentou ao Oswald, que ele a introduziu no solar da alameda Barão de Piracicaba, nas recepções de Tarsila e Oswald. Mas o interessante, também, é que Olympio Guilherme logo recebeu um prêmio de cinema, no "Concurso Fotogênico de Beleza Feminina e Varonil", promovido pela Fox, em 1927, e foi para os Estados Unidos.
SIDÉRIA É. Ele recebeu o prêmio masculino e a Lia Torá o feminino.

AC Mas isso foi depois. Quer dizer que a Patrícia o conheceu antes, e nesse período ela devia estar ainda na Escola Normal ou no Conservatório.
SIDÉRIA Na Escola Normal, estava. Deve ter sido em 1927. Nós duas frequentávamos a Escola Normal da Praça e ao mesmo tempo o Conservatório. Agora, Olympio Guilherme foi antes. E ela teve todo um romance com o Olympio também.

AC Eu queria lhe perguntar sobre aquele episódio da Miss Paraná, Didi Caillet.
SIDÉRIA Ah, mas isso foi na casa de Tarsila.

AC Na casa de Tarsila e também no Teatro Municipal. Eu e Lygia conseguimos identificar a data em que houve uma apresentação em homenagem a Didi Caillet, em 1929, e a Patrícia se apresentou recitando alguns poemas.
SIDÉRIA Aliás, foi muito engraçado esse dia. Nós fomos a essa festa, eu, mamãe e papai, mas a Pat não estava com a gente, que ela tinha ido pra casa do Oswald com Tarsila. E, de repente, a gente viu numa frisa — a gente estava na plateia — a Pat com Tarsila e tudo, completamente irreconhecível. A gente dizia, é a Pat, não é a Pat (a gente não a chamava de Pat, mas de Zazá, que ela odiava), mas a gente não entendia por que ela estava completamente maquiada, de um jeito diferente. Pra dizer a verdade eu não gostei, achei até mais feia do que ela era realmente, estava muito sofisticada pro meu gosto, eu era menina naquele tempo, não gostei mesmo. Daí ela declamou essas coisas, porque ela tinha conhecido Didi Caillet na casa de Tarsila, depois tinha aquele lero-lero de Didi Caillet ser intelectual...

AC E a Didi Caillet recitava "Dindinha Lua" de Adelmar Tavares...
SIDÉRIA (*com voz afetada*) "Dindinha Lua"...

AC Em junho de 1929, Patrícia começou a colaborar com uns desenhos na *Revista de Antropofagia*...
SIDÉRIA Aliás, engraçado, eu não achava, nem antigamente, que eram tão bons, mas vendo, agora, inclusive em *Através*, eu achei bons...

AC É bonito, ali, talvez, mais do que a perfeição do desenho, a ideia de associar o desenho aos textos...

SIDÉRIA E eu vou dizer uma coisa: ela se faz igualzinho ao que ela era, é engraçado que ela é muito parecida com o que ela desenha.

AC É, isso dá muita força àquele material. Mas agora chegamos a um ponto que eu desejaria esclarecer. É que o Raul Bopp me disse que quem deu o apelido de "Pagu" a Patrícia Galvão foi ele.
SIDÉRIA É, foi ele. Tanto que a Pat chamava o Raul Bopp de "meu padrinho". Isso é real. Foi ele quem deu.

AC Ele afirma que ela lhe apresentou uns poemas com o nome de Patrícia Galvão e ele disse, não, esse nome literariamente não serve, e começou a brincar com as sílabas, até que achou "Pagu".
SIDÉRIA Então ele esqueceu, porque a Pat sempre dizia que ele era o padrinho dela, mas que ele pensava que ela se chamasse Patrícia Goulart e então uniu os dois nomes.

AC Você se lembra da época do primeiro casamento dela, o que foi anulado?
SIDÉRIA Eu sei que a Pat se casou em 29 com o Waldemar Belisário do Amaral. E, bom, está bem casada, vai residir em Paris, meu pai e minha mãe todos felizes.

AC Eles acreditaram no casamento, que era uma farsa, tinha sido tudo combinado, não é?
SIDÉRIA Tinha sido combinado. E o Waldemar Belisário do Amaral, eu adorava, ele me dava tanto presente, tanto bombom, tanta coisa, ele era um cavalheiro. Mas sabe, eu não era muito mais moça que a Pat, mas eu parecia muito mais moça, porque eu era uma menininha e ela era já uma mulher, dessas meninas que desenvolvem, então eu era tratada a bombom, essas besteiras todas, não é? Bom, daí, ela se casou, todo mundo feliz, o Oswald e a Tarsila foram padrinhos, e a Tarsila ainda deu de presente de casamento um quadro dela, que por incrível que pareça era um touro, com chifres na cabeça. Daí eles foram pela estrada de Santos, o Waldemar e a Pat, porque ela ia embarcar em Santos, e no meio da estrada estava o Oswald, acabou o casamento. Mas nós — ela já estava casada, era tempo de férias — tínhamos ido para Itanhaém, eu me lembro que estávamos eu e mamãe em Itanhaém e papai em São Paulo, e papai chegou feito uma fera e disse: "A Pat fugiu com Oswald de Andrade", e meu grito foi: "Mentira, não acredito", e a Pat me contava muita coisa, quase tudo, mas essa ela não contou, essa foi segredo mesmo. Daí foi aquela desgraceira desgraçada, não é, a gente teve que sair de Itanhaém imediatamente, mamãe se recusou a ver qualquer pessoa mais das relações, porque aquilo envergonhava a família, eu voltei infeliz de Itanhaém, ficamos em São Paulo, e eu estava absolutamente proibida de ver a Pat. Então, nós ficamos em São Paulo uns

tempos. Pouco tempo depois desse caso todo, depois do Oswald, a Pat voltou pra casa, mas eu não pude ficar em casa, porque eu não podia ter "o contacto deletério", então fui mandada pra casa de minha irmã mais velha. Daí, era Carnaval, a Pat foi pra casa da minha irmã e eu voltei pra casa, porque a gente não podia ter contacto. Depois, um dia, ela se mandou definitivamente com o Oswald, e eu via a Pat só escondida, eu fugia de casa mesmo, ia pra escola, fugia da escola e ia pra casa dela. Foi quando eu conheci o Geraldo Ferraz, na casa do Oswald.

AC Na rua dos Ingleses...
SIDÉRIA Na rua dos Ingleses, perto da casa do Guilherme de Almeida, que morava ali perto.

AC Isto foi em 1930. Ela e Oswald se casaram em janeiro de 1930.
SIDÉRIA E daí o Rudá nasceu e a Pat já tinha tido algumas experiências de comunismo, ela teve o Rudá e quem foi cuidar do Rudá foi uma enfermeira do Hospital chamada Lúcia, que foi levada pra casa dela e virou comunista, também, e mais tarde nós ficamos presas com ela.

AC E como foi a volta dela da Europa, em 1935?
SIDÉRIA Nós fomos esperá-la em Moji das Cruzes. Ela desembarcou no Rio e de lá tomou um trem para Moji, onde moravam meus pais, naquela época. E então estávamos eu, meu pai, Oswald e o Rudá com um buquê de flores, esperando. Daí ela chegou e o Rudá deu as flores pra ela, que ela não via o Rudá fazia uns anos, não é, e daí a gente foi jantar, foi aquela festa de chegada. E o Oswald nessa época já estava de caso com a Julieta Bárbara. Eu tinha um quarto na rua dos Andradas, onde eu morava sozinha, e então ficamos, eu e a Pat, com o Rudá. Depois ela foi trabalhar na "Plateia" e nós estávamos mesmo militando. E um dia, as coisas estavam apertando muito, nós estávamos sendo meio perseguidas e tudo, então a gente telefonou pro Oswald, para esperar aqui em Pinheiros, e a gente entregou o Rudá pro Oswald porque a gente estava numa vida que não podia continuar com uma criança, e o Oswald já vivia com a Julieta Bárbara. E veio o golpe de novembro e nós fomos presas, as duas.

AC Agora, eu li no panfleto *Verdade e Liberdade*, que ela fugiu da prisão e foi novamente presa. Como é que foi isso?
SIDÉRIA Foi quando ela estava ainda presa no Maria Zélia. Ela estava doente. Não comia nada. Uma coisa de agoniar, não é? Ia emagrecendo e emagrecendo. Eu via que ela não estava aguentando. Daí a gente saiu. Mas ela não ficou em liberdade, porque já estava condenada. Ela foi removida pro hospital Cruz Azul, onde eu podia visitá-la. Eu já estava solta e ela continuava presa no hospital. Eu a visitava

diariamente. E foi o Geraldo Ferraz que providenciou a fuga dela. E um dia eu cheguei lá e a enfermeira me avisou que ela tinha fugido, e ela tinha deixado dinheiro, tinha deixado coisas, papéis, eu e a enfermeira rasgamos o que precisava, peguei o dinheiro, e eu disse, bom, eu vou avisar papai, não é? Ele tinha escritório em pleno centro da cidade, e eu digo, eu tenho que ir lá de qualquer jeito, e quando eu ia indo pro escritório de papai, fui presa de novo. Daí eu fui mandada pro Rio e lá a coisa era pior, porque daí havia mesmo tortura, mas eu parecia muito menina, naquele tempo, você sabe, tanto que eu não entrei em camburão, em coisa nenhuma; como menor, só que quando viam que eu não era menor, quase queriam me matar, não é?, mas daí eu encontrei a Lúcia, que tinha sido enfermeira do Rudá, tinha apanhado pra burro, todo mundo tinha apanhado, e eu digo, agora é a minha hora de apanhar, não é?, daí o delegado me chamou e perguntou onde é que estava a Pat, e eu digo, sei lá, ela fugiu, eu não vi, eu fui lá, não tinha mais ninguém, não sei de Pat, não sei de coisa nenhuma, ele me perguntou se eu era menor, eu disse que não era, ele, inclusive, torturava todo mundo, e até me mandou jantar. Mas eu estava com um vestidinho por aqui, toda com cara de inocente, com cara de menininha, eu não fui torturada. Agora a Pat foi, quando ela foi presa, aí ela apanhou mesmo, mas no Rio. E ela ficou doentíssima, e eu, que já estava livre, voltei pro Rio, fui falar com o Negrão de Lima, com Deus e todo o mundo, que ela estava no presídio, na pior das situações. Aí ela foi removida para um hospital, e depois desse hospital eu acho que todo mundo pensava que ela já ia morrer mesmo, porque ela estava tão ruim, tão ruim, estava mal. Daí ela foi solta, veio pra casa, ficou em casa, mas antes disso ela passou um tempo na Casa de Detenção, na avenida Tiradentes. De lá, ela veio pra casa e depois ela saiu com o Geraldo, foi viver com o Geraldo. Em 1941, nasce o Kiko (Geraldo Galvão Ferraz) e daí ela recomeça a vida normal.

AC Bem, hoje já estamos no dia 20 de dezembro, de volta à casa de Sidéria e Lúcio Fragoso, e eu queria pedir a ela que recapitulasse, ainda, aquele trecho de seu depoimento que trata dos acontecimentos políticos em que Patrícia se envolveu a partir de 1935.

SIDÉRIA Como eu disse, depois que entregamos o Rudá para o Oswald, continuamos, eu e Pat, morando na rua dos Andradas, ela trabalhando na *Plateia*, eu, na escola, até o dia 27 de novembro, que foi o dia do golpe, não é, e eu sabia que ia haver alguma coisa e fiquei esperando a Pat feito uma doida, fui na *Plateia*, procurei por todo o canto e não encontrava mesmo; daí eu resolvi voltar pra casa e quando foi mais ou menos 11h da noite ela chegou e disse: bom, a gente tem que sair porque está determinado que a gente tem que estar na rua hoje, nós estamos escaladas pra ficar em tal lugar, parece que era a avenida São João. Então nós saímos, vestidas, preparadas pra guerrilha — ai, que ridículo! —, fazer a revolução com estilingue. E veio um camburão da polícia acompanhando a gente. Então entramos no Bar Natal, na avenida São João, e lá estava cheiíssimo e nós sentamos numa mesa e os tiras entraram também, então diversas pessoas avisaram, jogando bolinha de papel escrita em cima da mesa e tudo, mas o bar foi esvaziando. E daí a gente não tinha outro jeito, não podia ficar lá, não, porque ia ser fogo, não é, então a gente saiu, subiu a ladeira São João, acompanhada, e naquele tempo tinha ali, do lado do Martinelli, um ponto de táxi, a gente passou e falou pro motorista "bota o carro em movimento", e os tiras passaram, a gente voltou, tomou o táxi e saiu, se mandou, daí foi uma perseguição cinematográfica, engraçada pra burro, saiu um carro, outro carro, bom, e a gente despistou os caras e nós apelamos pro papai, e papai levou a gente pra casa de um primo onde a gente passou a noite. Depois disso nós fomos pra casa de um motorista da Light, português, que era na rua Ibituruna, no Jabaquara — esse motorneiro depois foi preso, foi expulso. E depois a gente passou a morar lá, de qualquer jeito, em qualquer lugar, onde dava jeito, e estava tudo errado, e daí eu arranjei um quarto no largo Colombo e perdi um pouco de vista a Pat. E um dia eu saí pra ter um contacto qualquer e fui presa. E a Pat continuou solta. Eu fui pro presídio Paraíso, e fiquei lá, torcendo pra Pat não ser presa, mas não demorou muito, ela foi presa também. Daí, foram anos de presídio Paraíso, Maria Zélia...

AC Isso, já era em 1936...
SIDÉRIA Era... Ah, daí, nós ficamos no presídio Paraíso.

AC E nesse primeiro processo, vocês foram condenadas...
SIDÉRIA É. Fomos condenadas, aqui em São Paulo. E o advogado era o Alcides Cyrillo.

AC Mas a Patrícia teve duas condenações. Aliás, pelo que eu li, ela inicialmente chegou a ser absolvida...
SIDÉRIA Não, eu só sei de uma condenação de quatro anos.

AC Ela pode ter sido absolvida e depois condenada.
SIDÉRIA Isso eu não sei. Agora, com a Lei de Segurança Nacional ela foi condenada a quatro anos. Talvez, sejam até duas condenações repartidas, mas ela foi condenada a quatro anos. Depois, ela ficou bastante doente e foi transferida para o hospital Cruz Azul, de onde ela fugiu, como eu contei. E esse dia em que eu vi que ela tinha fugido, eu resolvi ir até o escritório do meu pai pra avisar, e não cheguei até lá porque eu fui presa no caminho. Daí eu fui mandada pro Rio, e fiquei uns tempos na Casa de Detenção, depois eu voltei pra São Paulo, fiquei outra vez no DOPS, depois eu fiquei em casa e a Pat foi presa no

Rio, porque aí já tinha a dissidência, ela estava na dissidência, daí foi a prisão com você (*dirigindo-se ao seu marido, Lúcio Fragoso*), daí eu não sei como é que ela foi presa, você sabe bem melhor do que eu...

FRAGOSO Não, eu não sei, eu sei que ela foi a primeira a ser presa. Aí nós já estávamos em plena dissidência, não é? Eu nunca fui comunista. Nunca fui do Partido Comunista. Eu era trotskista. E aí, abriu-se uma cisão, ou melhor, a gente queria trazer para o trotskismo o que pudesse salvar do Partido Comunista. Então, a técnica empregada foi essa: criar dentro do Partido Comunista, inicialmente, uma cisão. Dessa cisão alguns responsáveis, uns poucos, sabiam, tinham feito a opção pelo trotskismo — alguns. Mas eram poucos. E não se podia falar nisso ainda. Então, foi nessa época que eu — como já era, com dezoito anos, um dirigente trotskista — eu entrei em contacto com Zazá. Porque Zazá era daqueles do Partido Comunista que tinham feito a opção pelo trotskismo. Então eu comecei a trabalhar com ela dentro dessa dissidência do PC e muita gente nunca soube que naquela época Zazá já tinha feito a opção pelo trotskismo. Por exemplo, fui a várias reuniões com várias pessoas, Eneida, por exemplo, que nunca soube. Já era cortar o Partido, pegar uma fatia pro trotskismo. Foi nessa época — em 1938 — que eu conheci Zazá. E, bom, houve uma porção de gente envolvida na coisa, mas dessas pessoas todas, ela foi a primeira a ser presa, porque ela era uma figura escrachada, não é, qualquer tira conhecia na rua e prendia — prendia e prendia certo.

AC Agora, a Sidéria fez uma observação que eu queria lembrar. Em São Paulo, quando ela e Patrícia foram presas, pelo menos o tratamento era mais razoável, parece que lá no Rio é que foi pior, não é?
SIDÉRIA Aqui em São Paulo, no presídio Paraíso o tratamento era bom, mas no Maria Zélia não era.

AC Esses eram presídios políticos...
SIDÉRIA Eram presídios políticos. O diretor do presídio Paraíso era um fazendeiro que não tinha nada com o peixe, era uma pessoa ótima.

FRAGOSO Agora, eu estive preso com Zazá no Pavilhão dos Primários, no Rio, e lá o tratamento era muito bom.

SIDÉRIA No Pavilhão dos Primários, sim. Na Casa de Detenção, no Rio, era péssimo.

FRAGOSO É, dizem isso. Mas no Pavilhão dos Primários tinha um pátio anterior, em que em cima ficava um compartimento com as mulheres presas e o resto eram celas e aí o negócio era muito bom. Olha, para você ter uma ideia, a uma determinada hora, que eu não me lembro bem se eram seis ou sete horas da noite, eles fechavam as celas, não havia um caso do guarda não chegar e dizer, o senhor me dá licença, está na hora de fechar a cela. Era um tratamento respeitoso.

SIDÉRIA Eu acho também. Agora, no Maria Zélia não era. Tanto que, quando houve aquele massacre no Maria Zélia, em que morreu o João Varlotta e o Augusto Pinto e tudo isso, eu estava lá com a Pat, e a gente estava no térreo, e os homens no andar superior, e houve aquele tiroteio, a gente abriu a janela... olha, se a gente não deitasse no chão, não tinha escolha, você sabe, eles atiravam em quem aparecesse, mesmo. No Maria Zélia o tratamento foi odioso, agora no presídio Paraíso era esse fazendeiro, que era ótimo. Agora, lá no Rio de Janeiro, aquilo era horroroso, era de bater, bater mesmo. No Pavilhão dos Primários, não.

AC De qualquer maneira, foi lá que ela ficou mais doente.
SIDÉRIA Não. Ela ficou mais doente mesmo foi no Maria Zélia, aqui em São Paulo. Depois ela melhorou, mas não tinha sarado, e depois da prisão no Rio, ela piorou de novo. Tanto que ela foi para um hospital no Rio, o Hospital da Polícia Militar. Foi quando eu fui falar com o Negrão de Lima e ele conseguiu a transferência dela para esse hospital. Eu pedi pra transferirem a Pat, ela estava morrendo, sabe o que é, não comer, não comia mesmo...

AC Mas ela foi torturada, foi espancada?
SIDÉRIA Foi. No Rio, foi torturada, sim, inclusive aquela tortura estúpida, de unha e tudo, ela apanhou bastante no Rio, sim. Aqui em São Paulo, não.

AC E depois dessa fase toda de hospitalização no Rio, ela veio para São Paulo.
SIDÉRIA Ela veio pra São Paulo, mas ela veio também com prisão domiciliar, ela ficou em casa, ficou na casa de mamãe.

AC Mas ela conta, em *Verdade e Liberdade*, que ela ainda se demorou na Casa de Detenção mais alguns meses porque se recusou a prestar homenagem ao interventor, Adhemar de Barros, naquele período...
SIDÉRIA Não me recordo desse incidente, mas realmente ela esteve na Casa de Detenção, antes de vir pra casa. Eu sei que no Rio ela já estava bem doente e ela veio pra São Paulo e, depois, ficou lá em casa, onde houve uma tentativa de suicídio, mais uma, logo que ela veio. Ela estava com o Geraldo, e houve essa tentativa de suicídio, mas o revólver estava travado e daí eu me lembro que peguei o revólver... Ela teve depressões gravíssimas, assim, de passar tempos sem falar com ninguém, do Geraldo me chamar pra ver se ela falava comigo e nem comigo ela falar.

resenhas críticas

MARA LOBO/[1] JOÃO RIBEIRO

PARQUE INDUSTRIAL

É um livro de grande modernidade pelo assunto e pela filosofia, que podemos depreender dos seus veementes conceitos. Trata-se da vida proletária, que vive ou vegeta sob a pressão das classes dominadoras. É, pois, um libelo, sob a forma de romance, que é sempre mais adaptável à leitura e à compreensão popular.

Mara Lobo, ou Pagu, segundo nos revela uma nota bibliográfica desta folha, fez-se operária para conhecer a vida proletária sob todos os seus aspectos de miséria moral, vitimada pela exploração dos argentários.

Qualquer que seja o exagero literário desse romance antiburguês, a verdade ressalta involuntariamente dessas páginas veementes e tristes. As mesmas misérias e explorações existem dentro da burguesia, na luta sentimental entre os fortes e espertos contra os seres fracos e indefesos. Não há negar que o *burguês* é apenas um apelido do *explorador* de qualquer estirpe de classe indistinta. É um apelido literário quando as vítimas são humildes e desprotegidas, sem dinheiro e sem recursos. Então, o pretenso burguês anima e fomenta as tendências eróticas das infelizes que lhe caem às unhas, por ambição, por desejos insopitáveis da vaidade, do luxo e da ociosidade. Então parecem vítimas, quando não raro também são algozes e fazem o seu negócio como podem. Enfim, é o dinheiro a causa precípua desses dramas, mais ou menos vergonhosos e ignorados. Como quer que seja, os fatos são positivos e as míseras criaturas sobem e descem nesse ritmo da depravação e da aventura.

Mara Lobo escolheu o seu tema na classe proletária, a mais caroável dessas catástrofes amorosas e lúbricas. As meninas, que o Moloc da indústria prepara para o sacrifício, formam um exército nas grandes cidades industriais. São como aquelas criadas que aproveitam o que elas chamam *l'anse du panier.*

Naturalmente os que aproveitam são burgueses, porque têm mais dinheiro e podem aplicá-lo a esses gastos marginais, sem trabalho de coação e quase sem crime, no sentido da *lei*, que é essencialmente burguesa.

O romance de Mara Lobo é um panfleto admirável de observações e de probabilidades.

O seguinte período define o espírito do livro:

> Pelas cem ruas do Brás a longa fila matinal dos filhos naturais da sociedade. Filhos naturais porque se distinguem dos outros que têm tido heranças fartas e comodidade de tudo na vida. A burguesia tem sempre filhos legítimos. Mesmo que as esposas virtuosas sejam adúlteras...

1 *Jornal do Brasil*, 26 de janeiro de 1933.

Há nessas linhas algumas pitadas de verdade. E por isso, sem ser integralmente verdadeiro, o livro de Mara Lobo não é uma mentira entre as da convenção social.

As descrições são magníficas e os diálogos entre as meninas que na segunda-feira saem para as fábricas têm esse teor:

— "Eu só me caso com um trabalhador!

— Sai azar! Para pobre basta eu. Passar a vida inteira nesta m..."

Há, pois, uma vontade de sair da espurcícia do trabalho. O chamado burguês não passa às vezes de um animador, calculista sem ventura.

O estilo do livro é um dos elementos de agrado do *Parque Industrial*. Para as *meninas bonitas pra burro* cada festa é um colosso. Uma delas, enfim, a Eleonora, da escola normal do Brás, acha um casamento espaventoso. Casa rica com o Alfredo Rocha. Esteve a pique de naufragar, concedendo quase tudo. Mas salvou-se na extremidade, e de Brás evolveu para uma casinha futurista em bairro elegante.

Há um carnaval, como há uma série de quadros pitorescos e maravilhosos, desenhados com grande realismo (p. 51) que não é possível reproduzir, mas pode recomendar-se ao leitor de olhos espevitados. Corina, a mulata, com a *barriga de quem comeu terra*, é um episódio comovente. Paga-se, vende-se. "A dor do pobre é o dinheiro."

Não sabemos se o proletariado se tenha por defendido neste livro antiburguês. É provável que não. A miséria ou a necessidade não acredita nos seus próprios advogados; naturalmente protestará.

A verdade é que o livro terá inumeráveis leitores, pela coruscante beleza dos seus quadros vivos de dissolução e de morte.

O tipo de maior resistência é o Alfredo, que veste a blusa que ambicionara desde a sua literatice de livros libertários, tendo já abandonado a torpe Eleonora, que lhe devorara a fortuna e, por felicidade, achado Otávia, a companheira sadia e forte, pura e consciente como sonhara...

Alfredo é, apesar de tudo, um oposicionista da esquerda, um desiludido, que tomou aquela dissimulação de esquerdista...

Bem se vê que a burguesia é imprópria para salvar o proletariado. E nem o proletariado, como na Rússia, pode salvar-se a si mesmo.

A FAMOSA REVISTA[2]

SÉRGIO MILLIET

"Esta é a história de amor de Rosa e de Mosci: o protesto e a pedrada à voragem que proscreveu o amor." E com essa primeira frase de *A Famosa Revista*, temos, por assim dizer, a chave desse romance poético, esotérico e internacional que escreveram Patrícia Galvão e Geraldo Ferraz. O "protesto e a pedrada", principalmente o protesto desencantado e não apenas contra a "voragem que proscreveu o amor", mas também contra a política que destrói e desloca ou inverte valores éticos.

Tecnicamente o romance de Patrícia Galvão e Geraldo Ferraz é construído como uma peça para orquestra, em que três frases melódicas se entrelaçam e se desdobram em variações sabidas, mas nem sempre muito nítidas. A orquestração comporta dissonâncias difíceis e trechos de uma harmonia clássica discreta e profunda. As três frases principais são: a vida de Rosa e a vida de Mosci, num duelo de amor que pouco a pouco se amplia até alcançar, para o fim do romance, uma beleza grave; e a vida da *Revista*, símbolo de um partido político que, no fundo, poderia ser de qualquer partido político, embora, visivelmente, a intenção tenha sido a organização da Terceira Internacional.

O grande erro dos comunistas das primeiras épocas, das épocas místicas, foi imaginar que a organização partidária escaparia à influência do humano, não se veria minada, como todas as outras, pelo egoísmo e o interesse dos homens, pela estupidez e a mediocridade da burocracia. E exatamente porque se entregaram ao Partido de corpo e alma, com todo o entusiasmo de seu ideal, de sua fé, as decepções foram mais cruéis e as cisões levaram a antagonismos virulentos. O fundo religioso fez das dissenções, muitas vezes insignificantes, verdadeiros cismas, os quais transformaram em inimigos mortais os irmãos de credo, tal qual ocorreu nas lutas dos católicos contra os protestantes por ocasião dos "desvios de esquerda" de Lutero e Calvino. E hostilidades dessa ordem acarretam sempre as consequências inevitáveis das "denunciações", impostas pelos cristãos-novos que desejam salvar a pele.

Entretanto, à exceção da violência das paixões, o mesmo fenômeno ocorre em qualquer partido do mundo. No partido que nasce, a ação desvairada dos puros, das Antígonas irredutíveis é preponderante, mas à proporção que cresce e se fortalece, o partido vê-se dominado e burocratizado pelos realistas, pelos Créons, que sabem sobrepor à mística negativa e "estéril" uma ação positiva, política, "utilitária". À poesia dos puros, contrapõe-se a eficiência dos políticos e uma barreira intransponível ergue-se entre as duas tendências.

2 30 de agosto de 1945. O ensaio foi republicado como prefácio à edição de 1959 de *A Famosa Revista*, pela editora José Olympio, Rio de Janeiro.

Eu não quero debater aqui a quem cabe a razão, mas tão somente observar, objetivamente, as situações de que surdem os dramas partidários, os conflitos não raro de admirável beleza literária.

De um modo geral, os intelectuais, sobre quem nenhum interesse material exerce coerção assaz poderosa, classificam-se entre os puros, donde não só a sua indisciplina, e o seu não conformismo, mas ainda a desconfiança dos outros, os quais entram para os partidos em virtude de uma concepção imediatista da vida e das coisas.

No caso de *A Famosa Revista* é bem o que se verifica. Rosa e Mosci, os protagonistas do drama, são intelectuais. Mais do que intelectuais, artistas, poetas, almas sensíveis à cata de essência e de forma, românticos tentando permanentemente "realizar-se". No amor pela integração e a fusão; no ideal político pela sublimação de propósito idêntico. São absolutos e não relativistas, sentimentais e não "científicos". São metafísicos, principalmente, e fadados a se esmagarem de encontro à realidade física. Não é a fome que os impele para a política, não é o desejo de um benefício material, mas a beleza do gesto, a grandeza do sacrifício em prol de um objetivo transcendente. Em suma, o que visam aí, como em tudo na vida, é à obra-prima. Moral, nesse caso, de arte em outros. Acontece que os membros não intelectuais da *Revista* são movidos por impulsos bem diversos: desejo de posições, de mando, de gozo, de revanches contra a ordem social que os abafa. E como esses motivos mais terra a terra permitem uma maior maleabilidade, uma diplomacia mais eficaz, uma tática menos escrupulosa, são os homens positivos e políticos os vencedores. Rosa e Mosci afastam-se revoltados e desiludidos, refugiam-se no amor. E o romance termina com os acordes decididos que assinalam o fim das grandes peças orquestrais.

A obra de Patrícia Galvão e Geraldo Ferraz não visa em absoluto à popularidade. Ela foi escrita voluntariamente para uma pequena elite e no intuito quase confessado de alcançar a obra de arte literária. A não ser o episódio da *Revista*, mais ou menos claro (menos do que mais), o resto se desenha sem contornos marcados, numa densidade nebulosa, em que o meio-tom predomina, entrecortado por vezes de uma nota viva que fere a vista, que perturba a inteligência do todo. Não raro a técnica, senão das palavras em liberdade, pelo menos das associações de ideias, prejudica a limpidez do enredo simples, mas enriquece de mistério e poesia páginas seguidas. Há nesses momentos uma espécie de intercalação de poemas livres na prosa livre, o que abre para o leitor perspectivas inéditas. Entretanto, por vezes, a obscuridade se torna total e o subjetivismo dos autores não atinge a comunicabilidade necessária à transmissão da essência poética. Talvez seja esse excesso de originalidade o maior defeito do livro, o que lhe venha a barrar o caminho da permanência.

Há também que apontar, entre os defeitos menores, o esquecimento psicológico de algumas personagens quase primárias em consequência do simplismo na análise. De um modo geral, os homens importantes da *Revista* nos são apresentados assim geometricamente através de um ângulo de apreciação estreito e insuficiente. Acontece também serem francamente caricaturados em estilo de farsa, que lembra as peças do teatro revolucionário de Oswald de Andrade. Ora, esse sumarismo choca tanto mais quanto Rosa e Mosci colocam-se de um modo muito complexo e sutil, vivem de uma sensibilidade hipertensa, comportam-se como gente verdadeira de nossa época ambígua e desordenada. É vagotônico esse casal de párias iluminados a jogar pedras contra a "voragem que proscreveu o amor". Mas, ao lado desses defeitos ou, melhor, a compensá-los amplamente, há no livro um sentimento poético muito denso, um estilo sugestivo e rico, soluções inesperadas e felizes, uma língua um pouco "artística" demais, porém, extraordinariamente luminosa, e uma evidente pureza moral.

É verdade que a moral é relativa: contudo, há, creio eu, uma moral intrínseca, que nenhuma ideologia pode modificar, que nenhum fator econômico ou social consegue destruir. E que encontramos, sem explicação lógica válida. Onde quer que um homem tenha de estabelecer relações com outro homem, certos princípios elementares, sempre iguais, se impõem para regular seus contactos, deveres e direitos. Essa moral é que leva Antígona ao sacrifício da própria vida para fazer o que acha certo. É a que perturba a consciência de Créon, muito embora seus atos se escudem nas mais sólidas razões práticas. É a que condena o oportunismo e mantém acesa a chama da resistência. Créon pode acenar com todas as vantagens para Antígona e demonstrar-lhe a esterilidade de um gesto que mal alcança o valor de um símbolo; nada demove Antígona de sua resolução moral. Ela tem consciência do bem e do mal, se carecesse de força de caráter exigida pelo suicídio, sua personalidade não se "realizaria" e ela se tornaria uma marginal com a alma empenhada em conflitos insolúveis. A moral de Rosa e Mosci é desse tipo, que leva à renúncia (o suicídio), ou ao marginalismo, ou a um complexo de ambas as soluções. Quaisquer que sejam os resultados, a mola inicial de suas atitudes é uma mola moral, de uma moral totalitária, que não cede, que antes destrói os seus próprios heróis. O fracasso de Rosa e Mosci na *Revista* provoca neles esse terremoto interior das grandes crises morais; contudo, como são artistas e intelectuais antes de mais nada, a transferência de ideal se opera em tempo oportuno, o que coloca à frente de sua existência uma nova meta, estimula neles a ânsia de integração sem a qual se desmoralizariam.

Outro aspecto digno de nota, nesse romance, é o que se poderia chamar sua planimetria, ou, o que me parece melhor, a distribuição dos seus planos e não propriamente a sua medida. Pois sem cair no simultaneísmo, já por demais explorado, nem no contraponto, os autores desenvolvem a sua ação num entrosamento de planos diversos, que se deslocam e se acertam como um móbile de Calder. Essa, sem dúvida, sua maior *réussite*; seu romance pode ser lido estaticamente, porém adquire todos os seus efeitos quando encarado dinamicamente pelo leitor. Não sei se não estou sendo um pouco sutil, mas um exemplo explicará melhor. A parte relativa à *Revista* pode ser lida num plano só, e temos a caricatura da Terceira Internacional; mas pode ser lida em dois planos entrosados e temos uma possível transposição do internacional para o nacional. Ou em três planos entrelaçados e temos o regional se acertando dentro dos dois aspectos. Ao mesmo tempo, cada um desses planos, que se ajustam como um puzzle, pode ser objetivado isoladamente. O leitor culto verá na cena a solução mais complexa; o leitor mais ingênuo terá apenas uma visão da mais simples. Daí o enriquecimento artístico da obra e a sua amplitude de repercussão. É possível descobrir-se a chave do romance e identificar quase todas as personagens que serviram de modelo, mas é também possível decifrar a linguagem universal da obra sem que ela perca algo de seu interesse.

Conversando com Lourival Gomes Machado a esse respeito, ele me lembrou as soluções semelhantes do fim da Idade Média, e me citou uma análise que faz Papini, da *Divina Comédia*. Sem estabelecer qualquer espécie de paralelo, creio permitido sugerir uma identidade de circunstâncias, de situação, de marginalismo ideológico e sensível, que talvez explique essas tentativas (*Antígona* é uma delas também) que podem muito bem se apresentar como precursoras de alguma grande obra futura.

Berdiaeff apontou, há mais de vinte anos, em nossa época, uma nova Idade Média. Mas as coisas vão tão depressa agora, com rádio, radares e bombas atômicas, que talvez tenhamos alcançado o período de transição para uma nova Renascença.

PATRÍCIA GALVÃO E O REALISMO-SOCIAL BRASILEIRO DOS ANOS 1930/[3]

KENNETH DAVID JACKSON

Patrícia Galvão, também conhecida como Pagu e nascida em 1910 em São Paulo, importante escritora e intelectual, que teve significativa influência na literatura modernista brasileira e na sociedade de sua época, tem sido negligenciada e esquecida na história da literatura brasileira. Não obstante, ela

3 O trabalho, escrito originalmente em inglês, é apresentado na tradução com que foi publicado no *Jornal do Brasil*, em 22 de maio de 1978.

é uma das poucas mulheres escritoras de sua geração, cuja vida e trabalhos acompanharam o desabrochar do pensamento modernista. Seu romance *Parque Industrial*, escrito em 1931 e publicado em 1933, sob o pseudônimo Mara Lobo, é realmente o primeiro a abordar como tema a industrialização de São Paulo, e representa singular[4] contribuição ao realismo social dos anos 1930. A partir de um interesse feminista por problemas sociais urbanos, este romance apresenta e documenta o papel da mulher no contexto de um ambiente social e cultural opressivo e hostil. *Parque Industrial* é também singular entre os romances sociais dos anos 1930 devido a sua perspectiva urbana e proletária; trata-se de um romance marxista e feminista que critica e retrata os problemas humanos do desenvolvimento industrial.

Esse trabalho excepcional e importante é apenas brevemente mencionado no *Dicionário de Autores Paulistas* de Luís Correa de Melo e apenas registrado no segundo romance de Patrícia Galvão, *A Famosa Revista*, escrito em 1945 com o jornalista e crítico modernista Geraldo Ferraz. Uma crítica sobre o livro foi publicada em 1933 por Ary Pavão em *Bronzes e Plumas* e João Ribeiro elogiou-o em crítica que aparece em seu livro *Crítica — Os modernos*, editado pela Academia Brasileira de Letras em 1952. Este romance social, entretanto, não é encontrado em nenhuma biblioteca pública de outro Estado do Brasil que não São Paulo e pode ser considerado completamente desconhecido na literatura brasileira.

Na verdade, os estudos sobre Patrícia Galvão são em número reduzido, mas significantes. Sérgio Milliet, no seu *Diário crítico*[5] considerou o romance *A Famosa Revista* uma "obra-prima" representando a voracidade e ansiedade de sua época. Ao comparar o romance a uma peça para orquestra, Milliet citou seu não conformismo, seu estilo livre em poesia e prosa, e sua construção em diversos planos, como um móbile. Em *Modernos ficcionistas brasileiros*, Adonias Filho também elogiou *A Famosa Revista* por sua sátira ao sistema de ideias vigentes e o seu espírito criativo e crítico. Mais recentemente, o poeta concreto Augusto de Campos publicou em *Código* nº 2 um prefácio descritivo para um volume de desenhos de Pagu intitulado *Pagu: Nascimento, vida, paixão e morte*, o qual foi dedicado em 1929 à pintora Tarsila Amaral. Augusto sugere que estes desenhos de amor e humor, em estilo oswald-tarsiliano, representam tentativa de associar o verbal ao não verbal num objeto criativo. Na sua tese *The Politics of Art*, a crítica Joan Dassin descreve o papel de Pagu nos círculos da poesia modernista dos anos 1920 como "uma das mais fascinantes e não estudadas figuras do modernismo" (p. 61).

4 No texto publicado está, por engano, "singela" (o original é "unique").
5 Sérgio Milliet, *Diário crítico*. São Paulo: Brasiliense, 1945, pp. 189-195.

Durante o tempo em que escreveu *Parque Industrial*, Pagu viveu com Oswald de Andrade e escreveu uma coluna com o título A Mulher do Povo em *O Homem do Povo*, de curta existência. Seu romance apareceu no mesmo ano de publicação da perfeita sátira da sociedade modernista de Oswald, *Serafim Ponte Grande*, e seu título é também o tema do prefácio de *Serafim*. Enquanto *Ponte Grande* foi redescoberto e saudado como o maior romance do modernismo no Brasil, *Parque* permanece praticamente inédito, quando poderia ser lido como o documento e testemunho da exploração e transformação industrial, e assim esclarecer e iluminar o agressivo prefácio de Oswald em *Serafim*.

Parque Industrial coloca-se distante do grupo de trabalhos conhecidos como romances sociais dos anos 1930 devido à sua estrutura, tema e linguagem. Sua armação estrutural está baseada numa crítica à sociedade, derivada da primeira fase do modernismo em São Paulo. Tal visão crítica da sociedade da época no romance se evidencia através de um epigrama que o liga ao tema da industrialização: "A estatística e a história da camada humana que sustenta o parque industrial de São Paulo e fala a língua deste livro, encontram-se, sob o regime capitalista, nas cadeias e nos cortiços, nos hospitais e nos necrotérios" (p. 1).

A crítica dos problemas urbanos dentro de uma dimensão humana é transmitida, nesse caso, tanto no nível da linguagem, através da classe operária de origem italiana, no bairro do Brás, como através da organização do romance em cenas ou fragmentos, cada um dramatizando uma confrontação individual com a ordem social. Ao mesmo tempo, uma abordagem marxista do tema fornece tanto a orientação política como material para o entrecho do romance. A orientação política é evidente na organização dos dezesseis capítulos, como experiências que levam necessariamente em direção à conscientização social e à revolução do proletariado. Divididos em variado número de cenas e fragmentos, os capítulos narram dramas pessoais de sofrimento da classe operária, opressão e vício, que culminam em uma manifestação pública de descontentamento no largo da Concórdia, durante a qual as pessoas são irônica e metodicamente assassinadas pelas forças da ordem.

Assim o romance tem uma orientação, mas não um enredo no sentido tradicional; pode ser lido, assim como os fragmentários *Miramar-Serafim* de Oswald, tanto sincronicamente como diacronicamente. As cenas e capítulos podem ser vistos como fragmentos independentes, os quais dramatizam e criticam a vida com ironia e amargo humor, enquanto a acumulação de cenas produz uma linha social e política, informada por crítica marxista do desenvolvimento industrial. Dessa forma, *Parque Industrial* cruza as barreiras entre duas fases do modernismo, uma vez que se coloca na confluência do estilo e tratamento de romances dos anos 1920 e o contexto da conscientização política e engajamento social-realista dos anos 1930.

Numa cena que recorda a festa de Pietro Pietra no romance *Macunaíma*, de Mário de Andrade, o Conde Verde, rei das indústrias de transformação, aparece numa *soirée* modernista: "Nos jardins, os cônjuges se trocam. É o culto da vida, na casa mais moderna e mais livre do Brasil. Ninguém vê o Conde Verde" (p. 38). O fato de que ninguém vê o Conde Verde simboliza a própria falta de consciência, por parte dos modernistas, de que a revolta nacionalista contra a tradição e a estagnação tinha sido cooptada economicamente por uma continuada dependência e comprometimento com a rica aristocracia. Outra paródia expõe o mais rico e mais aristocrático dos clubes: "Automóvel Club. Dentro moscas. E a crise. O capitalismo nascente de São Paulo estica as canelas feudais e peludas" (p. 83). No interior, a queixa cheia de tédio dos ricos: "Não se tem o que fazer. No Brasil não se tem onde gastar. Terra miserável!", ou então pela falta de mulheres sofisticadas: "As meninas daqui são todas umas bestas".

Além desse tipo de sátira, paira o personagem Alfredo Rocha, o único personagem masculino que é bem descrito no romance, a partir do próprio Oswald de Andrade e talvez a única visão ficcional desse importante intelectual modernista. Ele é mostrado como um "burguês hesitante" (p. 77) que se inclina em direção à transformação socialista enquanto lê Marx no conforto do Hotel Esplanada. Depois de encontrar-se com Eleonora no Brás, ele ironicamente abdica da burguesia: "Abomino esta gente. Estes parasitas... E sou um deles" (p. 39), atormenta-se com sua riqueza e sua própria identidade e tenta ajustar-se à classe operária através do seu recém-descoberto marxismo: "Alfredo procura gostar da comida pobre e malfeita. Sente-se feliz. Não acha mais abominável, como antes, o Brasil. Não deseja mais afundar sua neurastenia individualista em nenhum pitoresco. Sem saudades dos hotéis do Cairo nem dos vinhos de França" (p. 20). Oswald aparece à maneira do prefácio de *Serafim*, de 1933. O mundo modernista é satirizado e contrastado com a vida cotidiana, o linguajar e os valores de uma classe operária.

Lido da perspectiva de seu tema marxista, *Parque* pode ser interpretado como um teatro social cujas cenas são vinhetas da condição humana. O estilo realista social que retrata a vida no Brás, dramatiza o despertar da conscientização política com um estilo expressionista que descende da *Pauliceia desvairada*, de Mário de Andrade. Como o romance de São Paulo, a dramatização do social tem um antecedente no próprio romance de Oswald, *Os condenados* (1922), o qual evoca uma estética opressiva, alucinatória. O leitor de Patrícia é levado até o interior do mundo da cidade: "Na rua movimentada, cabecinhas loiras, cabecinhas crespas, saias singelas" (p. 13). "O Largo da Sé é uma gritaria" (p. 17). A costureira Corina fica presa em seu trabalho durante muito tempo e torna-se consciente do problema racial: "Por que nascera mulata? O diabo é a cor! Por que essa diferença das outras?" (p. 49), enquanto Rosinha Lituana explica a exploração capitalista: "O dono da fábrica rouba de cada operário o maior pedaço do dia de trabalho" (p. 9). O capítulo "num setor da luta de classes" narra um encontro sindical com um corte da sociedade trabalhadora: "Mulheres, homens, operários de todas as idades. Todas as cores. Todas as mentalidades. Conscientes. Inconscientes. Vendidos" (p. 23). Alguns protestam contra as pobres condições de trabalho e a longa duração da jornada: "Nós não podemos conhecer nossos filhos. Saímos de casa às seis da manhã. Eles estão dormindo. Chegamos às dez horas. Eles estão dormindo. Não temos férias! Não temos descanso dominical!" (p. 24).

Os desempregados estão se manifestando nas ruas por pão e trabalho. Na fábrica, os operários entram em greve e pedem por solidariedade da classe. A luta deles invade as canções populares que chegam de trem, vindas do Rio: "Rodeia, rodeia/ Que este samba/ Vai terminar na cadeia" (p. 113). As manchetes dos jornais evidenciam uma ruptura entre a cultura oficial e popular, o que é apresentado no estilo documentário da poesia do *Pau Brasil*: "O Carnaval fora oficializado. Muita gente caiu nas ruas de fome. Houve champanha à bessa no Municipal. O Brasil precisa de ordem!". Os soldados que se lançam na repressão das manifestações no largo da Concórdia exclamam: "Não temos nem opinião nem vontade. São ordens!".

Muitos dos temas e pontos de vista apresentados em *Parque Industrial* são feministas, escritos e extraídos da experiência de uma jovem de 21 anos. No capítulo "Casas de parir", a ideia da separação de classes é evidenciada na forma pela qual as mulheres têm filhos: "As criancinhas da classe que paga ficam perto das mães. As indigentes preparam os filhos para a separação futura que o trabalho exige. As crianças burguesas se amparam desde cedo, ligadas pelo cordão umbilical econômico" (p. 70). Em cenas dignas de *Serafim*, Patrícia Galvão parodia as mulheres emancipadas, feministas e intelectuais que a burguesia paulista produz: "— Acabo de sair do Gaston. Que dedos maravilhosos! — o *Diário da Noite* publicou minha entrevista. Idiotas esses operários de jornal. A minha melhor frase apagada! — As outras querem emancipar a mulher com pinga esquisita e moralidade" (p. 88).

As citações documentam a trivialidade e dependência das filhas liberadas da burguesia, à qual a autora pertencia: "Minha criada me atrasou, com desculpas de gravidez. Esfriou demais o meu banho. — O garçon alemão, alto e magro, renova os cocktails. A língua afiada da virgenzinha absorve a cereja de cristal. A Rádio Educadora Paulista vomita fox-trots da parede" (p. 89). Quando o sufrágio é conquistado pelas mulheres, as operárias são excluídas, pois na maioria são analfabetas. Alfredo-Oswald denuncia Eleonora por seus gostos burgueses: "Você atolou na lama desta burguesia safardana! Talvez fosse eu o culpado. Talvez não. Você nunca se conformaria em trabalhar. E a burguesia hoje mal se defende. Pois fique nela. Eu saio" (p. 91).

O capítulo "O comício do Largo da Concórdia" é baseado na própria participação de Patrícia em uma demonstração em Santos para protestar contra o julgamento Sacco-Vanzetti, episódio do qual resultou o fato de ter sido ela a primeira mulher presa no Brasil por questões ideológicas.

O erotismo e o sexismo da sociedade é assunto central no romance de Pagu e na vida do Brás: "No Carnaval eu vou para o Brás. As meninas atiram-se como gatas, os sexos estão ardendo. Os burgueses passam nos carros concordando que o Brás é bom. Procuram carne fresca e nova. As orquestras sádicas incitam: Dá né-la! Dá né-la!" (p. 43). Corina, pensando em suicidar-se no Viaduto do Chá depois da morte do filho, decide que a prostituição é a única saída para a pobreza. Pagu ressalta ironicamente que a aristocracia só tem filhos legítimos, embora o erotismo perverta a sociedade. "Capitalistas seduzem criadas. Condessas romanticamente amam tratadores de cavalos" (p. 37).

A mulher exemplar em *Parque* é Rosinha, que luta para alcançar a conscientização social destas mulheres e trabalha por aquilo que ela considera um mundo melhor. No entanto, o sofrimento de Corina é mais pungente e central, no romance, como drama e manifesto social. Os seus problemas são os do Brás, fome e pobreza. No capítulo final, "reserva industrial", ela toma seu lugar num proletariado que produziu vagabundos, criminosos e prostitutas — marginalizados pelo parque industrial.

Embora prejudicado pelo jargão e os estereótipos de seu tempo, *Parque Industrial* é, não obstante, um importante documento social e literário, com uma perspectiva feminina e única do mundo modernista de São Paulo. Mara Lobo, como o lobo das estepes de Hermann Hesse, satiriza e critica a sociedade burguesa, embora com uma solução política e não humanística. Seu romance é o depoimento de alguém que estava por dentro da hipocrisia e da riqueza irresponsável dos estágios iniciais da industrialização de São Paulo, através dos círculos modernistas dos quais ela participava. Como estrutura literária, *Parque Industrial* forma uma textura com vocabulário modernista, tendo como pano de fundo um esquema marxista. O resultado dramático é a cena humana e social de São Paulo, na qual os lamentos dos atores ecoam até o presente: "Outros ficarão. Outras ficarão. Brás do Brasil. Brás de todo o mundo".

A MUSA ANTROPÓFAGA NO *PARQUE INDUSTRIAL*/[6]

AUGUSTO DE CAMPOS

Quando Patrícia Galvão publicou seu primeiro livro, *Parque Industrial*, em janeiro de 1933, tinha penas 22 anos. A capa trazia um subtítulo inédito: *Romance proletário*. E a autora, que então se assinava "Pagu", não pode usar o apelido artístico que já a tinha tornado famosa como a musa da antropofagia. Por exigência do Partido Comunista, ao qual se filiara, mas que a considerava uma "agitadora individual, sensacionalista e inexperiente", teve que adotar outro nome. Chamou-se "Mara Lobo". A edição foi financiada por Oswald de Andrade, que se separara de Tarsila para casar-se com ela, em janeiro de 1930, no ano seguinte, estavam no PC.

Foi o primeiro livro, mas não a primeira intervenção artística de Patrícia. Como Pagu, aos dezenove anos, ela se iniciara, desenhista e poeta, nas páginas polêmicas da *Revista de Antropofagia*, na segunda (e muito mais mordaz) "dentição" de 1929, ao lado de Oswald, Tarsila, Bopp, e outros. Declamara poemas modernistas no Municipal, calando a vaia dos estudantes que, antes, escandalizara, passando pelo largo São Francisco, a caminho da Escola Normal da praça da República, com olhos e lábios pintados com extravagância, cabelos soltos e pré-minissaia.

Ainda em 29 entregou a Tarsila o *Álbum de Pagu*, um caso raro e atualíssimo de associação entre poesia e desenho, que divulguei em 1975, no segundo número da revista *Código*, da Bahia, o que ainda pode ser visto na revista *Através* nº 2 (1978), de São Paulo. Do radicalismo da antropofagia, partiriam ela e Oswald — repudiados pela sociedade, após a ruptura com Tarsila — para o radicalismo de esquerda. Juntos fundariam *O Homem do Povo*, em 1931 — um pasquim de curtíssima duração, que acabou proibido pela polícia. Nele Patrícia manteve a seção A Mulher do Povo, onde, de uma perspectiva marxista, criticava o nosso feminismo aristocrático e agredia as classes dominantes em linguagem atrevida.

É desse contexto que emerge *Parque Industrial*, o primeiro "romance proletário" brasileiro, em boa hora republicado pela Alternativa, em edição fac-similar, com apresentação de Geraldo Galvão Ferraz.

Os caminhos tumultuários da escritora teriam, no entanto, inesperados desenvolvimentos; a tal ponto que, em 1945 — após os longos anos de prisão política — ela se tornaria implacável antagonista dos "romances proletários" e publicaria, com Geraldo Ferraz, o romance *A Famosa Revista*, uma sátira ao Partido, em páginas herméticas e experimentais.

Pode-se ler, hoje, *Parque Industrial*, como propõe David Jackson — citado

6 Publicado sob o título "Pagu, a musa antropófaga" em *Leia Livros*, novembro de 1981.

por Geraldo Galvão — como um "importante documento social e literário", ou ainda, para "esclarecer e iluminar o agressivo prefácio de Oswald em *Serafim*". Mas, além dessas leituras, e descontados os sestros panfletários, é possível ainda lê-lo, por suas próprias letras, como uma última pérola modernista engatada na pedreira do nascente romance social de 1930. Há muito de positivo em seu estilo fragmentário, direto e conciso, influenciado pela "prosa telegráfica" de Oswald. Nos "flashes" de suas frases curtas faíscam alguns achados fascinantes, das montagens cubistas como "A rua vai escorrendo pelas janelas do bonde" ao inesquecível corte paronomástico "Brás do Brasil, Brás de todo o mundo", que sintetiza o livro, coroando a pungente poeticidade da utopia proletária de Pagu.

Nesse oportuno lançamento, que teve a sensibilidade de optar pela fac-símile, trazendo-nos de volta a graça vanguardista dos corpos graúdos e da titulagem em caixa-baixa (da moderna família tipográfica dos *kabel*, a mesma que serviu aos títulos do *Serafim*, do mesmo ano), numa diagramação arejada de brancos, é de lamentar-se, apenas, que não se tenha reproduzido a bela capa original — desenho de Pagu —, estilização cubista de uma fábrica, com os títulos art déco (que incluem a expressão "romance proletário") recortados à mão sobre o fundo em preto e branco.

Em compensação, estampa-se, na quarta capa, uma lindíssima foto de Patrícia. Só que essa não é ainda a Pagu proletária. É antes, na pose felina, entre peles caras, a declamadora modernista que explodiu nos salões de Tarsila e Oswald, apaixonando todo mundo — Pagu, "o anúncio luminoso da antropofagia".

caderno de fotos/ 1912-62

Pagú

1929

ACIMA:
PATRÍCIA, ENTRE OS IRMÃOS HOMERO E CONCEIÇÃO, 1912.

PÁGINA AO LADO, ACIMA:
PRIMEIRA COMUNHÃO, 1920.
AO LADO, SIDÉRIA.

PÁGINA AO LADO, ABAIXO:
CARNAVAL, AS IRMÃS ZAZÁ (PATRÍCIA), SIDÉRIA E A TIA, JULIETA, 1919.

PÁGINA AO LADO:
CARNAVAL, CONCEIÇÃO, PATRÍCIA
E SIDÉRIA, RUA BRESSER, 144 (BRÁS), 1921.

ACIMA:
CARNAVAL, SIDÉRIA, PATRÍCIA E HOMERO, RUA
MACHADO DE ASSIS (VILA MARIANA), 1925.

ABAIXO:
ZAZÁ (PATRÍCIA), 18 DE NOVEMBRO DE 1926.

ACIMA:
FOTO DE PATRÍCIA, DATA E LOCAL NÃO IDENTIFICADOS.

PÁGINA AO LADO:
PATRÍCIA, FOTO DE ESTÚDIO (BRÁS), 1927.

Rizzo
R. DIREITA
S. PAUL

PÁGINA AO LADO:
PRAIA DO GONZAGA,
SANTOS, 4 DE JANEIRO DE 1928.

ACIMA:
SIDÉRIA E PATRÍCIA
NA PRAIA DO GONZAGA.

À ESQUERDA:
PATRÍCIA E HOMERO,
RUA DIREITA, 1928.

PÁGINA AO LADO:
PATRÍCIA E A SOBRINHA,
CLEO (FILHA DE CONCEIÇÃO),
SÃO PAULO, 1931.

Sociedade Paulista

Pagú Collabora dora de "Para todos" E' norma lista, pinta bonecos é de clama dora

Felicia Medeiros
— Miss Avaré —

SENHORITA JURANDYRA PASCHOAL
(Photo — Schubernis.)

REVISTA PARA TODOS..., RIO DE JANEIRO, 27 DE JULHO DE 1929, P. 21.

PÁGINA AO LADO: RIO DE JANEIRO, ESTAÇÃO PEDRO II, E. F. CENTRAL DO BRASIL, 18 DE JULHO DE 1929. DA ESQUERDA PARA A DIREITA: PAGU, ANITA MALFATTI, BENJAMIN PÉRET, TARSILA, OSWALD DE ANDRADE, EISIE HOUSTON.

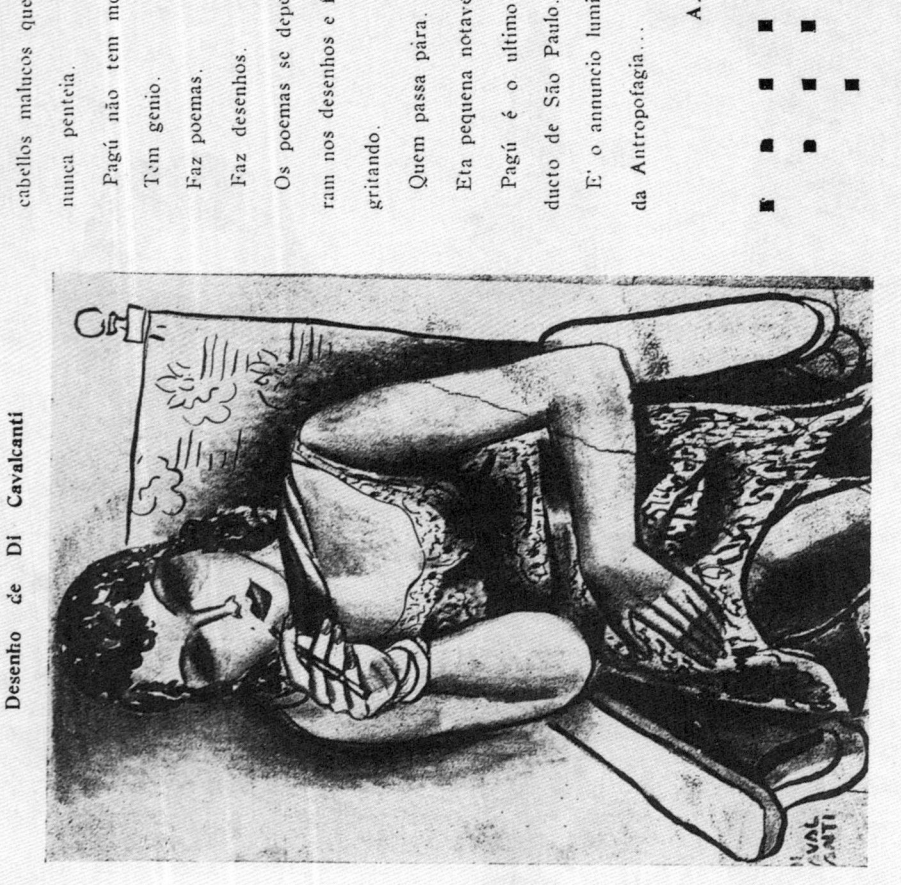

Pagú está no Rio.

Veiu com Tarsila, Anita Malfatti, Oswald de Andrade.

Não veiu para vêr a cidade, as praias, as montanhas, as vitrinas.

Veiu.

Sem complemento.

Pagú aboliu a grammatica da vida.

A analyse logica foi um preconceito da Escola Normal.

Pagú parece um leão, uma arvcresinha de enfeite, um léque japonez.

Mas de perto a gente acerta: é uma menina de cabellos malucos que ella nunca penteia.

Pagú não tem modos.

Tem genio.

Faz poemas.

Faz desenhos.

Os poemas se dependuram nos desenhos e ficam gritando.

Quem passa para.

Eta pequena notavel!

Pagú é o ultimo producto de São Paulo.

E' o annuncio luminoso da Antropofagia...

A...

Pagú

Desenho de Di Cavalcanti

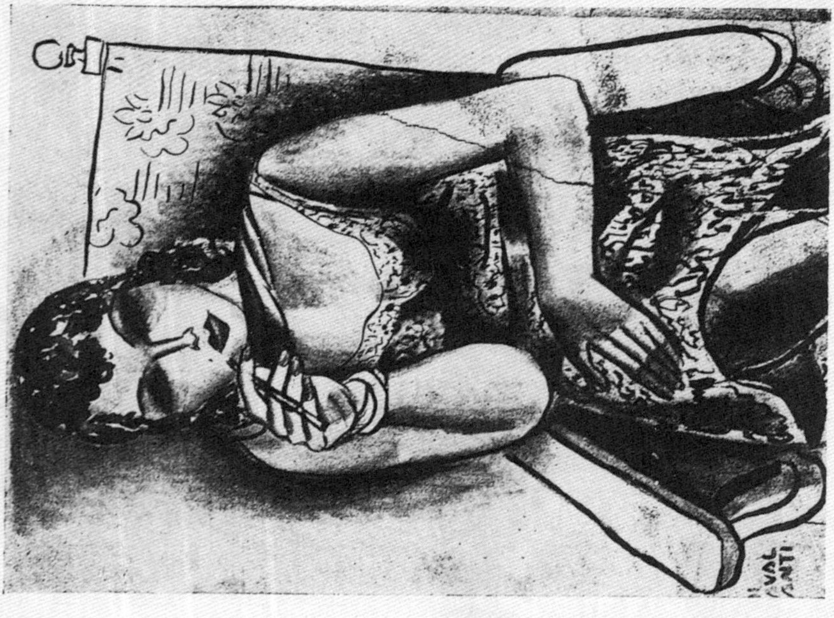

ACIMA:
PAGU, OSWALD E LOURDES NICOLAU, IGREJA DA PENHA. PROVAVELMENTE, FOTO DO CASAMENTO (5 DE JANEIRO DE 1930) A QUE SE REFERE O DIÁRIO DE PAGU E OSWALD, *O ROMANCE DA ÉPOCA ANARQUISTA*: "DEPOIS SE RETRATARAM DIANTE DE UMA IGREJA. CUMPRIU-SE O MILAGRE. AGORA SIM, O MUNDO PODE DESABAR".

PÁGINA AO LADO:
OSWALD, PAGU, LEONOR E OSWALDO COSTA, 1930.

PÁGINA AO LADO:
PAGU, OSWALD E RUDÁ, 1930.

À ESQUERDA:
PATRÍCIA GALVÃO, 1931.

ABAIXO:
GRANDE RECREIO DA REPRESA
SANTO AMARO, SÃO PAULO.
DA ESQUERDA PARA A DIREITA:
NONÊ (OSWALD DE ANDRADE FILHO),
MULHER DE PIERRE (ZELADOR
DE EQUITATIVA), PIERRE, OSWALD,
RUDÁ, PAGU E LOURDES NICOLAU
(FILHA DO CASAL PIERRE), *C.* 1931.

PRÓXIMAS PÁGINAS:
FOTO IRMÃOS DE LOS RIOS,
RIO DE JANEIRO, *C.* 1931-32.
SEGUNDO SIDÉRIA, O VESTIDO
(PRETO E BRANCO) DE PATRÍCIA
ERA UM MODELO EXCLUSIVO
DO COSTUREIRO JEAN PATOU.

TRECHO DE REPORTAGEM DE PAGU,
ILUSTRADA POR DI CAVALCANTI,
DO SUPLEMENTO DOMINICAL
DO *DIÁRIO DE NOTÍCIAS*, RIO DE JANEIRO,
21 DE MAIO DE 1933.

As caveiras e a questão economica

Reportagem de PAGU'

A machina da Light espalha a população da Avenida Central atravessando em etapas de signaes a grande rua. Penetra nos boulevards elegantes. Faz ponto no cemiterio de classe, onde os esqueletos ricos esparramanto atoaes continuam a sua vida scientificamente, nos phenomenos chimicos da decomposição. O conhecido cemiterio de S. João Baptista. Conhecido ao menos no unico dia que o mundo christão concede aos mortos, sciente de que nos outros, elles só vivem no purgatorio, fornecendo com a illusão salvadora das missas, a realidade da economia sacerdotal.

Os tumulos desfilam arruados e symetricos. Feudaes, imponentes nas armas velhas do imperio. Ou nas cores em granito moderno da burguezia avançada. Todos em ... se esparramando pelo terreno caro, monopolizando logar, na concorrencia das enormidades artisticas ou dos esplendidos isolamentos.

Os tumulos de familia.

A's tres horas da tarde so ha silencio nos cyprestes adubados. O trabalhador municipal, o guarda-coveiro faz a limpeza saltando rapido. Carrega flores murchas. Só se volta e deixa de assobiar a um interrogação.

— E' o tumulo do Barão de Peruhybe. Posso mostrar. Faça o favor... Cuidado ahi com esse monte... Está um cheiro dos diabos.

Gosta de falar. Desforra-se do silencio obrigatorio que tem entre sepulturas.

O tumulo do barão domina em grandiosidade os outros vizinhos.

— E' o banco do Brasil da Baroneza. Ella mandou fazer para enterrar o marido quando andava cheia da nota. Agora quando se aperta vende um pedacinho de terreno. Este tumulo aqui era della. Ella vendeu. E ainda hontem a Baroneza de Peruhybe andava ahi mostrando a uma turca rica que quer comprar o banco inteiro. E' a crise...

No 2.º cemiterio da cidade a gente pode ver dos carneiros sumptuosos aos restos monumentaes da pequena burguezia e no fundo é bem no fundo depois da gente andar bastante o campo esteril maltratado, desconhecido, dos mortos que não têm nome.

Na rua o portuguez amarra flores e limpa cactus. Uma mulher de preto chorosa lhe compra sem olhar dalhias amarellas.

— Eu comprehendo... A senhora é uma senhora de sentimento. Mas tenha paciencia... Eu comprehendo o seu sentimento. Como as senhoras poucas ha...

Guarda os vinte mil reis.

— E' como os outros. No primeiro mez compra e não olha preço nem flor... No segundo pechincha e no terceiro compra coisa nenhuma.

No portão apparece a alegre festa funebre de um enterro proletario, barulhento. O taxi com festeja materialistamente o affastamento daquelle parente e amigo que costumava ver.

De outro lado, no portão nobre, o coche senhorial e triste de um enterro de luxo...

Quanto maior a riqueza, maior a seriedade...

O HOMEM QUE TIRA RETRATO DOS MORTOS

Na porta da necropole, de gravatinha funeraria, Herr Strauss, retratos em esmalte vitrificador a fogo, grande amigo do poeta futurista Mario de Andrade.

Naquelle templinho paulista de 1914 em que faziam juntos e mais o dr. Eloy Chaves a campanha pró-guerra contra a Allemanha. Comparamos o destino dos tres.

O dr. Eloy usufrue as delicias de ter vendido em dollares (1924) uma empresa electrica rural á Light.

O poeta Mario faz discursos separatistas e Herr Strauss tira retratos de defuntos esperando ainda tirar o dos dois.

— O que me trouxe aqui foi a aventura. Dá para comer e sentir as coisas.

Quando morre um rico dou logo um pulo no palacete. Me perguntam lá de cima, arrogante: "O que é? Não quer nada, não!" Venho esperar o desgraçado no cemiterio. A gente vê todo o dia tanta coisa engraçada aqui. Quando o general morreu quem fez o discurso foi o coronel... Discurso sentido... Depois eu ouvi elle falar pro outro "Arre que esse bandido deu o fóra! Depois... A encommenda do jazigo do bicheiro que vae custar 500 contos com um anjo da guarda abrindo as azas de dois metros e meio... com a crypta de mosaico veneziano...

O retratista encapotado e friorento conclue: — Está vendo a capella? O defunto que quizer parar ali tem que pagar uma taxa gorda.

Para de falar, offerecendo as suas rodelas de esmalte.

O CAPIM DOS INDIGENTES

O coveiro, moleque velho, o João Chapinha, segue na frente. Mostra:

— E' aqui, veja. Um pasto. E' assim. Querendo um numero paga. O primeiro nome paga mais. O nome e o sobrenome mais um pouquinho. Mas na vala commum a gente tem mais vantagem. Enterra de qualquer geito. Póde vir nú. Póde vir despido...

O contraste apparece. Os indigentes têm capim. Os 5 annos têm pedras. E os grandes jazigos... As inscripções... As legendas.

"A' orphandade legou pão e luz".

— Conheço muito bem essa sujeita. Minha mulher que diga. Esteve empregada lá. Um conto para os pobres e tres para o jornal dar noticia... João Chapinha continúa a atravessar montes de terra. Aponta o tumulo onde se fecharam os ultimos sonhos imperialistas do Barão do Rio Branco.

— Os ricos mandam os chauffeurs trazerem flores... Mas ninguem visita a vala commum. Ninguem nem sabe onde têm os ossos.

A HESPANHOLA E A GREVE DOS COVEIROS

— Eu estava aqui na hespanhola. A gente estava em greve. Queria ganhar mais capital. A Santa Casa se despiu e a policia tomou conta.

Foi quando elles acharam os presos e mandaram elles trabalhar. Sem recurso, qual era o nosso? Continuamos a ganhar 5.900.

Hoje estamos ganhando o mesmo que na hespanhola. Ha tanto coveiro...

Vou mostrar os ossos que estão apparecendo da hespanhola, lá onde estão cavucando...

Do barranco escorre terra cor de sangue. João Chapinha agarra meio craneo vermelho com os buracos enlameados. Vae raspando a terra com as unhas e, calmamente, se alegra:

Eu vou pegar isto... levo pra

O REAPPARECIMENTO DA ROLETA

A reabertura do Casino foi a nota elegante da semana passada.

Para aquelles que se interessam pelo movimento nocturno do nosso Rio, pela sua animação e vida social, não ha duvida de que essa reabertura foi uma excellente medida.

Naturalmente, muita gente fará considerações mais graves, encarando a questão exclusivamente pelo seu lado ethico.

Mas, em que pese aos moralistas intempestivos, uma cidade como a nossa absolutamente não póde, nem mesmo com uma finalidade regeneradora, cair no profundo marasmo em que vivem mergulhados os logarejos do interior.

"Noblesse oblige". E é proprio das grandes cidades resumir e encarar todos os vicios e todas as tentações.

Que se ponham em guarda os que forem por demais sensiveis aos attractivos dos jogos de

---

Prefaciando-o, eu disse o que se sabe a respeito dessa obra. Não é o fruto da sinceridade. O que preoccupou Machiavel, quando a compoz, foi agradar aos Medici, que elle hostilizara durante sua vida de secretario do Conselho dos Dez, da Liberdade e da Paz. Os Medici subiram. Machiavel se viu proscripto dos cargos publicos e obrigado, por economia, a fixar residencia numa propriedade de familia, longe de Florença. Os recursos materiaes, de que podia dispôr, eram escassos. O desejo de voltar a occupar um posto na administração levou-o a escrever esse admiravel tratado de governo autocratico, que é o "Principe". O que elle queria era mostrar aos Medici, a quem offertou sua obra, as suas capacidades de homem de Estado, para se ver aproveitado na administração.

A despeito da insinceri- cada principado ou de cada Republica e de uma para outra dessas collectividades.

Por essa epoca a menor das coisas que podia succeder a um politico era ver-se proscripto, de um momento para outro. Não raro, um veneno subtil ou uma punhalada traiçoeira tiravam do caminho um estorvo a qualquer ambição.

O povo era uma simples massa de manobra. E, se havia algumas democracias florescentes como a de Florença, antes que os Medici lhe assumissem o poder, estas constituiam a excepção.

Machiavel, que, embora servindo a prospera democracia florentina, estivera em contacto com varios principados, retraça em seu livro com perfeita fidelidade os varios estados de sentimento collectivo, a que cumpre um principe

(Conclue na pagina seguinte)

Viandante que passas...

(Odelli illustrou)

Viandante que passas, torturado
Pela aridez de todos os caminhos,
E' tarde. Não te sentes fatigado?
Os passaros recolhem-se aos seus ninhos.

Os coqueiros agitam seus cocares,
Sibilando chamados de conforto:
Viandante que passas pela estrada,
E' melhor que pares,
Que te vale avançar
Ao encontro infeliz de um sonho morto?

Meu conselho é antes um pedido,
Minha sombra é esguia e acolhedora;
Une ao meu colmo teu corpo já ferido,
Enlaça-me, ascende ás minhas palmas
Como seu eu fôra
Consolador das almas.

Partilha tu comigo a dor que te consome,
Meus frutos já maduros te offerecem
Com que matar-te a sede
E te mitigue a fome.
O açoite do vento
Em meu recesso
E' doce embalo de rêde
Synchronizado em lamento.

Viandante que passas pela estrada
Eriçada de espinhos,
Entre as flores que ficam pela margem
E' que trillam, felizes, passarinhos.

Repousa, viandante, por um pouco
Dessa dura jornada.
Não recuses, ligeiro, como um louco,
Minha humilde pousada.

Viandante que passas, torturado
Pela aridez de todos os caminhos,
E' tarde. Não te sentes fatigado?
Os passaros recolhem-se aos seus ninhos.

Rio, 25 de abril de 1933.

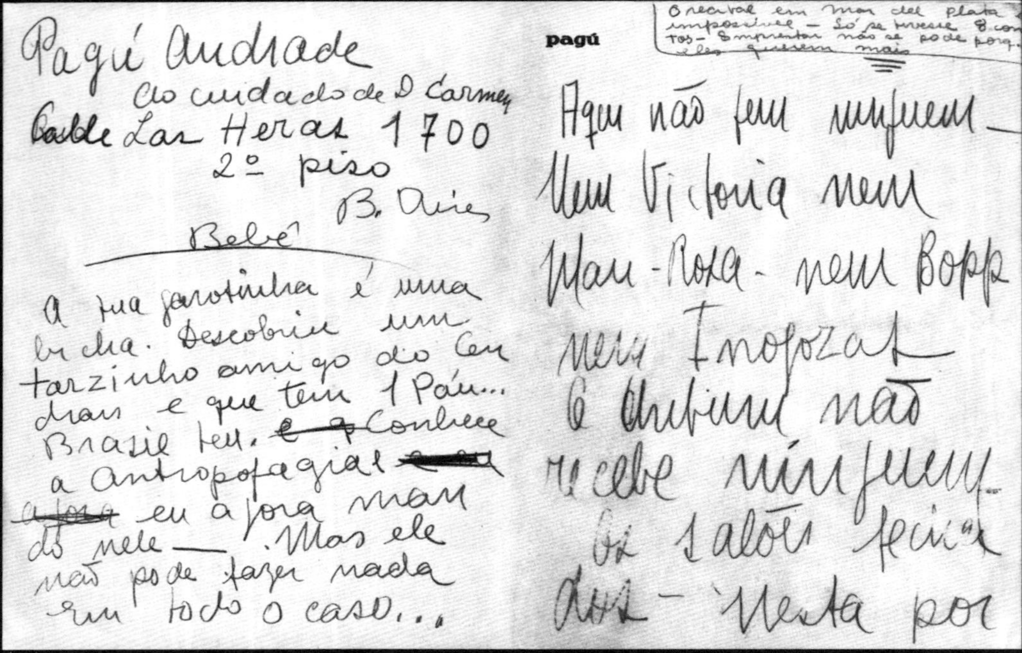

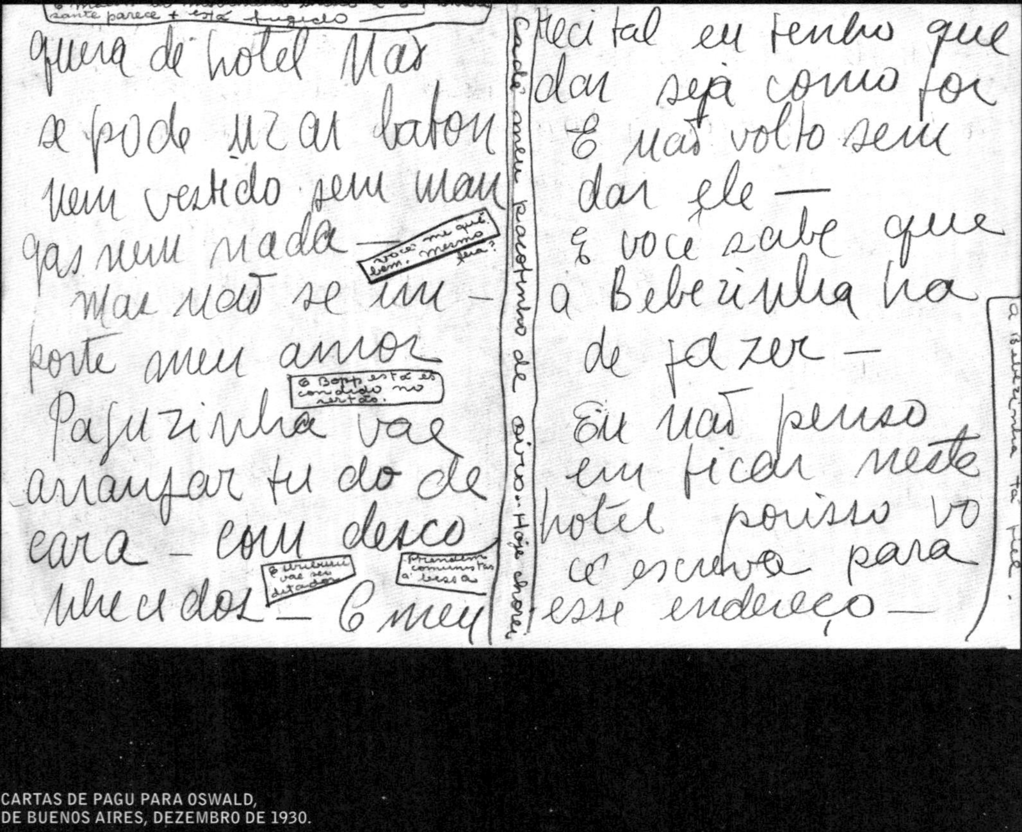

CARTAS DE PAGU PARA OSWALD,
DE BUENOS AIRES, DEZEMBRO DE 1930.

Perdoe a menininha
Você precisa me mandar di
nheirinho antes do dia 23
Dia 23 parte o Siena Cordoba +
não sei se terei tempo de ir
nele — Tenho muitíssima
coisa a fazer —
Eu estou no ~~Hotel~~ Grand Hotel
Nacional —
Você pode escrever ~~mandar~~ para
cá: Calle Esmeralda
638 que eu recebo +
depressa e melhor do que
o de Las Heras —
a menininha é o teu
anjinho e Você sabe que
ela não faz nada
contra você nem contra
o nosso mundazinho —
~~meu~~ Querido que Natal
horrível vou passar sem
vocês — E os brinquedinhos
chorando sem o doninho
e eu ~~enlouquecendo~~ sem o meu doninho.

PAGU

meu amorzinho.
Você tá demarzinho comigo
eu sei... porque não respon
di nenhum telegraminha
de você.
Mas papaizinho não faça
esse beiçaço que eu tou ven
do. não me olhe assim com
esses olhos indiferentes
e esse muchochão des
peitado.
Eu prefiro a lagrimi
nha de amor de seus olhos
e a menininha culpada
vai contar tudinho —
Ela recebeu as tuas carti
nhas tão gostosas. Ela

foi no hotel de España
e tirou
~~...~~ uma carta q- você
mandou pro besta do Mallea
Mas a menininha ti
nha toda a razão —
Ela não queria sair da
qui sem recital e o
papaezinho não sabe
como a menininha tá
cançada de trabalhar
Ela anda anda a pé com
uns sapatos horríveis de
apertados para
não gastar dinheiro
~~Eu não posso~~
Agora a menininha

tá satisfeitinha —
~~...~~ porque vai ver
o paezinho dela
a menininha não tem +
dinheiro. Não xingue ela
não. Depois ela explica
tudo.
Eu tenho 18 libras só para
pagar ~~uma~~ divida de 180 pesos
mais 90 de pensão fora os
extraordinários e ain
da comprar a passagem.
Não tenho + dinheiro
Não me xingue
papaezinho
tá doendo.

até logo,
meu bem
Beijo-te
repinicado

Printed in England, Aug., 1922.
(For'd Form N.L.T.)

THE WESTERN TELEGRAPH COMPANY, LIMITED

(FILIADA Á IMPERIAL AND INTERNATIONAL COMMUNICATIONS LIMITED).

SYSTEMA "DUPLEX" E DUPLICADO EM TODAS AS SUAS EXTENSÕES.

VIA WESTERN UNION	ESTADOS UNIDOS, CANADÁ, etc.	VIA WESTERN MADEIRA	EUROPA, AFRICA, etc.
Carimbo da estação	Taxa e annotações para os mappas	Indicações eventuaes (a transmittir)	Expdo. a ___ ás ___ por ___

Estação de ___ N.º de palavras ___ Data ___ Apresentado ás ___

Cartas-Cabo para a Europa, Estados Unidos, Canadá, Cuba, Uruguay, Argentina, Chile, etc., em linguagem clara. Taxas mui reduzidas.

Nome do destinatario: N.L.T.

Endereço:

Leves varios livros sem:
Shanghai
Meus inimigos com Zumir
Anarchismo e Cristianismo.
Idem sem distintivo
e
Mon coeur balance – Leur âme de
Oswald D'Andrade

Declaro que o texto desta Carta Cabographica está redigido inteiramente em linguagem clara (a lingua usada é ___) e que não contem outra significação senão aquella que apparece á primeira vista.

Peço que esta Carta-Cabo seja expedida na fé da declaração acima e de conformidade com as condições que regem as Cartas Cabographicas ás quaes me submetto.

Assignatura e endereço do expeditor:

KOYOUHOTEL
新京大和通 向陽
電話赤圖三八ナル二番
昭和　年　月　日
No.

Sambinha – Tou aqui – 2ª etapa –
Fiz umas bestezinhas em
Fundam e a polícia me
amolou pra burro. Mas tudo
tá bem – Aqui também tive
visita desta gente que tem
tanto xodó por mim –
Cheguei agora mesmo. Tenho
que dormir pra partir
amanhan –
Nada de novo pra
contar – Tou apressadinho
Só 1 abraço
Pafú

PÁGINA AO LADO, ACIMA:
DE PAGU PARA OSWALD,
SEM DATA, *C.* 1933, ÀS VÉSPERAS
DA VIAGEM AO EXTERIOR.

PÁGINA AO LADO, ABAIXO:
CARTA DE PAGU PARA OSWALD,
DE KOYU, PROVÍNCIA DE KWANGTUNG,
CHINA, *C.* MARÇO-ABRIL DE 1934.

ABAIXO:
RUA VISCONDE DE PARNAÍBA,
SÃO PAULO, 1935. PATRÍCIA USA UM
VESTIDO QUE TROUXE DA CHINA.

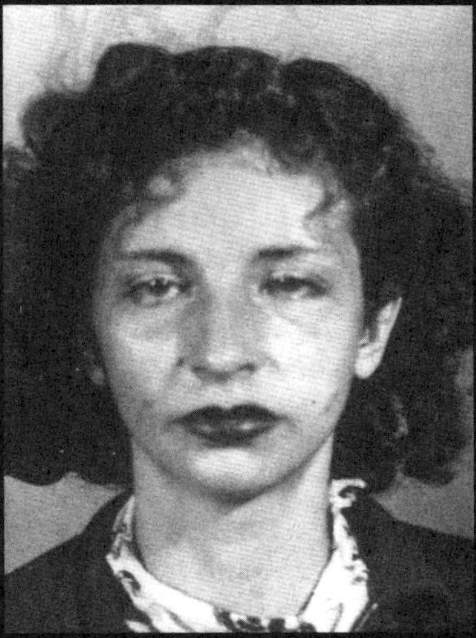

PÁGINA AO LADO:
PAGU EM PARIS, *C.*1934-35.

ACIMA:
PATRÍCIA GALVÃO, 1938.

ACIMA:
CLUBE ISRAELITA. SÃO PAULO, 1935. NA PRIMEIRA FILA, DA ESQUERDA PARA A DIREITA, O SEGUNDO É O PAI DE PATRÍCIA, THIERS GALVÃO DE FRANÇA; O QUINTO (À ESQUERDA DE PATRÍCIA), CLÓVIS DE GUSMÃO, ENTÃO SECRETÁRIO DO JORNAL *A PLATEIA*.

PÁGINA AO LADO, ABAIXO:
SÃO PAULO, 1936. PATRÍCIA GALVÃO SAI, ESCOLTADA, DO PRESÍDIO PARA O JULGAMENTO.

ABAIXO:
GERALDO FERRAZ, PATRÍCIA GALVÃO E O FILHO, GERALDO GALVÃO FERRAZ, 1943.

PÁGINA AO LADO:
PATRÍCIA GALVÃO, DÉCADA DE 1940.

Escritores, poetas e artistas disseram adeus a Osvaldo de Andrade

Na residência do escritor, Osvaldo de Andrade em seu leito mortuário

S. PAULO, 23 (Da sucursal) — Na manhã de hoje efetuou-se o sepultamento do escritor Osvaldo de Andrade, falecido ontem.

O corpo esteve exposto durante a noite no recinto térreo da Biblioteca Municipal, com o que prestou a cidade a homenagem que devia a esse escritor e poeta, paulistano de nascimento, e que utilizou o cenário de sua cidade na maior parte de seus livros.

Antes de sair o cortejo fúnebre, o pintor Di Cavalcanti, amigo do escritor e seu companheiro nas jornadas da Semana de Arte Moderna de 1922, tentou ler um pequeno discurso que escrevera, mas teve de parar na segunda frase, pois os soluços lhe embargaram a voz. O poeta Tavares de Miranda é que concluiu a leitura dessa pequena oração, traçada num ritmo mesmo de oração e em que o artista relembrava a participação de Osvaldo de Andrade no movimento modernista, e a sua intensa significação humana.

Seguiu-se o saimento fúnebre. Estavam presentes, além dos membros da família e amigos e admiradores do escritor, os srs. Altino Arantes, René Thiollier, Lasar Segall e se-

Barros, Cassiano Nunes, Domingos Carvalho da Silva, Edgar Braga, Cesar de Arruda Castanho, Plinio Melo, Nelson de Rezende e senhora, a escultora Pola Rezende; Francisco Petinatti e outros.

Ao descer o corpo à sepultura, falou o escritor Menotti Del Picchia, acentuando que com Osvaldo de Andrade desaparecia a figura mais significativa de sua geração, que era a geração da Semana de Arte Moderna de 1922. Deu o seu testemunho de amigo do turbulento agitador de idéias novas no campo literário, transbordando para o campo social, sociológico e da pesquisa filosófica. Relembrou a sua dinâmica alegria criadora, a acidês do seu ataque ao parnasianismo, contou as jornadas de composição do romance "Os condenados"... Relembrou a função de descobridor que ele exerceu, na formação do grupo modernista, como selecionador de valores.

Assinalou a importância de sua obra, que permanece e permanecerá como um exemplo do gênio criador, nesse homem que, em qualquer campo, poderia ter sido um dos grandes dominadores de São Paulo, mas quis

PÁGINA AO LADO:
A TRIBUNA, SANTOS, 24 DE OUTUBRO DE 1954. À DIREITA, PATRÍCIA GALVÃO.

ABAIXO:
INAUGURAÇÃO DA BIBLIOTECA PATRÍCIA GALVÃO, NA EAD, DE SÃO PAULO. SIDÉRIA COLOCA FLORES SOB O RETRATO DE PATRÍCIA, 1963.

PLACA COMEMORATIVA DO JARDIM PATRÍCIA GALVÃO.

O JARDIM PATRÍCIA GALVÃO, INAUGURADO EM SANTOS, EM 14 DE ABRIL DE 1964.

roteiro de uma vida-obra

1910

| **14 DE JUNHO** | Patrícia Rehder Galvão nasce em São João da Boa Vista, SP. Filha de Thiers Galvão de França e Adélia Rehder Galvão. Dois irmãos mais velhos: Conceição (1903) e Homero (1905-48).

1913

| Sua família vem residir em São Paulo, na rua da Liberdade, onde nasce Sidéria, a irmã mais nova e companheira íntima ("Sid é como se fosse eu mesma", diria numa carta da prisão, em 28 de maio de 1939). Mais tarde, mudam-se para a rua Bresser, no Brás, e para a rua Machado de Assis, na Vila Mariana.

1916

| Frequenta o Grupo Escolar da Liberdade, na rua Galvão Bueno.

1924-28

| Aluna das Escolas Normais do Brás e da praça da República.

1925

| Primeiras colaborações no *Brás Jornal* (assinadas por Patsy). | Conhece Guilherme de Almeida, que era secretário da Escola Normal do Brás: "Guilherme de Almeida foi primeiro, quero dizer, o primeiro poeta que conheci. [...] Guilherme eu o conheci de escola e de estudante que era, nos tempos da Normal do Brás..." ("Entre dois poetas distribui, a cronista, presentes de Natal", *Fanfulla*, 24 de dezembro de 1950). || Frequenta com a irmã Sidéria, além da Escola Normal, o Conservatório Dramático e Musical de São Paulo, onde lecionam Mário de Andrade e Fernando Mendes de Almeida:

> Mário de Andrade tinha um riso largo de criança, na minha infância, eu roubando frutas no tabuleiro da casa que tinha perto do Conservatório, na avenida São João, e nós meninas sem saber que aquele professor comprido e feio, de riso de criança grande, era um poeta, comia amendoim abrindo o clã do jaboti, e ninguém de nós no piano, na sala, na rua, na porta, pressentindo "depois de amanhã o porvir, sim, o porvir..." Nenhuma de nós sabia que o poeta era o poeta, que o professor fosse outra coisa ("Depois de amanhã Mário de Andrade", *Diário de São Paulo*, 23 de fevereiro de 1947).

1927

| Conhece Olympio Guilherme, ator e cineasta, com quem tem um breve romance, chegando a inscrever-se no "Concurso Fotogênico de Beleza Feminina e Varonil", promovido pela Fox, do qual saíram vencedores Olympio e Lia Torá, e que tinha como prêmio uma viagem a Hollywood e participação em filmes daquela companhia.

1928

| **27 DE OUTUBRO** | Raul Bopp publica na revista *Para Todos...*, do Rio (ano X, nº 515), com ilustração de Di Cavalcanti, a primeira versão do poema "Coco de Pagu":

> *Pagu tem os olhos moles*
> *Olhos de não sei o que*
> *Se a gente está perto deles*
> *A alma começa a doer*
>
> *Ai Pagu eh*
> *Dói porque é bom de fazer doer*

Segundo Raul Bopp, foi ele quem deu a Patrícia o apelido de Pagu, brincando com as sílabas do seu nome. Ela lhe mostrara alguns poemas e ele sugeriu que adotasse esse nome de guerra literário (Depoimento ao autor, em 6 de dezembro de 1981). Sidéria recorda que Patrícia chamava a Bopp de seu "padrinho" e que ele, a princípio, pensara que o seu nome fosse Patrícia Goulart, donde "Pagu" teria derivado (Depoimento ao autor, em 13 de dezembro de 1981). || Frequenta as reuniões de Oswald de Andrade e Tarsila do Amaral, no solar da alameda Barão de Piracicaba. Afirma Bopp ter sido ele quem a apresentou ao casal (Depoimento citado): "Ela era uma colegial que Tarsila e Oswald resolveram transformar em boneca. Vestiam-na, calçavam-na, penteavam-na, até que se tornasse uma santa flutuando sobre as nuvens" (Depoimento de Flávio de Carvalho, SL de *O Estado de S. Paulo*, 24 de outubro de 1964). | **1º DE DEZEMBRO** | Recebe o diploma de habilitação para o magistério público do estado de São Paulo pela Escola Normal da Capital.

1929

| **24 DE MARÇO** | A *Revista de Antropofagia* (segunda dentição), nº2, página do *Diário de São Paulo*, publica sua primeira colaboração: "Desenho de Pagu". | **8 DE MAIO** | Novo "desenho de Pagu" na *Revista de Antropofagia*, nº8. | **19 DE MAIO** | Comparece, com toda a "família antropofágica", ao recital de música brasileira apresentado pelo compositor Sinhô no Teatro Municipal de São Paulo. Lá estavam Tarsila, Oswald, Bopp, Mário de Andrade, d. Olívia Guedes Penteado, Paulo Mendes de Almeida. Presente, também, o chefe do Estado, Júlio Prestes, então candidato à presidência da República, em cuja homenagem Sinhô compusera o samba "Eu ouço falar", subtitulado "Seu Julinho" (ao ser editada, a música foi dedicada a Oswald de Andrade). | **24 DE MAIO** | Data inicial do diário de Pagu (e Oswald), o *Romance da época anarquista* ou *Livro das horas de Pagu que são minhas*, e, provavelmente, do romance entre os dois. Segundo Oswald de Andrade Filho (em suas memórias, ainda inéditas), o "affair" começou na fazenda Santa Teresa do Alto, que Oswald adquirira do pai de Tarsila. Oswald, que continuava residindo com a pintora na alameda Barão de Piracicaba, encontrava-se com Pagu numa chácara, denominada "Vila Rafael" ou "Vila Rafaella" (como está no diário de Pagu), na avenida Santo Amaro. | **5 DE JUNHO** | Apresenta-se numa festa beneficente, em homenagem a Didi Caillet, "Miss Paraná". Vestida por Tarsila, declama poemas modernistas: o "Coco" de Bopp, a "Balada do Esplanada" de Oswald, uma página do *Álbum de Pagu* ("... a minha gata é safada e corriqueira...") e um trecho de *Cobra Norato*.

> A terceira parte do programa foi confiada a Piolim e Alcebíades, Patrícia Galvão, Raul Laranjeiras e Didi Caillet. Foram todos aplaudidos. Esta parte foi mesmo a melhor do programa. A mais variada. A mais eclética. Patrícia Galvão disse bem. Dominou com sua impassibilidade, com seu sangue-frio, com sua aparência estranha, toda a assistência ("Com a festa do Municipal, terminou a visita oficial de Didi Caillet a São Paulo", *Diário de São Paulo*, primeira página, 6 de junho de 1929).

> O número "esquisito" do programa foi o da senhorita Patrícia Galvão (Pagu).
> Pagu recitou versos e poemas antropofágicos e o auditório ficou indeciso por instantes. Depois, aplaudiu-a com calor. E não havia outro remédio. A jovem recitalista estava realmente alheia ao julgamento da plateia e foi dizendo seus versos e seus poemas com a convicção de quem sente todo o entusiasmo de uma arte nova ("Miss Paraná", *Diário Popular*, 6 de junho de 1929).

> Pagu foi uma surpresa para mim e para o auditório todo. Valente. Corajosa. Interessante. Original. Toda a gente, eu sei, pensa comigo. Porque se Pagu não fosse o que esses quatro adjetivos querem definir, as galerias e a própria plateia não recuariam de seus

propósitos. Pagu triunfou nessa festa. Bravo! Espantou a assistência. E revelou a toda a assistência (o cronista faz parte) belezas escondidas no poema de Raul Bopp, "Coco de Pagu", e na "Balada do Esplanada", de Oswald de Andrade.
Pagu foi o primeiro soldado que marchou firme para o "front" da avançada antropofágica. Bravo, Pagu! Shakehands de Jayme Avellar (Berta Singermann e Pagu, *Diário de São Paulo*, 7 de junho de 1929).

Na festa em homenagem a Didi Caillet, depois de um discurso substancioso do sr. Alfredo Ellis e de outros números igualmente fósseis, Pagu compareceu também ao palco do Municipal.
Foi um sucesso delirante. A assistência pateou Pagu com entusiasmo excepcional. Vaiou o nome de Pagu. Interrompeu a festa barulhentamente. A esta hora, a adorável criatura deve estar radiante. Porque, sem esperar, ela começou por onde muito gênio não consegue começar. A glorificação bulhenta da pateada e da vaia. — T. T. (Artigo de Teodomiro Tostes, publicado no *Diário de Notícias* de Porto Alegre e transcrito no nº 13 da *Revista de Antropofagia*, em 4 de julho de 1929).

Em reuniões que se sucediam, o solar da alameda Barão de Piracicaba foi se tornando um conhecido centro de debates literários. Eram acolhidos, diariamente, grupos de amigos da cidade e, também, intelectuais do Rio e dos Estados, que passavam por São Paulo. O casal gostava de ter gente em casa, costumando ainda reservar determinados dias para um tipo de open-house.
Numa dessas ocasiões, acompanhada por um séquito de admiradores, apareceu Miss Paraná, que estava sendo festejada em meios beletristas de São Paulo.
A uma ligeira sugestão, Miss Paraná encaminhou-se para o meio da sala e recitou "Dindinha Lua", para dar uma amostra do seu repertório.
Pagu, que estava presente (ainda no tempo em que era favorecida com a tutela carinhosa de Tarsila), decidiu, também, dizer uns versos, de forte sabor poético, adicionando a eles umas ligeiras doses de malícia... Foi um sucesso total. O ambiente murchou numa parte da sala. (Raul Bopp, *Movimentos Modernistas no Brasil* — 1922-28, 1966, p.69).

| **19 DE JUNHO** | A *Revista de Antropofagia*, nº 11, estampa um terceiro desenho, acompanhado do seguinte texto:

aquele rapaz de calças de xadrez...
de gravata sentimental,
me dava balas de alcaçuz
e falava mal de mim.

legenda e figura de Pagu
(*do álbum de Tarsila*).

| **29 DE JUNHO** | A revista *Para Todos*... publica, à página 29, sob o título "Sociedade Paulista", uma foto de Patrícia com a legenda: "Pagu. Colaboradora de *Para todos*. É normalista, pinta bonecos e é declamadora". | **20 DE JULHO** | Inaugura-se no Rio, no Salão do Palace Hotel, à avenida Rio Branco, a 1ª exposição individual de Tarsila no Brasil. Pagu fazia parte da comitiva de "antropófagos" que a acompanhou, viajando pelo *Cruzeiro do Sul*, o trem de luxo posto em circulação naquele ano. É fotografada ao lado de Anita Malfatti, Benjamin Péret, Tarsila, Oswald, Elsie Houston, Eugenia e Álvaro Moreyra, à chegada, na estação Pedro II, da E. F. Central do Brasil, em 18 de julho. | **25 DE JULHO** | No jornal *A Manhã*, do Rio, Alvarus (Álvaro Cotrim) publica a crônica "Exposição Tarsila — Pagu e Outros Antropófagos":

Vi Pagu. Sou mais do que nunca antropófago. Seria capaz de devorar vários bispos sardinhas.
Dona Eugenia Álvaro Moreyra, a dizedora mais antropofágica e mais bonita que o Brasil tem, a grande animadora, a alma encantadora e boa que foi do Teatro de Brinquedo (o mais lindo sonho do meu querido Álvaro Moreyra) foi na exposição de dona Tarsila a figura linda, esquisita e decorativa a que me acostumei a admirar.
Comeu todas as dizedoras a que estávamos acostumados. Não diz, conta.
Bopp, Oswaldo e Di Cavalcanti, trindade interessantíssima do Brasil verde e amarelo, juntos preparavam o "caoim".
Di Cavalcanti na sua última exposição devorou com a sua arte profunda e grande toda a prataria de uma exposição junto.
Belo mastigo!
Pagu... Gênio...
Mistério de sarcófago egípcio.
Vamos comer outro bispo sardinha, Pagu?
Oswaldo de Andrade quase devorou um homem branco que apareceu na linda exposição de Dona Tarsila.
ALVARUS.

| **27 DE JULHO** | Com um retrato de Pagu por Di Cavalcanti, a revista *Para Todos...* publica, à página 21, este texto, provavelmente de Álvaro Moreyra:

Pagu está no Rio.
Veio com Tarsila, Anita Malfatti, Oswald de Andrade.
Não veio para ver a cidade, as praias, as montanhas, as vitrinas.
Veio.
Sem complemento.
Pagu aboliu a gramática da vida.
A análise lógica foi um preconceito da Escola Normal.
Pagu parece um leão, uma arvorezinha de enfeite, um leque japonês.
Mas de perto a gente acerta: é uma menina de cabelos malucos que ela nunca penteia.
Pagu não tem modos.
Tem gênio.
Faz poemas.
Faz desenhos.
Os poemas se dependuram nos desenhos e ficam gritando.
Quem passa pára.
Eta pequena notável!
Pagu é o último produto de São Paulo.
É o anúncio luminoso da Antropofagia...
A...

| **1º DE AGOSTO** | Sai o último número (16º) da *Revista de Antropofagia* no *Diário de São Paulo*. | **3 DE AGOSTO** | Na revista *Para Todos...* (ano XI, nº555), Clóvis de Gusmão publica a reportagem "Na Exposição de Tarsila", contendo uma breve entrevista com Pagu. O artigo inclui, ainda, um poema e um desenho (retrato de Tarsila) de Pagu. Trecho da reportagem:

Pagu veio ao Rio com Tarsila. Álvaro Moreira escreveu uma coisa deliciosa sobre ela. Murilo mandou também. Olegário Mariano disse uma porção de frases românticas. Mas a gente quando vê Pagu repete pra dentro aquilo que o Bopp escreveu: — dói — porque é bom de fazer doer!

— Que é que você pensa, Pagu, da antropofagia?
— Eu não penso: eu gosto.
— Tem algum livro a publicar?
— Tenho: a não publicar: — Os "Sessenta poemas censurados" que eu dediquei ao dr. Fenolino Amado,* diretor da censura cinematográfica. E o *Álbum de Pagu*: *Nascimento, vida, paixão e morte* — em mãos de Tarsila, que é quem toma conta dele. As ilustrações dos poemas são também feitas por mim.
— Quais as suas admirações?
— Tarsila, Padre Cícero, Lampeão e Oswald. Com Tarsila fico romântica. Dou por ela a última gota do meu sangue. Como artista só admiro a superioridade dela.
— Diga alguns poemas, Pagu.
(Informações: — Pagu é a criatura mais bonita do mundo — depois de Tarsila, diz ela. Olhos verdes. Cabelos castanhos. Dezoito anos. E uma voz que só mesmo a gente ouvindo).

| **28 DE SETEMBRO** | Casa-se com o pintor Waldemar Belisário, que fora criado com a família de Tarsila e morava nos fundos da casa da alameda Barão de Piracicaba. Esse casamento, anulado já em 5 de fevereiro de 1930, por sentença do Juiz de Direito da cidade de Santos, confirmada por Acórdão do Tribunal de Apelação em 3 de dezembro de 1930, foi uma farsa. Pagu estaria grávida de Oswald e o casamento com Belisário seria uma forma de salvar as aparências. || Conta Oswald de Andrade Filho, nas suas memórias, que tudo foi tramado por Oswald, com a conivência do pintor, que devia favores pessoais a ele e a Tarsila. Realizada a cerimônia, no cartório da Vila Mariana, os noivos foram para Santos. No alto da Serra, Oswald e Nonê (Oswald de Andrade Filho) os esperavam em outro carro. Pagu seguiu com eles, enquanto o noivo retornava a São Paulo, ficando, depois, por uns tempos, numa pensão em Santos.

Se o lar de Tarsila
vacila
é pelo angu
da Pagu

(escrito por Oswald, em um guardanapo, por ocasião de um jantar no Automóvel Clube, em fins de 1929 — depoimento de Carlos Pinto Alves a Aracy A. Amaral, em *Tarsila, sua obra e seu tempo*, vol. 1, 1975, p. 291). | **DEZEMBRO** | Depois de uma viagem com Pagu à Bahia, Oswald separa-se definitivamente de Tarsila. Dessa viagem, Patrícia recordaria, vinte anos depois, um encontro com "o grande educador" Anísio Teixeira, "diante dos areais e do mar". ("Saudação à generosa terra da Bahia pela primeira escola plantada no país", *Fanfulla*, 5 de novembro de 1950). No caderno de "croquis de Pagu" (IEB), há desenhos de paisagens do Espírito Santo e da Bahia, datados deste mês.

1930

| **5 DE JANEIRO** | Oswald e Pagu casam-se, diante do jazigo da família do escritor (onde ele seria enterrado, anos mais tarde).

> Foi diante do túmulo do Cemitério da Consolação, à rua 17, número 17, que assumiram o heroico compromisso.
> Na luta imensa que sustentam pela vitória da poesia e do estômago, foi o grande passo prenunciador, foi o desafio máximo.

* Pagu se refere ao escritor Genolino Amado (1902-1989), futuro "imortal" da Academia Brasileira de Letras, nomeado Chefe da Censura Teatral e Cinematográfica de São Paulo, em começos de 1928

Depois se retrataram diante de uma igreja. Cumpriu-se o milagre. Agora sim, o mundo pode desabar. (Oswald de Andrade, de *O romance da época anarquista* ou *Livro das horas de Pagu que são minhas*)

|| Passam a residir, com Nonê, na rua dos Ingleses. || D. Olívia Guedes Penteado nega-se a receber o novo casal: "Quando Oswald rompeu com Tarsila, ligando-se a Patrícia Galvão, foi repudiado pela sociedade" (Depoimento de Flávio de Carvalho, Suplemento Literário de *O Estado de S. Paulo*, 24 de outubro de 1964). | **26 DE MARÇO A 20 DE ABRIL** | Na Exposição da Casa Modernista de Grigori Warchavchik, na rua Itápolis, em São Paulo, contribui com uma obra, *Vaso de feira*, "duma poesia nova e marcada de violência", na expressão de Oswald. Esta peça, atualmente em poder de Paulo Mendes de Almeida, é mesmo um vaso de barro a que Pagu adicionou desenhos (hoje, muito apagados), feitos — segundo se presume — a lápis de cor. | **25 DE SETEMBRO** | Nasce Rudá de Andrade, filho de Oswald e Pagu. | **25 DE OUTUBRO**: Participa das agitações de rua, eclodidas com a Revolução de 1930: "Em São Paulo fomos ao Cambuci e pusemos abaixo, no dia 25 de outubro, a célebre Cadeia do Cambuci" ("Por essa entrada da cidade", Cor Local, 14 de novembro de 1954). | **DEZEMBRO** | Viaja para Buenos Aires, onde se anuncia "um recital da declamadora Pagu". Oswald fica, com Nonê e Rudá. Na Argentina, conhece os escritores Jorge Luis Borges, Eduardo Mallea, Norah Borges e Victoria Ocampo.[1]

1931

| Ingressa no Partido Comunista. | **MARÇO-ABRIL** | Redige a seção A Mulher do Povo no jornal panfletário *O Homem do Povo*, que edita com Oswald. O jornal, que só teve oito números, acaba proibido de circular pela polícia, após incidentes com estudantes da Faculdade de Direito, na sede da publicação, praça da Sé, 9-E, nos dias 9 e 13 de abril. Viaja, com Oswald, a Montevidéu, onde vem a conhecer Luís Carlos Prestes. || Participa dos movimentos de reivindicação dos operários da construção civil, em Santos. | **23 DE AGOSTO** | Presa como agitadora, em Santos, na greve dos estivadores, ao participar de um comício na praça da República, em homenagem a Sacco e Vanzetti. O estivador negro Herculano de Souza, ferido no local, agoniza em seus braços. É levada para o cárcere 3, "a pior cadeia do continente", na praça dos Andradas. || Ao recuperar a liberdade, o PC a faz assinar um documento em que exime o Partido de toda a res-

1 Na primeira edição deste livro, afirmava-se que Patrícia teria conhecido também Luís Carlos Prestes na mesma viagem, conforme se lê no artigo de Geraldo Ferraz, "Patrícia Galvão, militante do Ideal" (16/2/1962)]. No entanto, em "O grito de Pagu", artigo publicado na revista *SP Cultura*, em setembro de 1982, Ivo Branco, autor do curta-metragem *Eh, Pagu, Eh!*, põe em dúvida aquela informação, baseado em uma reportagem de 31 de dezembro de 1930, publicada no *Diário da Noite* de São Paulo: "De regresso de sua viagem a Buenos Aires, acha-se desde ontem nesta capital a pintora e poetisa paulista Patrícia de Andrade — Pagu". Entrevistada, Patrícia menciona o contacto com Norah Borges, Eduardo Mallea e Jorge Luis Borges, "escritores de vanguarda", comentando: "Apesar de modernos na forma, têm ideias conservadoras". Confirma-se, na reportagem, o recital de poesia, dividido com Raul Bopp, no Theatro Nuevo. Observa ainda Pagu: "Apesar da reação contra as ideias vanguardistas, está sendo exibido o filme *Couraçado Potemkin*, que aqui foi interditado". Consta da mesma reportagem: "Procurei Luís Carlos Prestes. Fui ao seu apartamento. Ele estava ausente de Buenos Aires". Registra ainda Ivo Branco que, em depoimento concedido para publicação interna da Escola de Arte Dramática, às vésperas de sua morte, Patrícia afirmou, contraditoriamente, ter-se encontrado com Prestes na Argentina. Mas o texto autobiográfico de Patrícia, publicado por Geraldo Galvão Ferraz em *Paixão Pagu* (2005), evidencia que ela, de fato, não se encontrou com o líder comunista em Buenos Aires, e que só veio a conhecê-lo pessoalmente depois de ter voltado de lá, em viagem que fez no ano seguinte a Montevidéu, na companhia de Oswald: "Fomos um pouco a passeio, um pouco para fugir das preocupações do processo que nos moviam pelos ferimentos que me atribuíam contra os estudantes que queriam empastelar o jornal [em *O Homem do Povo*, abril de 1931]. No dia seguinte à nossa jornada, fomos procurados por um homem de aparência medíocre. Eu estava só e quase despedi o visitante, que era Luís Carlos Prestes".

ponsabilidade e se reconhece uma "agitadora individual, sensacionalista e inexperiente". || A conselho de Ibrahim Nobre, então delegado de polícia, Oswald se refugia na Ilha das Palmas, em Santos, para evitar credores e oficiais de justiça (conforme as memórias de Oswald de Andrade Filho). Patrícia relembra essa época — "o tempo mais feliz de minha vida, em que eu tinha fé" —, 23 anos depois, em duas crônicas da série Cor Local, motivadas pela morte de Oswald ("Um romancista na ilha das Palmas", 6 de novembro de 1954, e "Em busca do tempo perdido", 20 de novembro de 1954, *A Tribuna*, Santos). E recorda os amigos da ilha, alguns deles erigidos — como ela própria, "a Mongol" — em personagens do romance *A escada vermelha*, de Oswald (1934).

1932

| No Rio, instala-se numa vila operária e vai trabalhar, por uns tempos, num "serviço de proletária": emprega-se como indicadora de lugares num cinema da Cinelândia (segundo testemunho de Oswald de Andrade Filho em suas memórias). || Como membro do PC, faz parte dos grupos de "autodefesa", que protegiam os oradores nos comícios e reuniões.

> Um desses elementos, podemos dizer perniciosos, era uma moça (poetisa) chamada Pagu, que vivia, às vezes, com Oswald de Andrade. Ambos haviam ingressado no Partido, mas para eles, principalmente para Oswald, tudo aquilo lhes parecia muito divertido. Ser membro do PC, militar ao lado dos operários "autênticos" (tipo Miguel), tramar a derrubada da burguesia e a instauração de uma "ditadura do proletariado" era sumamente divertido e emocionante. Nessa Conferência Regional do Rio, um dos membros do grupo de "autodefesa", armado de revólveres, que protegiam a reunião contra curiosos e policiais, era Pagu... Mas havia ainda outros intelectuais, estes um pouco mais sérios, como Eneida e Osvaldo Costa, admiradores de Miguel... (Leôncio Basbaum, *Uma vida em seis tempos* (*Memórias*), 1978, p. 119).

|| Colabora no *Diário de Notícias*, do Rio. Termina o romance *Parque Industrial*.

1933

| **JANEIRO** | Sob pseudônimo (exigência do PC), assinando-se Mara Lobo, publica, a expensas de Oswald, *Parque Industrial: Romance proletário*, logo resenhado por João Ribeiro, no *Jornal do Brasil* (26 de janeiro de 1933). | **21 DE MAIO** | "As caveiras e a questão econômica", reportagem de Pagu sobre o cemitério de São João Batista, "conhecido ao menos no único dia que o mundo cristão concede aos mortos, ciente de que nos outros, eles só vivem no purgatório, fornecendo com a ilusão salvadora das missas, a realidade da economia sacerdotal" (Suplemento Dominical do *Diário de Notícias*). A partir dessa data o suplemento passara a ser dirigido por Renato de Almeida. O mesmo jornal publicaria, na primeira página da edição de 28 de maio, a reportagem "Para onde vai o Brasil?", com a resposta provocativa de Oswald: "Para onde vai o Brasil? Para a Rússia. De Jaú!". | **DEZEMBRO** | Viaja pelo mundo, enviando correspondência para o *Correio da Manhã* e o *Diário de Notícias*, do Rio, e para o *Diário da Noite*, de São Paulo. O itinerário da "viagem redonda" é resumido por Patrícia numa crônica publicada na seção Palcos e Atores, no Suplemento nº 238, de 15 de outubro de 1961, de *A Tribuna* de Santos ("Às vésperas de viagem predomina a perspectiva"):

> Não me emocionei tanto na "viagem redonda" doutros tempos, em que "valia tudo" para a repórter em marcha batida, sempre em frente. Rio-Pará, Pará-Califórnia, travessia do Panamá, travessia do Pacífico, Japão... Raul Bopp, cônsul em Osaka, fez a maior parte dos itinerários pelas quatro mil ilhas, depois foi a vez da Manchúria (o encontro com

Freud, em viagem na China), a coroação de Pu-Yi, onde esta jornalista brasileira dançou no grande salão com um repórter norte-americano, quebrando a etiqueta; depois foi a China; depois a Sibéria; depois a Rússia nos tempos de fé que aí desmoronaram... Depois a Polônia, a Alemanha nazista, onde para chegar a uma cervejaria, na longa parada do trem, a Gestapo dispensou dois homens para me vigiar, depois a França... E um ano depois a dura e longa viagem de volta.

|| Em Hollywood, entrevista cineastas e atores, entre os quais George Raft, Estelle Taylor, Miriam Hopkins, Catalina Barcena (atriz espanhola) e José Lopes Rubio (escritor e diretor espanhol), e entra em contacto com o brasileiro Raul Roulien. Numa carta a Oswald, já de Tóquio, conta que um cineasta americano (o diretor de *A mulher pantera*) lhe disse que era uma idiota: em vez de ir à Rússia poderia assinar um contrato e ficar ali mesmo. Comenta Patrícia: "A minha finalidade é muito maior e mais difícil de alcançar". || No Japão, hospeda-se no Yamagata Residential Hotel, em Tóquio. Visita Raul Bopp, em Kobe. O poeta foi chefe do consulado do Brasil sediado naquela cidade, de 1932 a 1934.

1934

| **FEVEREIRO** | Uma carta a Bopp registra a sua estada em Shangai (Yachiyo Kan Hotel), em 19 de fevereiro de 1934. | **1º DE MARÇO** | Na Manchúria, em Hsinking (atual Changchun), assiste à coroação do último dos monarcas chineses, o príncipe Pu-Yi, proclamado imperador do novo estado de Mandchu-kuo, implantado pelo Japão em território da China.

> *The Yamato Hotel*
> *Hsinking*
>
> *Exmo. sr. cônsul*
>
> Faço saber a S. S. que a imprensa brasileira foi "dignamente" representada nas cerimônias da coroação de S.M. Pu Yi. Desde a primeira farra realizada em campo de gelo onde S.M. sentou no trono ao ar livre. Depois de ser expulsa do Conselho Executivo a baioneta calada consegui os documentos exigidos (fotografias em todas as posições e outras credenciais escritas). Traje de rigor obrigatório às sete horas da manhã não sendo permitida capa. A segunda cerimônia no palácio onde S. Excia. o primeiro-ministro teve a honra de falar com o Correio da Manhã. Depois o baile oficial onde a imprensa brasileira teve champanhe e brinde e sua comadrinha abriu o baile com um chim grossão. No segundo dia a recepção na embaixada japonesa onde roubei cigarros e hoje o chinese dinner party. Amanhã dou o fora para Dairen cheia de apresentações. O Pu-Yi é um suco e olhou de longe pra mim. Tou cotadíssima na polícia e nos Foreign Affairs.
> Te beijo
> de longe.
>
> Pagu
>
> Hsinking
> 3 de março de 1934

|| Faz amizade com Mme. Takahashi, de nacionalidade francesa, mulher do diretor da South Manchurian Railway. Graças a esse contato, frequenta o palácio de Pu-Yi: "Com a influência de sua amiga, Pagu tinha fácil acesso ao Palácio de Hsinking. Conversava informalmente com o jovem imperador Puhy. Ambos pedalavam as bicicletas, dentro do parque amuralhado da residência imperial" (Raul Bopp, *Bopp passado a*

limpo, 1972). || A pedido de Bopp, consegue do imperador sementes selecionadas de feijão-soja que, através do poeta-cônsul, são encaminhadas ao embaixador Alencastro Guimarães e introduzidas no Brasil. | **12 DE MARÇO** | Duas cartas a Bopp registram a passagem de Patrícia por Dairen (China). || Uma carta a Oswald, sem data, com timbre do Koyouhotel, assinala a sua passagem por Fungchun e Koyu, cidades da província de Kwantung:

> Sambinha. Tou aqui. Segunda etapa. Fiz umas besteirinhas em Fungchun e a polícia me amolou pra burro. Mas tudo tá bem. Aqui também tive visita desta gente que tem tanto xodó por mim. Cheguei agora mesmo. Tenho que dormir pra partir amanhã.
>
> Nada de novo pra contar. Tou apressadinha.
> Só abraço.
> Pagu

|| Esteve também em Nanquim, Pequim e Tientsin. A visita a essas duas últimas cidades é relembrada por ela numa crônica, vinte anos depois:

> Quando em Pequim há duas décadas encontrei um "coolie" que deveria levar-me à Legação brasileira, para um encontro marcado com o ministro Leão Veloso, prometendo-lhe uma gorjeta se me fizesse chegar na hora, agradeceu-me com uma cantoria, antes de me conduzir. Era uma pequenina ária da ópera que estavam representando no grande teatro da capital chinesa. Em Tien-tsin, o camareiro do hotel em que me hospedei, depois de depositar a bagagem no pequenino alojamento, deu uma demonstração de suas habilidades teatrais, representando um verdadeiro número pantomímico, anunciando previamente o que eu poderia assistir se fosse ao pequenino teatro da esquina, onde representariam a tragédia da *Flor de lótus*.
> Com estes exemplos quero frisar apenas que não se pode fugir do teatro na China. Na mesma noite, depois do teatrinho da esquina, precisei correr para conseguir assistir à *Travessia da Via Láctea*, peça inspirada numa velha lenda ("Ópera de Pequim de hoje e... de outros tempos", *A Tribuna*, Santos, 30 de setembro de 1956).

| **MAIO** | De Dairen, viaja pelo Transiberiano (oito dias e oito noites de ferrovia) para Moscou, passando por Vladivostok. De uma carta a Oswald, datada desse mês:

> Te escrevo na portinha de Moscou.
> E botando os últimos recalques na latrina.
>
> Pagu

|| De Moscou, envia a Oswald um postal — uma foto de Lênin entre os delegados do Segundo Congresso dos Mineiros Soviéticos em 1921 [leitura proposta por Maria Augusta Fonseca e acolhida pelo autor]:

> *Meu bem*
> *Te mando este*
> *de Moscou*
> *Isto aqui*
> *é fantástico*
> *sem fantasia.*
> *Tou besta.*

Mais tarde diria:

> [...] o ideal ruiu, na Rússia, diante da infância miserável das sarjetas, os pés descalços

e os olhos agudos de fome. Em Moscou, um hotel de luxo para os altos burocratas, os turistas do comunismo, para os estrangeiros ricos. Na rua as crianças mortas de fome: era o regime comunista (*Verdade e Liberdade*, 1950).

|| Parte, de Moscou, para a França. Durante a passagem pela Alemanha, procedente da Polônia, fica sob a custódia da Gestapo.

1934-35

| Em Paris, vive, por alguns meses, numa casa da Rue Lépic, residência da cantora brasileira Elsie Houston, mulher de Benjamin Péret. Através dele, entra em contacto com outros poetas surrealistas (Aragon, Breton, Eluard, Crevel). || Frequenta a Université Populaire, onde assiste as aulas de Marcel Prénant, Politzer, Paul Nizan, professores da Sorbonne, iniciando cursos de Economia Política, Materialismo Histórico, Matemática e Eletricidade Teórica e Prática, que não concluiu. || Trabalha, como tradutora, para os estúdios da Billancourt. Redatora do *L'Avant-Garde*, de Paris. || Ingressa no PC com identificação falsa ("Leonnie"). Na Jeunesse Communiste, protesta contra a proibição de se cantar a *Internacional* nas comemorações de 14 de julho. || Luta pelo Front Populaire (união dos partidos de esquerda). É ferida gravemente nos movimentos de rua (três meses de hospital). Detida três vezes.

1935

| Em meio às atividades políticas, frequenta os espetáculos de arte: "Assisti *A sagração da primavera* em 1935, em Paris" ("Stravinski no Rio, *O anjo de sal* etc.", *Fanfulla*, 1º de abril de 1951) | **18 DE JUNHO** | René Crevel se suicida. Sua morte impressionou profundamente Patrícia. Às vésperas do suicídio, o poeta lhe telefonara. Ela o recordaria no artigo "O surrealista René Crevel", da Antologia da Literatura Estrangeira (*Diário de São Paulo*, 10 de agosto de 1947) e na crônica "Entre dois poetas distribui, a cronista, presentes de Natal" (*Fanfulla*, 24 de dezembro de 1950). || Assiste ao Congresso Internacional dos Escritores pela Defesa da Cultura, aberto na noite seguinte à do suicídio de Crevel. | **14 DE JULHO** | Participa do desfile dos partidários do Front Populaire.

> Temos tido combates seguidos nas ruas. O 14 de julho foi um colosso. Depois do Bal Rouge, o desfile dos jovens comunistas pelos bailes burgueses. Atravessamos as ruas de Paris cantando a Internacional e a Jeune Garde aplaudidos pela população, passando pela polícia num volume extraordinário de força (Carta a Oswald, de 17 de julho, sem referência ao ano).
>
> E a lembrança da noite de há doze anos quando Paris inteira cantava nas ruas a glória de ter sido realizada em suas ruas a Grande Revolução, quando fomos buscar Elsie Houston no seu pequenino apartamento onde ela estava sozinha, para que viesse para a rua cantar com a sua voz educadíssima na pauta da Carmagnole.
> Paris da Revolução. — Pt. ("Comemorativamente", Cor Local, *Diário de São Paulo*, 20 de julho de 1947).

|| Presa como militante comunista estrangeira, durante o governo de Laval. Na iminência de ser submetida a Conselho de Guerra ou deportada para a fronteira da Itália ou da Alemanha, é identificada pelo embaixador Souza Dantas, que consegue a sua repatriação. | **NOVEMBRO-DEZEMBRO** || De volta ao Brasil, secretaria o jornal *A Plateia*, em São Paulo. || Separa-se definitivamente de Oswald. || Presa em consequência do movimento de 1935. A Justiça Federal de São Paulo a absolve. O Tribunal Militar do Rio a condena a dois anos de prisão. Antes de completar a pena, foge do Hospital Cruz Azul, para onde fora transferida, por motivo de doença, em 1937.

1937

| Conhece Graciliano Ramos, no Rio:

> [...] Meu maior contacto com o escritor deu-se numa dessas pensões que pululavam no bairro do Catete, em 1937. Um pequeno agrupamento de intelectuais e de jornalistas se reunia ali... Conheci Graciliano e a sua numerosa família — uma filharada — num dia de Carnaval. ("Homenagem e adeus ao escritor Graciliano Ramos, velho camarada do bairro do Catete", *Fanfulla*, 26 de março de 1953).

1938

| Presa, novamente, na vigência do Estado Novo. O Tribunal Nacional de Segurança a condena a mais dois anos e meio de prisão. Ao todo, quatro anos e meio nos presídios políticos do Paraíso e Maria Zélia, em São Paulo, na Casa de Detenção, no Rio (presídio político), e na Cadeia Pública de São Paulo (cárcere comum). Fica detida alguns meses além do que a condenara o Tribunal de Segurança, por se recusar a prestar homenagem ao interventor federal, Adhemar de Barros, em visita à Casa de Detenção. || Do presídio político do Paraíso, este bilhete a Oswald, agradecendo uma visita de Rudá:

> Oswald,
> Você teve um gesto lindo quinta-feira passada. Estou infinitamente grata a você por me mandar o filhinho, além de tudo gordinho, forte, inteligente.
> Ele me diz que Bárbara tem sido um anjo para ele.
> Diz a ele que eu peço a ela e não a você que é um papaizão mole, que não deixe o meu filho gazear demais a escola. A vocês dois um grande abraço meu.
> Pagu

1939

| Elsie Houston, de passagem pelo Brasil, visita Pagu na prisão.

> Ela passou aqui em Santos, em 1939, a bordo do *Nieuw Amsterdam*, um navio todo branco, e foi a última vez que a vi. Eram tempos duros de prisões e dificuldades, e mandei a uma prisioneira política, por intermédio de Elsie, a mensagem de minha solidariedade — eram grandes amigas (Geraldo Ferraz, "Fidelidade dum Poeta-Viajante", entrevista expressa com Benjamin Péret, *A Tribuna*, Santos, 5 de fevereiro de 1956).

| **28 DE MAIO** | De uma carta a seu pai, da Casa de Detenção do Rio: "Continuo ainda um pouco esmagada mas vai se vencendo corajosamente. Peça a Sid que arranje com Geraldo livros para mim. Quero que ele me consiga aí (Isto é importantíssimo) *L'État d'angoisse nerveux* de Stekel, tradução francesa de 1930".

1940

| **JULHO** | Libertada, finalmente, vai para a casa dos pais. "Saiu da prisão pesando 44 quilos. Aí eu peguei e fiquei cuidando dela", depõe Geraldo Ferraz, que seria o seu companheiro até o fim da vida (Entrevista à *Folha de S.Paulo*, 20 de maio de 1978). || Fixam residência em Santos e, depois, em São Paulo.

1941

| **18 DE JUNHO** | Nasce Geraldo Galvão Ferraz, filho de Geraldo Ferraz e Patrícia.

1942

| Moram no Rio. Patrícia é redatora de *A Manhã* e de *O Jornal*, do Rio. || Em *A Noite*, de São Paulo, de 22 de agosto a 31 de dezembro, publica crônicas diárias sob o pseudônimo de "Ariel".

1945

| Primeira edição do romance *A Famosa Revista*, em colaboração com Geraldo Ferraz. || Trabalha, a partir dessa época, por onze anos, no Rio e em São Paulo, como redatora da Agência France-Presse, então fundada. | **SETEMBRO** | Com Geraldo Ferraz, Mário Pedrosa, Hilcar Leite e Edmundo Moniz, integra a redação do periódico *Vanguarda Socialista*. Nesse semanário, dirigido por Mário Pedrosa e secretariado por Geraldo Ferraz, publica um artigo político e 24 crônicas literárias, a primeira das quais, no nº 1, de 7 de setembro de 1945, uma crítica arrasadora à "Vida de Luís Carlos Prestes, o cavaleiro da esperança" de Jorge Amado.

1946

| **24 DE MAIO** | Última crônica literária na *Vanguarda Socialista* (nº 39), *Fala o Destempero da Náusea*. | **24 DE NOVEMBRO** | Primeiro número do Suplemento Literário do *Diário de São Paulo*, organizado por Geraldo Ferraz com a colaboração de Patrícia. O suplemento sairá aos domingos, durante dois anos. Em suas páginas Patrícia assina as crônicas da série Cor Local, com a rubrica "Pt.", e mantém, com Geraldo Ferraz, a seção Antologia da Literatura Estrangeira, comentários biobliográficos e traduções, em mais de noventa números.

1947

| **30 DE NOVEMBRO** | A crônica *Não tenha medo do escuro* assinala o reencontro com o filho, Rudá, depois de muitos anos de separação.

1948

| **MAIO** | Participa do Congresso de Poesia, realizado em São Paulo. Apresenta ao Congresso uma crítica e indicação, co-assinada por Geraldo Ferraz, rejeitando a "nova poesia" da "geração de 1945" e defendendo o movimento modernista e Oswald, "de facho em riste, bancando o Trótski em solilóquio com a revolução permanente" (*Diário de São Paulo*, 9 de maio de 1948). | **15 DE AGOSTO** | Publica, no Suplemento Literário do *Diário de São Paulo*, o poema *Natureza Morta*, sob o pseudônimo de Solange Sohl. | **28 DE NOVEMBRO** | Último número do suplemento.

1949

| Tenta o suicídio com um tiro na cabeça. "Uma bala ficou para trás, entre gazes e lembranças estraçalhadas" (*Verdade e Liberdade*, 1950). | **4 DE SETEMBRO** | Colabora no terceiro número de Literatura & Arte, suplemento do *Jornal de São Paulo* com o poema "Naufrágio" (Homenagem ao poeta Murilo Mendes), prosa poética no estilo de *A Famosa Revista* e com os personagens Mosci e Rosa desse livro. | **11 DE SETEMBRO** | Com "Janelinha inaugural" reinicia as crônicas da série Cor Local no mesmo suplemento. | **25 DE SETEMBRO** | O nº 6 do suplemento estampa "Vermelho dos Madrugadores" — um poema de René Char, tradução de Pt. | **11 DE DEZEMBRO** | Homenagem especial a Kafka no nº 17 de Literatura & Arte — página dupla com o artigo "Franz Kafka — o gênio e a sua legenda sombria", de Patrícia Galvão e outros textos selecionados e traduzidos por ela.

1950

| **8 DE JANEIRO** | Última crônica da série Cor Local ("Janeiro, Zero Sinfonia") no nº 21 de Literatura & Arte. | **12 DE MARÇO** | Publica, no Suplemento Literário do *Jornal de Notícias* de São Paulo, criado por Fernando Góes, o artigo "Antonin Artaud e a sua legenda de 'poeta maldito'". | **FINS DE ABRIL** | A Convenção do Partido Socialista Brasileiro a inclui na Chapa dos Candidatos à Assembleia Legislativa do estado de São Paulo, publicada

em 1º de maio. | **13 DE MAIO** | Faz o seu primeiro discurso, como candidata, em São Simão, com a presença do candidato interpartidário ao governo de São Paulo, engenheiro Prestes Maia. || Publica o panfleto político *Verdade e Liberdade*, editado pelo Comitê Pró-Candidatura Patrícia Galvão. Nessas páginas rememora os duros momentos de prisão, repudia o PC e dá as razões de sua candidatura. | **16 DE JULHO** | No jornal *Fanfulla*, de São Paulo, inicia uma série de crônicas sobre política nacional e internacional ("Duas faces do mesmo dia"), que termina, em 17 de setembro de 1950, com o artigo intitulado "Ásia e Europa". | **27 DE AGOSTO** | Com um estudo sobre Jean Paulhian, reaparece no Suplemento Literário do *Jornal de Notícias*, que dela receberá, ainda, matérias sobre Silone (17 de setembro de 1950), Koestler (24 de setembro de 1950) e Victor Serge (5 de novembro de 1950). | **15 DE OUTUBRO** | Volta a colaborar em *Fanfulla*, iniciando, sob o título geral De Arte e de Literatura, longa sequência de artigos, que percorrerá os anos de 1951, 1952 e 1953.

1951

| **31 DE MARÇO** | Assiste, no Rio, à primeira apresentação de *A sagração da primavera* de Stravinski, entre nós, comentando o acontecimento em crônica de 1º de abril de 1951, estampada em *Fanfulla*. | **MAIO** | Em Recife, participando de um Congresso, encontra-se com Lula Cardoso Aires e com ele visita a casa da irmã de Cícero Dias, para ver "os quadros do grande pintor pernambucano, alguns ainda dos velhos tempos de suas magníficas invenções de recente menino de engenho..." ("Anotações de uma congressista itinerante pela capital pernambucana e seus arredores", *Fanfulla*, 27 de maio de 1951).

1952

| Frequenta a Escola de Arte Dramática de São Paulo, sob a direção de Alfredo Mesquita. Daí em diante, ocupar-se-á cada vez mais de atividades teatrais. | **14 DE OUTUBRO** | Relembra seu primeiro encontro com Cícero Dias, "o pernambucano que volta a expor em São Paulo", numa crônica de 14 de outubro de 1952, em *Fanfulla*:

> Conheci Cícero Dias quando ainda "éramos" antropófagos, antes da minha passagem pelos dez anos que abalaram meus nervos e minhas inquietações, transformando-me nesta rocha vincada de golpes e de amarguras, destroçada e machucada, mas irredutível.

1953

| **21 DE JUNHO** | Último artigo da série De Arte e de Literatura, no jornal *Fanfulla*: "Anotações para um debate sobre a literatura dos ex-militantes".

1954

| Numa aula de Décio de Almeida, na EAD, apresenta, acompanhada de estudo diagramático, a tradução de *A cantora careca* de Ionesco:

> [...] no Curso de Escritores, certa noite de 1954, levei minha tradução de *A cantora careca*, de Ionesco, que agora querem que seja *A cantora calva*... Tratava-se de apresentar um estudo de curvas de intensidade de uma peça, justificando o estudo que dela se fizesse. Tendo lido Ionesco, tomei-o para o estudo pedido e, naquela noite, com Décio de Almeida Prado, apresentei o gráfico com as minhas notas e o texto de Ionesco. Tínhamos visitas na EAD — Cacilda Becker e Edgard da Rocha Miranda estavam lá. Décio leu a tradução e foi um sucesso... Meus colegas ignoravam Ionesco e Cacilda ficou encantada. Pediu-me a tradução. Parece que queria aproveitá-la.
>
> E Luís de Lima veio à minha casa para confrontar a minha tradução com a que fizera de *A cantora careca*, conferimos tudo e ele gostou da maior parte das minhas soluções ("Ionesco, pela escola", *A Tribuna*, 2 de dezembro de 1956).

| **JULHO** | Por incumbência de Carmen Portinho, traz a São Paulo o convite a Aldo Calvo para opinar, tecnicamente, sobre a construção do teatro no projeto do arquiteto Afonso Eduardo Reidy para o Museu de Arte Moderna do Rio. | **23 DE OUTUBRO** | Comparece ao sepultamento de Oswald de Andrade. É fotografada junto ao leito mortuário do escritor (*A Tribuna*, 24 de outubro de 1954). | **4 DE NOVEMBRO** | Retoma, em *A Tribuna*, a série de crônicas Cor Local, mas por pouco tempo (de 4 de novembro de 1954 a 24 de novembro de 1954). | **30 DE NOVEMBRO** | *A Tribuna* estampa o seu artigo "Jacques Prévert, 'contador de histórias'", a propósito de conferência sobre o poeta francês. Ela aparece numa foto, entre os assistentes.

1955

| **JANEIRO** | Consegue trazer para Santos a apresentação de *A descoberta do Novo Mundo*, de Lope de Vega (em transcrição de Morvan Lebesque), pela EAD, iniciando os espetáculos da escola nessa cidade. | **3 DE JULHO** | Com "Bertold Brecht" inicia, na *Tribuna*, a série de crônicas que leva o título geral de Teatro Mundial Contemporâneo, dedicada especialmente a "figuras e nomes do teatro mundial contemporâneo que não constam ainda dos repertórios mais conhecidos". | **31 DE JULHO** | Publica, como quinto número dessa série, o artigo "Ionesco", aludindo à sua tradução de *A cantora careca*. | **2 DE OUTUBRO** | Com "Strindberg — VIII" encerra a série sobre teatro mundial contemporâneo. | **20 DE OUTUBRO** | Escreve sobre o ingresso de Jean Cocteau na Academia Francesa ("Saudação ao poeta-'acadêmico'"). | **13 DE NOVEMBRO** | Traduz um fragmento de *Etapas* de Kierkegaard, acompanhado de comentário ("Trecho de Kierkegaard"). | **27 DE NOVEMBRO** | Organiza, em *A Tribuna*, uma página especial de comemoração aos vinte anos da morte de Fernando Pessoa.

1956

| **29 DE JANEIRO** | Página comemorativa do 75º aniversário da morte de Dostoiévski, em colaboração com Geraldo Ferraz. | **19 DE FEVEREIRO** | Outra página especial: "Henri Heine morria há cem anos, em Paris" — O amor da liberdade é uma flor que nasce na prisão, é lá que se sente o preço da liberdade" — textos selecionados, produzidos e coordenados por Geraldo Ferraz e Patrícia Galvão para *A Tribuna*. | **25 DE MARÇO** | Critica a I Bienal de Artes Plásticas do Teatro na III Bienal de São Paulo: "Teatro para mim é espetáculo. Teatro sem espetáculo fica parecendo depósito de munição para a guerra, o que positivamente não me agrada, porque não sou da paz, sou da guerra" (*A Tribuna*). | **8 DE ABRIL** | Publica, em *A Tribuna*, o artigo "Mário de Andrade", conferência no Clube de Arte, a propósito de uma palestra de Fernando Góes.

> Falou também Fernando Góes da preocupação social sempre presente na obra do autor de *Macunaíma*. Prefiro discordar desse termo e colocar Mário absolutamente fora de qualquer caráter, classificando-o somente como "um tupi tangendo um alaúde". Um tupi, andando pelo asfalto, impregnado de gasolina, num "background" de arranha-céus, acompanhando o caminho dos cadilaques e dos esgotos, as nuvens baixas e os bondes, sapateando nos trilhos com os guerreiros brancos e os cães. Um poeta debruçado num parapeito de granito.

| **6 DE MAIO** | Página especial em *A Tribuna*. Textos e traduções de Geraldo Ferraz e Patrícia, dedicados ao centenário do nascimento de Freud. Apresentação de fragmentos da biografia de Ernest Jones e de um dos últimos escritos do criador da Psicanálise — matérias inéditas, na época, em português. | **16 DE MAIO** | Cria, no mesmo jornal, uma coluna de breves comentários sobre os programas de televisão, intitulada VIU? VIU? VIU?, assi-

nando-se "Gim". | **28 DE MAIO** | Sob a coordenação de Patrícia, inauguram-se as atividades do grupo do Teatro Universitário Santista com a leitura em cena aberta de *A tumba do guerreiro de Ibsen.* | **6 DE AGOSTO** | Participa, ao lado de Geraldo Ferraz e do grupo do TUS, de uma sessão de poesia e teatro — um "ato de comemoração e protesto pela morte de Federico García Lorca", vinte anos depois. | **9 DE SETEMBRO** | Publica, em *A Tribuna*, a tradução de nove poemas de *Feuilles de route*, de Blaise Cendrars, pela primeira vez vertidos para o português. | **SETEMBRO** | Revê, no Teatro Municipal do Rio, a Ópera de Pequim.

> Para este repórter que há vinte anos assistiu in loco ao que se realizava de melhor no mundo em matéria de teatro, o espetáculo tinha um atrativo duplo, uma significação de verdadeiro suspense. Como teriam conseguido entrosar uma tradição com uma revolução? Muita técnica, muito esforço e arte nenhuma, foi o que se conseguiu apreciar no espetáculo da Ópera de Pequim. O princípio decretado por Mao Tsé-tung, de "que todas as formas de arte desabrochem em conjunto e que se rejeite o antigo para que o novo apareça", embora em seu conteúdo surja como construtivo, constrangeu as aspirações dos novos artistas, obrigados, por essas diretivas, a uma transposição dos sentimentos ancestrais às realidades vigentes na China popular. O resultado nos deu certa impassibilidade, insensibilidade, frieza ("Ópera de Pequim de hoje e... de outros tempos", *A Tribuna*, 30 de setembro de 1956).

| **9 DE DEZEMBRO** | Uma evocação da obra de Pirandello, vinte anos depois — textos, seleção e tradução de Patrícia. | **23 DE DEZEMBRO** | Rainer Maria Rilke morreu há trinta anos — textos e seleção de Patrícia.

1957

| **7 DE ABRIL** | No nº2 do recém-lançado suplemento dominical de *A Tribuna*, inicia duas seções de longa duração: *Palcos e Atores*, sobre teatro, e *Literatura*, sob o antigo pseudônimo de Mara Lobo. Nesta, com intuitos didáticos, publica uma série de artigos abordando a obra de alguns escritores brasileiros do século XIX e da fase de transição para o modernismo. | **28 DE ABRIL** | Interrompe, no nº5, a sequência, para registrar o aparecimento de *Literatura europeia e Idade Média*, de E. R. Curtius, em edição do Instituto Nacional do Livro, "um grande acontecimento literário". Voltará ao assunto em "Um grande trabalho sobre explicação da literatura", no nº15 (7 de julho de 1957). | **28 DE JULHO** | "Para uma antologia da poesia mundial: Charles Cros. 'O arenque defumado'" (um poema de Cros), tradução, adaptação e nota de PG para *A Tribuna*. | **4 DE AGOSTO** | "Origens da literatura moderna brasileira", na seção Literatura, de Mara Lobo (Suplemento nº19). | **11 DE AGOSTO** | "Origem da literatura moderna nas ideias do século XX" (Suplemento nº20).

> Que é que caracteriza a literatura chamada "moderna"? Primeiramente, uma invenção da linguagem. A norma descritiva do escritor considerado de vanguarda é uma pesquisa no sentido de dar intensidade, de estabelecer surpresa, de qualificar em profundidade os episódios e as figuras, as relações e as coisas. A originalidade, portanto, mas uma originalidade que não seja feita de originalidade apenas — uma originalidade orgânica, funcionando, muitas vezes, em consonância rítmica e fonética mesmo, com as coisas narradas...

| **25 DE AGOSTO** | "Sobre a didática elementar: Modernos e contemporâneos" (Suplemento nº22).

> Chegaremos, então, a essa classificação final: aventura e ordem.
> O escritor da aventura não teme a aprovação ou a reprovação dos leitores. É-lhe indiferente que haja ou não da parte dos críticos uma compreensão suficiente. O que lhe

importa é abrir novos caminhos à arte, é enriquecer a literatura com germens que, à semelhança dos "germens" descritos por Novalis, venham TALVEZ a fecundar a literatura dos próximos anos.

| **20 DE OUTUBRO** | Em "Ionesco, incrivelmente entre nós" (Palcos e Atores, Suplemento nº30), saúda a apresentação, no Rio, de *A cantora careca* e *A lição*, de Ionesco, por Luís de Lima. | **13 DE NOVEMBRO** | Polemiza com críticos da revista *Leitura*, defendendo Luís de Lima e o seu Teatro Novo, em "Lição para críticas" (Palcos e Atores, Suplemento nº32).

1958

| **5 DE JANEIRO** | Em "Ano Novo, livros novos" (Suplemento nº41), Mara Lobo anuncia a reedição de *Doramundo* e do "tumultuário registro que foi *A Famosa Revista*, um livro que saiu no fim da guerra (1945), e não foi reeditado até hoje (moderníssimo), em que o mesmo Geraldo Ferraz e Patrícia Galvão tentaram um gênero novo, infelizmente pouco legível para o tempo". | **30 DE MARÇO** | "Da crítica e da nova crítica" (Mara Lobo), comentário sobre o livro de Afrânio Coutinho: '"Da crítica e da nova crítica' pertence à abertura de um período novo em nossa compreensão da literatura" (Suplemento nº53). | **13 DE ABRIL** | Em "O grande Svevo" (Suplemento nº55), relembra a sua tradução do conto "Vinho generoso", publicado "na primeira vez que apareceu em português a literatura de Svevo, no *Diário de São Paulo*, aí por 1947-48". | **18 DE MAIO** | "Em três escritores rumam para o Brasil este ano" (Suplemento nº60), comenta a propalada vinda de John dos Passos, Huxley e Pound ao Brasil.

> Há, finalmente, Ezra Pound, que quer vir para o Brasil "ensinar" literatura. É o mais velho dos três escritores que viram a bússola para o Brasil. Ê o mais importante deles para a história das letras de vanguarda no mundo inteiro. Talvez tenha sido, com Gertrude Stein, o único escritor — poeta principalmente — que se dedicou a animar o movimento de renovação das letras, com uma contribuição original que não se deve aos Estados Unidos, mas à cultura clássica...

| **1º DE JUNHO** | "Rachel de Queiroz e *A beata*" (Palcos e Atores, Suplemento nº62): "Lança-se Rachel de Queiroz pela segunda vez, no teatro, com motivação nordestina [...]. Houve o mal menor. Mas a peça é um mal maior". | **29 DE JUNHO** | "Dois poetas: Cesário e Gonçalves Dias" (Literatura, Suplemento nº66): "Com Cesário Verde, a poesia portuguesa parece ter encontrado o seu caso mais puro, no século passado". | **27 DE JULHO** | "Manifesto da província" (Literatura, Suplemento nº70): "Vai daí esta carta de amor aos campineiros que soltaram o grito do *Jornal* e apresentam o grupo *Noigandres*, que é uma cambada que tem por papa Ezra Pound, o poeta dos cantos pisanos". | **9 DE NOVEMBRO** | Anuncia, em Palcos e Atores, a apresentação de *Ubu Roi*, de Alfred Jarry, pela EAD, no encerramento do Curso de Arte Teatral promovido por *A Tribuna*: "Amanhã, Jarry com *Ubu Rei*, em Santos" (Suplemento nº85). | **7 DE DEZEMBRO** | Em "Virá ao Brasil André Malraux" (Literatura, Suplemento nº89), relembra os tempos de Paris, de 1935.

> Conhecemos Malraux, na França, no momento agitado da formação da Frente Popular, quando toma a esquerda política, os jovens jocistas (Juventude Católica), os partidos liberais, haviam resolvido enfrentar o perigo fascista que se esboçava com os movimentos dos Camelots du roi, Croix de feu, e principalmente com Laval, que futuramente iria colaborar com os nazistas.

| **21 DE DEZEMBRO** | "Festival e Ionesco" (Palcos e Atores, Suplemento nº91), sobre o encerramento do Festival de Teatro Amador e a apresentação, no Teatro Maria Della Costa, de *A cantora careca* e *A lição*, de Ionesco, por Luís de Lima, "o jovem introdutor

desse Teatro de Vanguarda, no Brasil": "... vamos mover céus, terras e pedras, para que Luís de Lima traga essas peças a Santos".

1959

| **4 DE JANEIRO** | "Encontro com Ionesco e Luís de Lima" (Palcos e Atores, Suplemento nº93).

> Conhecemos Luís de Lima, quando recém-chegado da Europa, a convite de Alfredo Mesquita, passou a participar do corpo docente da Escola de Arte Dramática de São Paulo. [...] Luís de Lima chegava a São Paulo, com Ionesco, para apresentá-lo ao público brasileiro. Sabendo que alguém aqui, uma simples aluna da Escola de Arte Dramática, já o conhecia e o admirava, tendo-o apresentado aos professores como um de seus autores prediletos, já por ela traduzido (uma tradução escolar, evidentemente), quis conhecê-la. E foi assim que apertamos a mão desse jovem mestre, sendo firmada uma amizade que sempre será das maiores.

| **25 DE JANEIRO** | Patrícia descobre Arrabal:

> E surge-nos um nome, simples mas de musicalidade permanente: Arrabal. Encontramos o seu "recueil" de quatro peças, numa das livrarias da Pauliceia. Muito pouca gente sabe quem é esse jovem espanhol de 25 anos, escolhido severamente por Maurice Nadeau para a sua coleção 'Les lettres nouvelles', editada por Julliard, em Paris ("Na vanguarda da dramaturgia o teatro de Arrabal", Palcos e Atores, Suplemento nº96).

| **22 DE FEVEREIRO** | "Historiando o modernismo brasileiro" (Mara Lobo), "review" da "História do modernismo brasileiro" de Mário da Silva Brito (Suplemento nº100).

> Na pobreza das nossas vidas, na falta de uma aventura do espírito entre culturas sedimentadas como tanto acontece "sempre" em países de longas tradições da inteligência e do espírito, o modernismo foi uma afirmação de fé e, por que não dizê-lo?, também de amor. Porque foi com amor e fé que os seus epígonos se lançaram nessa sucessão de acontecimentos que entre 1917 e 1933 vão balizar a nossa evolução inicial. Depois, o mal já estava feito.

| **22 DE MARÇO** | "Ainda a vanguarda" (Palcos e Atores, Suplemento nº104): "Os amadores não precisam de foguetes, nem de retratos, nem de bilhetes (no sentido sórdido do termo), para se lançar no experimento das inovações". | **12 DE ABRIL** | Os poetas "neoconcretos" irritam Mara Lobo: "Os neoconcretistas prometem transformar a coisa para uma 'figuração objetal', 'quase-corpus', que ainda continua não sendo nada. E chega que já enche tratar com estes fantasmas" (*Neoconcretismo*, Suplemento nº107). | **17 DE ABRIL** | "Uma data: Vicente de Carvalho" (Literatura, Suplemento nº108).

> Como dizia, não suporto Academia; não só por causa de "santista"; a "brasileira" também não me merece consideração alguma — a "francesa" idem. Trata-se bem de alergia ao acadêmico; ao que o acadêmico representa de morto. Mas, viva a Academia que comemora o Vicente de Carvalho!

| **30 DE ABRIL** | Participa de debate, realizado no Teatro de Arena, sobre *Chapetuba F.C.*, de Oduvaldo Viana Filho.

> De nossos apartes, fizemos sentir a Boal que seria muito mais importante para o teatro brasileiro uma pesquisa "artística" e não "nacionalizadora", pois a arte salvaria o teatro brasileiro bem antes do que a pesquisa nacionalizadora sob a bandeira verde-amarela ("Em torno de uma diretriz", Palcos e Atores, Suplemento nº106, 5 de abril de 1959).

| **10 DE MAIO** | "Notícia de *Lolita*" (Literatura, Suplemento, nº 111), defendendo o livro de Nabokov contra a censura moral e política.

> Os russos atacam Nabokov, considerando-o um "cosmopolita", o que antigamente podia ser confundido com internacionalista. Hoje, "cosmopolita" é oposto ao nacionalismo. Os nossos comunistas de hoje são, apenas, nacionais-socialistas, como queria o velho Adolfo em seu partido nazi.

| **24 DE MAIO** | "Príncipe dos poetas" (Mara Lobo), sobre a eleição do novo "príncipe dos poetas brasileiros". Na seção Palcos e Atores, "Bate-papo no mar, discussão do nacionalismo em teatro" (Suplemento nº 113). | **31 DE MAIO** | "Refratariedade" (Mara Lobo), crítica, de teor desfavorável, ao livro de poemas *A fênix refratária*, de Domingos Carvalho da Silva (Suplemento nº 114). | **28 DE JUNHO** | "Futurismo cinquentão" (Mara Lobo), sobre Marinetti e o futurismo (Suplemento nº 118). | **JULHO** | Colabora com o II Festival Nacional de Teatro de Estudantes, organizado por Paschoal Carlos Magno, fazendo parte do júri de premiação. | **12 DE JULHO** | "Recordando o Teatro Universitário Santista e os seus primeiros passos", artigo de Patrícia Galvão em página de *A Tribuna* dedicada ao Festival. Em Palcos e Atores (Suplemento nº 120), "Boal, o Teórico": "[...] Augusto Boal quer ter um lugar na teorização do teatro brasileiro e nutre-se de um 'me-ufanismo' de futebol e morro pensando que aí está o Brasil". | **19 DE JULHO** | "Amor, a tese emergente" (Mara Lobo), de novo sobre *Lolita*, condenando a proibição do livro em alguns países. Em Palcos e Atores, ainda o nacionalismo: "O teatro moderno prescinde da coceira nacionalista de que se acha atacada a vida teatral brasileira" (Suplemento nº 121). | **23 DE AGOSTO** | Relembra o encontro com Malraux no Congresso pela Liberdade da Cultura em Paris, em 1935, em "Visitante ilustre" (Literatura, Suplemento nº 126). | **30 DE AGOSTO**: "*Fando e Lis*", na seção Palcos e Atores (Suplemento nº 127), anuncia a preparação do espetáculo: "O estudo das peças do jovem dramaturgo espanhol me levou à tradução de um de seus textos, *Fando e Lis*, para experimentar a montagem possível, a interpretação, através de um grupo". | **3 DE SETEMBRO** | Na coluna de televisão VIU? VIU? VIU?, o cronista Gim, contra *Gimba*: "[...] em outubro teremos a grande Ruth de Souza como protagonista da grande ópera, moderníssima obra e famosíssima obra de George Gershwin, *Porgy and Bess*, que põe GIMBA num chinelo — GIM sem BA". | **13 DE SETEMBRO** | Em "*Gimba* made in Brazil" (Palcos e Atores, Suplemento nº 129), diverge de Paschoal Carlos Magno: "A exaltação que P.C.M. agora faz a *Gimba* é o deslumbramento da exportação dessa revista musicada misturada com uma ruim história de morro". | **20 DE SETEMBRO** | No polêmico "Dois grandes prêmios", Mara Lobo comenta a atribuição do título de príncipe dos poetas brasileiros a Guilherme de Almeida e do Prêmio Moinho Santista a Tristão de Athayde (Suplemento nº 130). | **4 DE OUTUBRO** | "Dois romances reeditados" (Mara Lobo). Registro da segunda edição de *Doramundo* e *A Famosa Revista*, "um trabalho inteiramente novo em nossa literatura moderna" (Suplemento nº 132). | **11 DE OUTUBRO** | "Uma escritora cresce" (Mara Lobo), sobre Nathalie Sarraute e seu romance *Le Planétarium* (1959): "A obrigação mais profunda do romancista é a de descobrir a novidade (originalidade) e não se submeter ao grave crime de repetir as descobertas de seus antecessores". | Em "Bienal e público através de observações didáticas" (Palcos e Atores, Suplemento nº 133), registra "a decisiva internacionalização do teatro e da arte em geral, contra tendenciosas manifestações separatistas, que procuram estar em voga, defendendo uma tese anormal de nacionalismo". | **18 DE OUTUBRO** | "Hoje, na Bienal" (Palcos e Atores, Suplemento nº 134): "Estamos literalmente embasbacados diante da panorâmica apresentada pela Tchecoslováquia". | **31 DE OUTUBRO** | Apresentação de *Fando e Lis* (en-

saio geral) pelo GETI — Grupo Experimental de Teatro Infantil, dirigido por Patrícia Galvão e Paulo Lara, no II Festival Regional do Teatro Amador de Santos. | **1º DE NOVEMBRO** | Em *A Tribuna*, no artigo "Uma peça de vanguarda", Geraldo Ferraz descreve "a aventura intelectual e artística da encenação da peça de Arrabal": "Até onde estou informado, trata-se de uma 'prémière mondiale', o que não é de espantar porque se trata mesmo da aventura em grande escala, essa aventura 'à rebours' da ordem estabelecida, da tranquilidade do rebanho". | **14 DE NOVEMBRO** | Geraldo Ferraz e Patrícia Galvão são homenageados com um almoço no Clube Internacional de Regatas, de Santos, por motivo do lançamento de *Doramundo* e *A Famosa Revista*. O Centro de Estudantes confere um diploma de sócio honorário a Geraldo e um cartão de prata a Patrícia. | **18 DE NOVEMBRO** | *A Tribuna* noticia o encerramento do II Festival Regional do Teatro Amador: *Fando e Lis* recebe quatro prêmios e três menções honrosas.

1960

| **17 DE JANEIRO** | No artigo "*Fando e Lis* de novo no cartaz", publicado em *A Tribuna*, Geraldo Ferraz noticia manifestação de Arrabal sobre a apresentação da peça: "[...] de Nova York o escritor espanhol mostrou-se surpreendido por haver no Brasil quem ousasse realizar essa 'prémière' [...]". | **31 DE JANEIRO** | "Amanhã, em São Paulo, *Fando e Lis* e o GET" (Palcos e Atores, Suplemento nº 149):

> O teatro amador que pretendemos, é o que possa superar os programas das companhias profissionais, quanto à escolha de textos. O teatro amador que pretendemos é para aqueles que entendam fazer teatro em grande estilo, e fazer teatro por fazer.

| **1º DE FEVEREIRO** | Reapresentação de *Fando e Lis* no teatro Bela Vista, em São Paulo. | **5 DE FEVEREIRO** | Na seção Artes e Artistas, de *A Tribuna*, publica-se o artigo "*Fando e Lis* no teatro Independência em espetáculo promovido pelo Clube XV", onde há nova alusão ao contacto de Arrabal com PG:

> Escrevendo de Nova York a Patrícia Galvão, Arrabal manifestou a sua alegria por ter de contar a Paris, onde reside, que foi na América do Sul, em Santos, que sua peça colheu aplausos merecidos por uma compreensão perfeita desse texto, e a adequada interpretação e direção dada ao espetáculo.

| **7 DE FEVEREIRO** | "Operários do Canto" (Mara Lobo), crítica a livro de poemas de Geir Campos: "Versos perfeitos a serviço de uma causa. Discordamos, amigo Geir". Em Palcos e Atores, "Com o autor de *Chapetuba*": nova polêmica com o teatro "nacionalizante" (Suplemento nº 150). | **8 DE FEVEREIRO** | Reapresentação de *Fando e Lis*, desta feita no teatro Independência, de Santos. | **14 DE FEVEREIRO** | Em "Teatro de livraria" (Palcos e Atores, Suplemento nº 151), continua a reclamar um "teatro de qualidade": "[...] não é possível continuar com o espetáculo de ínfima qualidade, com o espetáculo pervertido ou reduzido ao medíocre. É necessário levantar o nível da cena!". | **21 DE FEVEREIRO** | "Lembrança de um poeta" (Mara Lobo), sobre Ronald de Carvalho, 25 anos após a sua morte. Em Palcos e Atores: "O *Rinoceronte* de Ionesco" (Suplemento nº 152). | **28 DE FEVEREIRO** | "Meditações e debates: *A filha de Rappaccini*" (Palcos e Atores, Suplemento nº 153).

> Preferimos a vanguarda, sempre, porque visa ela a corrigir os vícios e os hábitos de se assistir teatro normal, teatro repetido, teatro que deixa espectador e atores indiferentes. Preferimos aqueles momentos capazes de sacudir o sono do mundo, como lembrava, certa vez, o velho mestre Sigmund Freud. Pois que o mundo dorme.

| **3 DE ABRIL** | Em "Um 'bravo' aos 'Independentes'" (Palcos e Atores, Suplemento nº 158), saúda a iniciativa do grupo, que ensaia a peça *O improviso da alma*, de Ionesco:

> A vanguarda é a pesquisa, e esta não constitui senão uma etapa à frente do rebanho. Se os que buscam prêmios querem peças acessíveis e êxito certo, a vanguarda não faz questão senão de se constituir como tal, isto é, ir à frente do movimento, para assinalar como pioneira o caminho descoberto, a primeira estrada no território desconhecido, a rota no mar não devassado.

| **16 DE ABRIL** | A convite da Faculdade de Filosofia, Ciências e Letras de Assis, o Grupo Experimental de Teatro leva *Fando e Lis* àquela cidade. Em artigo publicado em *A Tribuna* (24 de abril de 1960), Oswaldo Leituga, presidente do Centro de Estudantes de Santos, comenta:

> O espetáculo terminado, começou uma verdadeira caça de autógrafos. Mais requisitada, Patrícia Galvão. Pat, mais do que nunca compenetrada de sua condição de diretora, destacou-se nos trabalhos preparatórios da peça, fez-se conhecida e admirada. Não descansou um momento. Orientou a montagem, acalmou os ânimos, acompanhou os ensaios privados de Renato e Tereza, caminhou para baixo e para cima, ajudou em tudo e a todos, teve presença, foi diretora. Por isso mesmo o consagrado Jorge de Sena, agora professor em Assis, disse-nos: "Ela é ainda mais jovem que todos vocês".

| **17 DE ABRIL** | "Sobre poesia e ovo" (Mara Lobo), a respeito de um concurso de poesia com o tema "Santos": "A pior poesia é a poesia que vamos aqui chamar de 'cívica', ainda quando acabe em versos da 'Internacional'" (Suplemento nº 160). | **24 DE ABRIL** | "Clarice Lispector em foco" (Mara Lobo). Em Palcos e Atores: "Assis, uma plateia altamente sensível" (Suplemento nº 161). | **1º DE MAIO** | "Com questões de orientação", Mara Lobo inicia uma série de artigos sobre "O que se deveria ler", nos quais elabora uma lista de autores essenciais (Suplemento nº 162). | **27 DE MAIO** | Em Artes e Artistas, o jornal *A Tribuna* noticia a escolha da representação santista no III Festival Nacional de Estudantes, em Brasília. Em reunião coordenada pelo diretor do Departamento Cultural de *A Tribuna* e pelo presidente do Centro de Estudantes, decidiu-se que a peça *A escada* seria a representante, aprovada uma ressalva de Patrícia Galvão, que exigia um julgamento prévio do "valor qualitativo" da obra. | **5 DE JUNHO** | Na seção Semanascópio, revela-se que a peça *A escada*, inscrita pelo Teatro Estudantil de Vanguarda, do Centro de Estudantes, como obra do americano Lon Losec, era de autoria de Oswaldo Leituga, o presidente da entidade. | **7 DE JUNHO** | A Comissão Municipal de Cultura publica, em *A Tribuna*, comunicado sobre o caso da peça *A escada*, justificando o seu patrocínio com a opinião dos representantes dos grupos de teatro amador de Santos, que afirmam ter aprovado a designação, depois de haverem lido a obra e assistido ao seu ensaio geral. | **8 DE JUNHO** | Na seção livre de *A Tribuna*, aparece, assinada por Patrícia, uma "Declaração aos grupos amadores de teatro", a propósito de *A escada*. Repudiando o comunicado da Comissão de Cultura, ela esclarece que não participou de qualquer julgamento da peça, rejeita o agradecimento dos grupos amadores e resigna à presidência da União dos Teatros Amadores de Santos. | **19 DE JUNHO** | Nas páginas dominicais de *A Tribuna*, Patrícia publica dois trabalhos: "*Fim de Jogo*, reeditando Beckett numa cena experimental de São Paulo" e "Uma página de Paul Valéry: 'O mar'" (tradução). Em Palcos e Atores (Suplemento nº 169), descreve um encontro com Paschoal Carlos Magno, no teatro Bela Vista, para a inauguração do "laboratório" de pesquisas teatrais da companhia Tônia-Celi-Autran.

> Em toda a minha vida, e já é uma experiência que não troco por coisa alguma deste mun-

do nem doutros mundos, essa procura de QUALIDADE é a luz que fulge no meio das contradições de nossas mesquinhas avarias, quando as colisões inevitáveis surgem por falta de rumo de tantos, e é uma luz que sustenta o orgulho da proa na solidão caliginosa que tantas vezes cai e cerca, na derrota... ("Paschoal Carlos Magno e o próximo festival")

| **22 DE JUNHO** | *A Tribuna* noticia a realização de assembleia da União dos Teatros Amadores de Santos, na noite anterior, para apreciar o pedido de demissão de sua presidente. Plínio Marcos, representante do Clube de Arte, solicita a Patrícia que revogue seu pedido. Patrícia insiste em resignar ao cargo, por não ter sido convidada a opinar sobre *A escada*. A decisão definitiva é adiada, ficando pendente de um voto de confiança a ser concedido, ou não, à presidente da UTAS, em próxima reunião. | **26 DE JUNHO** | Nas páginas de *A Tribuna*, homenageia Pierre Reverdy, que falecera, com um pequeno estudo, acompanhado da tradução de poemas de *Flaques de verre*. Na seção Artes e Artistas do mesmo jornal, analisa a peça de Oswaldo Leituga ("Sobre a alegoria *A escada*"), para concluir: "*A escada* é apenas um equívoco". Em Literatura, Mara Lobo publica "Castro Alves clássico", a propósito do nº44 da coleção Nossos Clássicos, da Agir: "A leitura de Castro Alves lírico poupa a estopada em que nos meteríamos a conhecer o poeta em toda a sua quantidade, quanto tão pouca coisa sobra" (Suplemento nº170). | **3 DE JULHO** | "Aprenda, menino, aprenda" (Mara Lobo), comentário sobre o que deve ser feito para que uma obra literária mereça esse nome: "Toda a obra de arte é um futuro em si mesma, ou nascerá morta". || Em Palcos e Atores, publica "Poemas a encenar", a respeito do livro *Théâtre, II — Poèmes à jouer*, de Jean Tardieu, lembrando a tradução que fizera, em maio de 1956, de pequena peça do *Théâtre de chambre* desse desconhecido autor de vanguarda (Suplemento nº171). | **5 DE JULHO** | *A Tribuna* publica o artigo "Negado o 'voto de confiança' à presidente demissionária da UTAS", em que Patrícia descreve a reunião que culminou com a sua exclusão da entidade e a resolução do Centro de Estudantes considerando-a "persona non grata" e proibindo-a de frequentar a sua sede:

> Verificamos, logo, que a questão fora colocada em termos de revisão da hipótese do "voto de confiança", dado que nossa crítica a *A escada* fora recebida como uma grave desconsideração para com o presidente do Centro e autor da peça Oswaldo Celso Novoa Leituga (Lon Losec), o elenco e a entidade. No decorrer de longa discussão vimos que esperavam de nossa parte uma "transação", o silêncio, ou o louvor, em troca do "voto de confiança". Como nunca havíamos suspeitado que as coisas fossem postas nesse plano, defendemos a liberdade da crítica, abrindo mão, portanto, de qualquer atitude capaz de levar a um apaziguamento, a uma "coexistência pacífica". Nosso pensamento permanece adstrito a uma questão, só a da qualidade de uma peça teatral, nunca a de harmonização de interesses em torno daquilo que, em nosso entender, não merece ser qualificado de teatro. Isto não implica injúria; é uma posição de sinceridade e respeito para com a cultura e a arte teatral. Entendemos assim, daí não nos afastaremos.
> Houve, portanto, da parte dos grupos, condenação de nossa atitude de criticar *A escada* como falsificação teatral, em todos os sentidos.
> Compreendemos, na impotência dos que não dispõem de outras armas, o recurso à truculência, quase chegando ao insulto pessoal, como ocorreu durante a reunião. Não compreendemos que um presidente de Centro de Estudantes chegue a agir, totalitariamente, ao proibir a entrada na sede da entidade a quem apenas cometeu o crime de "divergir" quanto à qualidade de uma peça de teatro. Esse crime, o crime sagrado de divergir e ser consequente nós o cometeremos sempre e não contra o Centro de Estudantes, mas contra a cidade inteira, contra o mundo inteiro, e sozinha, se necessário for.

| **24 DE JULHO** | Na página Literatura Artes Cultura, de *A Tribuna*, aparece o poema "A figueira", de Octavio Paz (tradução e nota de PG). No Suplemento nº 174, Mara Lobo compra outra briga, desta feita com a Comissão Municipal de Cultura: em "Os jogos florais" (a propósito de concurso de "poesia, oratória, declamação e contos"), critica o edital e as tolices do seu regulamento. | **7 DE AGOSTO** | "E vocês, mares..." (fragmento do poema St. John Perse), tradução e nota de PG na página Literatura Artes Cultura. | **21 DE AGOSTO** | Em Palcos e Atores, estende a sua crítica ao setor de teatro do concurso relativo aos Jogos Florais da Primavera (Suplemento nº 178). | **27 DE AGOSTO** | "Uma peça e um diretor" (sobre *Os fantoches* de Plínio Marcos e *Jenny no pomar* de Charles Thomas), artigo publicado na seção Artes e Artistas, de *A Tribuna*.

> A tentativa de *Os fantoches*, quanto ao texto, resiste apenas pelo manejo de um diálogo, maiormente destituído de sentido. Da reportagem, o autor saltou para o teatro de ideias e foi o que se viu. Um texto medíocre.
> Do texto medíocre saiu um espetáculo também medíocre. Não poderia, uma algaravia do tipo da que foi apresentada, determinar uma boa transposição para o palco.

| **31 DE AGOSTO** | No artigo "Em torno de uma desnomeação" (Artes e Artistas), relata a atitude da Comissão Municipal de Cultura, que, em represália às críticas de Patrícia, tornou sem efeito o convite para que participasse do júri do concurso de peças de teatro dos Jogos Florais.

> O presidente da Comissão Municipal de Cultura leu mal, ou concluiu apressadamente de uma leitura. De um ou de outro modo, os termos do ofício dizem que somente com o meu silêncio me seria lícito colaborar com a Comissão: penso que não. Só a estopada de ter de ler os originais enviados ao Concurso seria uma colaboração bastante. Não acho que devesse ficar calada diante da redação lastimável daquelas condições, conforme a análise procedida. Se a Comissão julga que só o louvor lhe interessa, que aprenda a acertar sempre.
> É o que devo dizer a respeito dessa nomeação e dessa "desnomeação" que, absolutamente, não me interessam.

| **13 DE SETEMBRO** | *A Tribuna* estampa o artigo, "Sartre e o teatro em debate livre", no qual Patrícia fala da recepção que Cacilda Becker ofereceu a Sartre e Simone de Beauvoir, à qual estiveram presentes artistas e intelectuais, além da própria Patrícia.

> A uma pergunta que fizemos sobre o teatro "engagé" e as limitações que poderia provocar na criação artística, Sartre nos declarou que o Teatro não admite qualquer espécie de compromisso ou deixa de ser teatro. O dramaturgo não é um profeta nem um apóstolo. Não deve dar certezas, principalmente quando não as tem. [...] Não há mais teatro de vanguarda. O teatro de vanguarda está morto. É um ramo do teatro burguês que desumaniza os humanos. Elogiou Ionesco em seus primeiros trabalhos de pesquisa, criticando os seus últimos trabalhos, *Tueur sans gages* e *Les Rhinocéros*, afirmando que Ionesco havia passado para um simbolismo reacionário, tanto teatral como ideológico.

| **18 DE SETEMBRO** | Encontra-se com Ionesco, num jantar, no Rio, e palestra com ele, por algumas horas. O relato do encontro está no artigo Ionesco, domingo no Rio, em conversa informal (*A Tribuna*, 22 de setembro de 1960).

> Chegou a nossa vez de perguntar e em se tratando de Ionesco o teatro de vanguarda seria o tema mais adequado, o dele, e para nós que também nos consideramos na mesma barricada.
> Sobre as suas peças, disse-nos considerar as melhores *O rinoceronte* e *As cadeiras*, mais

conformes com a sua obra, dentro de sua concepção de vanguarda. A sua trajetória, segundo nos explicou, é a aventura, a da renovação absoluta, levada às extremas consequências. Cada palavra passa por uma pesquisa; o seu teatro é uma oposição ao teatro estratificado, no sentido de revigorar a arte cênica.

A uma pergunta sobre o teatro nacionalista com pretensões a criar um texto nacional, com encenação autóctone, com diretrizes determinadas, Ionesco falou mais alto: "Nunca. Teatro é teatro e só teatro. Deve-se fazer teatro".

| **2 DE OUTUBRO** | "Ionesco, Sartre e o Teatro Dirigido" (Palcos e Atores): "Encontrei com diferença de poucos dias Jean Paul Sartre e Eugène Ionesco. Ambos autores teatrais, as suas concepções não fazem, diferentes como são, que meu coração balance. Dois grandes dramaturgos, escolhendo caminhos diferentes, é a Ionesco que nos ligamos, imediatamente, pelas condicionantes da vanguarda e da pesquisa." No mesmo Suplemento (nº 184), Mara Lobo anuncia: "Fernando Pessoa em *Poètes d'Aujourd'hui*". | **9 DE OUTUBRO** | "Ainda Ionesco" (Palcos e Atores, Suplemento nº 185): "Ainda falemos de Ionesco. Não falemos mais de Sartre que é um dramaturgo compreendido, aceito ou não aceito, mas redondamente explicável". | **15 DE OUTUBRO** | Na "persona" de GIM — o cronista de TV —, Patrícia começa a se despedir.

> GIM espera que os leitores tenham apreciado Ron durante a curta permanência de GIM mesmo, numa viagem pequenininha em Alagoinha, que infelizmente não foi de recreio. Voltou sem o Tatu Bola, filho do Tatu Bolinha. E morreu a minha nega e também minha filhinha. E deu broto no feijão. RON é hierarquicamente o herdeiro desta máquina e desta cadeira de redação. É jovem, simpático e engraçado. Um mel. Enquanto GIM é quase fel. Espero que vocês se habituem com ele se este pobre velho precisar partir definitivamente dentro em breve.

| **23 DE OUTUBRO** | "A nova geração é 'beatnik'", artigo publicado na página Literatura Artes Cultura, de *A Tribuna*, a propósito dos "beatniks": "Do ponto de vista literário não proporcionam nem uma revolução na técnica nem uma renovação no gênero e não dizem nada de novo". || Em Palcos e Atores (Suplemento nº 187), discorre sobre o 3º Festival Regional de Teatro Amador, prestes a se iniciar. | **30 DE OUTUBRO** | "Faz quarenta anos o primeiro livro surrealista". Uma página de *Les Champs Magnétiques* de André Breton e Phillipe Soupault (texto e tradução de PG), em Literatura Artes Cultura. Em Literatura, Mara Lobo escreve sobre Henry Miller, "O primeiro beatnik" (Suplemento nº 188). | **6 DE NOVEMBRO** | "Perse, o poeta" (em Literatura Artes Cultura). Sobre a atribuição do Prêmio Nobel ao poeta (assinado P.):

> O grande poeta pode tomar uma posição social, associal ou antissocial. Ele aparece sempre como um exemplo ou um símbolo. Villon deixou uma imagem do século visto através do remorso. Baudelaire simboliza o sofrimento na insatisfação. Rimbaud, a revolta, Mallarmé, o desprezo, numa pesquisa exacerbada da perfeição intelectual que será levada até os limites da dúvida e da abdicação. No século XX, Valéry, Benn, Lorca, Fernando Pessoa, Maiakóvski — estamos falando apenas, à margem de qualquer contingência ou posição doutrinária — dentro do plano poético da condição humana, testemunharam uma atitude exemplar.
>
> No grande poeta, um equilíbrio tem que se estabelecer entre o que ele escreve e o que ele é. Tudo se passa como se o poema fosse o poeta. Assim, Rimbaud se transforma literalmente em "Bateau Ivre". A fusão da forma e do mistério é tão completa que a poesia adquire um acento de verdade metafísica e cósmica, além de sua perfeição verbal e rítmica. Ela aparece ao mesmo tempo bela e verdadeira a qualquer espírito sensível. Porque o grande poeta sempre tem razão.

|| Em Palcos e Atores (Suplemento nº 189), publica "Revolução", em que critica, desfavoravelmente, a peça *A Revolução na América do Sul* de Augusto Boal e a orientação do Teatro de Arena, afirmando-se "contra a confusão reinante entre teatro regional, brasileiro, e teatro nacionalista, quando teatro não pode ter nacionalidade, já que de per-si é universal": "Teatro é obra de arte e não polêmica, manifesto. A mensagem tem que ser a do artista e não de partidos políticos. [...] Teatro, para nós, não é palanque". | **13 DE NOVEMBRO** | "Fernando Pessoa a uma distância de 25 anos" (Literatura, Suplemento nº 190).

> Mas entre todos os nomes que figuravam em *Orfeu*, entre todos os nomes que participaram desse movimento, é a Fernando Pessoa que cabe a glória inconfundível de haver permanecido, mantendo com a sua flama e o seu desdobramento, com uma produção em continuidade evolutiva, ascensional, a Poesia portuguesa à altura da grande Poesia do seu tempo, como aconteceu com Ezra Pound e em Eliot, em Reverdy e em Saint-John Perse, em Lorca e Ungaretti, para apenas citar esses grandes visionários.

| **20 DE NOVEMBRO** | "Faíscas de *Chronique* de Saint-John Perse" (texto e tradução de PG). Na mesma página (Literatura Artes Cultura) aparece a tradução, não assinada, do poema "Duração" de Octavio Paz, com a nota:

> Octavio Paz, adido cultural do México em Paris, poeta surrealista integrado no grupo de André Breton, enviou-nos alguns de seus poemas, juntamente com a autorização que deve ser encaminhada ao Grupo de Teatro Amador de Santos — GPAT dos direitos autorais de sua peça *A filha de Rappaccini* que dentro de alguns dias será encenada.

| **27 DE NOVEMBRO** | Publica, na página Literatura Artes Cultura, o poema "Canal":

> *Nada mais sou que um canal*
> *Seria verde se fosse o caso*
> *Mas estão mortas todas as esperanças.*

|| No Suplemento nº 192, na seção Literatura, "Octavio Paz e sua poesia": "Presentemente, cabe-lhe, talvez, mesmo, a suprema láurea de poeta da nossa Hispano-América, como, indiscutivelmente, cabe a Jorge Luis Borges, o notável escritor argentino, a supremacia da prosa talvez em todo o hemisfério". || No mesmo suplemento (Palcos e Atores), "Marchemos para o IV Festival Regional". Nestas "últimas considerações sobre o encerrado III Festival Regional do Teatro Amador, Patrícia louva a audácia da escolha de *O improviso da alma*, de Ionesco, pelos "Independentes": "Continuem o caminho trilhado que é grande esse caminho, embora cheio de pedras". | **4 DE DEZEMBRO** | "Música no teatro" (Palcos e Atores, Suplemento nº 193), destacando Gilberto Mendes e Willy Correia de Oliveira. | **11 DE DEZEMBRO** | "Rappaccini Daughter" (Palcos e Atores, Suplemento nº 194). | **18 DE DEZEMBRO** | "Amanhã, *A filha de Rappaccini*" (Palcos e Atores, Suplemento nº 195). | **19 DE DEZEMBRO** | "Avant-première", no teatro Independência de Santos, da peça de Octavio Paz, traduzida e dirigida por Patrícia, com cenários e figurinos de Lúcio Menezes e música de Willy Correia de Oliveira.

1961

| **1º DE JANEIRO** | Em Literatura, no Suplemento nº 197, Mara Lobo assina o artigo "Joyce e traduções e ainda um ausente" (o "ausente" é Kafka, até então não traduzido em livro entre nós). | **29 DE JANEIRO** | Homenageando Blaise Cendrars, falecido no dia 20, aos 83 anos, Patrícia traduz um trecho de "A prosa do Transiberiano" e o artigo "A metafísica do café" para a página Literatura Artes Cultura. | **5 DE MARÇO** | Na mesma página,

aparece "E a morte não dominará" ("And Death Shall Have No Dominion"), de Dylan Thomas, tradução e nota de PG. | **12 DE MARÇO** | Nova tradução: "Um poema de Max Jacob". No mesmo dia, | o Suplemento nº207 traz o artigo "Um quarto de século sobre um assassínio", em que Mara Lobo rememora, ainda uma vez, "a criminosa execução de Federico Garcia Lorca pelo franquismo". | **19 DE MARÇO** | No nº208 do Suplemento, em Literatura, "De novo Fernando Pessoa". Registrando o aparecimento de uma antologia organizada por João Alves das Neves, Mara Lobo se entusiasma com o manifesto "Ultimatum, um panfleto que escola nenhuma, desde o expressionismo alemão aos desabusados surrealistas, tiveram coragem de formular... 1917! Por que não colocar, historicamente, este trecho de Pessoa, esta virulência fremente, entre os manifestos do Dadaísmo?". | **26 DE MARÇO** | O Suplemento nº209 estampa o último artigo assinado por Mara Lobo: "Apertar o cinto". Nas páginas de *A Tribuna*, sai "Dos *Hinos à noite* de Novalis" (texto e tradução de PG). || Daí em diante, as colaborações literárias de Patrícia se circunscrevem a uns poucos artigos e textos publicados na página Literatura Artes Cultura da edição dominical de *A Tribuna*. A seção Palcos e Atores prosseguiria, ainda, por alguns números, no Suplemento. | **17 DE MAIO** | Publica, em *A Tribuna*, "*A semente,* um travesti", severa crítica à peça de Gianfrancesco Guarnieri.

> Empreguei a palavra "travesti" para significar a mascarada com que se pretende, nesta peça, tratar a sério da ideologia comunista e a sério do Partido Comunista. A mascarada é que se prendem a um passado morto ideias e noções de uma ideologia esvaziada.

| **28 DE MAIO** | "Em Brasília e uma ideia de criação dum meio" (Palcos e Atores), relata a sua viagem à capital, para integrar a Comissão Nacional de Teatro, do Conselho Nacional de Cultura. | **2 DE JULHO** | "In Memoriam, de Lorca" (Palcos e Atores, Suplemento nº223): "O teatro... arte, acima de tudo. Arte nobilíssima: e vós outros, queridos atores, artistas acima de tudo". | **14 DE JULHO** | Publica, em *A Tribuna*, o artigo "*Bodas de Sangre* de García Lorca, com a EAD, abre o II Festival Brasileiro de Teatro em Santos". | **19 DE JULHO** | Em "O caso do festival" (na seção Artes e Artistas de *A Tribuna*) defende a peça *O testamento do cangaceiro*, de Chico de Assis contra o "veto" da Prefeitura, ressalvando: "Não entramos, aqui, no mérito da peça 'vetada'." A proibição acarretaria a suspensão do II Festival. | **24 DE SETEMBRO** | "*Apague meu spot-light* ou o direito à pesquisa" (Palcos e Atores, nº235), sobre o "drama eletrônico" de Jocy de Oliveira, com música de Luciano Berio, apresentado no Teatro Municipal de São Paulo, em 13 de setembro de 1961. | **1º DE OUTUBRO** | "III Bienal, na VI Bienal de São Paulo" (Palcos e Atores, Suplemento nº236).

> [...] para Santos há a oportunidade de se encontrar representada na III Bienal de Artes Plásticas do Teatro: e é o seu teatro amador — porque outro não há — que comparece com as maquetas das peças *Fando e Lis*, de Fernando Arrabal, e de *A filha de Rappaccini*, de Octavio Paz, ambas apresentadas no teatro Independência, ambas buscando um teatro que não tropeçasse nas facilidades comerciais nem fosse o teatro de chanchada, nem ainda ficasse fora da vanguarda. Teatro-arte, teatro-poesia, eis o que buscamos nessas peças, entre tantas que traduzimos, duas peças do teatro-poético de vanguarda.

| **15 DE OUTUBRO** | Na coluna VIU? VIU? VIU? o cronista GIM "se despede de seus leitores e telespectadores pois embarca para a Europa nesta semana". Na mesma data, sai em Palcos e Atores o artigo "Às vésperas de viagem", predomina a perspectiva (Suplemento nº238), em que evoca a "viagem redonda" de 1933. | **23 DE OUTUBRO** | "Visita à VI Bienal", o último artigo de Patrícia na seção Palcos e Atores (Suplemento nº239). A propósito da caravana que o Departamento Cultural de *A Tribuna* organizou, no dia

15 de outubro, em visita à Bienal, detém-se especialmente na seção de Teatro, elogia o grande artista tcheco, Josef Svoboda, e conclui: "Agora, só da França lhes mandarei notícias. Visitem a Bienal". | **15 DE DEZEMBRO** | De volta ao Brasil, retorna à coluna VIU? VIU? VIU?. |**19 DE DEZEMBRO** | Em VIU? VIU? VIU?, o cronista GIM destaca o "Festival de Música Contemporânea", programa do Canal 9, com obras de Webern, Stockhausen, Boulez, Maiuzumi, Duprat, Cozzela, Gilberto Mendes e Willy C. de Oliveira. |**21 DE DEZEMBRO** | GIM volta a sublinhar a importância do programa musical, que apresenta "a música mais avançada do mundo", enfatizando: "Dois jovens de Santos, Willy Correia de Oliveira e Gilberto Mendes representarão nossa cidade no 1º Festival de Música de Vanguarda, em colaboração com a VI Bienal".

1962

| **10 DE FEVEREIRO** | Em VIU? VIU? VIU?, discorre sobre o "theremin", comentando um concerto desse instrumento eletrônico: "O theremin não tem teclas nem corda e ao que dizem é baseado inteiramente no radar. Será executante o maestro Charles Stricharzy, que executou nesse instrumento o fundo musical do famoso filme *Farrapo humano*. Você acredita, Willy?". | **4 DE MARÇO** | GIM anuncia o programa "Brasil 62", no Canal 9, com o Madrigal Ars Viva, que inclui composições de Willy C. de Oliveira e Gilberto Mendes: "Vamos dar um destaque especial a esse conjunto santista da mais moderna música, dirigido por Klaus Dieter Wolff". | **8 DE ABRIL** | "Três poemas de Lawrence Durrell" (tradução e introdução) e "Morto Michel Ghelderode" (artigo), trabalhos publicados em Literatura Artes Cultura. | **17 DE JUNHO** | "*Yerma* de Lorca", a propósito da apresentação da peça pelo Teatro Brasileiro de Comédia. |**24 DE JUNHO** | "Cacilda num grande acontecimento teatral: a visita da velha senhora". O último artigo de Patrícia sobre teatro. | **1º DE AGOSTO** | VIU? VIU? VIU?: "E nada mais, neste último dia de julho muito amargo. GIM". | **10 DE AGOSTO** | VIU? VIU? VIU?: "Nada mais, neste dia. Anda tudo muito triste e muito confuso, agora em agosto, que tem o péssimo gosto de rimar com desgosto. GIM". | **18 DE AGOSTO** | VIU? VIU? VIU?: "Apenas isso, por hoje. As coisas indiscutivelmente andam em uma espiral descendente, nestes dias amargos. Mas é preciso resistir, resistir sempre". | **19 DE AGOSTO** | VIU? VIU? VIU?: "Ficamos aqui neste parágrafo, sem maiores ou menores considerações sobre a vida. Que esta já é muito estúpida e nem merece comentários mais prolongados". |**22 DE AGOSTO** | VIU? VIU? VIU?: "Prometemos ver o tio Sam-Ba num desses dias sem tosse e sem gripe. Obrigadíssimo pelo convite. GIM irá, sim. Pelo menos, antes de morrer". | **1º DE SETEMBRO** | VIU? VIU? VIU?: "E chega, porque hoje começa o mês em que começa a primavera, e foi na primavera que nasceu uma das flores mais lindas que até hoje surgiram em minha vida". | **23 DE SETEMBRO** | VIU? VIU? VIU?: "E a primavera chegou, enfim, e é uma pena que tenha surgido debaixo de chuva, forte e horrível chuva, que molha não apenas o corpo, mas também os ossos e a alma. Esta é a hora da busca do tempo perdido". || Na página Literatura Artes Cultura, o derradeiro texto de Patrícia Galvão, o poema "Nothing".

Nada nada nada
Nada mais do que nada

Abri o meu abraço aos amigos de sempre
Poetas compareceram
Alguns escritores
Gente de teatro
Birutas no aeroporto
E nada.

| **FINS DE SETEMBRO** | Viaja para Paris, para submeter-se a uma intervenção cirúrgica com o professor Dubosc, na sala Poirier, do hospital Laennec. Malograda a intervenção, tenta o suicídio. | **NOVEMBRO** | Regressa ao Brasil, com Geraldo Ferraz. | **12 DE DEZEMBRO** | Morre em Santos, "a cidade que mais amava, na casa dos seus, entre a irmã e a mãe que a acompanhavam, naquele momento" (Geraldo Ferraz). É enterrada no cemitério do Saboó.

bibliografia/

ERTHOS ALBINO DE SOUZA E AUGUSTO DE CAMPOS

OBRAS DE PATRÍCIA GALVÃO

PARQUE INDUSTRIAL: ROMANCE PROLETÁRIO — sob o pseudônimo de Mara Lobo. São Paulo: Edição da autora, 1933. Reeditado em fac-símile, salvo a capa, com apresentação de Geraldo Galvão Ferraz. São Paulo: Alternativa, 1981.

A FAMOSA REVISTA — romance, de parceria com Geraldo Ferraz. Rio de Janeiro: Americ-Edit., 1945. *A Famosa Revista* (2ª edição) — publicado em conjunto com *Doramundo*, de Geraldo Ferraz, sob o título geral de *Dois romances*. Rio de Janeiro: Livraria José Olympio Editora, 1959.

VERDADE E LIBERDADE — panfleto político. São Paulo: Edição do Comitê Pró-Candidatura Patrícia Galvão, 1950.

ÁLBUM DE PAGU OU PAGU: NASCIMENTO, VIDA, PAIXÃO E MORTE (1929). Publicado nas revistas *Código* nº2, Salvador, 1975, e *Através* nº2, São Paulo: Duas Cidades, 1978.

PATRÍCIA GALVÃO. Revista *Através* nº2, São Paulo: Duas Cidades, 1978, pp.1-62. Antologia de obras de Patrícia Galvão, com estudos, homenagens, depoimentos e fotos. Seleção e organização de Augusto de Campos. A capa leva uma faixa com os dizeres PAGU — PATRÍCIA GALVÃO — musa-mártir antropófaga (uma criação de Décio Pignatari). De Patrícia republicam-se: o *Álbum de Pagu*, com o material sobre ela já divulgado na revista *Código* nº2; o artigo "A baixa da alta" (em reprodução fotográfica) de A Mulher do Povo; trechos dos romances *Parque Industrial* e *A Famosa Revista*; crônicas da série Cor local; o poema "Natureza morta" de Solange Sohl e a "Contribuição ao Julgamento do Congresso de Poesia"; e um fragmento do panfleto *Verdade e Liberdade*. Republicam-se, ainda, o poema "Coco", de Raul Bopp e o artigo "Patrícia Galvão militante do ideal", de Geraldo Ferraz, bem como um fragmento do artigo "Imagens de perda — Patrícia. João Dornas Filho", de Carlos Drummond de Andrade; em reprodução fotográfica, a reportagem de Clóvis de Gusmão na revista *Para Todos...* Subsídios para uma bibliografia sobre Patrícia Galvão são fornecidos por Erthos Albino de Souza e Augusto de Campos. Fotos e montagens fotográficas. Estudos de Augusto de Campos e Antonio Risério.

SOBRE PATRÍCIA GALVÃO

A... (provavelmente Álvaro Moreyra). "Pagu". *Para todos...*, Rio de Janeiro, 27 jul. 1929, p.21.

ALVAREZ SILVA, Maria Leonor. "Patrícia Galvão: Escritora e introdutora do feijão-soja no Brasil". *O Município*, São João da Boa Vista, São Paulo, 27 jun. 1972.

ALVARUS. "Exposição Tarsila-Pagu e outros antropófagos". *A Manhã*, Rio de Janeiro, 25 jul. 1929.

AMARAL, Aracy A. *Tarsila, sua obra e seu tempo.* São Paulo: Perspectiva, 1975, pp.70, 73, 284, 291, 295, 343, vol.1.

ANDRADE, Carlos Drummond de. "Imagens de perda: Patrícia, João Dornas Filho". *Correio da Manhã*, Rio de Janeiro, 16 jan. 1963.

ANDRADE, Oswald de. "A casa modernista, o pior crítico do mundo e outras considerações". *Diário da Noite*, São Paulo, jul. 1930. Republicado em *Arte em revista,* São Paulo, Arquitetura Nova, Kairós Livraria e Editora Ltda., n. 4, ago. 1980.

AVELLAR, Jayme. "Berta Singerman e Pagu". *Diário de São Paulo*, 7 jun. 1929.

BASBAUM, Leôncio. *Uma vida em seis tempos* (*Memórias*), 2ª ed. revista. São Paulo: Alfa-Omega, 1978, p. 119.

BOPP, Raul. "Coco de Pagu" (poema). *Para todos*..., Rio de Janeiro, ano X, n. 515, 27 out. 1928, Rio de Janeiro, p. 24 (com ilustração de Di Cavalcanti). Na versão atual, o poema aparece pela primeira vez em *Cobra Norato e outros poemas*. (Barcelona: Editora Dau al Set, 1954, pp. 104-5), passando a intitular-se apenas "Coco", a partir da *Antologia poética*, de Raul Bopp (Rio de Janeiro: Leitura S.A., Rio de Janeiro, 1967).

——. "Bopp passado a limpo". Rio de Janeiro: Ed. do autor, 1972, pp. 74-5.

CAMPOS, Augusto de. "O Sol por natural" (para Solange Sohl, *ses vezer*), poema incluído em *Noigandres* (revista-livro de poesia, de Augusto e Haroldo de Campos e Décio Pignatari), São Paulo, n. 1, 1952, pp. 13-21. Republicado em *Noigandres* ("Antologia, do verso à poesia concreta", por Massao Ohno) São Paulo, n. 5, 1962, pp. 92-96.

——. "Eh Pagu Eh + Pagu Tarsila Oswald/Janelas", seguidos da divulgação do *Álbum de Pagu* e *Pagu: Nascimento, vida, paixão e morte* (1929), em montagem cartunizada de Augusto de Campos e José Luís Garaldi. *Código*, Salvador, n. 2, 1975.

——. "Pagu e as artes visuais". *Revista Arte Hoje*, Rio de Janeiro, n. 16, out. 1978.

——. "Revistas re-vistas: Os antropófagos", introdução à edição fac-similada da *Revista de Antropofagia*. São Paulo: Editora Abril Ltda/Metal Leve S.A., 1975. Incluído no livro do mesmo autor: *Poesia, Antipoesia, Antropofagia*. São Paulo: Cortez e Moraes, 1978, pp. 107-24.

——. "Pagu: Tabu e Totem". *Revista Através*, n. 2, São Paulo, 1978, pp. 4-6.

——; SOUZA, Erthos Albino. "Pega Pagu". Montagem de trechos de artigos publicados por Patrícia no jornal *Fanfulla* (1950-51). Revista *Código*, Salvador, n. 3, ago. 1978.

——. *Poesia* 1949-79 *(Viva Vaia)*. Republicam-se "O Sol por natural" e "Janelas para Pagu" (antes denominado Pagu Tarsila Oswald/Janelas). São Paulo: Duas Cidades, 1979.

——. "Pagu". *Jornal da Tarde*, 14 mar. 1981.

——. "Pagu, a musa antropófaga". *Leia Livros*, São Paulo, ano IV, n. 41, 15 nov.-14 dez. 1981.

CARVALHO, Flávio de. Entrevista a João Marschner", na série Depoimentos: "Oswald de Andrade no cotidiano". Suplemento Literário de *O Estado de S. Paulo*, 24 out. 1964.

COSTA, Flávio Moreira da. "A guerra particular de Patrícia Galvão". *IstoÉ*, 9 jan. 1980.

DA SILVA BRITO, Mário. "O aluno de romance Oswald de Andrade". In: Andrade, Oswald de. *Os Condenados*. Rio de Janeiro: Civilização Brasileira, 1970, p. XXIX, Obras completas, vol. 1.

EULÁLIO, Alexandre. *A aventura brasileira de Blaise Cendrars*. São Paulo/Brasília: Quíron Ltda.-INL/MEC, 1978. Transcreve o artigo "Blaise Cendrars: A aventura, da 'Antologia da Literatura Estrangeira'", atribuindo-o a Patrícia Galvão. *Diário de São Paulo*, 6 jul. 1947.

FARIA, Otávio de. "A morte de Patrícia Galvão". *Correio da Manhã*, Rio de Janeiro, 25 jan. 1963.

FERRAZ, Geraldo. "Patrícia Galvão: Militante do ideal". *A Tribuna*, Santos, 16 dez. 1962 (artigo assinado por "O redator de plantão").

——. "Desta casa destruída". *A Tribuna*, Santos, 7 abr. 1963.

———. "Quem foi Solange Sohl". Suplemento Literário de *O Estado de S. Paulo*, 16 mar. 1963 (seguido de um P.S. em "Bauhaus, trinta anos depois", publicado no mesmo Suplemento, em 22 mar. 1963).

———. Entrevista concedida à Ilustrada. "Moacir Amâncio e Sérgio Gomes", *Folha de S.Paulo*, 20 maio 1978.

———. "Entrevista a Edla Van Steen". In: STEEN, Edla Van. *Viver e escrever*. Porto Alegre: L&PM, 1981, pp. 195-204, vol. 1.

FILHO, Adonias. "A Famosa Revista". In: *Modernos ficcionistas brasileiros*. Rio de Janeiro: Edições O Cruzeiro, 1958, pp. 58-62.

GOÉS, Fernando. "Um abraço para Pat" (crônica da série Em tom de conversa). *Diário da Noite*, 10 jun. 1960. Reproduzido em *A Tribuna*, Santos, 19 jun. 1960.

GUSMÃO, Clovis de. "Na Exposição de Tarsila". *Para todos...*, Rio de Janeiro, ano XI, n. 555, 3 ago. 1929, p. 21.

J.B. "Pat". *A Tribuna*, Santos, 15 dez. 1962, p. 4.

JACKSON, Kenneth David. "Patrícia Galvão e o realismo-social brasileiro dos anos 1930", Caderno B do *Jornal do Brasil*, 22 maio 1978.

JUNQUEIRA, Suzana A. "Recordando a mulher admirável", reportagem contendo entrevistas com Eduardo Maffei, Plínio Marcos e Radha Abramo. *Revista Arte Hoje*, Rio de Janeiro, n. 16, out. 1978.

LEONOR, Maria. "A hora da verdade". *O Município*, São João da Boa Vista, 25 out., 3 nov., 9 nov., 10 nov. e 22 nov. 1979.

MARCOS, Plínio. "Arrabal em cena, é hora de Pagu", *Folha de S.Paulo*, 10 maio 1977.

MESQUITA, Alfredo. "Patrícia Galvão". Suplemento Literário de *O Estado de S. Paulo*, 28 fev. 1971.

MILLIET, Sérgio. *Diário crítico*, 3º volume. São Paulo: Livraria Martins, São Paulo, 1945, pp. 189-95. Comentário crítico sobre o romance *A Famosa Revista* (1ª edição). São Paulo: Americ-Edit., 1945. Reproduzido como prefácio da 2ª edição do romance, em *Dois romances*. Rio de Janeiro: José Olympio, 1959, pp. 103-9.

PAVÃO, Ari. "Bronzes e plumas, *Parque Industrial*..." (comentário sobre o livro). Rio de Janeiro: Renascença Editora, pp. 21-2.

PIGNATARI, Décio. "Jantemos Oswald", depoimento em Folhetim, *Folha de S.Paulo*, 21 maio 1978.

PINHEIRO, Paulo Sérgio. "Pagu: o livro de um mito". *IstoÉ*, 4 nov. 81.

RIBEIRO, João. "Mara Lobo. Parque Industrial", *Jornal do Brasil*, Rio de Janeiro, 26 de janeiro de 1933. Transcrito em *Crítica*, de João Ribeiro, vol. IX (Modernos), organização e prefácio de Múcio Leão. Rio de Janeiro: Academia Brasileira de Letras, Rio de Janeiro, 1952, pp. 337-9.

RISÉRIO, Antonio. "Fogo Pagu". *Revista Versus*, dez. 1977.

———. "Pagu: Vida-Obra, Obravida, Obra. *Revista Através*, n. 2, São Paulo, 1978, pp. 9-20.

SILVEIRA, Miroel. "Fando e Lis". *Correio Paulistano*, 3 fev. 1960.

TOSTES, Teodomiro. "Pagu". *Diário de Notícias*, Porto Alegre. Transcrito em "Desde o Rio Grande ao Pará!", reportagem não assinada, na *Revista de Antropofagia* (Segunda dentição), n. 13, *Diário de São Paulo*, 4 jul. 1929.

Obras de Patrícia Galvão

O HOMEM DO POVO (mar.-abr. 1931) — coleção completa e fac-similar do jornal criado e dirigido por Oswald de Andrade e Patrícia Galvão. São Paulo: Imprensa Oficial, 1984, 1ª edição, com introdução de Augusto de Campos; 2ª edição. São Paulo: Globo, 2009, acrescida de textos de Maria de Lourdes Eleutéria e Geraldo Galvão Ferraz.

INDUSTRIAL PARK — tradução para o inglês de Elizabeth e Kenneth David Jackson. Nebraska: University of Nebraska Press, 1993.

PARQUE INDUSTRIAL (3ª ed.) — Porto Alegre/ São Carlos: Mercado Aberto e Universidade Federal de São Carlos, 1994.

PARQUE INDUSTRIAL (edição eletrônica) — São Paulo: Editora Cintra, 2013.

INDUSTRIJSKI PARK: PROLETERSKI ROMAN — tradução para o croata de Jelena Bulic. Zagreb, Croácia: Naklada Jurčić, 2013.

A FAMOSA REVISTA (edição eletrônica) — em parceria com Geraldo Ferraz. São Paulo: Editora Cintra, 2013.

SAFRA MACABRA: CONTOS POLICIAIS — sob o pseudônimo de King Shelter, organização de Geraldo Galvão Ferraz. Rio de Janeiro: José Olympio, 1998.

PAIXÃO PAGU: A AUTOBIOGRAFIA PRECOCE DE PATRÍCIA GALVÃO — organização de Geraldo Galvão Ferraz. Rio de Janeiro: Agir, 2005.

VIVA PAGU: FOTOBIOGRAFIA DE PATRÍCIA GALVÃO — organização de Lucia Maria Teixeira Furlani e Geraldo Galvão Ferraz. São Paulo: Imprensa Oficial, 2010.

Sobre Patrícia Galvão

BRANCO, Ivo. *O grito de Pagu contra todos os aproveitadores*, *Revista SP Cultura*, Secretaria da Cultura do Estado de São Paulo, ano 1, n. 2, set. 1982, pp. 118-35.

FELIPE, Teresa. *Dos escombros de Pagu: Um recorte biográfico de Patrícia Galvão*. São Paulo: Edições SESC, 2008.

FURLANI, Lucia Maria Teixeira. *Patrícia Galvão: Livre na imaginação, no espaço e no tempo*. São Paulo: Unicep, Santos, 1989.

——. *Croquis de Pagu*. São Paulo: Cortez Editora, 2004.

GUEDES, Thelma. *Pagu: Literatura e revolução*. São Paulo: Ateliê Editorial e Nankin Editorial, 2003.

NEVES, Juliana. *Geraldo Ferraz e Patrícia Galvão: A experiência do Suplemento Literário do* Diário de São Paulo *nos anos 1940*. São Paulo: Annablume Editora, 2005.

ZATZ, Lia. *Pagu: A luta de cada um*. São Paulo: Callis Editora, 2005.

FILMOGRAFIA

EH PAGU EH (curta-metragem). Direção: Ivo Branco, 1982.

ETERNAMENTE PAGU (longa-metragem). Direção: Norma Bengell, 1988. O filme teve como fonte de informação e referência do seu roteiro este livro *Pagu: Vida-obra*, conforme reconhecido judicialmente.

PAGU: PATRÍCIA GALVÃO: LIVRE NA IMAGINAÇÃO, NO ESPAÇO E NO TEMPO. Direção: Rudá de Andrade e Marcelo Tassara, 2001.

crédito das imagens

Todos os esforços foram feitos para determinar a origem das imagens publicadas neste livro, porém isso nem sempre foi possível. Teremos prazer em creditar as fontes, caso se manifestem.
Muitas das fotografias foram reproduzidas tendo em vista sua importância histórica e nem sempre em condições ideais.

pp. 5, 156, 256, 385, 390, 398, 408 a 410, 415, 417, 419 (abaixo, à esquerda): Acervo Lúcia Teixeira/ Centro Pagu Unisanta
pp. 31, 78, 80, 95 a 111, 123 a 127, 134 a 144, 246, 247, 386 a 389, 391, 392, 394 a 397, 399, 405 (acima), 406, 411, 412 a 414, 416, 419 (acima e abaixo, à direita): Arquivo pessoal do autor
p. 88: DR/ Di Cavalcanti
pp. 90 e 401: © Tarsila do Amaral/ © Oswald de Andrade/ Acervo Lúcia Teixeira / Centro Pagu Unisanta
pp. 115 a 122, 128 e 129: Biblioteca Brasiliana Guita e José Mindlin
pp. 152 a 155: Folhapress
p. 257: Reprodução autorizada por João Candido Portinari. Acervo Projeto Portinari.
pp. 342 e 418: Jornal *A Tribuna de Santos*
p. 393: Acervo do Museu da Imagem e do Som de São Paulo
p. 400: DR/ Di Cavalcanti/ Arquivo pessoal do autor
p. 402: © Oswald de Andrade/ Acervo Lúcia Teixeira/ Centro Pagu Unisanta
pp. 403, 404, 405 (abaixo): © Oswald de Andrade/ Arquivo pessoal do autor
p. 407: DR/ Di Cavalcanti/ Diário de Notícias, Rio de Janeiro, 21/05/1933/ Fundação Biblioteca Nacional

índice remissivo

Os números de páginas em itálico referem-se a ilustrações

"À Glória de o 'Só'" (Pagu), 318
À ilha da Maré (Matos), 331
À la lumière du Marxisme, grupo de, 345
À margem da margem (Augusto de Campos), 17
"Abaporu" (Tarsila do Amaral), 58
Abramo, Lívio, 63, 263, 267-8
Abreu, Casimiro de, 312, 331
Academia Brasileira de Letras, 263, 273, 288, 328, 344, 377
Ação Integralista, 41
Adler, Alfred, 322-3
Adonias Filho, 377
Adour, Jayme, 84
"Affiche" (Cendrars), 274
Agence France Presse, 346
"Ainda a vanguarda" (Pagu), 299, 437
"Ainda Ionesco" (Pagu), 300, 443
Ainda o diabo (Pagu), 41
"Ainda o dodecafonismo e Guarnieri — Fayga, Caribé e Fernando Pessoa" (Pagu), 64, 270
"Ainda o leitor" (Pagu), 313
"Ainda o nacionalismo" (Pagu), 301, 304, 438
"Ainda o pleito, os concursos, usa e o 'romance social'" (Pagu), 198
Aires, Lula Cardoso, 433
Álbum de Pagu ou *Pagu*: *Nascimento, vida, paixão e morte* (Pagu), 13, 19-20, 28, 34, 54, 58-9, 67, 69, 73, 84, 91, 93-4, *95-109*, 132, 356, 382, 422, 425
Alcoolsi (Apollinaire), 218-9
Aldeia (escola de arte em Arcozelo), 50
Alemanha, 40-1, 70, 83, 164, 218, 260, 308, 345, 428, 430
Alencar, José de, 280, 312
"Algo sobre literatura e revolução" (Pagu), 184
"Algures" (Pagu), 164, 168
Aliança Nacional Libertadora (ANL), 41
Alma (Oswald de Andrade), 38
Almeida Junior, 273
Almeida, Fernando Mendes de, 202, 343, 361, 421
Almeida, Guilherme de, 57, 278, 314, 320, 361, 364, 421, 438
Almeida, Manuel Antônio de, 312, 317
Almeida, Paulo Mendes de, 23, 62*n*, 290, 361, 422, 426
Almeida, Renato, 279
"Álvaro Moreyra e outras questões que não são de todos" (Oswald de Andrade), 82*n*
Alves, Carlos Pinto, 201, 425
Alves, Castro, 44, 199, 263, 331, 441
Amado, Fenolino [Genolino], 34, 58, 425
Amado, Jorge, 69, 182-3, 187, 201, 263, 290, 315, 432
"Amanhã, *A filha de Rappaccini*" (Pagu), 300, 444
"Amanhã, em São Paulo, *Fando e Lis* e o *get*" (Pagu), 300-1, 439
Amaral, Dulce, 354
Amaral, Oswaldo, 354
Amaral, Tarsila do, 13, 27, 34, 54-5, 57-60, 62-3, 67-9, 93-4, 273-7, 354-7, 362-3, 377, 382-3, *401*, 422-6
Amaral, Waldemar Belisário do, 363, 425
Amédée ou comment s'en débarrasser (Ionesco), 296
"Amor, a tese emergente" (Pagu), 318, 438
Ana Livia Plurabelle (Joyce), 214
"And Death Shall Have no Dominion" (Thomas), 72
Anderson, Margaret, 11
Anderson, Sherwood, 213
Andrade Filho, Oswald de (Nonê), 158, *405*, 422, 425-7
Andrade, Adelaide de, 23
Andrade, Carlos Drummond de, 54, 63, 68, 253, 281, 290, 315, 323, 331, 346-8
Andrade, Mário de, 12-3, 47-9, 57, 62, 71, 164-6, 184, 200, 252-3, 273, 278, 290, 314-5, 320, 332, 343, 346, 361, 379, 421-2, 434
Andrade, Oswald de, 12-3, 20, 27, 33-5, 37-9, 46-8, 57-60, 62-3, 65, 68-9, 71, 73, 75-7, 79, 81-6, 93, 114, 132, 145-51, 158-9, 182, 184-5, 192-3, 198, 252-3, 264, 290, 314-6, 320, 332, 343, 349, 354, 356, 358, 360-5, 375, 378-9, 381-3, *401-5*, *418*, 422-32, 434
Andrade, Rudá de, 20, 354, 357-8, 364, 365, *404-5*, 426, 431-2
Andrade, Timo de, 158*n*
Anésia, dona (professora), 203
Angústia (Graciliano Ramos), 315
Anjo de sal, O (Guilherme de Almeida), 278
Anjos, Ciro dos, 265
"Annabel Lee" (Poe), 327
"Anotações para um debate sobre a literatura dos ex-militantes" (Pagu), 433
Anta, grupo, 41, 47, 253
Anteu e a crítica (Correia), 265
Antígona (Sófocles), 376
Antigone (Cocteau), 231
Antologia da Literatura Estrangeira (seção do Suplemento Literário do *Diário de São Paulo*), 43, 60, 72, 184, 207-9, 430, 432
"Antologia de Sílvio Romero no sábado, contos de um mestre e a arquitetura" (Pagu), 279
Antologia Noigandres, 71, 234, 243, 317
"Antonin Artaud e a sua legenda de 'poeta maldito'" (Pagu), 209, 230, 432
"Antonin Artaud" (Pagu), 317
antropofagia, movimento da, 27, 33, 38, 47, 198, 252, 276, 290, 347-8, 425
antropófagos, 34, 57, 69, 264, 273, 287, 423, 433
antropologia, 48
"Apague meu spot-light ou o Direito à pesquisa" (Pagu), 300, 445
"Apelo para a criação" (Pagu), 263
"Apertar o cinto" (Pagu), 312, 445
Apollinaire, Guillaume, 43, 46, 73, 208, 218-20, *221*, 224, 252, 320
"Após um balanço" (Pagu), 312
"Aprendiz de leitura" (Pagu), 313, 330-2
Àprès-Midi d'un Faune, L' (Mallarmé), 224
Aquarium (Soupault), 223
Aragon, Louis, 345, 430
Aranha, Graça, 273, 290, 312
Ariel (pseudônimo de Pagu), 41, 60, 163-8, 184, 431
Arinos, Afonso, 50
Arrabal, Fernando, 50, 73, 298-301, 346, 351, 437, 439, 445
Arraes, Miguel, 53
Artaud, Antonin, 50, 209, 230-2, 317, 432
arte moderna, 64, 269, 272, 275, 319

artes plásticas, 43, 71, 267, 319
"Às vésperas da viagem predomina a perspectiva" (Pagu), 302, 307, 427
Ásia, 347, 433
"Aspectos de um Balanço" (Pagu), 299
Assembleia Legislativa de São Paulo, 50, 77, 257, 432
Assis, Chico de, 445
Assis, Machado de, 38, 265, 288, 312, 317, 331
"Assis, uma plateia altamente sensível" (Pagu), 300, 440
Associação dos Jornalistas Profissionais (Santos), 49, 346, 350
Ateneu, O (Pompeia), 317, 331
Athayde, Tristão de, 45, 199, 290, 314, 318, 438
Através (revista), 15, 19, 59, 65, 67, 94, 356, 362, 382
Aury, Dominique, 330
Auto da compadecida (Suassuna), 303
Autocritique (Morin), 330
Avant-Garde, L' (jornal), 430
Aventura brasileira de Blaise Cendrars, A (Eulálio), 208
Azeredo, Ronaldo, 316
Azevedo, Aluísio, 312
Azevedo, Álvares de, 280, 331

Bachelard, Gaston, 244, 343
Bachofen, Johann Jakob, 76
Badiou, Alain, 39
Bahia, 23, 189, 271, 324, 357, 382, 425
"Baixa da alta, A" (Pagu), 60, *135*
Balzac, Honoré de, 45, 200
Bandeira, Antonio, 63
Bandeira, Manuel, 265, 331
"Bandeira" (Murilo Mendes), 282-3
Barata, Agildo, 258
Bárbara, Julieta, 364
Barcena, Catalina, 428
Barnacle, Nora Joseph, 211
Barnes, Djuna, 11-2, 15
Barney, Natalie, 11
Baroness Elsa (Gammel), 12
Barrabás (Ghelderode), 304
Barrault, Jean-Louis, 308
Barreto, Lima, 302, 307, 312, 332
Barros, Ademar de, 51, 259, 368, 431
Barzun, Henri, 252*n*, 316, 320
Basbaum, Leôncio, 76, 427
Bastide, Roger, 38
Bataille, Nicolas, 294
"Bate-papo no mar" (Pagu), 301, 303, 438
Baudelaire, Charles, 223, 231, 326, 443
Beach, Silvia, 11, 212
beatniks, 443
Beauvoir, Simone de, 442
Becker, Cacilda, 49, 63, 294, 346, 433, 442
Beckett, Samuel, 50, 197, 293, 298, 440
Becoming Modern: The Life of Mina Loy (Burke), 12
"Beira-rio" (Drummond), 282
"Bel Indifférent, Le" (Cocteau), 266
Bélgica, 304
Belgrado, Edoardo, 325
Benário, Olga, 260
Benavente, Jacinto, 213
"Benemerontida em rosa na primavera de junho" (Pagu), 196
Bennet, Arnold, 213
Berdiaeff, Nikolai, 376
Berger, Harry, 260
Bergman, Ingmar, 54, 203
Bergson, Henri, 321-2
Berio, Luciano, 300, 445
Bernanos, Georges, 265
Bertoletti, Esther Caldas, 23
Béstiaire ou cortège d'Orphée, Le (Dufy), 219
Betti, Ugo, 293
Biblioteca Patrícia Galvão (ead), 50, 353, *419*
"Bienal e os artistas do Rio, Lívio Abramo e a mulher na Academia de Letras" (Pagu), 263
"Bienal e público através de observações didáticas" (Pagu), 438
Bilac, Olavo, 319, 327
Billancourt, estúdios da, 345, 430
"Blaise Cendrars: A aventura" (Pagu), 208
Blin, Roger, 232
Blum, Leon, 345
Boal, Augusto, 298, 301, 305, 438, 444
"Boal, o 'teórico'" (Pagu), 301
Boaventura, Maria Eugenia, 158*n*
Bocage, Manuel Maria Barbosa du, 331
Bonaparte, Marie, 323
Bonifácio, José, 331
Bopp passado a limpo (Bopp), 353*n*, 428
Bopp, Lupe, 23
Bopp, Raul, 23, 40, 69, *88*, 89, 290, 308, 315, 343, 353, 355-6, 361-3, 382, 421-4, 426-9
Borach, Georges, 212
Borges, Jorge Luis, 343, 426, 444
Borges, Norah, 343, 426
Bork, Albert, 23
bossa-nova, 53
Botto, Antonio, 271
Boulez, Pierre, 446
Braga, Edgard, 234
Branco, Ivo, 426*n*
Brás Jornal, 421
"'Bravo' aos 'independentes', Um" (Pagu), 300-1, 306, 440
Brecheret, Victor, 202, 273
"Brecht invade o Brasil" (Pagu), 300
Brecht, Bertolt, 292, 300-1, 434
Brequinha (pseudônimo de Pagu), 82
Breton, André, 208, 345, 430, 443-4
Brito, Brasil Rocha, 23
Brito, Mário da Silva, 35, 437
Brizola, Leonel, 53
Bronzes e plumas (Ary Pavão), 158, 377
Bryher, 11
Bueno, Mario, 325
Buenos Aires, 81, 343, 426
Bulgária, 190
Bureau des Recherches Surréalistes, 230
Burke, Caroline, 12
Burle Marx, Roberto, 63, 202
Byron, Lord, 326

Cabral, Vale, 279
Cacilda Becker no Pega-Fogo e algumas advertências necessárias (Pagu), 63
"Cacilda num grande acontecimento teatral: a visita da velha senhora" (Pagu), 446
Cadeiras, As (Ionesco), 442
Cage, John, 59
Caillet, Didi, 69, 362, 422-3
Calder, Alexander, 43, 185, 376
Calligrammes (Apollinaire), 220, *221*
Calvino, João, 373
Calvo, Aldo, 434
Camargo, Joracy, 304-5
Camões, Luís de, 272, 331
Campbell, Thomas, 217
Campinas, 324, 325

Campos, Augusto de, 26, 34, 56, 67-8, 70-4, 91, 93, 238, 243-6, 316, 354, 356-7, 360-8, 377, 382
Campos, Geir, 439
Campos, Haroldo de, 47, 54, 316
Campos, Lima, 328
Campos, Lygia de Azeredo, 21, 79*n*, 234
"Canal" (Pagu), 334-5, 444
"Cançoneta de Novembro" (Pagu), 196
Candido, Antonio, 48, 183, 188, 190, 265
"Cante, poeta" (Pagu), 164-6
"Canto do pracinha só" (Oswald de Andrade), 184, 192-3
Cantora careca, A (Ionesco), 49, 294-5, 300, 346, 351, 433-4, 436
Cantos (Pound), 68
capitalismo, 34, 186-7, 189, 379
Cardim, Gomes, 361
Cardoso, Joaquim, 313
"Carinhoso biógrafo de Prestes, O" (Pagu), 182
Carpeaux, Otto Maria, 43, 45, 199-200
Carranca, Luis F., 303
"Carta aberta aos músicos e críticos do Brasil" (Guarnieri), 63, 268
"Carta aberta aos palhaços" (Pagu), 204
Carvalho, Eleazar de, 278
Carvalho, Flávio de, 81, 167, 197, 201, 205, 422, 426
Carvalho, Ronald de, 314, 320, 331, 439
Carvalho, Vicente de, 312, 331, 437
Carybé, 63, 64, 271
Casa de Detenção de São Paulo, 258-9, 365-8, 431
Casa-Grande & Senzala (Freyre), 332
Casanova, Giacomo, 220
Casarés, Maria, 232
"Casos de poesia e guerra" (Pagu), 190-3
Cassou, Jean, 288
Castelo Branco, Camilo, 331
Celso, Affonso, dr., 146, 147
Cendrars, Blaise, 73, 208, 274, 320, 435, 444
Chagall, Marc, 288
Chaises, Les (Ionesco), 296
Chalmers, Vera, 82*n*
Champs Magnétiques, Les (Breton), 443
Chapetuba F. C. (Viana Filho), 301, 437
Char, René, 432
Charoux, Lothar, 202*n*
Chateaubriand (redator), 274
Chateaubriand, Assis, 274, 279
Chessman, Caryl, 330
Chiang Kai-Shek, 40
China, 40, 53, 218, 259, 308, 344, 353, 356, 428-9, 435
Chiquinha Dell'Oso, Mme. (possível pseudônimo de Pagu), 82
Churchill, Winston, 193
"Cícero Dias, o pernambucano que volta a expor em São Paulo" (Pagu), 286
Cidade e as serras, A (Eça de Queirós), 331
cinema, 38, 53, 59, 262, 265, 316, 321, 330, 362, 427
cinema novo, 53
"Cinquentenário de Machado de Assis" (Pagu), 317
Clara dos Anjos (Lima Barreto), 332
"Clarice Lispector em foco" (Pagu), 315, 440
Claudel, Paul, 224
Clima (revista), 13, 48, 253
Clube Internacional de Regatas (Santos), 439
Cobra (pseudônimo de Pagu), 82
Cobra Norato (Bopp), 89, 314-5, 356, 422
"Coco" (Bopp), 69, *88*, 89, 355-6, 421-3
Cocteau, Jean, 65, 208, 231, 266, 277, 434
Código (revista), 15, 19, 28, 34, 59, 67, 94, 357, 377, 382
Coelho Neto, 280, 319
Coleridge, Samuel Taylor, 326
"Colombe poignardée et le jet d'eau, La" (Apollinaire), 220, *221*
Coluna Invicta (Prestes), 279
"Com o autor de *Chapetuba*" (Pagu), 301, 439
Comissão Municipal de Cultura (Santos), 346, 440, 442
"Comissão para a Bienal do MAM e as piscinas do Palmeiras, Uma" (Pagu), 262
"*Compadecida, A*" (Pagu), 298
comunismo, 34, 47, 53, 60, 76-7, 85, 253, 259, 349, 359, 364, 430
concretismo, 316
concretistas, 71, 72, 262, 316, 325
"Concretos e anônimos" (Augusto de Campos), 316
"Concretos no museu, Os" (Geraldo Ferraz), 316
Condé, José, 328
Condenados, Os (Oswald de Andrade), 379
Conservatório Dramático e Musical de São Paulo, 49, 62, 200, 269, 361-2, 421
"Considerações sobre a Bienal e os limões do primeiro prêmio" (Pagu), 262-3
Conti, Mario Sergio, 15, 17, 66-8, 70-3
"Contornos e desvãos de um panorama sumário" (Pagu), 61, 262, 265, 267
Contos de aprendiz (Drummond), 281
Contos de Belazarte, Os (Mário de Andrade), 332
Contribuição ao Julgamento do Congresso de Poesia (Pagu & Geraldo Ferraz), 13, 45, 54, 65, 71-2, 164, 249-54, 432
Cor Local (seção do Suplemento Literário do *Diário de São Paulo*), 29, 43, 47, 49, 60, 164, 195-6, 426-7, 430, 432, 434
"Cor Local" (Pagu), 196-8
Cordeiro, Valdemar, 262
Cordeiro, Waldemar, 71
Coreia, 189, 275
Corisco (cangaceiro), 54
"Coroai-me de rosas" (Pessoa), 272
Correia, Roberto Alvim, 265-6
Correio da Manhã, 40, 328, 344, 347*n*, 348, 427-8
Correspondance avec Jacques Rivière (Artaud), 231
"Corvo, O" (Poe), 326-7
Cosmopolis (revista), 224, 228-9
Costa, Cláudio Manuel da, 331
Costa, Fernando, 353
Costa, Lúcio, 267
Costa, Miguel, general, 146-7, 344
Costa, Oswaldo, 69, 343
Costa, Pedro, 279
Cotrim, Álvaro, 423
"Coup de dés, Un" (Mallarmé), 43, 60, 73, 209, 223-4, 226-7, 229
Coutinho, Afrânio, 436
Couto, Ribeiro, 314
Cozzela, Damiano, 446
Crevel, René, 208, 345, 430

Crise da filosofia messiânica, A (Oswald de Andrade), 75
crítica de arte, 61, 63, 264, 271
Crítica Literária (seção de *Vanguarda Socialista*), 182, 432
Croce, Benedetto, 213
"Crônica de só poesia em torno dos cinquenta anos de Murilo Mendes" (Pagu), 282
Crosby, Caress, 11
Cruz e Souza, 312
Cruzeiro do Sul (trem), 423
Cuba, 53
cubismo, 159, 219-20, 273, 275, 319, 383
Cultura Artística, Teatro, 278
Cummings, E. E., 86
Cunard, Nancy, 11, 12
Cunha, Euclides da, 331
Curtius, E. R., 318, 435

"Da Cor Local" (Pagu), 196
"Da crítica e da nova crítica" (Pagu), 436
Da Vinci, Leonardo, 288, 307
Dacosta, Milton, 63
dadaísmo, 220, 223, 319
Dantas, Santiago, 359
Dantas, Souza, 41, 70, 259, 345, 430
Dante Alighieri, 212, 318
Dassin, Joan, 377
De Anita ao museu (Almeida), 62*n*
De Arte e de Literatura (seção do jornal *Fanfulla*), 61, 234, 261-2, 433
"De novo Fernando Pessoa" (Pagu), 317, 445
"Debate que promete, um salão de propaganda, minutos da minha hora de saudade e a Bienale" (Pagu), 272
Del Picchia, Menotti, 57, 164
democracia, 51, 165, 182
Démon m'a dit, Le (Pagu), 41
"Depois de amanhã Mário de Andrade" (Pagu), 49, 164, 200, 421
Derain, André, 219
"Descaminhamento Onde Vai Parar?" (Pagu), 185
Descoberta do Novo Mundo, A (Lope de Vega), 346, 434
Despedidas (Antônio Nobre), 326, 327
"Despedidas de junho, mês das crianças, balões, chuvas de ouro e prata, noites" (Pagu), 196, 202
"Desta casa destruída" (Geraldo Ferraz), 234, 244, 246
Deus lhe pague (Camargo), 304-5
Di Cavalcanti, 58, 198, 275, 284, *400*, 421, 424
Di Prete, 263
Dia seguinte e outros dias (Oswald de Andrade Filho), 158
Diaghilev, Serguei, 277
Diário crítico (Milliet), 377
Diário da Noite, 344, 380, 426*n*, 427
Diário de Notícias, 40, 170, 305, 344, *407*, 423, 427
Diário de São Paulo, 13, 43, 45, 50, 57-8, 60, 71-2, 79, 81, 93, 146, 149, 184, 196, 197-8*n*, 200-2*n*, 204*n*, 208, 210*n*, 218*n*, 222-3*n*, 234, 235*n*, 249*n*, 264, 421-4, 430, 432, 436
Diário Popular, 422
Dias, Cícero, 58, 264, 286-8, 433
Dias, Gonçalves, 63, 280, 331, 436
"Diga isso cantando" (Soupault), 222
"Dindinha Lua" (Tavares), 69, 362
Discípulo de Emaús, O (Murilo Mendes), 284
Divina Comédia (Dante Alighieri), 376
dodecafonismo, 64, 264, 269-70, 272
"Dois cancros de São Paulo: a Faculdade de Direito e o café" (Oswald de Andrade), 358
"Dois grandes prêmios" (Pagu), 314, 318, 438
"Dois poemas de Philippe Soupault" (Pagu), 222-3
"Dois poetas: Cesário e Gonçalves Dias" (Pagu), 436
"Dois romances reeditados" (Pagu), 170, 438
Dom Casmurro (Machado de Assis), 331
Doolittle, Hilda, 11
Doramundo (Geraldo Ferraz), 170, 324, 346, 348, 436, 438-9
"Dos *Hinos à noite* de Novalis" (Pagu), 445
Dos Passos, John, 320, 436
Dostoiévski, Fiódor, 46, 173*n*, 254, 329, 434
Doutrinação católica (Tristão de Athayde), 290
"Drummond a limpo" (Pagu), 315
"Drummond contista" (Pagu), 315
Drummond *ver* Andrade, Carlos Drummond de
Du Bos, Charles, 265
Duarte, Álvaro, 79, 132
Duarte, Hélio, 282
Duarte, Paulo, 38
Duas faces do mesmo dia (seção do jornal *Fanfulla*), 61, 262, 433
Dublinenses (Joyce), 211
Dubosc, professor, 346, 447
Dufy, Raoul, 219, 224
Dujardin, Edouard, 321-2
Duprat, Rogério, 446
"Duração" (Paz), 444
Durrell, Lawrence, 446

"E a morte não dominará" (Dylan Thomas), 445
Edgard Poe (Marie Bonaparte), 323
eh pagu eh (Augusto de Campos), 93
Eh, Pagu, Eh! (curta-metragem), 426*n*
Einstein, Albert, 213, 321, 322
"Elegia de abril" (Mário de Andrade), 48, 253
Eliot, T. S., 11-2, 223, 444
Ellis, Havelock, 290
Éluard, Paul, 345, 430
"Em defesa da pesquisa" (Pagu), 183
"Em torno de uma desnomeação" (Pagu), 442
Enchanteur pourrissant, L' (Apollinaire), 219
"Encontro com Casais Monteiro" (Pagu), 317
"Encontro com Ionesco e Luís de Lima" (Pagu), 295, 300, 437
Engels, Friedrich, 39, 76
Era uma vez um preso (Anouilh), 202
Ère du soupçon, L' (Sarraute), 329
"erva" (Gullar), 316
Escada vermelha, A (Oswald de Andrade), 35, 38, 427
Escada, A (peça), 440-1
Escola de Arte Dramática (EAD), 49-50, 293-5, 305, 346, 350-3, 426, 433-4, 436, 437, 445
Escola de Belas-Artes (São Paulo), 62
Escola de Comunicação e Artes (ECA-USP), 49-50

Escola Normal da praça da República, 150, 343, 349, 354, 362, 382, 421-2, 424
"Escritor proibido, Um" (Pagu), 318
"Escritora cresce, Uma" (Pagu), 317, 329, 438
Espanha, 219
Esperando Godot (Beckett), 293
"Espetáculos de vanguarda" (Pagu), 299
"ésseóésse" (Pagu), 196
Estado de S. Paulo, O, 71, 75, 245, 268, 270, 316, 349*n*, 422, 426
Estado Novo, 43, 197, 345, 431
Estados Unidos, 40, 190, 199, 212-3, 273, 278, 327, 344, 362, 436
"Estrada larga" (Pagu), 315
Estudos (Tristão de Athayde), 290
Etapas (Kierkegaard), 434
"Eu ouço falar" (Sinhô), 422
Eulálio, Alexandre, 208
Europa, 212, 267-8, 273, 289-90, 319-20, 324, 326, 334, 347, 352, 356, 364, 433, 437, 445
Exilados (Joyce), 211-2
"Explicação necessária com o seu que de importante" (Pagu), 184
expressionismo, 273, 275, 317, 319, 445

Faculdade de Direito do Largo de São Francisco, 35, 79, 132, 145, 147-50, 299, 354, 426
"Fado" (Régio), 323
"Faíscas de *Chronique* de Saint-John Perse" (Pagu), 444
"Fala o Destempero da Náusea" (Pagu), 185
Famosa Revista, A (Pagu & Geraldo Ferraz), 15, 28, 42-3, 67, 73, 169-80, 345-6, 348, 350, 373-4, 377, 382, 432, 436, 438-9
"Famosa Revista, A" (Sérgio Milliet), 373
Fando e Lis (Arrabal), 50, 298, 300-1, 346, 351, 438-40, 445
"*Fando e Lis* de novo no cartaz" (Geraldo Ferraz), 439
Fanfulla (jornal), 13, 61, 77, 234, 262, 265*n*, 267*n*, 270*n*, 272*n*, 275*n*, 277*n*, 279*n*, 282*n*, 286*n*, 288*n*, 315, 421, 425, 430-1, 433
Fantoches, Os (Plínio Marcos), 442
Fargue, Léon-Paul, 208, 224
Faria, Otávio de, 54, 347
"Fatalidade, A" (Murilo Mendes), 191
Faulkner, William, 266, 329
Faustino, Mário, 43, 60, 71-2
Fausto (Goethe), 279
feijão-soja, 40, 353, 429
"Feijão-soja" (Bopp), 353
feminismo, 35-7, 39, 84, 133, 380, 382
Fênix refratária, A (Carvalho da Silva), 438
Fermina Marquez (Larbaud), 212
"Fernando Pessoa a uma distância de 25 anos" (Pagu), 317, 444
"Fernando Pessoa em *Poètes d'Aujourd'hui*" (Pagu), 317, 443
Ferraz, Geraldo, 13, 15, 19-21, 23, 27, 29, 37, 40, 42, 60-1, 69, 71, 73, 81, 170-1, 182, 196, 208, 234, 243-4, 254, 287, 294, 316-7, 324, 334, 343, 345-8, 350, 359, 364-5, 373-4, 377, 382, *416*, 426*n*, 431-2, 434-6, 439, 447
Ferraz, Geraldo Galvão (Kiko), 14, 365, 382, 383, *416*, 426*n*, 431
Ferreira, Ascenso, 290
Ferreira, Ondina, 350
Ferreira, Procópio, 305
"Festival e Ionesco" (Pagu), 295*n*, 300
Feuilles de route (Cendrars), 435
"Figueira, A" (Paz), 442
Filha de Rappaccini, A (Paz), 298, 300, 351, 439, 444-5
filosofia, 48, 64, 75, 210, 276, 371
Finnegans Wake (Joyce), 213
Fischer, Max, 345
Fisher, Paul, 170
Flanner, Janet, 11
Flaques de verre (Reverdy), 441
Flaubert, Gustave, 329
Fleischmann, Helen, 213
folclore brasileiro, 270, 279
Folha da Manhã, 81, 149
Folha da Noite, 79, 81, 145, 147, *152-5*
Folha de S.Paulo, 15, 66, 431
Folk-Lore (João Ribeiro), 289
Fon Fon (revista), 328
Fonseca, Maria Augusta, 429
Fontaine (revista), 231
Forster, E. M., 38
Fragoso, Lúcio, 23, 365, 367
França, 40-1, 67, 70, 203, 218, 232, 260, 266, 289, 294, 308, 317, 319-20, 323, 344, 379, 428, 430, 436, 446
França, Thiers Galvão de, 421
Francis, Paulo, 53
Francis, Robert, 359
Francisco Xavier, São, 353
Franco, Afrânio de Mello, 353
"Franz Kafka — o gênio e a sua legenda sombria" (Pagu), 432
Frases feitas (João Ribeiro), 289
Freud, Sigmund, 33, 38, 46, 76, 252, 289-90, 292, 308, 321-2, 329, 344, 428, 434, 439
Freyre, Gilberto, 289, 332
Freytag, Elsa von, baronesa, 11
Front Populaire (Paris), 70, 345, 430
Furlani, Lucia Maria Teixeira, 14
futurismo, 46, 252, 319, 438
"Futurismo cinquentão" (Pagu), 438
Futuro nos pertence, O (Menezes), 187

"*Gabriela* de Ilhéus e Jorge Amado" (Pagu), 315
Gabriela, Cravo e Canela (Amado), 315
Galvão, Adélia Rehder, 421, 447
Galvão, Conceição, *386*, 421
Galvão, Homero, *386*, *396*, 421
Galvão, Sidéria Rehder, 17, 20, 23, 360-8, *387*, *419*, 421-2, 447
Gammel, Irene, 12
Garaldi, José Luís, 13, 19, 23, 34, 58, 69, 94
Garbo, Greta, 287
García Lorca, Federico, 46, 252, 293, 298, 300, 317, 327, 435, 443-6
Garcia, Marco Aurélio, 23
Gautier, Theophile, 280
Gazeta, A, 79, 81, 146-7, 361
"Geração de 45", 13, 29, 45, 48, 71-2
Geraldo e Patrícia Galvão: A Experiência do Suplemento Literário do Diário de São Paulo nos anos 1940 (Neves), 14
Gershwin, George, 438
gestalt, 322
Gestapo, 308, 344, 428, 430
Ghelderode, Michel, 304, 446

Gide, André, 213, 224, 229, 231-2, 265, 348
Gilbert, Stuart, 72, 208
"*Gimba* made in Brazil" (Pagu), 301, 438
Gioconda (Da Vinci), 219
Goeldi, Oswaldo, 263
"Goeldi, um artista da noite e do silêncio e o II Congresso Paulista de Escritores" (Pagu), 263
Góes, Fernando, 432, 434
Goethe, Johann Wolfgang von, 48, 253, 279
Gomes, Dias, 298
Gomes, Paulo Emílio Sales, 360
Gonzaga, Tomás Antônio, 331
Gordon, Lois, 12
Goya, Francisco de, 355
Graciano, Clovis, 63
Grande noite, A (Artaud), 230
"Grande peça teatral — *O auto da compadecida*, Uma" (Pagu), 298
"Grande Svevo, O" (Pagu), 317, 436
Grassman, Marcelo, 202*n*
Grécia, 174, 212, 298
"Grito de Pagu, O" (Ivo Branco), 426*n*
Grupo Escolar da Liberdade, 203, 421
Grupo Experimental de Teatro Infantil (geti), 439
"Guardanapo dos poetas, O" (Apollinaire), 208
Guarnieri, Camargo, 63-4, 264, 268-70, 272, 274
Guarnieri, Gianfrancesco, 298, 445
Guedes, Domingos Ferreira, 149, 151
Guilherme, Olympio, 361-2, 421
"Guillaume Apollinaire" (Pagu), 218
Guimarães, Alencastro, 353, 429
Gullar, Ferreira, 316
"Guris patri-opas" (Pagu), 84, *140*
Gusmão, Clóvis de, *414*, 424

"Há cinquenta anos, a 9 de setembro, desaparecia Mallarmé" (Pagu), 223
"Há um século e hoje" (Pagu), 313
Hamlet (Shakespeare), 304
Hamsun, Knut, 213
Haunted Palace, a Life of Edgar Allan Poe, The (Winwar), 326
Heap, Jane, 11
Heinzl, Alberto A., 325
Héliogabale ou Tanarchiste couronné, L' (Artaud), 231
Hemingway, Ernest, 11, 213
"Henri Heine morria há cem anos, em Paris" (Pagu), 434
Hérésiarque, L' (Apollinaire), 208, 219
Hesse, Hermann, 381
"Histoire entre la Groume et Dieu" (Artaud), 231
História da música (Renato Almeida), 279
História do Brasil (Murilo Mendes), 63, 282, 284
"História do modernismo brasileiro" (Brito), 437
"Historiando o modernismo brasileiro" (Pagu), 437
Histórias e sonhos (Lima Barreto), 332
Histórias extraordinárias (Poe), 326
Hitler, Adolf, 284
Hobsbawm, Eric, 52, 54
"Hoje, na Bienal" (Pagu), 438
Holanda, Aurélio Buarque de, 43
Hollywood, 265, 421, 428
Homem do Povo, O (jornal), 14, 17, 28, 35, 60, 69-70, 74, 77, 79, 81-2, 84-5, 132-3, *134-44*, 146-50, 358, 378, 382, 426
"Homenagem a Machado" (Pagu), 317
Homero, 175, 203
"Homo brasiliensis" (Murilo Mendes), 283
Honegger, Arthur, 278
Hopkins, Miriam, 428
Hospital Cruz Azul, 364, 366, 430
Hospital Maria Zélia, 364, 366-8, 431
Houston, Elsie, 345, *401*, 423, 430-1
Huxley, Aldous, 436

Ibsen, Henrik, 49, 350, 435
Idade Média, 376
Ideologia e utopia (Mannheim), 75
Ilustre casa de Ramires, A (Eça de Queirós), 331
"Imagens de perda" (Drummond), 347
"Imprescindível a leitura" (Pagu), 312
impressionismo, 275
Improviso da alma, O (Ionesco), 301, 306-7, 440, 444
"In Memoriam Lorca" (Pagu), 300
Inconfidência mineira, 331
Independentes, Os (grupo teatral), 301, 306-7
"Influência de uma Revolução na Literatura" (Pagu), 184
integralismo, 47, 51, 253, 359
Interpretação do Brasil (Freyre), 289
intertextualidade, 14
"Invraisemblable, l'insolite, mon univers, L'" (Ionesco), 295
Ionesco, Eugène, 49-50, 73, 293-6, 298-301, 306-8, 346, 351, 433-4, 436-7, 439-40, 442-4
"Ionesco, incrivelmente entre nós" (Pagu), 294, 300, 436
"Ionesco, Sartre e o Teatro Dirigido" (Pagu), 300-1, 443
"Ionesco" (Pagu), 293-4
Iracema (José de Alencar), 59, 280
Irlanda, 210, 216, 217, 231
Irmã Paula (pseudônimo de Pagu), 82, 132-3
"Isto aqui é Coimbra?" (Oswald de Andrade), 82
Istrati, Panait, 348
Itália, 41, 52, 70, 164, 260, 308, 319, 345, 430

Jackson, Kenneth David, 14, 35, 376, 382
Jacob, Max, 46, 208, 219, *221*, 252, 445
Jacques ou la soumission (Ionesco), 296
"James Joyce, autor de Ulysses" (Pagu), 210
"Janeiro, Zero Sinfonia" (Pagu), 432
Janelas para Pagu (Augusto de Campos), *90*
"Janelinha inaugural" (Pagu), 432
Janocopulos, Vera, 266
Japão, 40, 259, 308, 344, 353, 427-8
Jarry, Alfred, 43, 208, 218, 298, 300, 436
Jenny no pomar (Charles Thomas), 442
"Jogos florais, Os" (Pagu), 442
Jones, Ernest, 434

"Jorge Amado põe Castro Alves cantando a URSS e a primeira Bienal se transforma numa 'impostura'" (Pagu), 263
Jornal (jornal literário de Campinas), 324-5, 436
Jornal da Tarde, 19
Jornal de Notícias, 184, 230*n*, 432-3
Jornal do Brasil, 43, 60, 71-2, 158, 315-6, 344, 371*n*, 376*n*, 427
Jornal do Comércio, 320
Jornal, O, 199, 316, 345, 431
José Lopes Rubio, Catalina, 428
"Joyce e traduções e ainda um ausente" (Pagu), 317, 444
Joyce, James, 11, 29, 43, 46, 60, 72-3, 185, 208, 210-4, 252, 266, 309, 317, 320-1, 329, 444
Joyce, John Stanislaus, 213
Joyce, Jorge, 211, 213
Joyce, Lucia, 213
Joyce, Mary Jane, 211
Joyce, Stephen, 213
Jung, Carl Gustav, 13, 322-3
Junqueira, Lígia, 350
Jürgensen, Geraldo, 325

K. B. Luda (pseudônimo de Pagu), 73, 82, 132-3, *144*
Kafka, Franz, 44, 73, 198, 202, 317, 329, 432, 444
Kant, Immanuel, 203, 228
Keats, John, 326
Keyserling, Eduard von, 76
Kierkegaard, Søren, 202, 434
Kipling, Rudyard, 307
Kleist, Heinrich von, 202
Koehler, Wolfgang, 322
Koellreuter, Hans-Joachim, 264, 272
Koestler, Arthur, 197, 348, 433
Kofka, Kurt, 322
Kojève, Alexandre, 75
Komintern, 40
Kossoy, Boris, 23
Kremlim, 189

"*Laços de família*" (Pagu), 315
Lafer, Celso, 34
Laforgue, Jules, 183
Lampião (cangaceiro), 54, 58, 279
Laranjeiras, Raul, 354, 422
Larbaud, Valery, 208, 212
Laurencin, Marie, 219
Lautréamont (Isidore Lucien Ducasse), 73, 208, 231, 287, 323
Laval, Pierre, 345, 430, 436
Laval, R. P., reverendo, 232
Lawrence, D. H., 213
Le Corbusier, 274
Léa, G. (pseudônimo de Pagu), 82, 132
Leão, Múcio, 288
Léautaud, Paul, 219
Léger, Fernand, 275
Leia Livros (jornal), 382*n*
Leibowitz, René, 264
Leite, Adelina Cerqueira, 350
Leite, Hilcar, 182, 345, 432
Leituga, Oswaldo, 440-1
Leitura (revista), 295*n*, 436
Lênin, Vladimir, 45, 53, 200, 429
Lenormand, Jacques, 294
Lettres nouvelles, Les (revista), 296
"Lição para críticas" (Pagu), 295*n*, 436
Lição, A (Ionesco), 295*n*, 296, 300, 436
"Lições para críticos" (Pagu), 300
"Liga de trompas católicas" (Pagu), 84, *138*
Ligas Camponesas, 53
Lima, Jorge de, 284
Lima, Luís de, 50, 294-5, 300, 351, 433, 436-7
Lima, Negrão de, 365, 368
Lima, Queiroz, 79, 132
Limões (Di Prete), 263
Língua nacional, A (João Ribeiro), 289
"Linha do determinismo histórico literário do Ano-Novo" (Pagu), 184
Lispector, Clarice, 15, 43-4, 266, 315, 323, 440
Literatura europeia e Idade Média (Curtius), 318, 435
"Literatura Oportunista" (Pagu), 183, 186-8
Littérature et Révolution (Serge), 184
"Lívio Abramo, um prêmio merecido — Camargo Guarnieri, um Manifesto Antidodecafônico" (Pagu), 63, 267
Livraria Jaraguá, 350
Livro de Cesário Verde, O (Cesário Verde), 331
Lobato, Monteiro, 188, 273, 312, 332
Lobo da Estepe, O (Hesse), 381
Lobo, Mara (pseudônimo de Pagu), 37, 61*n*, 158, 170, 311-3, 317-8, 344, 371-2, 377, 381-2, 427, 435-45
Lolita (Nabokov), 318, 438
Lope de Vega, 434
Lopes, Telê Porto Ancona, 23
Lorca *ver* García Lorca, Federico
Louis, Pierre, 224
Loy, Mina, 11-2
Lúcia (enfermeira), 364-5
Lullin, Charles, 231
Lutero, Martinho, 373
Lutz, Bertha, 36
Luxemburgo, Rosa, 35, 189
Luz gloriosa (Carvalho), 320
Luz, Benevolo, dr., 147-9

Macedo, Joaquim Manuel de, 280
Machado, Antônio de Alcântara, 57, 253, 273, 282, 290, 315, 343
Machado, Lourival Gomes, 376
Maciel, Olegário, 283
Macunaíma (Mário de Andrade), 12, 49, 59, 200, 273, 314-5, 332, 379, 434
Madrigaux (Mallarmé), 224
Magno, Paschoal Carlos, 50, 303, 305, 351, 438, 440-1
Maia, Prestes, 433
Maia, Raul, 82
Maiakóvski, Vladimir, 443
Maias, Os (Eça de Queirós), 331
Malakabeça, Fanika e Kabeluda (Pagu), 84, 132, *142*
"Mal-estar na civilização, O" (Freud), 33
Malfatti, Anita, 27, 62, 273, 275, *401*, 423-4
Mallarmé, Stéphane, 43, 60, 71, 73, 209, 223-9, 265, 443
Mallea, Eduardo, 343, 426
Malraux, André, 436, 438
Malthus, Thomas, 37
"Maltus além" (Pagu), 36, 84, *134*
Mamelles de Tirésias, Les (Apollinaire), 220
Manchete (revista), 328
Manchúria, 40, 308, 344, 353, 427-8
Mandarim, O (Eça de Queirós), 331
Manet, Édouard, 224
Mangan, James, 210
Manhã, A (jornal), 279, 423
"Manifesto Antropófago" (Oswald de Andrade), 57, 75

"Manifesto da província" (Pagu), 316, 324, 436
Mann, Thomas, 208, 213
Mannheim, Karl, 75
Mao Tsé-tung, 40, 435
"Mara Lobo" (João Ribeiro), 371
Marcha das Utopias, A (Oswald de Andrade), 75
"*Marcha para Oeste* — livro de um poeta" (Pagu), 314
Marcha para Oeste (Cassiano Ricardo), 314
"Marchemos para o IV Festival Regional" (Pagu), 444
Marco zero (Oswald de Andrade), 28, 38, 193
Marcoré (Pereira), 324
Marcos, Plínio, 50, 441-2
Marcuse, Herbert, 33
Maria Bonita, 54
Mariano, Olegário, 327, 424
Marinetti, Filippo Tommaso, 319, 438
Marinheiro e sereia (Masereel), 268
Marinho, Carlos Sampaio, 151
Marselhesa, A (hino nacional da França), 345
Martereau (Sarraute), 329
Martins, Luis, 290
Marx, Karl, 35, 37, 45, 75-6, 200, 379
marxismo, 35, 52, 75-6, 186, 343, 379
Masereel, Franz, 268
Masildo, Carlos Sampaio, 149
Matarazzo, Ciccillo, 262, 274, 290
Matos, Gregório de, 331
Matriarcado de Pindorama, 34
Maugham, Somerset, 213
Maupassant, Guy de, 224
Mauriac, François, 265
Mayuzumi, Toshiro, 446
Méditations esthétiques (Apollinaire), 219
Meireles, Cecília, 166, 265
Melo Neto, João Cabral de, 263, 315
Memórias do subterrâneo (Dostoiévski), 173*n*
Memórias póstumas de Brás Cubas (Machado de Assis), 331
Memórias sentimentais de João Miramar (Oswald de Andrade), 37, 85, 184, 193, 332, 378
Mendes, Gilberto, 300, 444, 446
Mendes, Murilo, 63, 68, 184, 190, 192, 199, 253, 265, 282, 284, 286, 290, 315, 323, 331, 432
Menezes, Amilcar Dutra de, major, 187
"Mensagem" (Pessoa), 272
Merleau-Ponty, Maurice, 38
Mesquita, Alfredo, 41, 49-50, 304-5, 346, 349, 352, 433, 437
"Metafísica do café, A" (Cendrars), 444
Metamorfoses, As (Murilo Mendes), 284
"Meu poeta futurista, O" (Osvaldo de Andrade), 320
"1930" (Murilo Mendes), 283
Miller, Henry, 208, 318, 443
Milliet, Sérgio, 42, 44, 170, 189, 197, 204, 290, 314, 346, 373, 377
"Mímica: a arte do gesto" (Pagu), 295*n*
Minas Gerais, 284
Miranda, Edgard da Rocha, 294, 433
Miranda, Murilo, 192
Miranda, Sá de, 238, 244
"Mise en Scène' de Vanguarda" (Pagu), 300
Mitchel, Margaret, 199
"Mixigne" (Pagu), 164, 167
Moço loiro, O (Macedo), 280
modernismo, 11-3, 15, 29, 45-7, 57, 59, 62, 65, 68-70, 76, 273, 277, 312-4, 319-20, 347, 377-8, 435, 437
"Modernos e contemporâneos" (Pagu), 313-4, 322, 435
Modernos ficcionistas brasileiros (Adonias Filho), 377
Modernos, Os (João Ribeiro), 289-90, 344, 377
Monet, Claude, 224
Monier, Adrienne, 11
Moniz, Edmundo, 182, 345, 432
Morais, Fernando, 85*n*
Morais, Vinicius de, 68, 290
moralismo, 37
Moréas, Jean, 224
Moreira, Álvaro, 69, 424
Morel, Auguste, 72, 208
Moreninha, A (Macedo), 280
Moreyra, Álvaro, 328, 423-4
Morin, Edgard, 330
Morisot, Berthe, 275
"Morte de Patrícia Galvão, A" (Otávio de Faria), 347
"Morte" (Murilo Mendes), 285
"Morto Michel Ghelderode" (Pagu), 446
Moscou, 42, 70, 150, 259, 344, 429-30
Mota, Arthur, 278
Movimentos Modernistas no Brasil — 1922-28 (Bopp), 423
Mozart, Wolfgang Amadeus, 284
Mulher do Povo, A (seção do jornal *O Homem do Povo*), 17, 35, 60, 69, 82, 84, 132-3, *134-41*, 378, 382, 426
Mulher na sociedade de classes: Mito e realidade, A (Saffioti), 36
Mundo enigma (Murilo Mendes), 184, 190, 192, 284
"Musa antropófaga no *Parque Industrial*, A" (Augusto de Campos), 382
Museu de Arte Moderna de Nova Iorque, 197
Museu de Arte Moderna de São Paulo, 267, 271, 274-5, 282, 287-8
Museu de Arte Moderna do Rio de Janeiro, 434
Música do Parnaso (Oliveira), 331
"Música no teatro" (Pagu), 300, 444
"Músicos do Titanic, Os" (Oswald de Andrade), 82

"Na garupa do príncipe" (Pagu), 84, *137*
"Na vanguarda da dramaturgia, o Teatro de Arrabal" (Pagu), 299-300
Nabokov, Vladimir, 318, 438
nacionalismo, 12, 270, 281, 301-2, 304-5, 438
Nancy Cunard: Heiress, Muse, Political Idealist (Gordon), 12
"Não tenha medo do escuro" (Pagu), 432
"Natureza morta" (Pagu), 13, 19, 29, 71, 209, 234, 235, 237, 243-6, 317, 432
Naville, Pierre, 61, 267
"Negado o 'voto de confiança' à presidente demissionária da utas" (Pagu), 441
neoconcretismo, 316
"Neoconcretismo" (Pagu), 316, 437
"neomodernismo", 45
"Neo-realismo brasileiro" (Koellreuter), 264
Neri, Ismael, 282
Neves, Juliana, 14
Nicols, Madeleine, 308
Niemeyer, Oscar, 263, 267
Nietzsche, Friedrich, 76, 202

Nightwood (Barnes), 12
Nizan, Paul, 345, 430
Nobre, Antônio, 318, 326-7
Noigandres (grupo), 243, 316-7, 325, 436
Noigandres (revista-livro), 30, 71, 234, 245
"Noite de junho" (Murilo Mendes), 190
"Noite em 1942, A" (Murilo Mendes), 191
Noite, A (jornal), 40, 60, 164, 165*n*, 167-8*n*, 431
"Normalinhas" (Pagu), 84, *141*
"Nossos clássicos" (Pagu), 314
"Nothing" (Pagu), 334, 336, 446
"Notícia das 'cartas' de Mário de Andrade" (Pagu), 314
"Notícia de *Lolita*" (Pagu), 318, 438
Nouveau locataire, Le (Ionesco), 296
Nouvelle Revue Française, 46, 47, 198, 224, 230, 252, 296, 329
"Nova geração é 'beatnik', A" (Pagu), 443
Novalis, 202, 246, 314, 323, 436, 445
Novo Testamento, 53
Numa e a ninfa (Lima Barreto), 332

O'Flaherty, Liam, 213
Ocampo, Victoria, 343, 426
"Octavio Paz e sua poesia" (Pagu), 318, 444
Odes (Braga), 234
84 (revista), 232
Olga (Morais), 85*n*
Oliveira, Alberto de, 327
Oliveira, Jocy de, 300, 445
Oliveira, Manoel Botelho de, 331
Oliveira, Willy Correia de, 300, 444, 446
Ombilic des limbes, L' (Artaud), 230
"Onde o mérito, 'seu' Martins" (Pagu), 317
Ópera de Pequim, 429, 435
"Ópera de Pequim de hoje e... de outros tempos" (Pagu), 435
"Operário no mar, O" (Drummond), 281
"Operários do Canto" (Pagu), 439
Opium pendu, L' (Artaud), 231
"Ordem da ferradura, A" (Oswald de Andrade), 82
"Ordem e progresso" (Oswald de Andrade), 82
Orfeu (revista), 444
"Origem da literatura moderna nas ideias do século XX" (Pagu), 313-4, 320, 435
"Origens da literatura moderna brasileira" (Pagu), 313, 315, 319, 435
Ortega y Gasset, José, 213
Ostrower, Fayga, 63-4, 271
"Oswald de Andrade: Riso (clandestino) na cara da burrice" (Pignatari), 316
Otelo (Shakespeare), 304
"Outubro 1930" (Drummond), 281
"Ouvindo Luís de Lima" (Pagu), 295, 300
"Ovo de Marx" (Oswald de Andrade), 82

"Pacific 231" (Honegger), 278
Paes, Maria Helena Motta, 325
Pagador de promessas, O (Gomes), 298
Pagu (Augusto de Campos), 94
"Pagu: Amadora de artes" (Augusto de Campos), 19, 56, 262
"Pagu: Tabu e Totem" (Agusto de Campos), 19, 26
"Pagu: Vida-obra, obravida, vida" (Risério), 19, 32, 68
País do Carnaval (Amado), 290
Paixão Pagu (Geraldo Galvão Ferraz), 14, 426*n*
Palcos e Atores (seção do Suplemento de *A Tribuna*), 61, 294, 297-8, 314, 427, 435-45
Palmares pelo avesso (Duarte), 38
Papini, Giovanni, 281, 376
Para Todos (revista), 54, 58, 60, *88*, *110-1*, *399-400*, 421, 423-4
"Para uma antologia da poesia mundial: Charles Cros. 'O arenque defumado'" (Pagu), 435
"Parêntesis no Descaminhamento" (Pagu), 185
Paris Was A Woman: Portraits from the Left Bank (Weiss), 11
Parisot, Henri, 231
parnasianismo, 45, 191, 319
Parnell, Charles Stewart, 210, 215
Parque Industrial (Pagu), 14-5, 28, 35, 37, 39-40, 42, 54, 60, 67, 69-70, 73, 77, *156*, 157-62, 273, 312, 344, 371-2, 377-8, 380-2, 427
"Partida" (Cecília Meireles), 166
Partido Comunista Brasileiro, 37, 41-2, 51, 53, 70, 76, 158, 186, 188, 192, 259, 343-5, 367, 382, 426, 445
Partido Comunista Francês, 40, 230, 345
Partido Comunista Inglês, 52
Partido Democrático, 47, 253
Partido Socialista Brasileiro, 50, 77, 257, 432
Partido Trabalhista Britânico, 51
Passam pela "A Porta" 8 personagens a procura de um autor e de uma peça (Pagu), 63
"Passeio" (Soupault), 223
Pasternak, Boris, 318
Pathé-Baby (Alcântara Machado), 273
Patrícia Galvão (Portinari), *257*
"Patrícia Galvão e o realismo--social brasileiro dos anos 1930" (Jackson), 376
"Patrícia Galvão, militante do ideal" (Geraldo Ferraz), 20, 27, 71, 73, *342*, 343, 426*n*
"Patrícia Galvão" (Alfredo Mesquita), 349
Pau Brasil (Oswald de Andrade), 192, 380
Paulhan, Jean, 231-2, 433
Pavão, Ary, 158, 377
Pavlov, Ivan, 322
Paz, Octavio, 73, 298, 318, 351, 442, 444-5
"Peça de vanguarda, Uma" (Geraldo Ferraz), 439
"Peça e um diretor, Uma" (Pagu), 442
Pederneiras, Mário, 328, 331
Pedrosa, Mário, 42-3, 61, 182, 267, 305, 345, 432
Peintres cubistes, Les (Apollinaire), 219
Pena, Martins, 303, 331
"Penacho, O" (Murilo Mendes), 192
Penteado, Olívia Guedes, d., 356, 422, 426
"Pequeno prefácio a um manifesto" (Pagu), 183, 188-90
Pereira, José Olavo, 324
Pereira, Lúcia Miguel, 289

Péret, Benjamin, 345, *401*, 423, 430-1
Perina, Thomas, 325
"Perse, o poeta" (Pagu), 443
Perse, St. John, 317, 442-3
"Perspectiva do século xx em alta escala" (Pagu), 317
Perto do coração selvagem (Lispector), 43
Peru, 205
Pèse-nerfs, Le (Artaud), 231
Pessoa, Fernando, 46, 64, 189, 200, 252, 271-2, 317, 324, 327, 331, 434, 443-5
Peste (pseudônimo de Pagu), 84, 132
petróleo, 188
Picabia, Francis, 219
Picasso, Pablo, 219
Pierrô lunar, O (Schoenberg), 64-5, 277
Pignatari, Décio, 15, 19, 316
Pinto, Augusto, 368
Pirandello, Luigi, 435
Piza, Toledo, 359
Planétarium, Le (Sarraute), 329-30, 438
Plateia, A (jornal), 364-5, 430
"Poe entre poetas" (Pagu), 318, 326
Poe, Edgar Allan, 318, 323, 326-7
"Poema barroco" (Murilo Mendes), 192
"Poema de Max Jacob, Um" (Pagu), 445
"Poemas a encenar" (Pagu), 300, 441
"Poemas de Mauro Mota" (Pagu), 316
Poèmes d'Edgar Poe (trad. Mallarmé), 224
poesia concreta, 53, 71, 315-7
Poesia em pânico, A (Murilo Mendes), 284-5
Poesia liberdade (Murilo Mendes), 284, 286
Poesias completas (Mário de Andrade), 12
Poésies (Mallarmé), 224
Poésies complètes (Mallarmé), 224
"Poeta de França, Um" (Pagu), 317
"Poeta editado por Maldoror, Um" (Pagu), 234
Poeta em Nova York (García Lorca), 327
poetas concretos, 12, 72
Poète assassiné, Le (Apollinaire), 218
Poète et sa muse, Le (Rousseau), 219
Poiret, Paul, 275
Politics of Art, The (Dassin), 377
Politzer, Georges, 345, 430
Polônia, 308, 428, 430
Pomes Penyeach (Joyce), 214
Pompeia, Raul, 312, 317, 331
"Por que aceitei voltar" (Pagu), 257, 258
"Por que ler Machado de Assis" (Pagu), 317
Porché, Wladimir, 232
Porgy and Bess (Gershwin), 438
Portinari, Candido, 61-2, 198, *257*, 263, 266-7, 275, 279, 284
Portinho, Carmen, 434
Porto, Raul, 325
Portrait d'un inconnu (Sarraute), 329
Portugal, 198, 272, 286, 327, 331
Pound, Ezra, 11, 68, 212, 316, 325, 436, 444
"Pour en finir avec le jugement de Dieu" (Artaud), 232
Prado, Clô Pereira, 350
Prado, Décio de Almeida, 294, 346, 350-1, 433
Prado, Paulo, 332
Prado, Yan de Almeida, 343
Prénant, Marcel, 345, 430
"Presença de Jean Cocteau" (conferência), 266
Prestes, Júlio, 422
Prestes, Luís Carlos, 41, 52, 182, 187-9, 193, 343, 359, 426, 432
"Primeira página" (Pagu), 164-5
"Primeiro beatnik, O" (Pagu), 318, 443
Primeiro Caderno do aluno de poesia Oswald de Andrade (Oswald de Andrade), 34, 59, 93
"Príncipe dos poetas" (Pagu), 318, 327, 438
"Problemas da crítica" (Pagu), 183
"Problemas de estilo" (Pagu), 315
Procaccio, Alfredo, 325
propriedade privada, 33, 278
"Prosa do Transiberiano, A" (Cendrars), 444
Proust, Marcel, 46, 73, 208, 252, 265-6, 321, 329
psicanálise, 33, 321, 323
psicologia, 322-3
Púchkin, Alexander, 45, 200
Pu-Yi, 40, 308, 344, 353, 428
"Quarto de século sobre um assassínio, Um" (Pagu), 317, 445
"Que é afinal vanguarda?" (Pagu), 299
"Que horas são, coração" (Oswald de Andrade), 114
Queirós, Dinah Silveira de, 69
Queirós, Eça de, 331
Queiroz, Rachel de, 69, 197, 263, 290, 436
"Quem foi Solange Sohl" (Geraldo Ferraz), 13, 19, 234, 243, 334
Quental, Antero de, 272, 331
Querino, Manuel, 279
"Questões de Orientação" (Pagu), 313, 440
Quincas Borba (Machado de Assis), 331

"Rachel de Queiroz e *A beata*" (Pagu), 436
Raft, George, 428
Ramos, Graciliano, 70, 184, 315, 332, 431
"*Rappaccini Daughter*" (Pagu), 300, 444
"Raul Pompeia e o romance *O ateneu*" (Pagu), 317
realismo socialista, 64
"Rebaixou-se o maestro Koellreuter aos princípios musicais de Moscou" (Pagu), 264
Recordações do Escrivão Isaías Caminha (Lima Barreto), 332
"Refratariedade" (Pagu), 438
Régio, José, 323
Régnier, Henri de, 224
Rego, José Lins do, 184, 263, 265, 313, 315
Rei menos o reino, O (Augusto de Campos), 13, 234, 317
Reich, Wilhelm, 33
Reidy, Afonso Eduardo, 434
Reis Júnior, 361
"Remate de Males" (Mário de Andrade), 166
Renascença, 376
"Retiro sexual, O" (Pagu), 17, 84, *136*
Retrato do artista quando jovem (Joyce), 210-2
Retrato do Brasil (Paulo Prado), 315, 332
Reverdy, Pierre, 441, 444
Revista acadêmica, 192
Revista Brasileira de Poesia, 251

Revista de Antropofagia, 33, 57-8, 69, 81, 84-6, 93, 132, 362, 382, 422-4
Revista do Livro, 317
Revolução Chinesa, 40
Revolução de 1930, 51, 426
Revolução melancólica, A (Oswald de Andrade), 38
Revolução na América do Sul, A (Boal), 301, 444
Revolução Russa (1917), 184
"Revolução" (Pagu), 301, 444
Révolution surrealiste, La (revista), 230
Ribeiro Netto, Pedro de Oliveira, 23, 354, 356-8
Ribeiro, João, 37, 158, 264, 279, 288-90, 344, 371, 377, 427
Ricardo, Cassiano, 290, 314, 323
Rilke, Rainer Maria, 46, 208, 252, 323, 435
Rimbaud, Arthur, 183, 189, 202, 231, 323, 443
"*Rinoceronte* de Ionesco, O" (Pagu), 300, 439
Rinoceronte, O (Ionesco), 442
Risério, Antonio, 19, 32, 68
Rivière, Jacques, 231
Robinson, Paul, 33
Rocha, Franco da, 289
Rockefeller, Nelson, 197
Rodrigues, Nelson, 50, 69, 303-4
Rodriguez, Suzanne, 12
Rolland, Romain, 213, 219, 265
Romains, Jules, 213
"Romance brasileiro básico: *Memórias de um Sargento de Milícias*, Um" (Pagu), 317
Romance da época anarquista ou Livro das horas de pagu que são minhas, O (Pagu & Oswald de Andrade), 20, 73, 113-4, *115-29*, 422, 426
romance social, 159, 198-9, 273, 377, 383
romantismo, 38, 281
Romero, Sílvio, 63, 279-81
Romeu e Julieta (Shakespeare), 304
Roosevelt, Franklin Delano, 193
Rops, Félicien, 224
Rosa, Guimarães, 53
Roth, Mr., 213
Roulien, Raul, 428
Rousseau, Henri, 219, 276
Revolução de 1930, 34
Rudge, Antonieta, 270
Rússia, 53, 63, 70, 184, 259, 276, 308, 318, 345, 372, 427-9
Sacchi, Franco, 325
Sacco, Nicola, 344, 381, 426
Sachetto, Ana Maria, 23
Sacilotto, Luís, 23, 202*n*
Sade, Marquês de, 220
Saffioti, Heleieth, 36
Sagarana (Guimarães Rosa), 43
Sagração da primavera, A (Stravinski), 64-5, 277-8, 430, 433
"Saibam ser maricons" (Pagu), 84, *139*
Salacrou, Armand, 293
Salgado, Plínio, 47, 51-2, 57, 253
Salles, Francisco Luís de Almeida, 23, 196, 354, 358-9
"Salvação da alma, A" (Drummond), 281
Santa Rosa, Tomás, 63, 281, 284
Sarraute, Nathalie, 317, 329-30, 438
Sartre, Jean-Paul, 300, 301, 329, 442-3
Satie, Erik, 266
"Saudação ao poeta-'acadêmico'" (Pagu), 434
Schiller, Greta, 12
Schmidt, Augusto Frederico, 314, 359
Schoenberg, Arnold, 64-5, 264, 269, 277
Secret, Daniel, 296
Segall, Lasar, 62, 202, 273, 275
Semana de Arte Moderna (1922), 45, 182, 251-2, 254, 264, 273, 281, 323
"*Semente,* um travesti" (Pagu), 445
"Sementeira da revolução, A" (Pagu), 183
Serafim Ponte Grande (Oswald de Andrade), 35, 37, 59, 76-7, 85-6, 158, 315, 332, 378-80, 383
Serge, Victor, 184, 433
Sertões, Os (Cunha), 331
Sessenta poemas censurados (Pagu), 58, 69, 425
Shakespeare, William, 304, 308
Shelley, Percy Bysshe, 326
Shostakovich, Dmitri, 270
Sibéria, 308, 428
Silêncio, O (filme), 54
Silone, Ignazio, 348, 433
Silva, Ary Sérgio da, 328
Silva, Domingos Carvalho da, 45-6, 71, 251, 254, 438
Silva, Maria Helena Vieira da, 284
Silva, Maria Leonor Alvarez, 23
simbolismo, 218, 224, 442
Simões, João Gaspar, 272
simultaneísmo, 46, 214, 224, 252, 315, 319, 321, 376
sincronicidade, 13
Sinhô (compositor), 422
Só (Antônio Nobre), 326
"Sobre a alegoria *A escada*" (Pagu), 441
"Sobre a didática elementar" (Pagu), 313, 320, 322, 435
"Sobre as obras de João Ribeiro editadas nas publicações da Academia de Letras" (Pagu), 288
"Sobre poesia e ovo" (Pagu), 440
socialismo, 47, 53, 253, 301
Soffici, Ardengo, 43, 208, 220
Sohl, Solange (pseudônimo de Pagu), 13, 19, 29-30, 70-1, 209, 233-5, 237-46, 317, 432
Soirées de Paris, Les (revista), 219
"Sol por natural, O " (Augusto de Campos), 13, 29, 71, 234, 238-46
"Sol por natural, O" (Augusto de Campos), 234, 243
Som e a fúria, O (Faulkner), 329
"Somos filhos dos anos terríveis da Rússia" (Pagu), 318
"Soneto 127" (Sá de Miranda), 238, 244
Sonetos (Quental), 331
Soupault, Philippe, 208-9, 222, 443
Souppault, Philippe, 73
Souza Lima, João de, 270, 354
Souza, Cláudio Mello e, 316
Souza, Erthos Albino de, 17, 20-1, 61
Souza, Geraldo de, 325
Souza, Herculano de, 259, 344, 426
Souza, Ruth de, 438
Spanudis, Theon, 316
Spranger, Eduard, 322
Stálin, Ióssif, 40, 52, 53, 70, 193, 258, 269-70, 345
stalinismo, 35, 37, 42, 51-2, 189
Steen, Edla Van, 171
Stein, Gertrude, 11, 15, 436
Stockhausen, Karlheinz, 446
"Stravinski no Rio, *O anjo de sal*, um congresso e um apelo ao mecenas da pintura" (Pagu), 64, 277, 430
Stravinski, Igor, 64-5, 277, 430, 433
Stricharzy, Charles, 446

"Strindberg — VIII" (Pagu), 434
Strindberg, August, 293, 434
Suassuna, Ariano, 298
Suíça, 198, 212
Suplemento de *A Tribuna*, 294, 303-4*n*, 306-7*n*, 312, 319-20*n*, 322*n*, 324*n*, 326-7*n*, 329-30*n*
Suplemento Literário do *Diário de São Paulo*, 13, 14, 29, 43, 184, 196, 234, 432
Suplemento Literário do *Jornal de Notícias*, 184, 432-3
Sur (revista), 343
surrealismo, 46, 218, 230, 252, 319, 322, 350
Svevo, Ítalo, 73, 208, 317, 436
Svoboda, Joseph, 300, 446

Takahashi, Mme., 40, 353, 428
Tales Told of Shem and Shaun (Joyce), 214
Tardieu, Jean, 298, 300, 441
"Tarsila do Amaral vai nos devolver alguma coisa nos dias idos e vividos, em sua mostra retrospectiva" (Pagu), 275
Tarzan (Burroughs), 44
Tavares, Adelmar, 69, 362
Taylor, Estelle, 428
Teatro Brasileiro de Comédia, 293, 446
Teatro de Arena, 301, 437, 444
"Teatro de Bauhaus na iv Bienal, O" (Pagu), 300
"Teatro de livraria" (Pagu), 439
"Teatro Mundial Contemporâneo" (Pagu), 50, 291-3, 434
Teatro Municipal de Santos, 50
Teatro Municipal de São Paulo, 69, 354-5, 362, 422, 445
"Teatro universitário e pesquisa" (Pagu), 299
Telefonema (Oswald de Andrade), 82*n*
Telles, Lígia Fagundes, 350
Tempo e eternidade (Murilo Mendes & Jorge de Lima), 284
Temps modernes, Les (revista), 329
Terras do sem fim (Jorge Amado), 187, 315
Testamento do cangaceiro, O (Chico de Assis), 445
Testemunhas de Jeová, 52
Théâtre (Ionesco), 294, 296
Théâtre de Chambre (Tardieu), 300, 441
Théâtre de France, 308
Théâtre des Noctambules, 294
Théâtre et son double, Le (Artaud), 231
Théâtre National Populaire, 308
Théâtre Populaire (revista), 296
Théâtre, II — Poèmes à jouer (Tardieu), 441
Thévenin, Paule, 232
Thiers, Patrícia, 145
Thomas, Dylan, 12, 72, 208, 445
Time (revista), 326
Tônia-Celi-Autran (companhia teatral), 440
Torá, Lia, 362, 421
"Torno de uma diretriz, Em" (Pagu), 301, 437
Torres, Paulo, 290
Toynbee, Arnold, 329
tragédia elisabetana, 12
Transition (revista), 213
"Trem para o futuro" (Pagu), 314
"Três escritores rumam para o Brasil este ano" (Pagu), 316
"Três poemas de Lawrence Durrell" (Pagu), 446
Tribuna, A (jornal de Santos), 27, 61, 71, 170, 196, 209, 244, 292, 294*n*, 298, 300, 303-4*n*, 306-7*n*, 312, 319-20*n*, 322*n*, 324*n*, 326-7*n*, 329-30*n*, 334, 335-6*n*, *342*, 343*n*, 346, 351, *418*, 427, 429, 431, 433-6, 438-43, 445
Trilogia do exílio, A (Oswald de Andrade), 35, 332
"Trinta anos de poesia" (Pagu), 315
Triste Fim de Policarpo Quaresma (Lima Barreto), 332
"Trombone" (Murilo Mendes), 191
Tropismes (Sarraute), 329
Trótski, Leon, 13, 47, 65, 72, 252, 432
trotskismo, 367
Tumba do guerreiro, A (Ibsen), 435
Tzara, Tristan, 73, 208

***Ubu Roi* (Jarry)**, 218, 300, 436
"Ulalume" (Poe), 327
ultraísmo, 319
Ulysses (Joyce), 29, 43, 60, 72, 208, 210-5, 217-8, 320
unanimismo, 319
União Democrática Nacional (UDN), 51
União dos Teatros Amadores de Santos (utas), 351, 440-1
União Soviética, 37, 40, 53, 75-6, 84, 263, 269-70, 301, 348
Universidade de São Paulo, 12, 49, 75
Universidade de Yale, 14
Université Populaire, 345, 430
Urupês (Lobato), 332

Valéry, Paul, 14, 43, 60, 73, 186, 208-9, 213, 223-4, 440, 443
"Van Gogh le suicidé de la societé" (Artaud), 231
Van Gogh, Vincent, 202
"Vanguarda e Ionesco" (Pagu), 299-300
Vanguarda Socialista (revista), 42, 61, 181-5, 186*n*, 188*n*, 190*n*, 345, 432
Vanzetti, Bartolomeo, 344, 381, 426
Varela, Fagundes, 331
Vargas, Getúlio, 43, 51-3, 164
Varlotta, João, 368
Veloso, Leão, 429
"Verbo soluluçar" (Pagu), 196
Verdade e Liberdade (Pagu), 15, 28, 51, 60, 70, 77, 255, *256*, 257-60, 364, 368, 430, 432-3
Verde, Cesário, 331, 436
Verlaine, Paul, 224
"Vermelho dos Madrugadores" (Char), 432
Vers de circonstance (Mallarmé), 224
Vers et Prose (Mallarmé), 224
Vestido de noiva (Rodrigues), 304-5
Viana Filho, Oduvaldo, 298, 301, 437
Victimes du devoir (Ionesco), 296
Vida em seis tempos, Uma (Basbaum), 76, 427
Vidas secas (Ramos), 332
Vilar, Jean, 308
Villa-Lobos, Heitor, 273, 278
Viotti, Lavínia, 270
"Virá ao Brasil André Malraux" (Pagu), 436
Visionário, O (Murilo Mendes), 192, 284, 286
"Visita à VI Bienal" (Pagu), 300, 445
Vitória, rainha, 37
Viver e Escrever (Steen), 171*n*
"Vivo e é doce, doce e leve" (Pagu), 201

Volpi, Alfredo, 316, 325
Voyage au Pays des Tarahumaras (Artaud), 231
Voz dos poetas, A (programada de rádio francês), 231

Warchavchik, Gregori, 267, 426
"Waste Land, The" (Eliot), 12
Watson, John B., 322
Webern, Anton, 446
Weiss, Andrea, 12
Wells, H. G., 212
Wertheimer, Max, 322
Whistler, James, 224
Whitman, Walt, 285
Wild Heart: Nathalie Cliffey Barney (Rodriguez), 12
Wilheim, Jorge, 270
Williams, Tenessee, 293
Winwar, Frances, 326
Witter, José Sebastião, 23
Woolf, Virginia, 213, 266
Woolsey, John M., 213
Wordsworth, William, 217, 326
Work in Progress (Joyce), 213

Yeats, William Butler, 211
"*Yerma* de Lorca" (Pagu), 446

"Zéro et l'infinit, Le" (Koestler), 197
Ziembinski, 304-5, 350
Zola, Émile, 211

ESTA OBRA FOI COMPOSTA EM PERPETUA
POR RAUL LOUREIRO E IMPRESSA
EM OFSETE PELA GEOGRÁFICA SOBRE
PAPEL PÓLEN SOFT DA SUZANO S.A. PARA
A EDITORA SCHWARCZ EM OUTUBRO DE 2023